Größing • Sportdidaktik

Für Sigrid

Stefan Größing

Einführung in die Sportdidaktik

Lehren und Lernen im Sportunterricht

8., überarbeitete Auflage

Limpert Verlag Wiebelsheim

Universitätsprofessor
Dr. phil. Stefan Größing
Institut für Sportwissenschaften
Akademiestraße 26
A-5020 Salzburg

Die Deutsche Bibliothek – CIP-Einheitsaufnahme

Größing, Stefan:
Einführung in die Sportdidaktik: Lehren und Lernen im
Sportunterricht / Stefan Größing. – 8., überarb. Aufl. – Wiebelsheim:
Limpert, 2001
ISBN 3-7853-1640-2

8., überarbeitete Auflage 2001

Umschlaggestaltung: Klaus Neumann, Wiesbaden
DTP: Online-DTP-Service Eckstein & Co. KG, Nierstein/Rh.
Druck und Bindung: Druckhaus Köthen, Köthen
Printed in Germany/Imprimé en Allemagne
ISBN 3-7853-1640-2

Vorwort zur 8. Auflage

Die Sportdidaktik ist in Bewegung geraten – und das in mehrfacher Weise: Zum einen ist sie in Bewegung geraten, weil sich die Selbstverständlichkeit des Sportkonzeptes in Frage gestellt hat. Am Ausgang der 60er Jahre wurde die Theorie der Leibeserziehung abrupt und verlustreich von der Theorie der Sporterziehung verdrängt und die Vereinnahmung des Sports als Unterrichtsgegenstand der Schule mit den Argumenten der Freizeit und Gesundheit gestützt. Zwei Jahrzehnte blieb das Sportkonzept unangetastet und unangefochten die Grundlage der didaktischen Entscheidungen in curricularen und unterrichtlichen Bereichen des Schulsports. Dann, am Beginn der 90er Jahre, setzte die Diskussion um die inzwischen sichtbar gewordenen unterschiedlichen Auslegungen der Aufgaben des Sportunterrichts vehement ein und brachte die Gedankendynamik in die bisher geruhsam agierende Sportdidaktik. Die Wiederentdeckung des Körpers und des Bildungsauftrages waren Anlässe zur Debatte über Konzeptionen des Sportunterrichts. In diesem Geschehen kam auch die Terminologie erneut ins Gespräch: Immer öfter, wenn auch noch keineswegs häufig, tauchen in den Veröffentlichungen die Wörter Bewegung und Bewegungserziehung statt Sport und Sportunterricht auf. Die Sportdidaktik ist also auch sprachlich in Bewegung geraten, aber noch keineswegs beim Bewegungsbegriff angelangt.

Dieses Unterwegs-Sein zwischen Sport und Bewegung, Sportunterricht und Bewegungserziehung erkennt der Leser auch auf allen Seiten dieses Buches. Es behält im Titel weiterhin das Wort Sportdidaktik, ist aber im Inhalt eine Didaktik der vielseitigeren Bewegungserziehung, in deren weiten Rahmen selbstverständlich die sportlichen Bewegungshandlungen einen gewichtigen Rang und breiten Raum einnehmen, aber integriert in das Konzept einer bewegungskulturellen Didaktik, die den spielerischen, gestalterischen, joculatorischen, erlebnishaften und gesundheitsbedachten motorischen Tätigkeiten ebenfalls ausreichende Beachtung schenkt. Dieses Buch war von Anfang an einem weiten Sportbegriff verpflichtet und ist nie nur eine Unterrichtslehre der Sportarten gewesen. Die Begriffe Bewegungserziehung und Bewegungsunterricht sind in allen Auflagen enthalten, und die Idee einer integrativen und vielseitigen bewegungskulturellen Erziehung durchzieht es wie ein Leitmotiv. So ist wohl die Bezeichnung Sportdidaktik nicht mehr zutreffend, aber so eingeführt und mit diesem Buch verknüpft, dass ich mich nicht entschließen konnte, es durch die zutreffendere Wortverbindung Bewegungsdidaktik zu ersetzen.

Seit dem Jahre 1997, in dem die 7. stark überarbeitete Auflage dieses Lehrbuches erschienen ist, in dem sich die Infragestellung des Sports als Unterrichtsgegenstand und die Hinwendung zur umfassenderen Bewegungskultur als Zielstellung des „Schulsports" deutlich abgezeichnet hat, sind weitere Veränderungen in der sportdidaktischen Theorie und der sportunterrichtlichen Praxis in Erscheinung getreten, die in dieser nun vorliegenden 8. Auflage berücksichtigt worden sind. Es sind dies im einzelnen folgende Themen:

1. Die Idee des erziehenden Unterrichts ist stärker in ihrer Überzeugungskraft geworden und wird als Zielsetzung einer Erziehung durch Bewegung, Spiel und Sport noch mehr als bisher in diesem Buch berücksichtigt.
2. Die unterschiedlichen Konzeptionen der sportdidaktischen Theorie haben sich vervielfältigt und erlauben nicht mehr nur die Behandlung der in der 7. Auflage angeführten vier

Konzepte. Eine keineswegs vollständige Auflistung lässt gegenwärtig folgende sportdidaktische Ansätze erkennen:

- Sportartenkonzept
- Mehrperspektivisches Sportkonzept
- Sporterziehungskonzept
- Konzept des offenen Sportunterrichts
- Körpererfahrungs(Leiblichkeits)-konzept
- Bewegungskulturelles Konzept
- Bewegungserziehungskonzept

Im 1. Kapitel ist die Darstellung der sportdidaktischen Konzeptionen deshalb um einige Seiten erweitert worden.

3. Neue theoretische Ansätze der Kindheitsforschung und neuere Erkenntnisse aus Lebensweltanalysen heutiger Kinder und Jugendlicher, Veränderungen im gesellschaftlichen Umfeld und die umfassende Neubestimmung der Schultheorie mit schon erkennbaren Auswirkungen auf die Schulpraxis haben das Kapitel (2) über gesellschaftliche und anthropologische Rahmenbedingungen und das Kapitel (3) über Ziele, Grundsätze und Inhalte des Sportunterrichts erweitert und teilweise in den Aussagen verändert.
4. Weitgehend unverändert ist die Allgemeine Methodik des Sportunterrichts aus der 7. Auflage übernommen worden (Kap. 5) und nur geringfügige Korrekturen hat das 4. Kapitel erfahren.
5. Die Literatur wurde aktualisiert und die spezielle Literatur bei jedem Kapitel enthält nur mehr die Arbeiten, die in dem Kapitel auch zitiert oder genannt werden.

Ein Buch, das seit einem Vierteljahrhundert seine Abnehmer (und hoffentlich auch Leser) findet, kann nicht in allen seinen Sachverhalten und Aussagen gleich bleiben. Die Sportdidaktik und die Wirklichkeit des Schulsports haben sich in diesem Zeitraum vielfach verändert. Gleich geblieben über alle Auflagen hinweg ist die Widmung an meine Frau Sigrid, deren reges Interesse an meiner Arbeit und an meiner Person ebenfalls über alle Jahre hinweg gleichgeblieben ist.

Salzburg, Dezember 2000 Stefan Größing

Inhaltsübersicht

1 Leib, Sport und Bewegung als didaktische Leitbegriffe

1.1 Didaktik der Leibeserziehung

1.1.1 Anfänge einer Theorie der körperlichen Erziehung

Die körperliche Erziehung in Schulen hat bis zur Mitte des 18. Jahrhunderts Theorien hervorgebracht, die über Ansätze und Andeutungen meist nicht hinausgekommen sind und dennoch als Ausdruck des Nachdenkens über praktisches Handeln angesehen werden können. Die athletischen Übungen im griechischen Gymnasium, die sieben ritterlichen Behendigkeiten im Hochmittelalter, die körperliche Ausbildung des Adels an den Renaissancehöfen südlich und nördlich der Alpen, die Exerzitien in Ritterakademien, die Übungen der bürgerlichen Studenten an den Universitäten und die galant-homme-Erziehung an den feudalen Fürstenhöfen Europas waren als Praktiken der Körperbildung theoriebegleitet, ohne dass daraus ein didaktisches Konzept der körperlichen Erziehung entstanden wäre.

Systematische Unterrichtslehren für die schulischen Leibesübungen, die Gymnastik, das Turnen oder den Sport – das Schulfach hat im Verlauf seiner Geschichte unterschiedliche Bezeichnungen gehabt – gab es erst bei den Philanthropen des 18. Jahrhunderts (GUTSMUTHS, VILLAUME, VIETH) und den Turnpädagogen des 19. Jahrhunderts (PESTALOZZI, SPIESS, MAUL, JÄGER u.a.). Gerhard VIETH (1763–1836) hat seiner Enzyklopädie der Leibesübungen ein Kapitel über Ziele und Methoden der Leibesübungen vorangestellt. Peter VILLAUME (1746–1806) blieb in seinen Ausführungen zur „physischen Erziehung" zwar theoretischer, behandelte dennoch einige Fragestellungen des Unterrichts, während Johann Ch. Fr. GUTSMUTHS (1759–1839) in seiner „Gymnastik für die Jugend" ein sehr praxisorientiertes didaktisches Handbuch vorgelegt hat, in dem zwar die Stoffsammlung nach dem Prinzip der Bewegungsverwandtschaften den meisten Raum einnimmt, Hinweise zu den Unterrichtsverfahren und zur Organisation des Unterrichts, Zielfragen und andere sportdidaktische Sachverhalte aber nicht fehlen.

Die breite Skala didaktischer Sachverhalte wird in den Schriften der deutschen Philanthropen freilich nicht gleichrangig behandelt: Zielbestimmungen und Begründungen für körperliche Erziehung nehmen den überwiegenden Raum ein, organisatorische Hinweise kommen schon seltener vor, die Systematik des Übungsstoffes erhält bei GUTSMUTHS und VIETH die stärkste Aufmerksamkeit, während Aussagen über die Unterrichtsverfahren selten zu finden sind. Wenn VIETH (1795) über den Nutzen der Leibesübungen schreibt, werden von ihm viele und heute noch aktuelle Zielsetzungen genannt: Verbesserung der Gesundheit, Stärkung des Körpers, insbesondere der Muskeln, Vermehrung des Mutes, Verbesserung der Geistesarbeit, Verhütung des Missbrauchs des Geschlechtstriebes, nützliche Anwendung der Freistunden. Er gibt Anregungen zur Errichtung von Sportanlagen an öffentlichen Schulen und erwähnt ein Stadion, ein Bassin zum Schwimmen, eine gedeckte Halle und ein Reithaus, verbunden mit Räumen für die ritterlichen Übungen Fechten, Tanzen und Voltigieren. Einige Anmerkungen zum Lehrer und Aufseher und deren notwendige Kenntnisse („Es wäre gut, wenn solche Personen, die in Leibesübungen Unterricht geben, auch einige Kenntnisse von dem Bau der Maschine hätten, die ihnen anvertraut wird" [VIETH 1795]) leiten über zu methodischen Hinweisen. Unter diesem Aspekt werden behandelt: Vorzug der Übungen in freier Natur, Abwechslung und Variation beim Üben, Disziplin und militärische Ordnung, Vorsichtsregeln und Unfallverhütung, die Methode vom Leichteren zum Schweren, Wetteifer und Üben in Gruppen („in Gesellschaft"), Einteilung der Übungen nach Jahres- und Tageszeit (Belastungsrhythmus), Auswahl der Übungen nach Alter, Körperbau, Kraft und Temperament der Zöglinge und das medizinische Turnen (Bewegungstherapie).

Wenngleich die Ausführungen zu diesem Thema kurz gehalten sind, ist ihr Vorkommen doch ein Beleg für die Vollständigkeit didaktischer Fragestellungen bei diesem Theoretiker der schulischen Körpererziehung. Ausführlich geht VIETH auf die Verwendbarkeit der Leibesübungen für „unterhaltende Feyerlichkeiten" ein und entwickelt Vorschläge für Schulsportfeste und Wettkämpfe in gymnastischen Übungen. Fachdidaktische Überlegungen ähnlicher Art und teilweise in noch größerer Ausführlichkeit bei Einzelaspekten finden sich bei GUTS-MUTHS (1793) ebenso wie bei VILLAUME (1787).

Heinrich PESTALOZZIS (1746–1827) „Elementargymnastik" (1807) enthält in dem als Einleitung gedachten ausführlichen Kapitel über Körperbildung nicht nur eine unverändert gültige Einordnung der Körperbildung in das Ganze der menschlichen Bildung, sondern auch manche Einzelheiten über den Unterricht in den Leibesübungen.

Adolf SPIESS (1810–1858) hat seiner umfangreichen „Lehre der Turnkunst" eine schulbezogene Variante (Turnbuch für Schulen) mit didaktischen Erläuterungen hinzugefügt, durch Alfred MAUL wurde der Bezug zu Schule und Unterricht weiter ausgebaut. Er bereitete das SPIESSsche Turnen schuldidaktisch auf und stellte in dem Buch „Anleitung für den Turnunterricht in Knabenschulen" seine eigenen Vorstellungen über die Grundsätze, Zwecke und Lehrverfahren des Schulturnens dar.

Otto Heinrich JÄGER (1828–1912) – obwohl Zeitgenosse von SPIESS und MAUL – entwickelte in der „Neuen Turnschule" (1876) ein Konzept des Schulturnens, das vom herrschenden Turnen nach SPIESS/MAUL im Grunde und im Detail abwich. Anhänger von SPIESS wie Karl WASSMANNSDORFF (1821–1906) und Justus LION (1829–1901) schrieben Unterrichtslehren im Sinne ihres Lehrmeisters. Auf jeden Fall ist die zweite Hälfte des 19. Jahrhunderts reich an fachdidaktischer Literatur über das „Methodische Schulturnen", dessen Grundlinien SPIESS entwickelt hatte.

Die Leibeserziehung der Mädchen hat im 19. Jahrhundert Praktiker und Theoretiker in Adolf WERNER (1794–1866) und Moritz KLOSS (1818–1881) gefunden. Unter den vielen Werken des sächsischen Gymnastiklehrers Adolf WERNER finden sich auch zwei Bücher, die ausschließlich der Mädchengymnastik gewidmet sind: „Gymnastik für die weibliche Jugend" (1833) und „Amona… " (1838). Das wichtigste Werk von KLOSS ist 1854 unter dem Titel „Die weibliche Turnkunst" erschienen. Einem inhalts- und umfangreichen Praxisteil Freiübungen, Ordnungsübungen, Übungen mit Hand- und feststehenden Geräten, aber auch über Reigen, Schwimmen, Eislaufen und Spiele ist ein Theorieteil vorgespannt, der wesentliche didaktische Aspekte stets in der Sicht des Mädchenturnens behandelt: Geschichte der körperlichen Erziehung, Körperbau und Entwicklung des Mädchens, Unterrichtsverfahren, gesundheitliche Wirkungen der Gymnastik. Obschon befangen in manchen Vorurteilen dieser Zeit über die Leistungsfähigkeit des weiblichen Körpers, über Moral und Bewegung und über Kriterien der Schönheit in Haltung und Bewegung bedeutet die „Weibliche Turnkunst" von KLOSS einen theoretischen und praktischen Fortschritt in der körperlichen Erziehung der Mädchen. Im 19. Jahrhundert hat sich kein Turnfachmann gegen die körperliche Erziehung der Mädchen ausgesprochen, nur ganz wenige aber haben sich über das Bekenntnis der Notwendigkeit zu didaktischen Überlegungen zum Mädchenturnen weiterbewegt. Adolf WERNER und Moritz KLOSS zählen dazu, PESTALOZZI hat seine Elementargymnastik für Kinder geschrieben und seine tiefsinnigen Aussagen über den Nutzen der körperlichen Erziehung in genereller und nicht geschlechtsspezifischer Weise gemacht, die anderen aber, und dazu zählen GutsMuths, Jahn, Eiselen, Massmann, Spiess, Lion, Wassmannsdorff usw. hatten die männliche Jugend im Visier, wenn sie über das Turnen oder die Gymnastik schrieben.

Die Schulturnreform am Beginn des 20. Jahrhunderts hat mit Karl Gaulhofer (1885–1941) einen bedeutenden Systematiker und Didaktiker hervorgebracht. Er unterschied nach einer allgemeinen und angewandten Übungslehre und hat seinen Aussagen zum Schulturnen eigene wissenschaftliche Untersuchungen zugrundegelegt. Didaktische Probleme des Mädchenturnens wurden von Margarete Streicher (1891–1985) behandelt, bei Carl Diem (1882–1962) und Edmund Neuendorff (1875–1961) finden sich ebenfalls sportdidaktische Überlegungen. Neuendorff unterstellt die schulischen Leibesübungen vier Zwecken: dem hygienischen, voluntaristischen, sozialen und vitalen Zweck und lässt zumindest in dieser didaktischen Fragestellung eine geistige Verwandtschaft mit Gaulhofer erkennen. Der hygienische Auftrag richtet sich an die Ausgleichsübungen, Neuendorff spricht von der Körperschule, die Leistungsübungen sind der Hauptteil der voluntaristischen Absicht, und mit den sozialen und vitalen Zwecken verband er die Spiele und das Wandern.

Im 19. Jahrhundert und im ersten Drittel des 20. Jahrhunderts haben viele weitere Fachleute sportdidaktische Bücher und Abhandlungen geschrieben, zu erwähnen sind die Namen Fritz Eckardt, F. A. Schmidt, Erich Harte.

Die „Politische Leibeserziehung“ in der Zeit von 1933 bis 1945 stellte zwar nicht alles auf den Kopf, was bis zur Machtübernahme der Nationalsozialisten im Schulturnen gegolten hatte, entwickelte aber doch ein anderes Unterrichtskonzept, das in die Unterrichtspraxis verändernde Wirkungen ausübte. Der pädagogische Anspruch wurde zunächst dem politischen unterstellt und im Laufe der Entwicklung immer mehr hintangehalten. Auch der Turnlehrer sollte in erster Linie politisch zuverlässig und erst in zweiter Linie fachlich und pädagogisch qualifiziert sein; darauf war die neue Lehrerbildung bedacht. Die Leibesübungen passten hervorragend in Hitlers Erziehungskonzept, das die Grundlage für das nationalsozialistische Bildungsdenken bildete. Der kraftvolle und „rassisch reine“ Körper, das Führertum und die Gefolgschaft, die Wehrhaftigkeit und das Volkstum waren Erziehungsziele, für die man die Leibeserziehung in Beschlag nahm, dafür aber auch bereit war, sie stundenmäßig aufzubessern und zum schulischen Hauptfach zu erklären. Der veränderten Zielsetzung entsprechend wandelte sich auch die Unterrichtslehre und mit ihr die Praxis der Unterrichtsgestaltung. Bevorzugte Lerninhalte waren jene Sportarten, die Mut und Härte bewirken sollten, also Boxen und das Fußballspiel oder die, die sich für die vormilitärische Ausbildung besonders eigneten, wie Geländeübungen und -spiele, Nachtwanderungen usw. Das Lager war eine häufige Organisationsform des Schulsports und die Lagererziehung sollte einen wesentlichen Beitrag zur Gemeinschaftsbildung leisten.

1.1.2 Phasen und Erträge der Theorie der Leibeserziehung

Der vorige Abschnitt zeigt, dass die Geschichte der Sportdidaktik weder mit dem Aufkommen dieser Bezeichnung um das Jahr 1970 noch mit den zahlreichen Veröffentlichungen zur Didaktik der Leibeserziehung nach dem Zweiten Weltkrieg begonnen hat. Die Entwicklung seit 1945 ist phasenhaft verlaufen und bis zum gegenwärtigen Zeitpunkt werden drei Etappen unterschieden (vgl. Kurz 1979[2]), wobei man mit einiger Berechtigung von einer Tendenz weg von der Didaktik der Leibeserziehung und hin zu einer Sportdidaktik sprechen kann.

Nach der Epoche des Nationalsozialismus und seiner „Politischen Leibeserziehung“ setzte eine Renaissance der Reformpädagogik ein, die mit der Machtübernahme der Nationalsozialisten 1933 abrupt in ihrer Entwicklung und praktischen Wirksamkeit gestoppt worden ist. Idee und Wirklichkeit der schulischen Leibeserziehung wurden aus dem Geist der Reformpädagogik und im Rückgriff auf die didaktischen Prinzipien der Natürlichkeit, Kindgemäßheit, Gemeinschaftsbezogenheit, Lebensnähe und Ganzheit neu konzipiert. Die unzulänglichen räumlichen und personellen Voraussetzungen und der Verlust des hohen Stellenwertes der Leibeserziehung in der Schule bewirkten ungünstige Rahmenbedingungen für die Praxis des Schulturnens nach 1945. Die Gegenbewegung zum Körperkult der Nationalsozialisten, die Leibfeindlichkeit der Intellektuellen und die Zerstörungen des Zweiten Weltkrieges schufen für die schulische Leibeserziehung Bedingungen, wie sie um die Mitte des 19. Jahrhunderts geherrscht hatten. Es dauerte mehr als ein Jahrzehnt, bis wieder normale Zustände für die Durchführung des Schulsports gegeben waren. Die Aktivitäten des Deutschen Sportbundes, die Schützenhilfe durch die Ärzte, die auf die gesundheitlichen Schäden der Schuljugend hinwiesen und ein immer stärker werdender Druck der Öffentlichkeit führten 1956 zu den „Empfehlungen zur Förderung der Leibeserziehung in den Schulen“ (WOLF 1974), womit der erste Schritt hin zu einer verbesserten Unterrichtspraxis getan war. Die theoretische und didaktische Grundlegung des neuen Schulturnens allerdings war der praktischen Gestaltung um einige Jahre voraus. In Österreich wurden im sportpädagogischen Standardwerk der Nachkriegszeit, in BURGER/GROLLS „Leibeserziehung“ (1. Auflage 1949), die Ideen des „Natürlichen Turnens“ wieder aufgenommen und weiterentwickelt. In den didaktischen Werken von WAGNER (1954–1955), ALTROCK-KARGER (1956–1958), HANEBUTH (1949) und MESTER (1962) kam die Wiederaufnahme reformpädagogischer Ansichten ebenfalls deutlich zum Ausdruck. Diesen Konzepten einer leibeserziehlichen Theoriebildung sind einige Merkmale gemeinsam:

1. Ein starker Bezug zur Praxis des Unterrichtsfaches Leibesübungen.
   Die für den Unterricht relevanten Sachverhalte wurden in den didaktischen Handbüchern der oben erwähnten Autoren ausführlich behandelt: Methoden, Organisationsformen, Lehrpläne, Erlässe, Verordnungen, Aspekte der Unterrichtsvorbereitung, Erfolgskontrolle und Notengebung sowie Ausführungen über Übungsstätten und Sportgeräte. Es gab viele und konkrete Hinweise für die Planung, Durchführung und Auswertung des Schulturnens in den Lehrbüchern jener Epoche. Als Planungsgrundlagen wurden der Jahresplan und die Stundengliederung besprochen und genaue Hinweise zu Lehrverfahren, Ordnungsformen, methodischen Maßnahmen und Unterrichtsprinzipien gegeben. Dabei stand die Erörterung der Arbeitsschulmethode und der Bewegungsaufgabe im Vordergrund. Zur Leistungsbeurteilung gab es differenzierende Vorschläge, die die sportliche Leistung und die Mitarbeit im Unterricht in die Leistungsbewertung einschlossen. Ein vielseitiger Leistungsbegriff, die Anerkennung des Leistungsfortschritts und die Berücksichtigung der individuellen Leistungsvoraussetzungen waren weitere sportdidaktisch relevante Sachverhalte in der Fachliteratur.

2. Die enge Anbindung an die Entwicklungspsychologie.
   Die Stufen- und Phasentheorien der älteren Entwicklungspsychologie (STRATZ, KOCH, BUSEMANN, ZELLER) bildeten die Grundlage sportdidaktischer Ausführungen im Ziel-, Inhalts- und Methodenbereich und der didaktische Grundsatz der Entwicklungsgemäßheit wurde als besonders wichtig angesehen. Die Entwicklungsphasen und ihre Merkmale sind

der Maßstab und das Auswahlkriterium für die Lerninhalte und Methoden des Unterrichts gewesen.

3. Die Betonung der Systematik der Lerninhalte.
   Traditionelle Tendenzen des Faches Leibesübungen wurden insofern fortgeführt, als dem System der Lerninhalte viel Aufmerksamkeit geschenkt wurde. Die Leibesübungen nach pädagogischen Grundsätzen einzuteilen und damit Systematik und Ordnung in die Praxis zu tragen, wurde als wissenschaftlicher Auftrag angesehen. Alle Stoffsystematiken (L. DIEM, BURGER/GROLL, PASCHEN, MESTER, HANEBUTH, WAGNER) sind nach dem Prinzip der Erziehungswirkung und -absicht, also unter pädagogischen und nicht bewegungstheoretischen oder medizinisch-gesundheitlichen Aspekten erstellt worden.

4. Die Ablehnung eines koedukativ geführten Sportunterrichts.
   Die Annahme unterschiedlicher Voraussetzungen, Interessen, Übungsbedürfnisse bei Jungen und Mädchen führte zu einem getrennten Schulturnen ab dem 5. Schuljahr. Der Unterricht der Mädchen sollte nur von Frauen geführt werden, bei der Auswahl der Übungen nahm man auf die weibliche Wesensart Rücksicht, gesundheitliche und ästhetische Ziele standen im Vordergrund. Die Ablehnung des gemeinsamen Sportunterrichts von Jungen und Mädchen wurde mit der Wesensart der Frau, die als grundlegend verschieden von der des Mannes beurteilt wurde, gestützt. Die theoretische Untermauerung des getrenntgeschlechtlichen Unterrichts wurde allerdings in der Praxis nicht immer und überall nachvollzogen und akzeptiert.

5. Die Leibeserziehung als Teil der Gesamterziehung.
   Die Leibeserziehung als unverzichtbaren Teil der menschlichen Bildung auszuweisen, war ein erklärtes Anliegen vieler Autoren fachdidaktischer Bücher und Aufsätze in dieser Epoche. Der Rückgriff auf die Philosophen und Pädagogen der Reformpädagogik, auf Romano GUARDINI, Eduard SPRANGER, Karl JASPERS, Herman NOHL u.a. legte diese Deutung nahe und schuf die philosophisch-anthropologische Grundlage für eine Leibeserziehung, die auf der Vorstellung vom harmonisch gebildeten Menschen aufbaute. Der hohe pädagogische Anspruch der Leibeserziehung erblickte in allen Bildungszielen der Schule ein Wirkungs- und Begründungsfeld für das Schulturnen. Gesundheits- und Haltungserziehung, ästhetische und ethische Bildung, sogar die religiöse Erziehung konnten auf das Fach Leibesübungen nicht verzichten, sollten sie die Leib-Seele-Einheit des Menschen wirklich ernst nehmen. Mit dem hohen Anspruch verband sich eine naive Transfergläubigkeit, welche die Übertragung der im Schulturnen erworbenen Tugenden in andere Lebensbereiche keinem Zweifel unterzog.

Neben diesen übereinstimmenden Einzelaspekten war sämtlichen Konzepten der Leibeserziehung ein Ausgangspunkt aller didaktischen Überlegungen gemeinsam: die philosophischgeprägte Wesensschau des Menschen. Das daraus gewonnene, harmonistisch gestimmte Menschenbild der Leib-Seele-Geist-Einheit bildete die theoretische Basis für die Benennung der kategorialen Bildungswerte der Leibesübungen und die Strukturierung des didaktischen Feldes der Leibeserziehung. Diese philosophisch-anthropologische Blickweise auf die Vielfalt der motorischen Handlungsweisen des Menschen ordnete diese in die vier Gruppen der pädagogisch-didaktischen Kategorien des Leistens, Wettkämpfens, Spielens und Gestaltens ein. Das ganzheitliche Menschenbild lieferte zudem das Hauptargument für den Anspruch der

Leibeserziehung, ein unentbehrlicher Teil der Gesamterziehung und damit auch der vollständigen Bildung des heranwachsenden Menschen zu sein. Mit diesem Anspruch war eine zweifache Absicht der Legitimation verknüpft: die für das Unterrichtsfach Leibesübungen in der Schule und die für den wissenschaftlichen Rang der Theorie der Leibeserziehung an der Hochschule. In den deutschen und österreichischen Lehrplänen dieser Zeit spiegelt sich die Geistigkeit jener sportdidaktischen Epoche wider. Als oberste Zielsetzung der schulischen Leibesübungen stand die Formel vom harmonisch gebildeten Menschen in dieser oder in ähnlicher Formulierung in jeder Präambel, die Stoffpläne verrieten die Systematiken einzelner Autoren (Hessen – Mester; Nordrhein-Westfalen – L. Diem; Österreich – Burger/Groll) und waren nach Entwicklungsphasen unterteilt. Eine Trennung des Unterrichts nach dem Geschlecht war durchgängig von der 5. Schulstufe an üblich, und bei den eher spärlichen Angaben zur Unterrichtsführung stand die Arbeitsschulmethode im Vordergrund.

Am Ausgang der fünfziger Jahre geriet die Theorie der Leibeserziehung stärker in die Abhängigkeit von der Pädagogik und Allgemeinen Didaktik. Die Weichen hatte der 4. Pädagogische Hochschultag in Tübingen (1959) gestellt. Sein Thema und sein Titel „Didaktik in der Lehrerbildung" waren gleicherweise auch für die Leibeserziehung für ein Jahrzehnt bestimmend, mit dem Buch Konrad Paschens „Didaktik der Leibeserziehung" (1961), tauchte zwei Jahre später der Begriff Didaktik in der Theorie der Leibeserziehung auf und löste den gängigen Namen Unterrichtslehre ab. Die Defizite der vorangegangenen Epoche und die Distanz zu Entwicklungen in der Pädagogik wurden abgebaut und verringert, die Theorie der Leibeserziehung lehnte sich nun enger an die geisteswissenschaftlich orientierte Pädagogik an und übernahm das Konzept der „Kategorialen Bildung" von Wolfgang Klafki. Das fachdidaktische Hauptwerk dieser Epoche, die ersten zwei Bände der „Studien zur Didaktik der Leibeserziehung" von Josef. N. Schmitz (1970–1973), signalisierte Vorzüge und Schwächen dieses didaktischen Konzepts: die Anlehnung an die Allgemeine Pädagogik und die fundierte philosophisch-anthropologische Grundlegung ebenso wie die einseitige Akzentuierung der didaktischen Problemlage und die Distanz zur Unterrichtspraxis. Im Grundsätzlichen stimmten alle Autoren dieser Epoche mit Schmitz überein, auch wenn Bernett (1965) zwei Richtungen, eine anthropozentrische und eine objektivistische, zu unterscheiden glaubte. Grupe (1966, 1969), Bernett (1965), Groll (1971[3]), Fetz (1973[5]), Mester (1969), Hanebuth (1964[4]), Stöcker (1970), Hecker/Trebels (1970) unterschieden sich nur im Detail, nicht aber in der grundsätzlichen Auffassung voneinander. Wenn Hecker/Trebels auch den Begriff „Sportdidaktik" einführten, war ihr Konzept ganz den Vorstellungen Klafkis verpflichtet und stellte sogar die engste Übertragung eines allgemein didaktischen Modells auf die Situation eines Unterrichtsfaches dar. Unter Zuhilfenahme des Grundmusters der didaktischen Analyse von Klafki unternahm Hecker (1970) eine Bestimmung der Bildungskategorien der Leibesübungen und strukturierte das erzieherische Anliegen der Leibeserziehung durch folgende vier pädagogische Absichten: Bewegung, Spiel, Leistung und Gesundheit. Grupes (1984) Bemühen war um die anthropologische Begründung der Leibeserziehung als Bildungsfach gelagert. Seine Theorie der Leiblichkeit bot die Kriterien für die Zuordnung der Bildungsgehalte an die Leibesübungen. Der Beitrag der Leibesübungen zur Gesamterziehung des Menschen liegt in den Bereichen des Spiels, der Gesundheit, des Ästhetischen und des Sozialen.

Josef N. Schmitz (1970 ff.) begründete seine sportdidaktischen Folgerungen aus einem neuhumanistischen Menschenbild, dessen Strukturmerkmale Ganzheit, Entwicklung und Soziabilität sind. Daraus entwickelt er drei Strukturelemente der Leibesübungen: Bewegung, Spiel, Wetteifer und ordnet ihnen drei Handlungsweisen zu: Gestalten, Spielen und Leisten. Aus diesen drei Handlungs- und Strukturaspekten entfaltet sich für Schmitz das didaktische Feld der schulischen Leibeserziehung, angefangen von der Zielbestimmung und Aufgabenzuschreibung über die inhaltlichen und methodischen Entscheidungen bis zu den Organisationsfragen.

Für Ludwig MESTER (1969) hingegen waren Üben, Spielen, Kämpfen und Tanzen die Grundweisen des kindlichen Bewegungsverhaltens und bildeten somit die Grundstruktur des didaktischen Feldes der Leibeserziehung. Vom beobachtbaren Bewegungshandeln des Kindes ausgehend, glaubte MESTER der Praxis der schulischen Leibeserziehung eher gerecht zu werden, als durch die Ableitung didaktischer Maßnahmen aus einem stets subjektiv gültigen Menschenbild. Variiert nach Altersstufen und Situationen sind für MESTER die Grundformen der kindlichen Bewegungsaktivität der Anlass für die didaktische Aufbereitung des Unterrichts in den Leibesübungen. Den kindlichen Verhaltensweisen entsprechen vier Grundformen der Leibesübungen: die Übungs-, Tanz-, Spiel- und Kampfform.

Bei PASCHEN (1970[3]) wurden die bildenden Gehalte der Leibesübungen durch eine Strukturanalyse aus der Sache selbst gewonnen und leiteten sich weder aus den Aktionsweisen des Kindes noch aus einem Menschenbild oder einer philosophischen Anthropologie her. Die Didaktik der Leibeserziehung analysiert und beschreibt die bildenden Wirkungen der Leibesübungen als Lerninhalte des Unterrichts.

Fasst man die verschiedenen Bemühungen um die Bildungsstruktur der Leibesübungen zusammen, lassen sich folgende Aussagen treffen:

Das erfolgreiche Bemühen um die Aufhellung der pädagogischen Struktur der Leibesübungen, die widerspruchsfreie Einteilung der Aktionsweisen oder Grundformen, die Benennung der kategorialen Elemente aus der Vielfalt von Leibesübungen und die Bestimmung der wesentlichen Bildungswerte waren das Verdienst der bildungstheoretischen Didaktik der Leibeserziehung. Die Statusprobleme an Schule und Universität und die Strukturprobleme als Unterrichtsfach und wissenschaftliche Disziplin sind allerdings nicht auseinandergehalten worden.

Dem standen auf der anderen Seite Versäumnisse und Defizite gegenüber. In der Lernzielbestimmung und Aufgabenzuschreibung bezog sich der bildungstheoretische Ansatz zu einseitig auf anthropologische Kriterien und vernachlässigte die soziokulturellen und politischen Rahmenbedingungen des Unterrichtsfaches. Dadurch entwickelte sich die Vorstellung einer pädagogischen Provinz und eines unpolitischen Konzeptes der Leibeserziehung. Der Autonomieanspruch der bildungstheoretischen Pädagogik und Didaktik gegenüber den gesellschaftlichen Forderungen an die Schule lieferte das Grundmuster für die politische Abstinenz der Didaktik der Leibeserziehung. Was sich in der Praxis des Schulsports durchaus als politische Aktion auswies, wurde von der Didaktik der Leibeserziehung kaum als solche zur Kenntnis und zum Anlass der Reflexion genommen.

Zwischen Absicht und Ergebnis des leibeserziehlichen Bemühens bestand in der fachdidaktischen Theorie zudem eine breite Kluft. Die bildungstheoretisch ausgerichtete Didaktik der Leibeserziehung war eine so weitreichende Absichtserklärung, dass die Überprüfung der Verwirklichung der hoch gesteckten Ziele nicht erreichbar erschien und deshalb auch nicht zum Anlass einer Unterrichtsforschung genommen wurde. Über Lernzielkontrollen finden sich wenig Aussagen im fachdidaktischen Schrifttum dieser Zeit.

Das starke Interesse an Zielfragen und Strukturproblemen der Leibeserziehung ließ aber auch die Inhaltsproblematik in den Hintergrund treten. Das für die Anfangszeit der Theorie der Leibeserziehung bedeutsame Thema der Systematisierung der Lerninhalte trat zusehends in den Hintergrund, so dass die an sich bedeutende didaktische Frage nach der Auswahl und Anordnung von Lerninhalten kaum mehr gestellt wurde. Dies hing auch damit zusammen, dass es in der Praxis keine Inhaltsprobleme gegeben hat, der Kanon der Schulsportarten feststand und in den Lehrplänen festgeschrieben war und die Theorie keinen Anlass fand, die Lerninhalte der Leibeserziehung zu erörtern. Dies schuf eine Distanz zur Praxis des Schulsports, die durch weitere Sachverhalte noch verstärkt wurde und am Ausgang dieser Epoche bewirkte, dass tatsächliche Veränderungen in der Schulpraxis von der Theorie der Leibeserziehung nicht mehr zur Kenntnis genommen wurden.

Zur Kluft zwischen Theorie und Praxis trug auch der Umstand bei, dass die Vertreter der Fachdidaktik die Auffassung KLAFKIS von der Didaktik im engeren Sinne teilten und damit die Unterrichtsmethoden eigenständig werden ließen, was für die Didaktik und Methodik nicht von Nutzen war. Denn erstere wurde mehr und mehr ein philosophisch-anthropologischer Überbau mit praxisfernen Fragen und Antworten und letztere eine Art Rezeptdidaktik für die Durchführung des Unterrichts. Voneinander nahmen Didaktik und Methodik immer weniger Notiz. Das Wissen um den unlösbaren Zusammenhang von Zielfragen, Lerninhalten und methodischen Wegen ging verloren und sollte erst in der nächsten Periode der Sportdidaktik neu entdeckt werden.

1.2 Didaktik der Sporterziehung

1.2.1 Versportlichung der Leibeserziehung

Das Jahr 1970 wird von einigen Autoren (LANGE 1975, KURZ 1979) als Wendepunkt in der Entwicklung der Fachdidaktik und als Einleitung eines Differenzierungsprozesses bezeichnet, der in der Folgezeit zur Ausbildung mehrerer sportdidaktischer Unterrichtskonzepte geführt hat. Die bildungstheoretische Didaktik der Leibeserziehung war an den Ausgang ihrer Epoche gelangt und hat im folgenden Jahrzehnt den Platz für mehrere Ansätze und Modelle fachdidaktischen Denkens frei gemacht. Einige Jahre zuvor ist die geisteswissenschaftlich orientierte Allgemeine Didaktik denselben Weg gegangen. Ihre Ausgliederung in mehrere Modelle hat BLANKERTS (1976[9]) beschrieben. Dahinter stand eine Veränderung in der Pädagogik, die Heinrich ROTH die „realistische Wende" genannt hat und die sich auch im Titel eines Buches von Wolfgang BREZINKA andeutet: „Von der Pädagogik zur Erziehungswissenschaft". Die Erziehungswissenschaft verstand sich zunehmend mehr als Sozialwissenschaft, übernahm die Methoden der empirischen Sozialforschung, erprobte sie in ihrem Gegenstandsbereich und wandte sich von den pädagogischen Werten ab und den pädagogischen Tatsachen zu. Die Erziehungswissenschaft ging nun von sich aus auf die Gesellschaft zu und gab den geisteswissenschaftlich formulierten Autonomieanspruch weitgehend auf. Die Zuwendung zur Praxis von Schule und Unterricht, die Verwendung empirischer Methoden der Erkenntnisgewinnung und Theorieprüfung, die Differenzierung der Problemfelder und Theorien waren ein Gewinn für die Didaktik. Sie verstand sich nicht mehr als Bildungslehre sondern als Unterrichtstheorie, und diese Hinwendung zum Unterricht verlieh ihr einen neuen und höheren Stellenwert in der Lehrerbildung.

Ähnliche Tendenzen und parallele Entwicklungen sind zeitverschoben in der Sportdidaktik auszumachen. Was sich in der Pädagogik und Allgemeinen Didaktik um die Mitte der sechziger Jahre ankündigt und verwirklicht, bricht in die Sportdidaktik einige Jahre später ein: die realistische Wendung zum Sportunterricht und zum motorischen Lernprozess, die Orientierung an den gesellschaftlichen Rahmenbedingungen des Schulsports im Zusammenhang mit den Bemühungen um ein Sportcurriculum, der Einsatz empirischer Methoden, der sich bereits beim Motivationskongress des Ausschusses Deutscher Leibeserzieher im Jahre 1970 in vielen Referaten und Arbeitskreisen ankündigte und die Hinwendung zum Sport als Gegenstand der Sportdidaktik und des Sportunterrichts in der Schule. Der Schulsport orientiert sich zunehmend stärker am außerschulischen Sport, und zwar an dessen leistungs- und freizeitorientierten Ausprägung. In der Begründung als Unterrichtsfach treten die pädagogischen Argumente zurück und der Sport als gesellschaftliches Phänomen hervor, und die Notwendigkeit des Schulsports wird zunehmend mehr mit der Erziehung zum Sport als mit der Erziehung durch Sport nachgewiesen. Die Begriffe Leibesübungen und Leibeserziehung wichen den Worten Sport, Sportunterricht und Schulsport, und dies sowohl im fachdidaktischen Schrifttum und in den Titeln der Fachzeitschriften als auch in der amtlichen Bezeichnung des Unterrichtsfaches.

Die Auseinandersetzung um die Begriffe „Sportpädagogik“ oder „Theorie der Leibeserziehung“ war keineswegs auf die deutschsprachige Fachwelt beschränkt geblieben. BOUCHARD (1976) hat annähernd zwanzig verschiedene Bezeichnungen dieser Wissenschaftsdisziplin im internationalen Schrifttum angegeben. Damit sind einige Tendenzen eines neuen didaktischen Konzeptes der körperlichen Erziehung, das den Namen Sportdidaktik erhalten sollte, benannt; Tendenzen, die bei aller Verschiedenheit im Detail in mehreren sportdidaktischen Modellen nachzuweisen sind. Der Wandel ihres Selbstverständnisses und die Ausdifferenzierung ihres Gegenstandsbereiches verlieh der Sportdidaktik einen neuen Stellenwert in der Sportlehrerausbildung und machte sie zu einem wichtigen Ausbildungsinhalt und Qualifikationsmerkmal für den Sportlehrer.

KURZ (1979) hat auf die Tatsache aufmerksam gemacht, dass dem Wandel in der sportdidaktischen Theorie eine veränderte Praxis des Schulsports entsprochen hat. Ein Trend zu den Sportarten als Inhalte des Schulsports zeigte sich am Beginn der siebziger Jahre deutlich und betraf den Kanon der Schulsportarten, die Organisation des Unterrichts, die Ausstattung der Schulsportanlagen und die Ausbildung der Sportlehrer. Der schon vor dem Zweiten Weltkrieg gebildete und lange Zeit bestehende Kanon der schulischen Leibesübungen wurde jetzt nicht nur schrittweise verändert, sondern auch mit neuen Namen versehen. Die im außerschulischen Sport üblichen Bezeichnungen für die Sportarten wurden in die Terminologie des Schulsports und der Lehrpläne übernommen. So finden sich in den curricularen Lehrplänen der siebziger Jahre die Bezeichnungen Basketball, Rudern, Volleyball, Turnen usw., d.h. Schulsport und Vereinssport gleichen einander die Benennungen der Disziplinen an. Der Schulsport nahm auch manche Sportart neu in sein Repertoire auf und führte unter der Bezeichnung lifetime-Sportarten Tennis, Rudern, Skilanglauf u.a. ein. Darauf stellte sich in der Folge auch die Sportlehrerausbildung ein, deren Prüfungs- und Ausbildungsordnungen ebenfalls die Sportarten in den Mittelpunkt rückten. Die Organisationsstruktur des Schulsports veränderte sich in dieselbe Richtung. Im differenzierten Unterricht rückte die spezielle Sportart in den Vordergrund, die Einführung des Leistungskurses Sport in der reformierten Oberstufe des Gymnasiums folgte in Theorie und Praxis dem Trend zum Leistungssport, und in den Bemühungen um die Einführung des koedukativen Sportunterrichts offenbarte sich ebenfalls die Berücksichtigung der außerschulischen sportlichen Aktivität der Jugend. Die langsam Boden gewinnende Unterrichtstechnologie im Schulsport bot mit ihren Buch- und Medienprogrammen ausschließlich die genormten Fertigkeiten und Spielhandlungen des Vereins- und Leistungssports an. Zuletzt spiegelt sich auch in der Ausstattung der Schulsportanlagen dieser Trend zum genormten Sport wider, denn dort – wie Kurz (1979) richtig bemerkt – verdrängen die Geräte des Leistungssports die bisher üblichen Sportgeräte Taue, Rundlauf, Bock und Tisch.

Die Umbenennung des Faches Leibesübungen in Sportunterricht entsprach demnach nicht nur den Bestrebungen der Theorie, sondern auch den Tatbeständen der Praxis des Schulsports. Die Jahre nach 1970 brachten die „Versportlichung" der Leibeserziehung, wie es die Gegner negativ ausdrückten oder die Anerkennung und Annahme des gesellschaftichen Phänomens Sport als Gegenstand des schulischen Unterrichts, wie man es positiv gewendet sagen könnte. Die Schule ließ sich auf den Sport ein, und damit wurde der Sport als Handlungsfeld und als Theorieproblem zum Gegenstand des Unterrichts und der Unterrichtslehre, des Sportunterrichts und der Sportdidaktik. Diese Hinwendung zum Sport ist in allen Konzepten der Sportdidaktik zu erkennen. Diese Versportlichung der Leibeserziehung in der zweiten Hälfte des 20. Jahrhunderts war der späte schulische Nachvollzug einer Entwicklung, die in der Bewegungskultur und im Bewegungshandeln der Menschen schon am Beginn des Jahrhunderts eingesetzt hatte: die Dominanz der Sportkultur und die Verdrängung der anderen Ausdrucksformen und Sinngehalte des Bewegungshandelns: der Spiel-, der Ausdrucks- und der Gesundheitskultur.

Am Anfang der Neukonzeption der sportdidaktischen Theoriebildung standen informationstheoretische, curriculare und kommunikationstheoretische Entwürfe des Schulsports. Ihr gemeinsames Anliegen war die Vermittlung der nach didaktischen Gesichtspunkten ausgewählten Schulsportarten, die in ihrer Benennung, Inhaltlichkeit und methodischen Vermittlung den Sportarten und Trainingsmethoden des Vereinssports entsprachen. Auf kybernetischen Lern- und Systemtheorien beruhen die sportdidaktischen Überlegungen die Ungerer (1973), ein Wortführer einer *informationstheoretischen Fachdidaktik* angestellt hat. Im Mittelpunkt seines didaktischen Interesses steht der motorische Lernprozess, der lehrendes und lernendes System in ein bidirektionales Kommunikationssystem einschließt. Die Analyse des motorischen Lernvorgangs und die Beschreibung seiner wesentlichen Elemente (Information, Bewegungsentwurf, Steuerung, Regelung, Soll- und Ist-Wert, sensomotorische Sequenzen und Fertigkeiten) sind das Anliegen der informationstheoretischen Sportdidaktik gewesen. Die Analyse und Beschreibung des motorischen Lernprozesses bilden die theoretische Voraussetzung für die Optimierung des Lernens im Bereich der Sensomotorik. Dabei wird Lernen als Aufnahme, Verarbeitung und Abbau von Informationen und dem damit verbundenen Aufbau von Verhalten definiert. Diesem Ansatz kommt das Verdienst zu, die Strukturen des motorischen Lernvorganges erhellt und auf den sensorischen Anteil beim motorischen Lernen hingewiesen zu haben. Für die Praxis des programmierten Lernens im Sport schuf die informationstheoretische Sportdidaktik wichtige lerntheoretische Grundlagen, insgesamt aber nahm sie eine unzulässige Verengung des sportdidaktischen Feldes vor. Ein rigoroser Wissenschaftsbegriff verengt die Komplexität des Unterrichts auf den Lernprozess und schließt die wissenschaftliche Behandlung der Lernzielproblematik aus. Aus dem Bestreben heraus, alle Bedingungen des Lerngeschehens in den Griff naturwissenschaftlicher Erklärung zu bekommen, werden wesentliche Probleme des Unterrichts (z.B. die Lernzielbestimmung) in den vorwissenschaftlichen Bereich verwiesen. Ein didaktisches Modell, das der Komplexität der zugehörigen Unterrichtswirklichkeit angemessen sein soll, kommt um normative Entscheidungen nicht herum und darf den Vermittlungsaspekt nicht zu einseitig in den Vordergrund rücken. Wie sich die von Ungerer (1979) vorgenommenen Grenzüberschreitungen und der Einbezug der Lernzielproblematik in das kybernetische Modell mit dem Wissenschaftsbegriff der Kybernetik vereinen lassen, bleibt ein ungelöstes Problem. Durch den Einbezug normativer Elemente in die Beschreibung und Erklärung des motorischen Lehr- und Lernprozesses vollzieht Ungerer (1979) in der Sportdidaktik nach, was die kybernetische Pädagogik (Frank 1973) vorgegeben hat. Insofern ist der Schritt von einem kybernetischen Lehr- und Lernmodell für den Bereich des sensomotorischen Lernens zu einem umfassenden Didaktikansatz getan. Der Begriff der Selbststeuerung verweist auf die Eigenentscheidung des Lernenden im Lernprozess und deutet ein kybernetisches Menschenbild – oder wie Ungerer sagt – ein „Funktionsmodell vom Menschen" (1979, 67) an, bei dem die Selbststeuerung beim Auswählen der Ziele und Anwenden des Gelernten gewahrt bleibt.

Die Lernzielthematik steht im Zentrum *curriculumtheoretischer Ansätze* in der Sportdidaktik. Von mehreren Ansätzen zu sprechen ist durchaus berechtigt, weil die Bemühungen um ein Sportcurriculum sowohl verschiedene Ausgangslagen als auch unterschiedliche Ergebnisse gehabt haben. Unterschiedliche Grundannahmen über die gesellschaftliche Wirkung des Sports, unterschiedliche Persönlichkeitsmodelle und Gesellschaftstheorien und voneinander abweichende Aufgabenzuschreibungen an den Schulsport haben eine Vielzahl von Curriculumentwürfen am Beginn der siebziger Jahre hervorgebracht, von denen einige sogar das praxiswirksame Stadium offizieller Lehrpläne erreicht haben. Die Curriculumtheorie war von Anfang an durch das Konzept von Robinsohn (1967) nicht auf die Revision der Lehrpläne beschränkt, sondern auf eine umfassendere Bildungsreform ausgerichtet. Deshalb verstanden sich die sportcurricularen Entwürfe und Programme nicht nur als Bemühungen um neue Lehrpläne für das Unterrichtsfach Sport, sondern als Reform des gesamten Schulsports und waren insofern auch sportdidaktische Konzepte. Der Vorschlag, das Wort Didaktik mit Curriculum zu ersetzen, tauchte auch bald auf, setzte sich aber nicht durch.

Die curriculumtheoretischen Modelle des Schulsports sind insofern unterschiedlich ausgefallen, weil sie verschiedene Ausgangslagen hatten:

- die vorgefundene Wirklichkeit des schulischen und außerschulischen Sports;
- besondere, durch eine Gesellschaftsanalyse gewonnene Lebenssituationen mit einem bedeutsamen Bezug zum Sport, z.B. Freizeit;
- die sportlichen Bedürfnisse und Neigungen der Schüler;
- die menschliche Bewegung und ihre motorischen und physischen Merkmale;
- allgemeine pädagogische und gesellschaftspolitische Leitideen wie Emanzipation, Mündigkeit, Kommunikationsfähigkeit usw.

Unter solchen Vorzeichen wurden sportbezogene, freizeitorientierte, gesellschaftskritische, schülerorientierte oder motorikbezogene Entwürfe für ein Sportcurriculum vorgelegt. Während die erste curriculare Phase mehr schulübergreifende und festgeschriebene Sportcurricula hervorgebracht hat, hat die zweite Phase das offene und schulnahe Curriculum bevorzugt. Die Erträge dieser sportdidaktischen Richtung waren neue freizeitwertige Sportarten im Sportunterricht, die Aufbereitung der Lernziele für didaktische Entscheidungen, die Erörterung gesellschaftlicher Rahmenbedingungen des Schulsports, die Analyse ihrer bildungspolitischen Wirksamkeit und der, wenn auch nicht geglückte Versuch, didaktische Entscheidungen durch empirische Forschung abzusichern.

Der Lehr- und Lernprozess im Sport und weniger seine Ergebnisse bildete den Gegenstand eines fachdidaktischen Modells, welches dem sozialen Lernen seine besondere Aufmerksamkeit zuwandte. Brodtmann (1979, 57) beschrieb drei Merkmale eines offenen und kommunikativen Sportunterrichts und bestimmte damit auch die Problemfelder einer *prozess- oder sozialisationsorientierten Sportdidaktik* durch ein erweitertes Inhaltsverständnis.

Die Lerninhalte des Sportunterrichts sind nicht nur die Formen des genormten Vereinssports, sondern auch motorische Tätigkeiten und Handlungen, die von den Beteiligten definiert und situativ verändert werden. Damit werden die subjektiven Bedürfnisse der Handelnden und die spezifischen Bedingungen der jeweiligen Situation die norm- und regelsetzenden Instanzen für den Sportunterricht und nicht die festgeschriebenen Regeln des institutionalisierten Sports. Die offene Handlungssituation ist das Kernelement dieses sportdidaktischen Ansatzes: Sport als dynamisches, offenes und kommunikatives Handlungsfeld definiert den Gegenstand der Sportdidaktik.

Das zweite Merkmal ist ein nicht-hierarchisches Interaktionsverhältnis, das eine gleichberechtigte Interaktion von Lehrer und Schülern einfordert, bei der ein Konsens für das Lernen und Üben hergestellt wird. Dies verändert die traditionelle Sportlehrerrolle bei der Planung und Durchführung des Sportunterrichts und schafft dem Schüler Entscheidungsspielräume für Inhalte und Methoden des Unterrichts.

Drittens kennzeichnet das prozessorientierte Didaktikmodell BRODTMANNS ein beständiger Wechsel von Handeln und Denken. Die Interpretation der sportlichen Inhalte durch alle am Sportunterricht Beteiligten und die gleichberechtigten Entscheidungsbefugnisse schaffen Situationen, die nur in der Aussprache gelöst werden können. Deshalb enthält dieses Konzept einer kommunikativen und prozessorientierten Sportdidaktik mehr Zeit für Unterrichtsgespräche und die reflexive Auseinandersetzung mit dem Sport.

Der differenzierenden Sicht BRODTMANNS (1979) entgingen weder die organisatorischen und personellen Widerstände noch die Grenzen eines derartigen sportdidaktischen Modells, so dass in seiner Darstellung weniger die Alternative von prozess- und produktionsorientierter Sportdidaktik als vielmehr die Andeutung eines Kompromisses durchscheint, ein Eingeständnis, das nicht von allen Verfechtern dieses didaktischen Ansatzes zu bekommen ist.

Auf diese mehr fragmentarisch gebliebenen Konzeptionen der Sportdidaktik folgten handlungs-, erfahrungs- und unterrichtstheoretische Konzepte der sportdidaktischen Theoriebildung, von denen im Folgenden einige Modelle zur Darstellung gelangen.

1.2.2 Aktuelle Konzepte der Sportdidaktik

Nach einer längeren Such- und Übergangszeit zwischen den Phasen der Didaktik der Leibeserziehung und der Sportdidaktik (vgl. Kap. 1.2.1) präsentiert sich die Fachdidaktik gegenwärtig in einer vielfältigen konzeptionellen Ausdifferenzierung. Zu unterscheiden sind:

- Sportartenkonzepte: z.B. SÖLL, HUMMEL, VOLKAMER
- Offener Sportunterricht: z.B. FRANKFURTER ARBEITSGRUPPE, HILDEBRANDT/LAGING
- Sporterziehungskonzepte: z.B. KURZ, BALZ, EHNI
- Körpererfahrungs(Leiblichkeits)konzepte: z.B. FUNKE-WIENEKE, BIELEFELD
- Bewegungserziehungskonzepte: z.B. KRETSCHMER, ZIMMER, MOEGLING
- Bewegungskulturelles Konzept: z.B. GRÖSSING

Diese idealtypische Konstruktion und Unterscheidung soll nicht verschleiern, dass es selbstverständlich auch Übergänge und Überschneidungen gibt und darüber hinaus fachdidaktische Überlegungen und konzeptionelle Ansätze, die keiner dieser Gruppen zuzuordnen sind. Um einige Beispiele aufzuführen: PÜHSE (1997) stellt das soziale Handeln in den Vordergrund seiner fachdidaktischen Ausführungen, ohne dass aber schon von seinem Sportsozialisationskonzept gesprochen werden kann; KÜPPER (1997) und SASS (1997) beschreiben Ansätze zu einem sportartübergreifenden und themenorientierten Unterricht, BRÄUTIGAM (1994) verbindet ähnlich wie VOLKAMER das Spaßmotiv in besonderer Weise mit dem schulischen Sportunterricht.

In der jüngeren Fachliteratur finden sich außerdem auch andere Einteilungen der gegenwärtig aktuellen Konzepte der Sportdidaktik. Die vorstehende Einteilung in vier Gruppen und die nachfolgenden Ausführungen zu ausgewählten fachdidaktischen Konzepten sind mein Versuch einer Systematisierung. Es gibt natürlich auch andere Zuteilungen und Ordnungsvorschläge, die von Balz (1992), Schaller (1992), Hummel (1995), Crum (1992), Prohl (1999), Ehni (2000) vorgenommen wurden.

Balz (1992) benennt vier Gruppen fachdidaktischer Konzeptionen nach den Kriterien
1. Sportarten
2. Handlungsfähigkeit im Sport
3. Körpererfahrung
4. Entpädagogisierung

Schaller (1992) unterteilt ebenfalls in vier Konzepte mit den Zielsetzungen
1. Körpererfahrung
2. Gesundheit
3. Soziales Lernen
4. Sportliche Handlungsfähigkeit

Crum (1992) zieht den zeitlichen Rahmen weiter und bezieht die Theorie der Leibeserziehung mit ein, wenn er ebenfalls in vierfacher Weise differenziert:
1. das biologisch-funktionale Leibesübungskonzept
2. das bildungstheoretische Leibeserziehungskonzept
3. das konforme Sozialisationskonzept
4. das kritisch-konstruktive Bewegungssozialisationskonzept

Hummel (1995) teilt in fünf Gruppen ein und benennt in jeder Gruppe ein oder zwei Autorennamen:
1. Sportartenkonzept: Söll
2. Intensivierungskonzept: Stiehler
3. Konzept Körpererfahrung und Bewegungserziehung: Funke/Grössing
4. Handlungsfähigkeits- und Sinnkonzept: Kurz
5. Könnenskonzept: Hummel/Knappe

Auch Prohl (1999) hat in seiner neuesten Veröffentlichung (Sportpädagogik) eine Konzeptgliederung der Sportdidaktik vorgenommen, vier Gruppen gebildet und Namen zugeordnet:
1. Pragmatisch-qualifikatorische Didaktik: Söll, Hummer, Kurz
2. Kritisch-emanzipatorische Didaktik: Brodtmann, Ehni, Dietrich/Landau, Frankfurter Arbeitsgruppe, Funke
3. Spaßdidaktik: Bräutigam
4. Bewegungs- und sportkulturelle Didaktik: Grössing, Gruppe

Ehni (2000, 21) unterscheidet vier Positionen des Schulsports und teilt ihnen sportdidaktische Konzepte und ihre Autoren zu:
- die pädagogische Position mit Funke, Balz
- die unterrichtliche Position mit Grössing, Scherler, Schierz
- die sachbezogene Position mit Söll, Volkamer
- die sinnorientierte Position mit Kurz (und ihm selbst)

Bildung und Erziehung durch Sport ist das Kernthema der ersten, Lehren und Lernen das der zweiten, Qualifizierung für den Sport das der dritten und Sinngebung und Sinnerörterung das der vierten sportdidaktischen Position. So jedenfalls die jeweiligen Zuschreibungen durch EHNI.

Aus den eingangs benannten sechs Gruppen fachdidaktischer Konzeptionen werden im Folgenden einige Modelle beispielhaft vorgestellt und kommentiert.

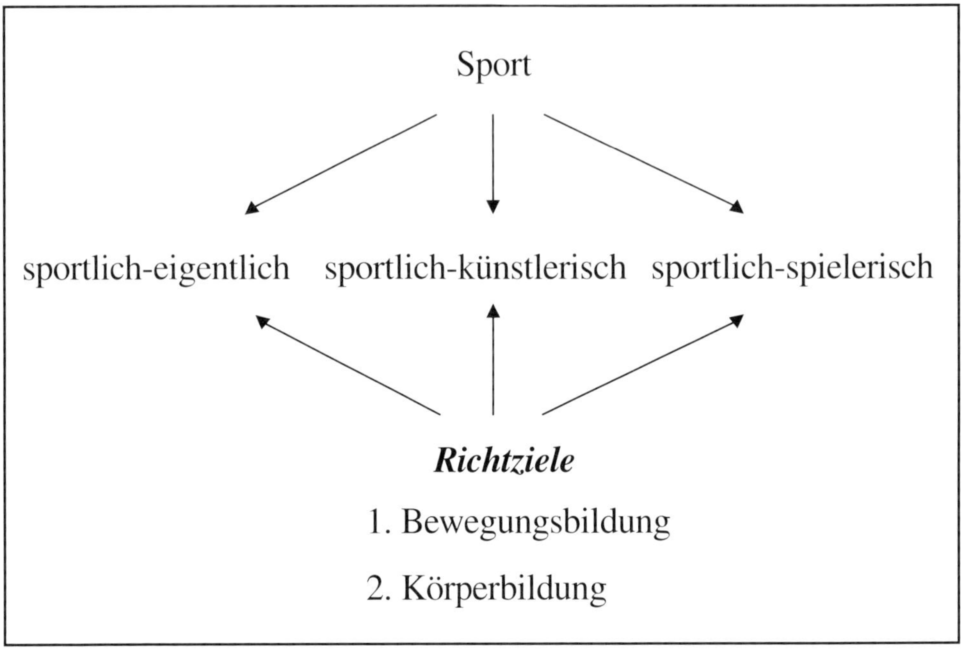

Abb. 1: Das Sportartenkonzept (SÖLL).

Die Schule vermittelt Sportarten (vgl. SÖLL 1995) um ihrer selbst willen und nicht als Medium für Gesundheits- oder Sozialerziehung. Der Schüler erfährt das Kulturgut Sport in den drei Grundverhaltensweisen:

- sportlich – leistungssteigernd (z.B. Leichtathletik)
- sportlich – künstlerisch (z.B. Gerätturnen)
- sportlich – spielerisch (z.B. Volleyball).

Die Auswahl der Sportarten erfolgt nach diesen drei Kriterien und hat die zweifache Zielsetzung der Bewegungsbildung und der Körperbildung.

Ähnliche, wenn auch mehr das erzieherische Moment berücksichtigende Überlegungen stekken im Konzept der sportlich-körperlichen Grundlagenbildung von HUMMEL (1997). VOLKAMER (1995) wiederum verknüpft den Sport mit dem Spaßmotiv und begründet sein Didaktikkonzept mit dem Phänomen des Wertewandels im Sport (Leistung → Spaß) und der Flow-Theorie von CSIKZENTMIHALIY.

In der Selbstauslegung wird der offene Sportunterricht von seinen Verfechtern HILDEBRANDT/ LAGING 1981, FRANKFURTER ARBEITSGRUPPE 1982) als Gegenstück zum geschlossenen, lehrerzentrierten, die Sportarten bevorzugenden Sportunterricht, wie er gegenwärtig theoretisch le-

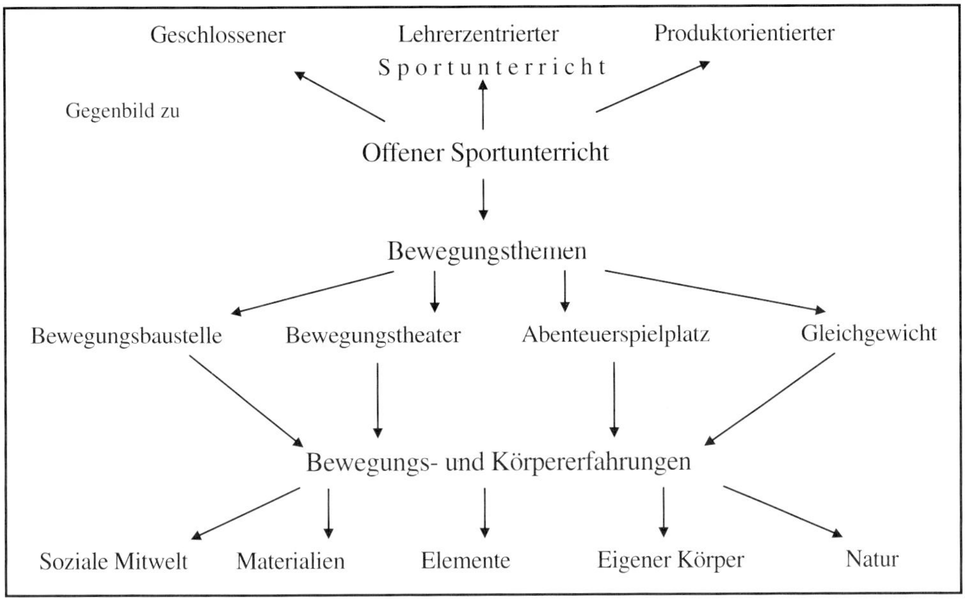

Abb. 2: Offener Sportunterricht (Frankfurter Arbeitsgruppe).

gitimiert und praktisch durchgeführt wird angegeben. Die Kritik setzt am Sport und seiner trainingsgemäßen Vermittlung an und stellt dem ein Unterrichtsprogramm entgegen, bei dem der Lehrer gemeinsam mit den Schülern Bewegungsthemen plant und durchführt, die anders und komplexer als die herkömmlichen Sportarten sind: Abenteuerspielplatz, Zirkus, Bewegungsbaustelle, Laufen, Balancieren.

Nicht Sportarten werden gelehrt und gelernt, sondern Bewegungsideen gefunden und inszeniert. Die Bewegungsbedürfnisse des Schülers bilden ebenso wie die Bewegungsvorgaben des Lehrplans den Anlass und die Ausführung der Unterrichtsgestaltung. Es drängt sich allerdings die Frage auf, ob es die wahren Bewegungsbedürfnisse der Kinder sind, die zu Themen des Unterrichts erklärt werden oder nicht vielmehr jene, von denen die Anhänger des offenen Sportunterrichts wünschen, dass sie es wären. Die Bewegungsvorstellungen der Kinder und Jugendlichen sind heutzutage sehr stark vom Fernsehen geprägt und gerade dieses Medium vermittelt fast ausschließlich ein Sportbild, das die genormten Sportarten oder die momentanen Bewegungsmoden in den Mittelpunkt stellt. Der Schule soll nicht verweigert sein, in der Sporterziehung gegen den Strom zu schwimmen und Gegenbilder der Bewegungskultur anzubieten, nur muss sie es auch bekennen und darf ihre gegenläufigen Absichten nicht mit dem Mantel der Schülerinteressen verhüllen. Offener Sportunterricht als Öffnung des Schulsports für nichtsportliche Bewegungskultur, als Erweiterung des inhaltlichen Angebots, als Kritik an der Verkrustung des genormten Sports und als heiterer Ausgleich zum ernsthaften Üben und motorischen Lernen ist ein berechtigtes didaktisches Anliegen. Es ist dabei allerdings zu achten, dass über die subjektiven Bewegungsbedürfnisse der Kinder ihr objektiver Bewegungsbedarf nicht übersehen wird. Denn die Beteiligung bei der Unterrichtsplanung und -durchführung und die Erkundung der Interessen der Schüler schränkt oftmals die Bewegungszeit ein. Ausreichende und anstrengende Bewegung muss aber in der bewegungsarmen Lebenshaltung der Gegenwart das wichtigste Anliegen des Schulsports sein. Das offene Bewegungskonzept eignet sich für die Grundschule besser als für spätere Altersstufen, weil es dem Abenteuer- und Spielbedürfnis des jüngeren Kindes sehr entgegenkommt.

Das mehrperspektivische Konzept der sportlichen Handlungsfähigkeit

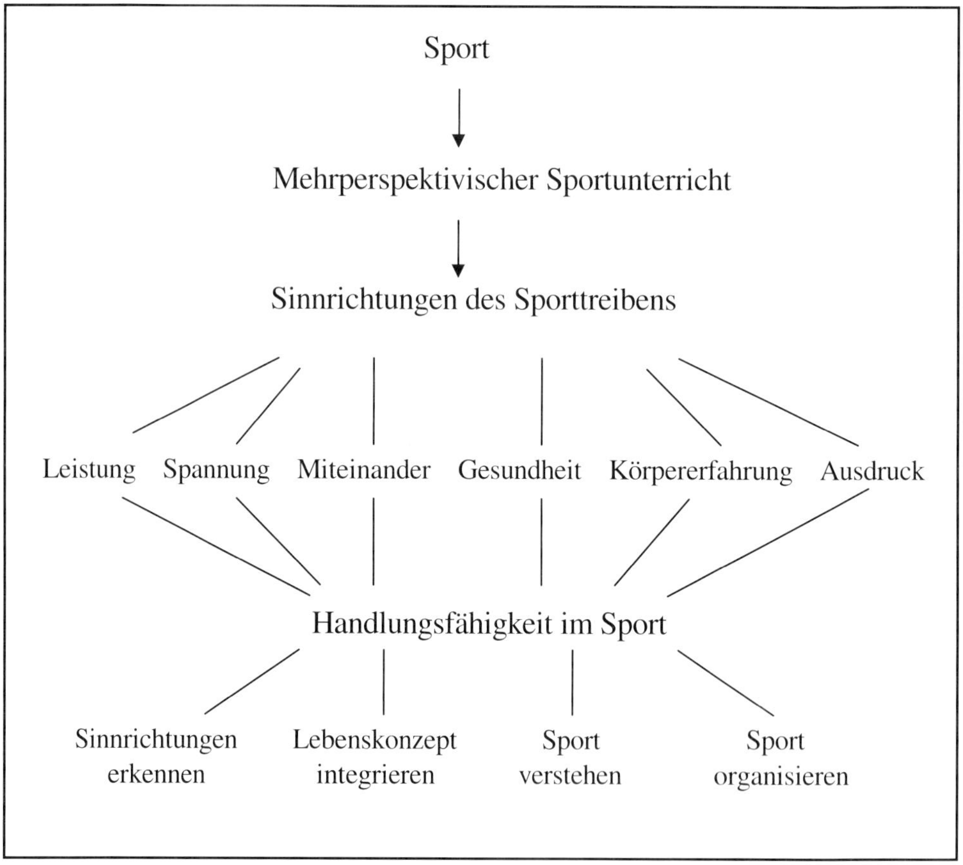

Abb. 3: Konzept der sportlichen Handlungsfähigkeit (Kurz).

Sportliches Handeln in offenen und geschlossenen motorischen Situationen didaktisch aufzubereiten und in Lehr- und Lernzusammenhängen zu strukturieren ist die Absicht der Konzepte einer handlungsorientierten Sportdidaktik, wie sie in sehr ähnlicher Weise von Horst Ehni (1977, 1979) und Dietrich Kurz (1979, 1987, 1995) entwickelt und zur Ansicht gebracht worden sind. Die umfassende Handlungskompetenz innerhalb eines breit angelegten Handlungsfeldes Sport ist die erklärte Zielsetzung des didaktischen Konzeptes von Ehni (1979). Sportliches Handeln in einem sehr weiten Verständnis, als experimentierender Umgang mit Sportgeräten und Gelände, als motorisches Lernen, als Üben und Trainieren, als Spielen und Wettkämpfen, als Bewegungshandeln ebenso wie als Sprachhandeln und als technisches Handeln wäre somit der Gegenstand der Sportdidaktik. Sport wird durch verschiedene Handlungsformen vermittelt – Ehni (1979, 197 ff.) nennt folgende Grundtypen: Explorieren, Lehren und

Lernen, Üben, Trainieren, Darstellen und Vergleichen, Spielen, Sprechen –, wobei jede Handlungsform eine typische und spezifische didaktische Struktur aufweist, so dass Sportdidaktik letztlich nicht die Summe mehrerer Didaktiken der Sportarten, sondern die mehrerer Didaktiken spezieller Handlungsweisen ist. Sportliche Handlungskompetenz als Ziel des Schulsports ist nicht durch die Vielfalt und Vielzahl der Sportarten, sondern durch die Vielfältigkeit der Verfügung über sportmotorische Handlungsweisen bestimmt. Probleme und Themen einer handlungsorientierten Sportdidaktik sind deshalb die Vermittlung der sportlichen Handlungsformen des Erkundens, Lernens, Übens, Trainierens, Darstellens, Vergleichens, Spielens und Sprechens im Sportunterricht. In diesem sportdidaktischen Konzept ist noch der Unterschied zwischen Sport und Sportarten deutlich sichtbar, wird die Weite dessen, was mit Sport bezeichnet wird, nicht mit der engen Begrifflichkeit der Sportarten verwechselt.

Einen ähnlich handlungstheoretisch fundierten Ansatz, der von den Sinngehalten des außerschulischen Sports seinen Ausgang und diese für den Schulsport in Anspruch nimmt, vertritt KURZ (1987,1979[2], 1990[3]). Seine Bemühungen zielten auf einen Kompromiß zwischen produktorientierter und prozessorientierter Sportdidaktik, indem er Programmierung und Inszenierung als gleich wichtige Aspekte des Schulsports herausstellte und didaktisch aufbereitete. Das sportdidaktisch wichtige Problem der Auswahl von pädagogisch legitimierten Handlungssituationen im Schulsport löst KURZ (1977, 208 ff.) durch Kriterien, mit deren Hilfe er aus den Sinngehalten des Sports die Ziele und Inhalte des Schulsports gewinnt. Zu den Auswahlkriterien zählt KURZ die Bewegungsvielfalt, die soziale Interaktion, die augenblickliche und zukünftige Freizeit des Schülers, den Ausgleich, die Gesundheit, die Leistung, den Ausdruck, das Spiel mit seinen Elementen der Spannung und des Wettkampfes und die Veränderbarkeit des Sports. Im Zentrum der sportdidaktischen Überlegungen steht bei Dietrich KURZ der Zielbegriff der sportlichen Handlungsfähigkeit (vgl. KURZ 1979[2], 1987, 1995). Er gibt ihm zunächst die weite Fassung der Aktivität (Sport betreiben), der Reflexion (Sport erkennen und durchschauen) und der Organisation (sportliches Handeln für sich und andere gestalten) und er orientiert ihn an einer Sicht auf den Sport, die er mehrperspektivisch benennt und die ihm den Sport keineswegs nur als eine bestimmte, für die Schule brauchbare Anzahl von Sportar-

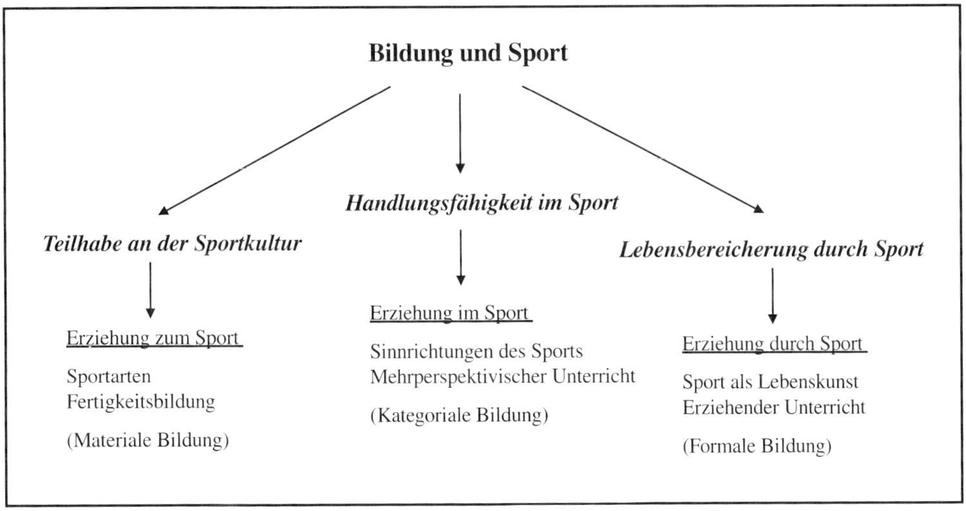

Abb. 4: Bildung und Sport (BALZ).

ten zeigt. In situativer und intentionaler Abhängigkeit ist die sportliche Handlungsfähigkeit einmal im Rahmen genormter Sportarten und ein anderes Mal im Bezug auf offene sportliche Bewegungshandlungen zu erwerben und in Gebrauch zu nehmen.

Auch BALZ (1997) vertritt ein Sporterziehungskonzept, in dem der Begriff „Handlungsfähigkeit im Sport" eine wichtige Position einnimmt (s. Abb. 4, S. 27).

Die bisher gebräuchliche Unterscheidung nach der Erziehung zum und durch Sport wird von BALZ erweitert um die Idee der Erziehung im Sport.

Im Zuge der Versportlichung der Bewegungskultur ist die Leibeserziehung zum Sportunterricht geworden, und was zuerst nur wie ein Austausch der Benennung eines Unterrichtsfaches ausgesehen hat, erwies sich als grundlegende inhaltliche und methodische Veränderung, weil mit dem Wort Sport auch die dazugehörige Sache in die Schule einzog. Die Sportarten bildeten die curricularen und unterrichtlichen Inhalte, Training die vorherrschende Methode, Wettkampf und Leistungsvergleich wichtige Handlungsweisen und selbst die Geräte und Anlagen des Schulsports wurden nach „olympischen" Gesichtspunkten ausgewählt und angeschafft. Es verschwanden die Geräte, die nicht in den genormten Sportarten unterzubringen waren, und es zogen Spannreck und Olympiabarren mit großem Kostenaufwand in die Schule ein.

Die „Versportlichung" der Leibeserziehung ereignete sich nicht ohne Begründung und einsichtige Argumentation:

- Sportarten sind ein wichtiger Bestandteil der Freizeitaktivitäten.
- Es herrscht eine große Kluft zwischen dem Freizeitsport der Jugend und den Bewegungsangeboten der schulischen Leibeserziehung.
- Freizeiterziehung ist in einer Freizeitgesellschaft eine unumgängliche und ebenso wichtige Aufgabe wie die Vorbereitung auf die Arbeitswelt.
- Die Gleichsetzung von Sport und Gesundheit legitimierte die Sportarten außerdem als unentbehrlich für das menschliche Wohlbefinden in einer von Bewegungsmangelkrankheiten bedrohten Gesellschaft.

  Der Sport ist die bestimmende Bewegungskultur der Industriegesellschaft, weshalb die Handlungsfähigkeit in diesem Kulturbereich zum vorrangigen Auftrag wird (Erziehung zum Sport).
- Die Sinngehalte und die Interaktionsstrukturen des Sports sind so vielfältig, dass im Erwerb der sportlichen Handlungsfähigkeit auch die Chancen der Sozialisation und Personalisation liegen (Erziehung durch Sport).

Die Absicht der zweifachen Sporterziehung ist in der Schule allerdings zu einem Programm der Vermittlung einiger, nach didaktischen Gesichtspunkten ausgewählter, Sportarten geworden. Der ursprüngliche weite Begriff Sport, der sich als brauchbarer aber nicht andersartiger als der Begriff Leibesübungen ausgegeben hat, ist tatsächlich zum engen Sportartenbegriff geworden, weil sich damit Sportunterricht leichter curricular festlegen, planen, ausführen und auswerten ließ. Das Sportartenkonzept ist der leichte Weg sowohl in der Theorie als auch in der Praxis des Sportunterrichts. Die Sportwissenschaften, deren bevorzugter Gegenstand der genormte Leistungssport war und immer noch ist und die Sportlehrerausbildung waren Bündnispartner bei der „Versportlichung" der schulischen Leibeserziehung.

Das Körpererfahrungskonzept

Die Körpererfahrung als didaktische Kategorie kam am Ausgang der siebziger Jahre von außerhalb in den Schulsport und ist eines der Phänomene des neuen Bewusstseins, der Zuwendung zur Subjektivität und der geistigen Erneuerung, der die gesellschaftliche Veränderung folgen sollte. Die Wiederentdeckung des Körpers ist eingefügt in die Idee der Wendezeit (CAPRA) und der sanften Verschwörung (FERGUSON), ein Teil des Traumes vom neuen Zeitalter (New age-Bewegung), der Versöhnung von Ökonomie und Ökologie, der Suche nach ganzheitlicher Wahrnehmung und Bewertung der Welt. Die Körpererfahrung ist aber auch ein Teil jener Kritik an der Psychoanalyse, die den Menschen vom Körper her neu definiert und die Praktiken der Heilung und Wiederherstellung der Gesundheit am Körper ansetzt (Körpertherapie). Seit geraumer Zeit findet auf theoretischen und praktischen, politischen und wirtschaftlichen Ebenen die Wiederentdeckung des Körpers statt. Die Auswirkungen dieses Unternehmens sind die Wertschätzung der subjektiven Bedürfnisse, das Streben nach ganzheitlicher Gesundheit und die vielfältigen Wege und Verfahren der Selbstfindung über einen neuen Umgang mit dem eigenen Körper und seinen Bedürfnissen. Körpererfahrung und Körpererlebnis sind die Schlagworte der Gegenbewegung zur Aufklärung, zur Industriekultur und zum Sport. Kämpferische Unternehmen sind unausgewogen, einseitig und radikal. Was sich gegenwärtig in Körpertherapien und Körpererfahrungsritualen offenbart, macht den Eindruck, den angesprochenen Gefahren nicht ausgewichen zu sein. Die Grenzen zum Körperkult, zu irrationalen Gesundheitsutopien und scharlatanen Gesundheitspraktiken sind fließend und verschwommen. Die Vermarktung des Körpers wird mit Erfolg bereits praktiziert.

Es konnte nicht ausbleiben, dass der Körper auch in der Sportdidaktik und im Schulsport wiederentdeckt worden ist. Es hat sich der Verdacht verstärkt, dass der moderne Sport dem Körper nicht wohlgesonnen sei und Sportarten einseitige und unsinnige Körpererfahrungen vermitteln. Deshalb sind die Anhänger dieses didaktischen Ansatzes zunächst auf die Suche nach Körpererfahrungen in nichtsportlichen Bewegungsformen gegangen und haben dabei die expressiven und die exotischen Bewegungskulturen entdeckt. Ein nächster Schritt führte allerdings wieder zu den herkömmlichen Sportarten zurück, an denen die Möglichkeiten zu erweiterten und neuen Körpererfahrungen entdeckt worden sind. Während am Beginn dieser Entwicklung der Begriff Körpererfahrung an sich schon positiv gewertet wurde, gelangte man später doch zu einer kritischen Haltung und fragte nach den pädagogisch wünschenswerten Erfahrungen. Einen nachhaltigen Einfluss im Bemühen, Körper- und Bewegungserfahrungen sportdidaktisch aufzubereiten und in den Schulsport einzubringen, hatten die zahlreichen Schulen der Körpertherapie (Lowens Bioenergetik, Feldenkrais-Methode, Konzentrative Körpertherapie).

Wenngleich etliche Übungsformen der Körpertherapien in den Schulsport übernommen werden konnten, hat sich die Erkenntnis durchgesetzt, dass Schulsport und Körpertherapie unterschiedliche Aufgabenfelder sind und Sportlehrer keine Therapeuten sein können und dürfen. Anregungen der Körpertherapien für den Schulsport waren:

- die Atemschulung wieder mehr zu beachten und ernsthafter zu betreiben;
- Entspannungsübungen in den Unterricht einzubauen;
- den Sinnesübungen wieder mehr Aufmerksamkeit zu schenken.

Das sind keineswegs alles Neuheiten im Sportunterricht, aber doch Übungsformen, die im Zuge der „Versportlichung" in Vergessenheit geraten sind. Das Konzept der Körpererfahrung lenkte den Blick und die Absichten des Sportlehrers wieder auf einen Unterricht für den Körper, während das Sportartenkonzept den Körper zu sehr als Instrument betrachtet hat.

In die sportdidaktische Kategorie der Körpererfahrung hat Jürgen FUNKE (1983, 1987) viele Ideen und Anregungen eingebracht. Sein Ansatz war nicht radikal, sondern versöhnlich. Er entdeckte in den herkömmlichen Sportarten und Bewegungsmustern zahlreiche und pädagogisch wünschenswerte Körpererfahrungen und bereitete sie praktisch und didaktisch auf.

Körpererfahrung ist eine vielfältige Erfahrung und bedeutet nach FUNKE (1983) die Erfahrung des Körpers und die Erfahrungen mit dem Körper, die Wahrnehmung des Körpers anderer Menschen und die Erfahrung des eigenen Körpers im Spiegel der anderen. Körpererfahrung ist immer auch Bewegungserfahrung, Ausdruckserfahrung, aber auch Umwelt- und Kulturerleben.

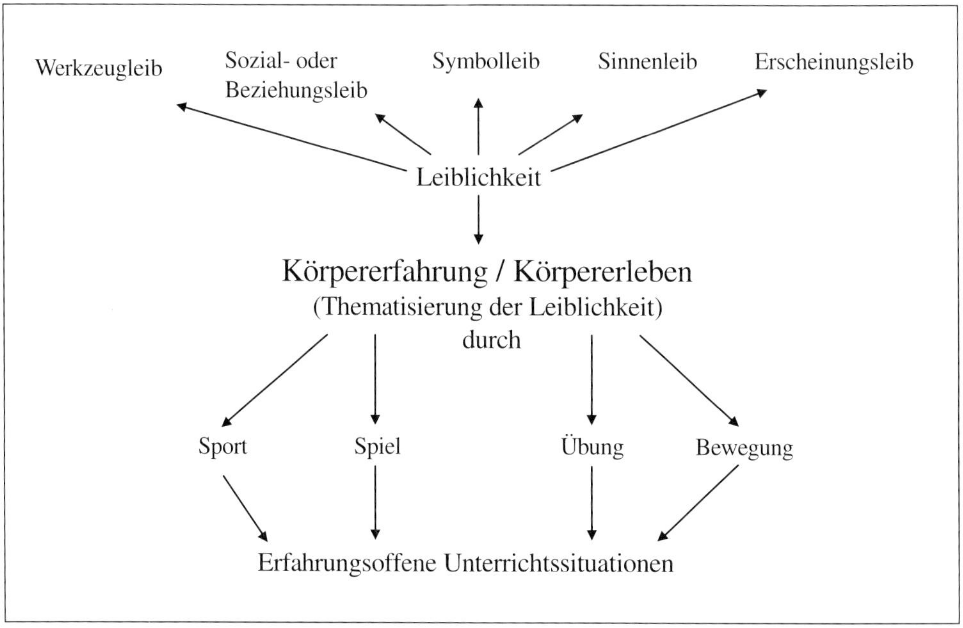

Abb. 5: Körpererfahrungskonzept (FUNKE).

Welches sind die wünschenswerten und deshalb beabsichtigten Körpererfahrungen im Sportunterricht? FUNKE (1987) zählt eine Reihe davon auf: der Wechsel von Körperspannung und Entspannung, statomotorische Sensationen wie Schwindel oder Beschleunigung, Schwingungen, Energieströme, Körperberührungen, Funktionswahrnehmungen (Atem, Herzschlag etc.), Körperkontakte mit anderen Menschen, Körperveränderungen (z.B. durch Muskelbildung), Sinneswahrnehmungen. Daraus lässt sich ein sportdidaktisches Konzept verfertigen, das um die Kernbegriffe der Körpererfahrung und des Körpererlebens unterrichtliche Sachverhalte und Prinzipien gruppiert, welche dem Schüler den bewussten Umgang mit dem eigenen und fremden Körper zu erschließen vermögen und den Sportunterricht wieder mehr zum Unterricht für den Körper werden lassen. Als nachteilig für ein didaktisches Konzept der Körpererfahrung hat sich die Tatsache erwiesen, dass dem Erfahrungsbegriff keine theoretische Grundlegung zuteil wurde, obschon es Ausführungen zur pädagogischen Theorie der Erfahrung gegeben hätte. Zum Theoriedefizit der Körpererfahrung kam noch die terminologische Unschärfe und Nachlässigkeit hinzu, weil die Autoren nicht zwischen den Begriffen Erfahrung und Erlebnis unterschieden haben.

Bewegungserziehungskonzepte

Immer mehr Autoren der Sportdidaktik verwenden den Begriff Bewegung statt des Wortes Sport zur Kennzeichnung ihres fachdidaktischen Konzeptes. Renate ZIMMER spricht stets von der Bewegungserziehung, Jürgen KRETSCHMER und Klaus MOEGLING benennen ihre Unterrichtskonzepte ebenfalls mit dem Wort Bewegung.

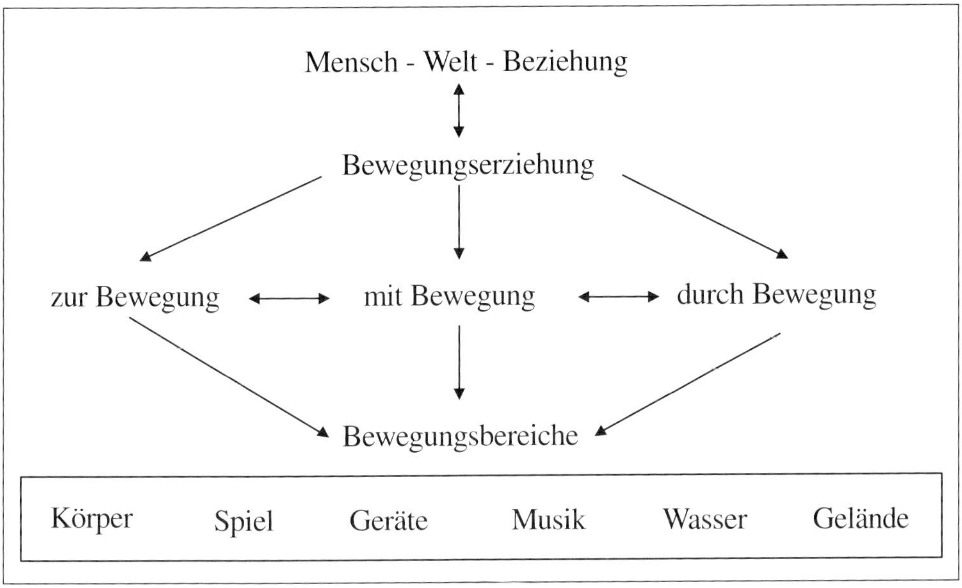

Abb. 6: Konzept: Bewegungserziehung (KRETSCHMER).

Bemerkens- und beachtenswert bei diesem fachdidaktischen Konzept ist vor allem die inhaltliche Gliederung in die sechs Bewegungsbereiche.

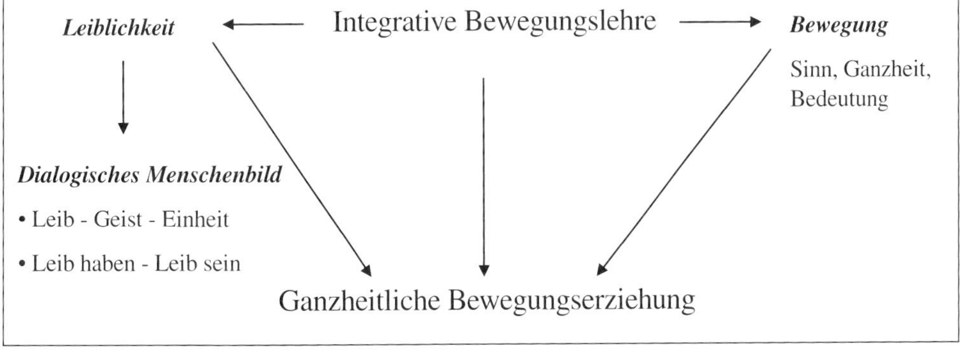

Abb. 7: Ganzheitliche Bewegungserziehung (MOEGLING).

Auch Klaus Moegling (1999) hat aus seinen differenzierten Überlegungen zu einer integrativen Bewegungslehre ein diskussionswertes Konzept einer ganzheitlichen Bewegungserziehung abgeleitet und mit fachdidaktischen Sachverhalten gefüllt (s. Abb. 7, S. 31).

Bemisst man die eben dargelegten sportdidaktischen Konzepte nach den didaktisch relevanten Kriterien Individuum und Gesellschaft, Fremd- und Selbstbestimmung und Sport- und Bewegungskultur, ergibt dieses Verfahren die in Abb. 8 dargestellte Eingliederung

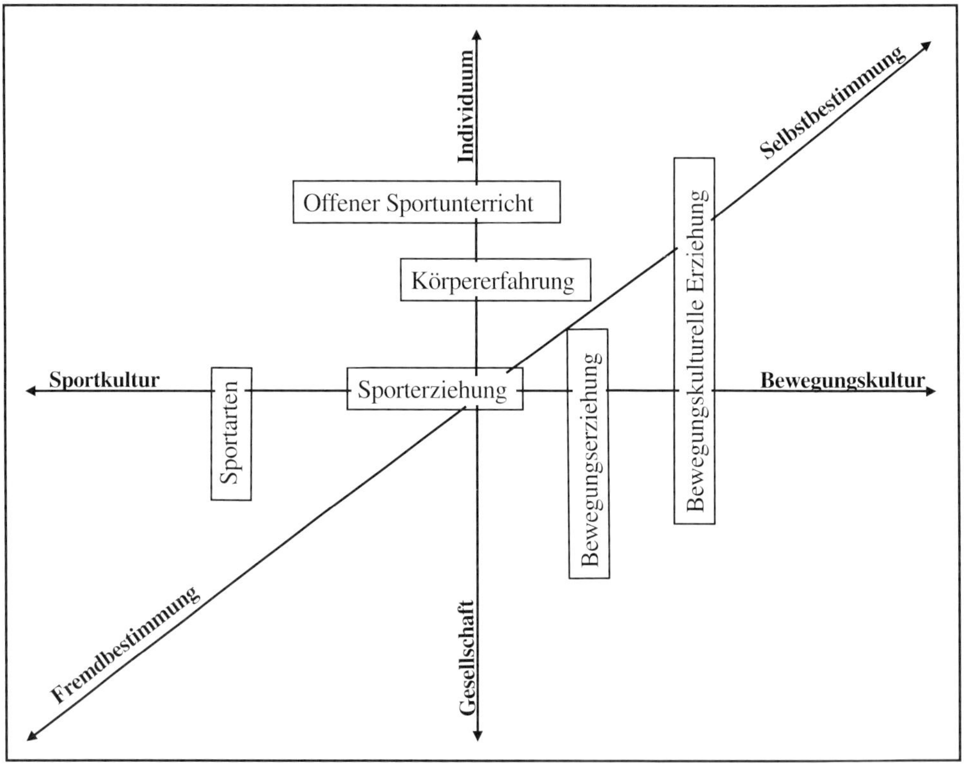

Abb. 8: Fachdidaktische Konzepte.

Es sind gegenwärtig in der fachdidaktischen Landschaft Tendenzen erkennbar, die sich zu folgenden Schlagworten verdichten lassen:

- von der Sportkultur zur Bewegungskultur
- von der Instrumentalisierung zur Thematisierung des Körpers
- von der sportlichen Handlungsfähigkeit zur Erziehung durch Bewegung.

Eine zusammenfassende Betrachtung dieser eben erörterten Konzeptionen sportdidaktischer Theoriebildung lässt erkennen, dass Sportarten, offene Bewegungshandlungen und Körpererfahrung weder für ein theoretisches Modell der Sportdidaktik noch für die Praxis der Sporterziehung in der Schule echte Alternativen, sondern einander ergänzende und miteinander vereinbare Ansätze einer ganzheitlicher körperlichen Erziehung sind. Der Sport ist als kulturelles und gesellschaftliches Phänomen für Veränderungen offen und trägt seine Alternativen in sich. Offene Bewegungshandlungen erstarren bei längerem Gebrauch zu genormten und wiederholbaren Praktiken, Körpererfahrung ereignet sich auch in traditionellen Sportarten (vgl. u.a. TREUTLEIN 1986) in vielfältiger Art und Weise. Der Schulsport erlaubt und verträgt als Unterrichtsfach die Vielseitigkeit der Absichten und Angebote und muss durch eine komplexe didaktische Theorie davor bewahrt werden, in der Praxis einfältig und einseitig zu werden.

Das nachfolgend ausführlich beschriebene sportdidaktische Konzept ist von der Absicht getragen, zu integrieren, was vereinbar ist, zu vervollständigen, was an den bisher dargestellten Theoriemodellen defizitär ist und zu erweitern, was zur theoretischen Ganzheit fehlt, damit die didaktische Theorie annähernd der unterrichtlichen Praxis entspricht. Ich bezeichne den Versuch deshalb das integrativ-unterrichtstheoretische Konzept der Sportdidaktik.

1.2.3 Ein integratives Konzept des Sportunterrichts

Das unterrichtstheoretische Modell der Sportdidaktik ist ein integratives Konzept, das Sportarten, offene Bewegungshandlungen und die Übungen der Körpererfahrung in den pädagogischen Auftrag des Schulsports einbindet und im Sportunterricht das zentrale Geschehen der Verwirklichung der erzieherischen Absichten erblickt. In den Begriffen Sportdidaktik, Sportunterricht und Sporterziehung steckt eine weite Bestimmung des Wortes Sport. Die Hinwendung zum Unterricht, die nicht zu weite (Bildung) und nicht zu enge (Lernprozess) Auslegung von Didaktik, die Konzentration auf das beabsichtigte (intentionale) Lernen, die Beachtung der Voraussetzungen, Handlungsentscheidungen und Folgen des Unterrichts sind die Grundlagen der sportdidaktischen Analyse und Theoriebildung. Dieses sportdidaktische Modell ist weder durch einen vieldeutigen Bildungsbegriff verunsichert noch nimmt es eine Problemreduktion des didaktischen Feldes vor. Um das Modell einer unterrichtstheoretischen Sportdidaktik verständlich zu machen, wird von einer zweifachen Ausgabe des Schulsports ausgegangen, von der Erziehung zum Sport und der Erziehung durch Sport (WIDMER).

Die Erziehung zum Sport bedeutet die Planung, Durchführung und Auswertung der Lehr- und Lernprozesse, welche beim Lernenden die Aneignung und Verbesserung motorischer Fertigkeiten, motorischer Eigenschaften und sportspezifischen Handlungsweisen gewährleisten. Diese drei Elemente werden von HECKER (1974, 92) zum fachimmanenten Lernziel „Sport treiben" zusammengeschlossen. Erziehung wird dabei als Lernhilfe verstanden, in diesem besonderen Fall als institutionelle und personelle Hilfe beim motorischen Lernen mit dem Ziel, ein sportliches Handlungsvermögen zu erwerben, das vorher nicht vorhanden war oder vorhandene Bewegungstätigkeiten zu verbessern. Die Leistungssteigerung in einzelnen sportlichen Tätigkeiten und die Erweiterung der sportlichen Handlungsfähigkeit sind wichtige Aspekte der Erziehung zum Sport. Erziehung durch Sport zielt auf Persönlichkeitsbildung durch das Medium Sport. Das unterrichtstheoretische Didaktikmodell behandelt beide Aufgabenfelder des Schulsports und verknüpft sie miteinander. Nur der theoretischen Behandlung ist die Trennung beider Bereiche gestattet, denn in der Wirklichkeit des Sportunterrichts bilden Erziehung zum Sport und Erziehung durch Sport eine Einheit. Lernen, Üben und Anwenden sportmotorischer Fertigkeiten setzen stets auch bildende Kräfte frei. Die Tätigkeit des Sportlehrers ist nicht einmal auf die Vermittlung von Sport und ein anderes Mal auf die Erziehung des Kindes oder Jugendlichen gerichtet. In jeder Aktion des Schulsports sind beide Intentionen präsent und findet gleichzeitig die Erziehung zum und durch Sport statt. In der nachfolgenden Beschreibung des Unterrichtselemente, der Ziele, Inhalte, Verfahren und Organisationsformen und der Rahmenbedingungen des Sportunterrichts wird die doppelte Aufgabe dieses Faches berücksichtigt. Der Gegenstand der Sportdidaktik ist der Sportunterricht als geplantes und von Absichten geleitetes Lehr- und Lernfeld der Schule. Sportunterricht ist nicht das Ganze des Schulsports, wohl aber sein wichtigster und wesentlichster Teil. Außerhalb des Sportunterrichts, aber mit Bezug zu ihm stehen einige Aktionen des Schulsports wie schulische Wettkämpfe, Bundesjugendspiele (sofern sie nicht in den Unterricht eingebaut sind), Spiel- und Sportfeste oder die sportliche Betätigung im Pausenhof. BRODTMANN (1979) hat den Zusammenhang zwischen Sportunterricht und Schulsport aufgezeigt. Die nicht unterrichtlichen Formen des Schulsports sind die Ergänzung, die Erweiterung und in manchen Fällen auch die Alternative zum Sportunterricht (vgl. BRODTMANN 1979, 20–26).

Dass der Sportunterricht nicht alle erzieherischen Möglichkeiten des Sports ausschöpfen kann, dass er aufgrund seiner intentionalen und organisatorischen Festlegungen und Begrenzungen sportliche Erfahrungen und Erlebnisse verweigert und manche wünschenswerten Aktionen unmöglich macht oder nur im geringen Umfang zulässt, hat BRODTMANN (1979) ebenfalls richtig gesehen. Für spontanes Üben, kreatives Gestalten von Bewegungshandlungen, selbstbestimmtes Handeln im Sport, für heterogene Gruppenbildungen und ungeplantes Sporttreiben, für Trendsportarten bieten manche Formen des Schulsports mehr Spielraum als der eigentliche Sportunterricht, bei dem das zielgerichtete Lernen und Üben und der systematische Kenntnis- und Könnenserwerb in traditionellen Schulsportarten im Vordergrund stehen.

Wenn demnach der Sportunterricht den eigentlichen Gegenstand der unterrichtstheoretischen Sportdidaktik bildet, bleiben die um den Unterricht gelagerten, ihn ergänzenden und erweiternden Sportveranstaltungen der Schule nicht gänzlich von der Erörterung ausgeschlossen, weil zwischen dem Sportunterricht und dem außerunterrichtlichen Schulsport ein zu enger Wirkungszusammenhang besteht.

Die Erforschung, Beschreibung und Erklärung eines so komplexen Geschehens, wie es der Sportunterricht ist, bedarf der Kriterien, nach denen die Vielfalt der Bezüge, Situationen und Strukturelemente überschaubar gemacht und geordnet werden kann. Dazu bedient man sich eines Modells. Die Vorteile einer modellartigen Darstellung kommen zum Tragen, wenn man sich der damit gegebenen Einschränkung bewusst ist. Ein Modell reduziert die Vielfalt der Merkmale und Beziehungen eines ganzheitlichen Gebildes auf einige akzentuierte Phänomene, es verkürzt die Gesamtschau, hebt aber zugleich die wesentlichen Merkmale und Zusammenhänge hervor. Modelle sind stets hypothetisch, d.h. Annahmen über eine Wirklichkeit. Diese Eigenschaft hält ein Modell offen für Veränderungen und unterscheidet es von einem System. Das Modell ist zugleich der Ansatz für die wissenschaftliche Überprüfung der in ihm enthaltenen Annahmen und die Voraussetzung für Theoriebildung (RUPRECHT u.a. 1972).

Diese Aussagen über die Eigenschaften eines theoretischen Bezugsrahmens sind ohne Einschränkung für das vorliegende Modell einer Sportdidaktik anzuwenden. Es ist eine verkürzte und auf wesentliche Phänomene beschränkte Annahme über die Realität des Sportunterrichts an Schulen und enthält drei Ebenen: Voraussetzungen, Elemente und Ergebnisse des Sportunterrichts (siehe Abbildung 9).

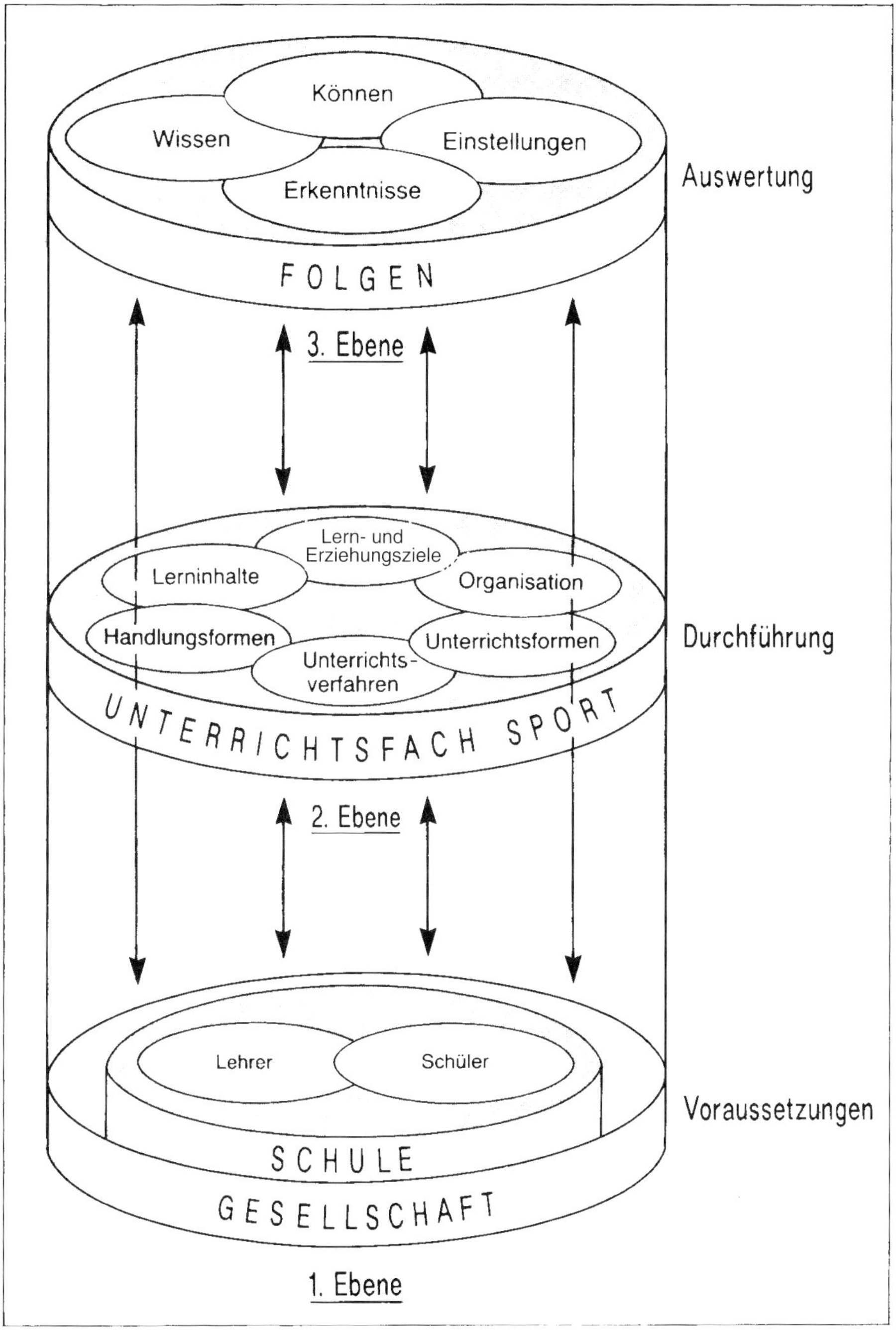

Abb. 9: Integrativ-unterrichtstheoretische Sportdidaktik.

Schule und Gesellschaft, Lehrer und Schüler in vielfältigen Wechselbeziehungen zueinander sind die Rahmenbedingungen des Sportunterrichts, innerhalb derer er theoretisch analysiert, interpretiert, geplant und praktisch durchgeführt wird. Sowohl die didaktische Analyse als auch die praktische Durchführung des Sportunterrichts erfolgen innerhalb in der von diesen Bedingungen gezogenen Grenzen. Die Entscheidungen in der Unterrichtsebene – sowohl die theoretischen des Sportdidaktikers als auch die praktischen des Sportlehrers – sind von diesen Rahmenbedingungen abhängig und beeinflusst.

Die ökonomischen und normativen Grundlagen und Grundfragen einer *Gesellschaft* und deren Bildungs-, Sozial- und Sportpolitik entscheiden wesentlich mit darüber, welchen Stellenwert der Schulsport im Kanon der Unterrichtsfächer einnimmt, wieviel Stunden in der Woche ihm eingeräumt werden, wie die Ausstattung der schulischen Sportanlagen und die Ausbildung der Sportlehrer aussehen. Die Rangordnung des Sports in einer Gesellschaft und die Erwartungen hinsichtlich seiner pädagogischen, politischen und wirtschaftlichen Funktionen stellen für den Schulsport besonders wichtige Rahmenbedingungen dar. Die am Sport interessierten gesellschaftlichen Mächte haben von jeher die äußere und innere Struktur des Schulsports mitgeformt; dies gilt und galt für Sportbünde ebenso wie für Ärztevereinigungen und Sportartikelindustrien. Wenngleich der Schulsport auch Wirkungen auf den außerschulischen Sport ausübt, ist die Einflußnahme in der umgekehrten Richtung doch der größere und bedeutsamere Faktor.

Die *Schule* als Institution und als theoretisches Konstrukt gibt dem Schulsport vor, was er sein und was er nicht sein kann. Er kann eben nicht Sport sein, nicht Freizeit- und nicht Leistungssport, sondern „nur“ Schulsport. Lernen und Erleben, Üben und Erfahren im Sport erfolgen in den Grenzen von Schule und Unterricht. Darin liegt die Stärke und die Schwäche des Schulsports, denn die Arten, Regeln, Organisations- und Gruppenformen des Sports werden den Strukturen der Schule angepasst. Dadurch wird aus dem Sport nicht etwas völlig anderes, aber doch eine pädagogische Variante mit eigenen Gesetzlichkeiten.

Der Schulsport wird vom Lehrer geplant, durchgeführt und ausgewertet und bedeutet für den *Schüler* ein verpflichtendes Unterrichtsfach, in dem seine Leistungen bewertet und benotet werden. Damit sind die Rollen akzentuiert, wenngleich nicht festgeschrieben, denn der Lehrer kann auch zum Mitspieler und der Schüler zum Planer und Gestalter des Unterrichts werden. Jedenfalls geht eine Fülle anthropologischer Daten sowohl in die sportdidaktische Analyse als auch in die Praxis des Sportunterrichts ein. Zu berücksichtigen sind beim Schüler die Altersstufe und der Entwicklungsstand in körperlichen, motorischen, kognitiven und sozialemotionalen Bereichen, Neigungen und Motive, Schwächen und Störungen, Lernfähigkeit und Leistungsbereitschaft, konditionelle und konstitutionelle Voraussetzungen.

Beim *Sportlehrer* kommen zu den individuellen Merkmalen wie Berufsauffassung und -ausbildung, Sportinteressen, Erwartungshaltungen auch die Statusprobleme in Schule und Gesellschaft hinzu, die ihn als sehr differenzierte „anthropologische Komponente“ für die Sportdidaktik ausweisen.

Lehrer und Schüler handeln im Unterricht aufeinander bezogen, weshalb die soziale *Interaktion* und ihre für den Sportunterricht typischen Umgangsformen ebenfalls ein Analysegegenstand der Sportdidaktik sind. In der Bedingungsebene werden die personellen, organisatorischen und gruppendynamischen Besonderheiten der Interaktion im Sportunterricht untersucht. Interaktion ist aber auch ein durchgängiges Prinzip der Durchführungsebene, das Ziele, Inhalte, Methoden und Organisationsformen beeinflusst und fachspezifisch prägt.

Die Entscheidungsebene (Durchführung des Unterrichts)

Der zentrale Bereich der Sportdidaktik ist die Ebene der theoretischen und praktischen Entscheidungen über Lern- und Erziehungsziele, Lerninhalte, Unterrichtsverfahren, Unterrichtsformen und Organisationsstrukturen des Schulsports. Hier ist die gründlichste Analyse für die Planung und Durchführung des Unterrichts erforderlich, hier entscheidet sich hauptsächlich, inwieweit der Unterrichtserfolg und die Unterrichtsabsicht miteinander in Deckung zu bringen sind. Die Entscheidungsakzente liegen für die einzelnen Unterrichtselemente in verschiedenen Praxisfeldern, für Ziele und Inhalte mehr im Bereich der Lehrplanerstellung, für den Einsatz der Unterrichtsverfahren und die Wahl der Unterrichtsformen ist der Sportlehrer zuständig, während die Organisation des Schulsports größtenteils eine bildungspolitische Angelegenheit darstellt.

Vielfältig und problemreich ist die didaktische Analyse der *Lern- und Erziehungsziele* des Sportunterrichts. Sie setzt bei den Aufgaben ein, die die Gesellschaft im Rahmen des allgemeinen Erziehungs- und Ausbildungsauftrages an die Schule dem Schulsport zuteilt und reicht bis zur Benennung der Unterrichtsziele, die in den Lehrplänen formuliert sind. Damit ist ein äußerst differenziertes Feld sportdidaktischer Reflexion und wissenschaftlicher Forschung abgesteckt, das die Fragen der Begründung, Bestimmung, Einteilung, Formulierung und Evaluierung der Lernziele und die Auswahl und Zuordnung der Ziele zu den übergreifenden Aufgaben des Schulsports enthält.

Die *Lehr-* und *Lerninhalte* des Sportunterrichts sind einfache motorische Tätigkeiten, komplexe Bewegungshandlungen und Wissensbestände über den Sport. Es geht darum, die Leitidee der Handlungsfähigkeit im Sport inhaltlich aufzuschlüsseln bzw. an Bewegungshandlungen und Sachverhalten festzumachen. So geraten in den Blickpunkt der sportdidaktischen Betrachtungen sowohl die traditionellen Sportarten, die als Lerninhalte mit keinen, größeren oder kleineren Veränderungen in den Schulsport übernommen werden, als auch situativ zu gestaltende Bewegungshandlungen, die im Schulsport und im Sportunterricht aus der pädagogischen Absicht heraus aus bestehenden Sportarten entwickelt und verändert eingesetzt oder gänzlich neu geformt werden. Diese Lerninhalte und Themen des Sportunterrichts sind in ihren motorischen, kognitiven, emotionalen und sozialen Dimensionen zu berücksichtigen.

Die weitgefasste intentionale und thematische Bestimmung des Sportunterrichts hat vielfältige und unterschiedliche *Handlungs-* oder *Vermittlungsformen* zur Folge, die für die Theorie und die Praxis des Schulsports ein breites Analyse-, Forschungs- und Entscheidungsspektrum abgeben. Motorisches, soziales und kognitives Lernen, Üben, Trainieren, Spielen, Leisten, Wettkämpfen, Gestalten sind Handlungsformen des Schülers; Lehren, Planen, Organisieren, Sprechen, Demonstrieren, Auswerten u.a. sind die zugehörigen Handlungen des Sportlehrers.

Mit dem Begriff *Unterrichtsverfahren* sind methodische Maßnahmen einfacher und zusammengesetzter Art gemeint, deren Bezug zueinander in der Unterrichtspraxis auch in der theoretischen Behandlung aufscheinen muss. Deshalb wird keine Trennung nach Unterrichtsverfahren und -medien vorgenommen.

Die didaktische Analyse der *Unterrichtsformen* reicht von Frontalunterricht über die Möglichkeiten des Gruppen- und Kursunterrichts bis zur Ausnahmesituation des Einzelunterrichts, behandelt die Probleme der leistungshomogenen und -heterogenen Gruppenbildungen und des koedukativen Sportunterrichts.

Die *Organisationsstruktur* des Schulsports behandelt nicht nur die Aspekte des Sportunterrichts, weil die freiwilligen Neigungs- und Leistungsgruppen, der Sportförderunterricht, die Sportkurse und Wandertage, schulische Wettkämpfe und Spielfeste zu den Zielen und

Inhalten des eigentlichen Sportunterrichts in so vielfältiger Beziehung stehen, dass ihre Behandlung im Rahmen einer unterrichtstheoretischen Sportdidaktik unerlässlich ist. Damit schließt sich der Kreis der entscheidungsrelevanten Elemente des Sportunterrichts. Die kurze Beschreibung hat die Vielfalt der Themen, Probleme und Sachverhalte aufgedeckt, mit der die Sportdidaktik als Lehre vom Sportunterricht in der Entscheidungsebene befaßt ist.

Die Auswertungsebene (Auswertung des Unterrichts)

Ein Didaktikmodell, das die erwarteten und beabsichtigten Ergebnisse des Unterrichts in die Analyse und Beschreibung nicht einbezieht, bleibt unvollständig und vernachlässigt die Verpflichtung zur Kontrolle aller Unterrichtsschritte. Ohne Auswertung erstarren und verfestigen sich die Elemente des Unterrichts und vollziehen die unausbleiblichen Veränderungen in der Bedingungsebene nicht nach. Damit aber gerät der Unterricht neben die gesellschaftliche Wirklichkeit und weit hinter die gesellschaftliche Entwicklung zurück und wird zur pädagogischen Provinz. Die dritte sportdidaktische Theorieebene deckt somit den engen Bezug zwischen Planung, Durchführung und Folgen des Sportunterrichts auf. Die Erfolgskontrolle richtet sich auf das Können und Wissen, die Einstellungen und Haltungen des Schülers und bestätigt oder verwirft die Lehrleistungen des Lehrers.

Die Auswertung des Sportunterrichts hat planvoll und systematisch zu erfolgen und bedarf zahlreicher didaktischer Hilfsmittel der Leistungserhebung und -bewertung, die wiederum von der Sportdidaktik bereitgestellt werden müssen. Nur mit einer diagnostischen Theorie an der Hand schafft der Sportlehrer den Sprung von der „naiven Alltagsdiagnostik" (Haase 1987, 107) zur wissenschaftlich fundierten Auswertung des Sportunterrichts. In der dritten Ebene des sportdidaktischen Modells geht es also um die Instrumente für eine gültige Feststellung der Schülerleistungen im Sportunterricht, wobei allerdings im Sinne einer Alltagstheorie des Schulsports nicht ausschließlich an die Kontrollverfahren und Testanordnungen der Laborpsychologie gedacht sein kann. Die Theorie der Unterrichtsauswertung hat dem Lehrer zu helfen und ihn nicht zu überfordern (wie gleichermaßen auch die Theorie der Unterrichtsplanung), und das tut sie nur dann, wenn sie ihm brauchbare Auswertungsstrategien und -mittel an die Hand gibt. Die Schule ist eben kein Labor und die dort praktizierte Unterrichtsdiagnostik hat es stets mit einer großen Anzahl zu bewertender und zu beurteilender Personen zu tun. Der Zusammenhang von Planen, Durchführen und Auswerten ist unerlässlich auch für den Sportunterricht. Planung geht von den Rahmenbedingungen aus, Durchführung richtet sich nach den Elementen der Entscheidungsebene und Auswertung erfolgt nach den didaktischen Vorgaben der Evaluationsebene. Von allen drei Bereichen ist die Auswertung im Sportunterricht am wenigsten theoretisch durchdacht und methodisch gesichert. Der Zustand dieser Ebene des Didaktikmodells ist deshalb als vorläufig zu bezeichnen, wobei natürlich wiederum Unterschiede zwischen motorischen, kognitiven und psychosozialen Auswertungsverpflichtungen bestehen. Mit der Vorläufigkeit der Auswertung der Zielsetzungen des Sportunterrichts verträgt sich deshalb die Auffassung, daß dem subjektiven Lehrerurteil, den informellen Tests und den erfahrungsgeleiteten Beobachtungen in der Leistungskontrolle nach wie vor ein hoher Stellenwert sowohl in der sportdidaktischen Theorie als auch in der unterrichtlichen Praxis zugebilligt sein muss.

Dieses soeben beschriebene sportdidaktische Modell ist den Grundsätzen der Komplexität, Wechselwirkung und Pragmatik verpflichtet. Eine Theorie des Sportunterrichts muß der *Komplexität* der Praxis des Sportunterrichts annähernd entsprechen, damit sie als Theorie die Praxis tatsächlich beeinflussen und verändern kann. An dieser praxisverändernden Wirkung wird ihr didaktischer Wert gemessen. Unterrichtstheoretische Sportdidaktik versucht als theoretisches Modell ebenso komplex zu sein, wie es die unterrichtliche Wirklichkeit ist, die sie beschreibt und erklärt, indem sie all jenes zum Gegenstand der theoretischen Erörterung macht, was in der Praxis bedeutsam ist: die Zielsetzungen, Lerninhalte, Vermittlungs- und Handlungsformen, die Unterrichtsverfahren und -formen, die Organisationsstruktur, das interpersonelle Geschehen zwischen allen Beteiligten, die Rahmenbedingungen des Unterrichts in Gesellschaft und Schule, beim Schüler wie beim Lehrer und alle Aspekte der Lernzielkontrolle und Unterrichtsauswertung. Damit werden die Sach- und die Sozialstruktur, die Ergebnisse und der Verlauf, die Lern- und die Erziehungsaspekte des Sportunterrichts zu Themen, Problemen und Forschungsaspekten in der Sportdidaktik.

Alle wesentlichen Tatbestände der Unterrichtswirklichkeit und alle Fragestellungen der Unterrichtstheorie stehen in einem Verhältnis der *Wechselwirkung* zueinander. Das soll an einem Beispiel erläutert sein: Wenn eine Zielentscheidung im Sinne einer Erziehung zur Freizeitgestaltung getroffen wurde, zieht dies didaktische Konsequenzen bei allen weiteren Elementen der Entscheidungs-, Bedingungs- und Auswertungsebene nach sich. Lerninhalte werden auf ihre Freizeitwertigkeit untersucht und nach der Häufigkeit des Auftretens im Freizeitsport bewertet, Handlungsformen auf ihren Anteil am Freizeitgeschehen befragt, Unterrichtsverfahren ausgewählt, die Selbsttätigkeit und Eigenverantwortung fordern, weil solche Eigenschaften im Freizeitsport wünschenswert sind. Gruppenunterricht in leistungs- und geschlechtsheterogener Zusammensetzung wäre eine weitere Konsequenz dieser Zielsetzung im Bereich der Unterrichtsformen und eine anregende Lernumwelt in der Schule, die Verstärkung der Sportkurse und eine sorgfältige Planung der Wandertage die entsprechenden organisatorischen Maßnahmen. Alles abgestimmt auf die Altersstufe der Schüler und die Übungsmöglichkeiten der konkreten Schule in ihrer geographischen Lage. Da Freizeitsport selbstverantwortet ist, sollte der Schüler im Bereich der Lernzielkontrolle bei seinen sportlichen Leistungen zur Eigenkontrolle angeleitet werden, womit das Lernziel Freizeit auch in der Evaluationsebene seine Auswirkungen hat.

Mit jedem anderen Lern- und Erziehungsziel des Sportunterrichts könnte man diese Interdependenz aller Unterrichtsfaktoren und -ebenen ebenso verdeutlichen. Da dieses Beziehungsgefüge aber nicht hierarchisch aufgebaut ist, kann die sportdidaktische Kettenreaktion auch von jedem anderen Unterrichtselement ausgelöst werden. Diese echte Interdependenz ist im allgemeindidaktischen Schrifttum nicht immer anerkannt, ist aber ein bestimmendes Merkmal der Berliner Didaktik und erscheint bei Blankertz (1975) abgewandelt als Implikationszusammenhang zwischen Zielbestimmung und Vermittlungsebene. Klafki (1970/71) hingegen betont den Primat der Lernziele und lässt jede didaktische Entscheidungskette mit der Lernzielbestimmung anfangen.

Komplexität und Wechselwirkung sind die Bedingungen der *Pragmatik* dieses sportdidaktischen Modells. Eine Theorie des Sportunterrichts, welche die Praxis des Sportunterrichts so vollständig als möglich erfasst, die wichtigen Elemente und deren Relationen zueinander, sowie das Interaktionsgeschehen und die Rahmenbedingungen analysiert, systematisiert und beschreibt, strukturiert ein komplexes Wirklichkeitsfeld und macht es für den Praktiker in Ausbildung und Beruf überschaubar. Der erste Schritt zur Bewältigung des Berufsfeldes ist mit der Wissensvermittlung über die Struktur dieses Feldes getan. Die weiteren Stationen der Unterrichtsbeobachtung, der Lehrproben und der unterrichtlichen Tätigkeit bauen auf dem Wissen über die Struktur des Handlungsfeldes auf, gewinnen daraus Beobachtungskategorien und erhalten durch Handlungsangebote und -alternativen, die in diesem Didaktikmodell angeboten sind, eine zusätzliche Unterstützung bei der Planung, Durchführung und Überprüfung des Sportunterrichts.

Zuletzt wird der Anspruch erhoben, dass dieses Modell einer unterrichtstheoretischen Sportdidaktik auch eine *Theorierelevanz* besitzt, weil es ernsthaft versucht, die dreifache Verpflichtung jeder Fachdidaktik einzulösen: die Gewinnung, Prüfung und Vermittlung praxisrelevanter Theorien.

Die unterrichtstheoretische Sportdidaktik steht in einem Beziehungsgeflecht zur Allgemeinen Didaktik und zur Erziehungungswissenschaft ebenso wie zur Sportpädagogik und den anderen Sportwissenschaften. Als Theorie des Sportunterrichts bleibt sie andererseits nicht unbeeinflusst von den Fachdidaktiken einzelner Sportarten und wirkt wiederum auf diese zurück.

Das Verhältnis zwischen Sportdidaktik und Allgemeiner Didaktik kann weder durch Einbahnigkeit noch durch Ableitbarkeit hinreichend charakterisiert werden.

Die Vielfalt sportdidaktischer Entwürfe spiegelt die Entwicklung und den gegenwärtigen Stand der Allgemeinen Didaktik wider. Deshalb ist eine Fachdidaktik nicht aus der Allgemeinen Didaktik ableitbar, sondern bestenfalls im Anschluss an einen bestimmten Ansatz einer allgemeinen Unterrichtslehre für ein bestimmtes Unterrichtsfach zu entwickeln. Auch dabei ist das Verhältnis zwischen beiden nicht einseitig, sondern wechselwirkend, die Fachdidaktik des Sports übernimmt zwar allgemeine didaktische Strukturen, entwickelt aber als konkrete didaktische Situation eigene Theorien und gibt diese an die Allgemeine Didaktik zurück. Dieselben Bezüge herrschen zwischen der Sportdidaktik und der Didaktik der Sportarten als ein gegenseitiges Nehmen und Geben und aufeinander Einfluß nehmen.

Als Theorie des Sportunterrichts ist die Sportdidaktik ein Theoriebereich der Sportpädagogik und in den Sportwissenschaften verankert. Pädagogische Erwartungen tragen auch außerschulische Institutionen an den Sport heran. Sozialpädagogische und kriminalpädagogische Einrichtungen erwarten vom Sport resozialisierende Wirkungen, Jugendarbeit im Sportverein erfolgt auch aus pädagogischen Absichten, und der Familiensport kann Teil des elterlichen Erziehungskonzeptes sein. Sportpädagogik schließt die Sportdidaktik mit ein, ist aber mehr als die Unterrichtslehre des Sports, weil der Sport auch in nicht unterrichtlicher Form pädagogisch belangvoll ist.

Wenn es auch einige Versuche gegeben hat, die Sportpädagogik als *die* Sportwissenschaft auszugeben, herrscht heute die Ansicht vor, in der Sportpädagogik eine von mehreren Sportwissenschaften zu sehen und sie gleichwertig neben die Sportpsychologie, -medizin, -soziologie, -philosophie, Bewegungslehre und Trainingslehre zu stellen. Ob aus dem derzeitigen Zustand der kooperativen Sportwissenschaften in naher oder weiter Zukunft der einer integrativen Sportwissenschaft werden kann und soll, bleibt offen. Noch bestehen die einzelnen Sportwissenschaften nebeneinander und lassen geringe Tendenzen zur Integration erkennen: In der Terminologie voneinander getrennt, in den Forschungsinteressen weit auseinanderliegend, in der gegenseitigen Anerkennung eher zurückhaltend, in der Bereitschaft zur interdisziplinären Forschung und Lehre nicht sehr entwickelt, stehen die sportwissenschaftlichen Einzeldisziplinen ihren Mutterwissenschaften (Pädagogik, Soziologie, Psychologie, Biomechanik, Medizin usw.) zumeist näher als den anderen Sportwissenschaften.

Zuletzt sei noch der Bezug zwischen der Sportdidaktik und den Didaktiken der einzelnen Sportarten erwähnt. Sportunterricht realisiert sich in den Sportarten und Bewegungshandlungen. Wenn auch das Lehren und Lernen genormter Sportarten nicht den Sportunterricht insgesamt ausmacht, ist es doch ein wesentlicher Teil von ihm. Die Sportarten sind demnach ein wichtiges Erprobungsfeld sportdidaktischer Theorie, denn an ihnen erweist sich die Gültigkeit und

Brauchbarkeit didaktischer Konzepte. Sportarten sind aber auch ein Entdeckungsfeld für didaktische Theorien, wenn Sachverhalte erstmalig in der Praxis auftauchen, dort theoretisch fixiert und erst in einem weiteren Schritt in ein System allgemeiner sportdidaktischer Erkenntnisse integriert werden. So stellt sich auch hier die Wechselwirkung ein, das gleichzeitige Geben und Übernehmen und nicht die Einbahnigkeit vom Allgemeinen zum Speziellen. Da sich der schulische Sportunterricht aber nicht auf die Vermittlung von Sportarten beschränken darf, will er seinen umfassenderen Unterrichts-, Erziehungs- und Bildungsauftrag nicht verfehlen, werden die spielorientierten, erlebnishaften, gesundheitsbedachten und gestalterischen Bewegungshandlungen, die sich nicht als Sportarten vereinnehmen lassen, zum weiteren Ansatz und Anlass fachdidaktischer Theoriebildung. Gerade diese „nichtsportlichen" Bewegungshandlungen stellen eine besonders anspruchsvolle Herausforderung an die Fachdidaktik der Bewegungserziehung dar. Dies einerseits, weil die zu analysierenden, zu erklärenden und zu beschreibenden motorischen Tätigkeiten häufig von komplexer Natur sind und andererseits nicht auf die Sicherheit der Vermittlungswege, die für viele Sportarten gegeben ist, zurückgegriffen werden kann. Die Sportdidaktik als Theorie des Bewegungsunterrichts steht demnach mit den Fachdidaktiken der Sportarten und den didaktischen Bemühungen in den spielerischen, gesundheitsorientierten und gestalterischen Bewegungsbereichen in engen Bezug der wechselwirkenden Beeinflussung.

Die Sportdidaktik ist die Vermittlung zwischen der Unterrichtstheorie und der Unterrichtspraxis, was nicht ausschließt, dass sie selbst Teil einer Unterrichtswissenschaft ist. Ihre Hauptfunktion aber besteht in der Lehre, in der Weitergabe unterrichtstheoretischer Erkenntnisse an die Praxis und unterrichtspraktischer Probleme an die Unterrichtswissenschaft. In der Vermittlerfunktion erweist sich die Sportdidaktik als engagierte Theorie. Sie geht Verbindlichkeiten ein für eine Praxis und hat den Auftrag, Handlungsangebote und Handlungsalternativen für die Schulsportpraxis bereitzustellen, dem Sportlehrer in allen Bereichen und Elementen des Sportunterrichts Entscheidungshilfen zu geben, ohne ihm die unterrichtlichen Entscheidungen selbst abzunehmen. Dabei greift die Didaktik auf Ergebnisse der Unterrichtsforschung zurück, bezieht aber auch die Erkenntnisse anderer sportwissenschaftlicher Disziplinen (der Sportpsychologie, Bewegungs- und Trainingslehre, der Sportmedizin, Sportbiologie usw.) mit ein. Zu ihrem Theoriebestand gehören Alltagstheorien, spekulativ gewonnene und aus subjektiver Erfahrung abgeleitete Wissensbestände, so genannte Meisterlehren, die es dieser Disziplin auftragen, diese Annahmen durch Unterrichtsforschung zu bestätigen oder zu verwerfen und durch wissenschaftlich gestützte Theorien zu ersetzen. Die präskriptive Funktion kann einer Didaktik nicht abgenommen werden und ist dann weniger problematisch, wenn sie sich auf sorgfältige Deskription berufen kann.

Die Vermittlungsfunktion der Sportdidaktik muss aber auch in eine zweite Richtung angesetzt und ausgebaut werden. Sie setzt nicht nur unterrichtswissenschaftliche Theorien für die Unterrichtspraxis um, indem sie diese aufbereitet, verständlich formuliert und auf Sachverhalte einer Praxis anwendet, sondern führt auch umgekehrt die Unterrichtsprobleme der Praxis der Unterrichtswissenschaft zu. Ohne diese zweibahnig errichtete Brücke besteht die Gefahr, dass die Unterrichtswissenschaft die Verbindung zur Unterrichtspraxis verliert und zuletzt nur mehr ihre eigenen Probleme diskutiert und erforscht. So aber wird die Didaktik zum praktischen Gewissen einer Unterrichtswissenschaft. Die Vermittlung nach beiden Seiten, zur Unterrichtswissenschaft und zur Unterrichtspraxis, kann nicht als Weitergabe ausgelegt werden, sondern bleibt ein durchaus eigenständiger Akt. Die Sportdidaktik wählt aus, filtert, bewertet und formt um, was ihr an Theorien für die Praxis des Sportunterrichts von erziehungswissenschaftlichen, unterrichtswissenschaftlichen und sportwissenschaftlichen Disziplinen angeboten wird. Sie betreibt eigene unterrichtswissenschaftliche Forschung und wird selber zu einer Disziplin der Unterrichtswissenschaft. In der anderen Richtung erprobt die Didaktik die von der Unterrichtsforschung gelieferten Theorien in der Unterrichtspraxis, wertet die Ergebnisse aus und gibt sie als Probleme wieder an die Wissenschaft zurück.

Durch die Verbindlichkeit der Sportdidaktik nach zwei Richtungen, durch das besondere Engagement für die Praxis und das praktische Gewissen für die Unterrichtswissenschaft bringt sie Theorie und Praxis näher zusammen; und dass dies notwendig ist, wird einsichtig, wenn man akzeptiert, dass die Durchführung des Sportunterrichts ein theoriegeleitetes Handeln erfordert, die Praxis also niemals theorielos sein kann und die sportpädagogische Theorie stets praxisbezogen sein muss. Einer sehr komplexen Unterrichtspraxis muss eine ebensolche Unterrichtstheorie entsprechen. Die Vermittlerfunktion der Sportdidaktik gewährleistet, dass die Praxis des Sportunterrichts theoretisch strukturiert und damit für den Praktiker einsichtig und überschaubar wird und dass die Theorie des Sportunterrichts der Wirklichkeit der Praxis entspricht, deren Probleme sie aufgreift und deren Themen sie einer systematischen Erforschung unterzieht. Über die Unterrichtslehre werden Unterrichtsforschung und Unterrichtspraxis aufeinander bezogen und zueinander verpflichtet, nicht in dem Sinn einer völligen Identität, was weder möglich noch wünschenswert wäre, weil Praxis und Theorie des Sportunterrichts immer auch etwas für sich sind, wohl aber im Sinne eines engen Bezuges zueinander und eingegangener Verpflichtungen füreinander.

Die Sportdidaktik ist also auf die Ergebnisse einer Unterrichtsforschung im Sport angewiesen, wenn sie ihren präskriptiven Auftrag erfüllen soll. Es bleibt dahingestellt, ob sie Unterrichtsforschung selbst durchführt und damit in den Rang einer wissenschaftlichen Disziplin aufrückt oder diese der Mutterdisziplin Sportpädagogik zuweist. Ob so oder so ist die Frage nach den verwendeten Forschungsmethoden und -strategien für die Interpretation und Weitergabe der Ergebnisse belangvoll. Sportpädagogik und Sportdidaktik haben sicherlich einen Bedarf an *empirisch-analytischer Forschung*. Experimente, Ex-post-facto-Experimente und Repräsentativbefragungen eignen sich auch für einige Fragestellungen der Sportpädagogik und der sportbezogenen Unterrichtsforschung, und es wird notwendig sein, mit den klassischen empirischen Forschungsmethoden (Beobachtung, Befragung) zu arbeiten. Es muss dabei aber auch bedacht sein, dass sich gerade komplexe Phänomene und Probleme diesen Forschungsverfahren entziehen, dass in Schulklassen nur unter erschwerten Bedingungen Laborsituationen herzustellen sind, es pädagogisch nicht zu verantworten ist, Variablen als Störgrößen zu bezeichnen und auszuschalten, die an sich für Unterricht konstitutiv und für die Lernzielerreichung bedeutsam sind, nur weil das klassische Experiment solches verlangt. Und zuletzt bleibt es ungewiss, ob experimentell gewonnene Ergebnisse einer empirischen Unterrichtsforschung auf die alltägliche Situation der Schule übertragbar sind, ob empirische Forschungsergebnisse irgendeinen praktischen Nutzen für den Unterricht in seiner alltäglichen Ausführung haben. Damit werden die Grenzen empirisch-analytischer Unterrichtsforschung im Schulsport sehr schnell und deutlich sichtbar.

Praxisnäher ist die *Handlungsforschung*, die den Vorrang der Praxis vor der Wissenschaft postuliert, aber die Bedenken noch nicht aus dem Weg geräumt hat, sie sei eben nur Praxis und keine Wissenschaft. Im Konzept der Handlungsforschung arbeiten Praktiker und Theoretiker gleichberechtigt nebeneinander, die Trennung in Forscher (Forschungssubjekt) und Erforschtem (Forschungsobjekt) wird aufgehoben und in ein Subjekt-Subjekt-Verhältnis übergeführt. Der Forschungsplan verändert das Forschungsfeld nicht grundlegend, Variablen werden weder isoliert noch manipuliert oder ausgeschieden. Dieser methodologische Ansatz wird dem Sportunterricht durchaus gerecht und entspricht der vorgefundenen Praxis, die Bedenken gegen die Handlungsforschung sind vorerst auch mehr methodologischer Art. Ein Ansatz von Handlungsforschung schließt die Anwendung empirischer Methoden in bestimmten Abschnitten und für bestimmte Fragestellungen nicht aus, doch wird sich in der Forschungspraxis stets erweisen, dass strenge empirische Kriterien nicht durchzuhalten sind, weil sie eben unbedingt die Laborsituation erforderlich machen. Die Ergebnisse der Handlungsforschung sind zwar nicht generalisierbar, haben aber Modellcharakter und darin eine Aussagekraft nicht nur in Bezug auf die jeweilige Situation, in der sie gewonnen wurden, sondern sind auch auf ähnlich gestaltete Lehr- und Lernereignisse übertragbar. Der Schulpraxis nützt die Generalisierbarkeit von Theorien aus empirisch-analytischer Forschung wenig, wenn eine Übertragung nur von einer Laborsituation in eine andere möglich ist. Mit empirischer Forschung und Handlungsforschung erschöpft sich das wissenschaftliche Instrumentarium einer Sportdidaktik und Sportpädagogik keineswegs. Einzelfallanalysen und interpretative Unterrichtsforschung sind Verfahren, die für die Sportdidaktik bedeutungsvoll sein können. Und zuletzt wird man auch weiterhin auf Hermeneutik und historische Forschung nicht verzichten können, weil sich manche Fragestellungen und Probleme nur diesen Methoden erschließen. Die Wiederkehr des Ganzheitsdenkens, systemtheoretisch-vernetzte Forschung und die Wendung zum Subjektiven haben auch in der Sportdidaktik eine Gewichtsverlagerung von den quantitativen zu den qualitativen Methoden in der Unterrichtsforschung bewirkt.

Das hier vorgelegte und den weiteren Ausführungen unterlegte theoretische Modell der Sportdidaktik ist ein formales Konstrukt und hat weder die Absicht, unmittelbar das sportunterrichtliche Handeln des Sportlehrers in der Schule zu steuern, noch legt es sich auf eine Ziel- und Sinnperspektive fest, die es deutlich von anderen Konzepten der Sportdidaktik unterscheidet.

Dies meint wohl Ehni (2000, 25), wenn er schreibt: „Im Modell dieses Denkens kann man formal ganz gut darüber reden, was ein Unterricht sein soll, aber man kann weder danach unterrichtlich handeln noch das unterrichtliche Sein erfassen."

Zwischen meiner Beurteilung dieses Didaktikmodells und der eben zitierten Kennzeichnung von Ehni liegt aber doch ein Unterschied, den ich in einigen Punkten herausarbeiten möchte.

Die „Unterrichtstheoretische Sportdidaktik" ist ohne Zweifel ein deduktives Modell, das eng angelehnt (aber nicht sklavisch folgend) an die „Berliner Didaktik" die Sachverhalte und Interaktionen des schulischen Sportunterrichts und deren vielfältiges Beziehungsgeflecht untereinander und miteinander in eine systematische Ordnung stellt und in den Einzelheiten beschreibt und bewertet. Es strukturiert in theoretisch-systematischer Absicht das Handlungsfeld des Sportunterrichts und des Schulsports. Es hält sicherlich keine Lösungen für Unterrichtsprobleme bereit, noch entwickelt es Lösungsstrategien aus bereitgestellten Unterrichtsbeispielen und -situationen. Unmittelbar aber trägt es durch seine Wissensbestände und deren Ordnung im Gesamtgefüge des Sportunterrichts gewiss auch zur Handlungsorientierung des Sportlehrers bei. Es gibt mehrere Möglichkeiten, eine vielgliedrige und situativ sich verändernde Landschaft zielsicher zu durchwandern: durch wiederholtes Gehen, das zuerst häufig zu Umwegen und Irrwegen geführt hat (Meisterlehre); durch induktives Erfassen der Kreuzungen, Hindernisse und Wege (Narrative oder elementare Didaktik) oder durch eine gute Karte und die Befähigung des Kartenlesens (Fachdidaktische Landkarte).

Das hier vorgestellte Modell der „Unterrichtstheoretischen Sportdidaktik" ist eine fachdidaktische Landkarte mit genauer Beschreibung aller wichtigen Landschaftsmerkmale. Sollte damit ein Sportlehrer nicht auch in seiner Unterrichtslandschaft zurecht kommen?

Das vorliegende Modell ist keine intentionale Festlegung auf einen einzigen unterrichtlichen Sinngehalt: Es sieht und bestimmt den Auftrag des Sportunterrichts weder einseitig von der Sache her (Sportartenkonzept) noch ausschließlich von der Erziehungsbedürftigkeit des Kindes (Körpererfahrungskonzept) her. Es setzt sich nicht auf eine bestimmte Zahl von Sinngehalten des Sporttreibens oder Bildungsmotiven des Menschen fest (Mehrperspektivischer Sportunterricht), weil es den Sport als dynamisches und beständig zu definierendes Phänomen betrachtet und annimmt. Es stellt nicht Lernen und Erziehen einander entgegen, sondern vereinigt Erziehung zum Sport und Erziehung durch Sport.

Es bezieht also keine einseitige intentionale Position und tritt in keine Konkurrenz mit anderen fachdidaktischen Konzepten. So gesehen ist es tatsächlich ein integratives Modell der Sportdidaktik, ohne den, der es verwenden will, die Sinnorientierung zu verweigern. Allein der Begriff „integrativ“ ist sinnhältig. In der Forderung nach der Erziehung zum und durch Sport, in den Ausführungen zur Lehrer-Schüler-Interaktion, der Beschreibung der Unterrichts- und Erziehungsziele, in der didaktisch begründeten Auswahl der Unterrichtsinhalte und Themen, in der Bewertung einzelner Unterrichtsverfahren und in der Parteilichkeit einzelner Unterrichtsprinzipien liegen durchaus Sinnperspektiven und Sinninterpretationen.

1.2.4 Bilanz der Sportdidaktik

Eine dreifache Kritik übt Jürgen Lange (1984) an der Sportdidaktik der Gegenwart, und sein Anlass und Ausgangspunkt sind der Schulalltag und die Handlungsorientierungen der Sportlehrer: Praxisferne, Verselbstständigung und Feiertagsdidaktik.

„Die Entwürfe einer alternativen Praxis zum bestehenden Schulsport haben bei den Lehrern offenbar mehr Verunsicherung, Überforderung und Ablehnung hervorgerufen, als daß sie hätten Anleitung für die konkrete Unterrichtspraxis sein können.“ (1984, 79)

Ein Vorwurf an den offenen Sportunterricht, an das Körpererfahrungskonzept und andere alternativen Unterrichtsideen? Es wäre unbillig, von der Sportdidaktik zu fordern, den Unterrichtsalltag nur zu beschreiben und mit Handlungsangeboten zu versorgen und nicht auch zu verunsichern und mit didaktischen Utopien zu überschreiten und auszuweiten. Wenn sie aber nur dieser zweiten Verpflichtung nachkommt und die Praxis ausschließlich mit Alternativen zum Alltag konfrontiert, wird die Unterrichtswirklichkeit sich in der Theorie nicht mehr wiederfinden und berechtigt von ihr abrücken.

„Die wissenschaftlichen Konstrukte und ihre Hervorbringung werden somit zum eigentlichen Gegenstand der Sportdidaktik und die bestehende Praxis als sinnstiftender Gegenstand und Bezugspunkt verflüchtigt sich.“ (1984, 80)

Nicht die vorgefundene Unterrichtspraxis, sondern bereitgestellte sozial-, natur- oder geisteswissenschaftliche Theorien oder allgemeindidaktische Konzepte bilden somit den Ausgangspunkt für die sportdidaktischen Modellbildungen.

Der Vorwurf der Feiertagsdidaktik kommt zustande, weil offensichtlich eine Diskrepanz zwischen der Logik der Sportdidaktik als Wissenschaft und der Logik des Sportunterrichts als Praxis besteht. Aus dieser Verschiedenheit heraus entsteht eine didaktische Theorie, die an der Unterrichtspraxis vorbeisieht bzw. von letzterer geflissentlich übersehen wird. Diesen Kritikpunkt begegnet Lange (1984) mit dem Konzept einer alltagsorientierten Sportdidaktik, von der er sich einen neugestalteten Theorie-Praxis-Bezug erwartet.

Der Kritik Langes kann in Einzelheiten zugestimmt werden, insgesamt aber zeichnet sie ein nicht vollständiges Bild der gegenwärtigen Sportdidaktik. Die Alltagsferne gilt nicht für alle didaktischen Konzeptionen gleichermaßen, Feiertagsdidaktik hat auch ihre Berechtigung und die Kluft zwischen Theorie und Praxis ist nicht nur von Seiten der Theorie errichtet worden. Immerhin bescheinigt LANGE (1984) der gegenwärtigen Sportdidaktik, dass sie Ansätze einer Neuorientierung an der Unterrichtspraxis zeigt und dabei ist, eine Richtung einzuschlagen, die sie näher an die Praxis heranführt.

Der gegenwärtige Zustand der Sportdidaktik ist aber auch gekennzeichnet durch das ernsthafte Bemühen, nicht nur eine wissenschaftliche Theorie über eine Praxis, sondern auch für eine Praxis zu sein. Nach einer Phase der zentrifugalen Kräfte, einer Ausgliederung in zahlreiche Konzepte und einer Überproduktion von Theorien zur Unterrichtsplanung, -durchführung und -auswertung hat eine Phase des Ordnens und der Schwerpunktsetzung angefangen. Neigte die Sportdidaktik früher dazu, ihre theoretischen Vorgaben außerhalb des eigenen Wissenschaftsfeldes zu suchen und auch zu finden, in Sozialisations-, Handlungs- und Gesellschaftstheorien, ist sie nun einheimischer geworden und hat sich die Erziehungswissenschaft und die Allgemeine Didaktik zu Führungsgrößen genommen. Im Einzelnen sind folgende Merkmale für den gegenwärtigen Zustand der Sportdidaktik auszumachen:

1. Die Orientierung am alltäglichen Unterricht in der Schule.
2. Die Hinwendung zum Sport und die Bevorzugung der Sportarten als Inhalte des Unterrichts.
3. Die Wiederentdeckung des Körpers und die Aufbereitung der Körpererfahrung als belangvolle sportdidaktische Kategorie.
4. Die Bescheidenheit bei den intentionalen Ansprüchen des Sportunterrichts und die Formulierung fachnaher Ziele.
5. Die Offenheit der Unterrichtsverfahren und die Akzeptanz verschiedener methodischer Wege zur Zielverwirklichung.
6. Die Vielseitigkeit des inhaltlichen Angebots durch die Erweiterung des Kanons der traditionellen Schulsportarten um freizeitwertige Disziplinen sowie durch die Öffnung zu den Formen der expressiven und gesundheitlichen Bewegungskultur.

Die Standortbestimmung der Sportdidaktik liefert die Perspektiven für die nähere Zukunft und deutet folgende Entwicklungslinien an:

1. Die Vielfalt der Theorien und Theoriestücke der Sportdidaktik verlangt nach Ordnung, Akzentuierung und Widerspruchsfreiheit (vgl. GESSMANN 1984, 10).
2. Ordnung braucht Ordnungskriterien, die für die Sportdidaktik im pädagogischen Auftrag des Schulsports zu finden sind.
3. Die zahlreichen Konzepte der Sportdidaktik sind nicht von vornherein als Alternativen zu betrachten, sondern auf Gemeinsamkeiten abzusuchen, womit ein erster Schritt auf Integration getan wäre.
4. Die Vielseitigkeit der Lerninhalte ist zwar grundsätzlich anzuerkennen, aber zugleich wäre zu verhindern, dass Vielfalt ohne sinnhafte Ordnung zur Oberflächlichkeit und didaktischen Unverbindlichkeit wird. Die Sportdidaktik hat die Verpflichtung zur begründeten Auswahl der Lerninhalte ebenso ernst zu nehmen wie die Bestimmung der Lernziele und die Systematisierung der Unterrichtsmethoden.
5. Der Weg zur Praxis ist konsequent weiterzugehen, auch wenn diese selbst sich eher zurückzieht als auf die Theorie zugeht. Der Theorie-Praxis-Bezug der Sportdidaktik ist auch über Forschungskonzepte und Erkenntnismethoden (Praxisforschung) zu vertiefen.

6. Das unterrichtstheoretische Modell der Sportdidaktik ist der Versuch, Integration und Ordnung herzustellen und die Sportdidaktik auf ihre Praxis hin zu verpflichten.

Es besteht immer ein erkennbarer Zusammenhang zwischen Unterrichtskonzepten, fachdidaktischen Modellen und sportpädagogischen Strömungen (vgl. HUMMEL/BALZ 1995, 28 f.). Bezogen auf das oben ausführlich beschriebene unterrichtstheoretisch-integrative Konzept der Sportdidaktik stellt sich dieser Zusammenhang wie folgt dar: Das fachdidaktische Modell ist einem bewegungspädagogischen Ansatz verpflichtet, der die Sportkultur zwar ins Zentrum der didaktischen Analyse und Bewertung reicht, weitere bewegungskulturelle Handlungen des Menschen und geistige Manifestationen der Gesellschaft (die Spiel-, Ausdrucks-, Gesundheitskultur beispielsweise) aber gewichtig und gleichwertig damit verknüpft und in die Ziel- und Inhaltsentscheidung einbindet. Dieses fachdidaktische Modell verpflichtet den Unterricht auf ein motorisch vielseitiges (Inhalts- und Themenbereich), methodisch variables (Verfahrens- und Maßnahmenbereich), organisatorisch mehrschichtiges und über den eigentlichen Unterricht hinausreichendes (Organisationsbereich) und intentional vielseitiges und eindeutig erzieherisches (Zielbereich) Unterrichtskonzept. Integrativ bedeutet in diesem Konzept das Bemühen, einander nicht Widersprechendes zusammenzuführen und Bestandteile konkurrierender fachdidaktischer Modelle auf ihre Verträglichkeit in der Unterrichtspraxis zu prüfen.

In der Sportdidaktik hat inzwischen eine rege Diskussion über Modelle und Konzepte des Sportunterrichts eingesetzt und die bisherige Unangefochtenheit der theoretischen Grundlage der Sporterziehung aufgehoben und in Frage gestellt.

Die in diesem Kapitel beschriebenen und erörterten Konzeptionen der sportdidaktischen Theoriebildung sind im Fluss und bewegen sich erkennbar auch aufeinander zu.

Aus einer kritischen Beurteilung der polaren sportdidaktischen Konzeptionen der Gegenwart und auf der Suche nach Orientierungskriterien für den Sportlehrer, entwickelte SCHMIDT-MILLARD (1994) ein integratives und am Bildungsbegriff haftendes fachdidaktisches Konzept, von dem allerdings bis jetzt nur Umrisse sichtbar geworden sind. Es geht von den anthropologischen Grundlagen der Leiblichkeit, Entwicklung und Bildsamkeit aus, will im Inhaltsbereich dem Schüler „Exemplarische Zugänge zu dem Authentischen von Bewegung und Sport" erschließen und stellt den Inszenierungsbegriff in den Mittelpunkt der methodischen Überlegungen.

Diese kurzgefasste und keineswegs vollständige Zusammenschau sportdidaktischer Konzeptionen der Gegenwart offenbart eine bunte Landschaft ohne umzäunte Felder, Übergänge zwischen den Fluren des fachdidaktischen Denkens und Wegweiser in neue Gegenden, die anders aussehen werden als die vertraute Landschaft der gegenwärtigen Sportdidaktik. Eine Perspektive neueren fachdidaktischen Überlegens soll im folgenden und dieses erste Kapitel abschließenden Teil aufgezeigt werden.

1.3 Perspektiven einer Didaktik der Bewegungserziehung

Ein noch zu erstellendes Konzept einer bewegungskulturellen Fachdidaktik könnte meiner Meinung nach seinen Ausgangspunkt von dem diesem Buch zugrunde gelegten integrativen Modell der Sportdidaktik nehmen. Die „unterrichtstheoretische Sportdidaktik" ist kein

Sportartenkonzept, sondern respektiert in den inhaltlichen Entscheidungen die Vielfalt menschlicher Bewegungskultur durch einen weit gefassten Sportbegriff. Die nachfolgenden verkürzten Ausführungen über Ziele, Inhalte und Prinzipien einer Didaktik der schulischen Bewegungserziehung werden die Gemeinsamkeiten, aber auch gelegentliche Abweichungen in beiden Konzepten kundtun. Ein Wandel des fachdidaktischen Denkens ist angezeigt angesichts einiger Bedenken, die gegen die Sporterziehung als Praxis und die Sportdidaktik als Theorie vorgebracht werden können. Sie sammeln sich in folgenden drei Argumentationen gegen den Sport als Unterrichtsgegenstand der Schule:

1. Wenngleich das Wort Sport von den Sportdidaktikern in einer weiten Inhaltlichkeit gebraucht wird und damit keineswegs nur die wettkampf- und leistungsorientierten Sportarten gemeint sind, ist nicht gewährleistet, dass diese Begriffsfassung eine allgemeine Gültigkeit beanspruchen kann. Im öffentlichen Sprachgebrauch ist Sport mit Sportart und Wettkampf gleichgesetzt, die Informations- und Unterhaltungsmedien vermitteln dieses und kein anderes Sportbild, und die Sportlehrer in den Schulen verwenden oder verschwenden keine Zeit, über den Sportbegriff nachzulesen oder nachzudenken, sondern greifen auf die ihnen vertrauten oder vom Lehrplan nahegelegten Sportarten zurück. Das Argument der Verbreitung und Gebräuchlichkeit des Wortes Sport im deutschsprachigen Kulturkreis macht es nicht von vornherein und fraglos zum geeigneten Ziel- und Inhaltsbegriff einer planvollen Bewegungs- und Körpererziehung in der Schule.
2. Bedenken sind nicht nur gegenüber dem Wort, sondern auch gegenüber dem Sachverhalt anzumelden. Der Sport zeigt Merkmale, die seine pädagogische Eignung zumindest in Frage stellen. Frühere Wirkungszuschreibungen in den erzieherisch belangvollen Bereichen der Gesundheit, des Spiels oder des sozialen Handelns und der Erlebnispädagogik erweisen sich bei genauerer Prüfung als ungerechtfertigt, nur eingeschränkt gültig oder nur vermutlich zutreffend. Der Umgang der Freizeit- und der Elitesportler mit dem eigenen Körper, mit Gegnern und Partnern, lassen wenig pädagogischen Optimismus hinsichtlich der gesundheitlichen, sozialen und emotionalen Wirksamkeit des Sporttreibens aufkommen. Die Frage wird immer drängender, ob denn diese Art des Sports, wie sie heute praktiziert wird, mit Körper- und Bewegungskultur in Einklang zu bringen ist und die Aufnahme als Unterrichtsfach in die Schule weiterhin rechtfertigt. Die Hoffnung, über die Sporterziehung in der Schule die verloren gegangene humane Sportkultur wieder herzustellen, ist trügerisch und wenig erfolgversprechend, wenn man die starken wirtschaftlichen und politischen Kräfte ins Kalkül zieht, die den modernen Sport prägen.
3. Anthropologische Erkenntnisse verpflichten die Theorie und Praxis der Schule zum Bekenntnis der Vielseitigkeit und Ganzheitlichkeit und verwehren deshalb auch den Unterrichtsfächern die gegenteiligen Absichten. Einseitig aber ist eine körperliche Erziehung, wenn sie ausschließlich in den Sportarten den Ansatzpunkt der Bewegungserziehung erblickt und die dem Unterrichtsfach zugeschriebenen Aufgaben der körperlichen und motorischen Entwicklungsförderung mit wettbewerbsorientierten Bewegungshandlungen zu erfüllen trachtet. Schulische Lern- und Bildungsangebote richten sich an alle Schüler und sollen deshalb so vielfältig wie nur möglich ausgerichtet sein. Aus diesen Argumenten gegen einen einseitigen Schulsport ist das Gegenbild eines vielseitigen bewegungskulturellen Fachunterrichts abzuleiten und zu beschreiben.

Und so entsteht in Zielen, Prinzipien und Inhalten einer bewegungskulturellen Didaktik ein teilweises Gegenbild zu gegenwärtigen sportdidaktischen Konzepten.

Die anthropologisch-pädagogisch gestützten Bedenken gegen die Begriffe Sport und sportliche Handlungsfähigkeit sind gewichtig genug, um die Verwendung anderer Leitbegriffe einzufordern: *Bewegung* und *Kultur*.

Mit dem Wort Bewegung sind nicht alle möglichen körperlichen Bewegungen (Alltags-, Arbeits-, Freizeitbewegungen) als Inhalte der Bewegungserziehung gemeint, sondern eine Auswahl daraus, die den Akzent auf die Freizeitbewegungen legt und das meint, was als Bewegungskultur zu bezeichnen ist. Ziele und Inhalte der praktischen Bewegungserziehung und der theoretischen Bewegungsdidaktik sind demnach bewegungskulturell geprägte menschliche Handlungen und geistige Objektivationen, die in sich zu differenzieren sind nach den Phänomenen Sportkultur, Spielkultur, Ausdruckskultur und Gesundheitskultur. Bewegungskultur ist also mehr als Sportkultur, aber weniger als das, was menschliches Bewegungshandeln insgesamt und in allen Lebensbereichen ausmacht.

Mit der Zielformel Bewegungskultur ist allerdings nicht das gemeint, was sich gegenwärtig so aufdringlich als neue Bewegungskultur ausgibt. Bewegungskultur als pädagogisches Leitmotiv schließt Fitness nicht aus, meint aber nicht den apparativen Fitnesswahn der Studios mit seinem Jugendlichkeits- und Schönheitsmythos. Bewegungskultur enthält die Ausdauer, allerdings nicht in der Art der aus Nordamerika regelmäßigen herüberschwappenden Bewegungsmoden (Jogging, Aerobic usw.). Bewegungskultur verzichtet auf die synthetischen, d.h. aus der Retorte der Warenhausgesellschaft stammenden Abenteuer- und Natursportarten (Paragliding, Rafting, Bungee-Jumping usw.), bietet aber Erleben und Erfahren der Natur sowie Abenteuer und Risiko in einfacheren und weniger aufwendigen Bewegungstätigkeiten an. Bewegungskultur strebt auch nicht nach jenen spaßmachenden und anstrengungsarmen Spiel- und Tanzformen einer alternativen Sportkultur und findet die Motive Ausdruck und Körpersprache in durchaus traditionellen Bewegungshandlungen. Und zuletzt hat Bewegungskultur auch wenig im Sinn mit jenen aus allen Teilen der Welt herbeigeholten exotischen Übungen, die in ihren ursprünglichen Kulturen durchaus ihren Sinn und ihre Bedeutsamkeit haben, durch die europäische Vereinnahmung aber zu leeren Bewegungshülsen geworden sind (z.B. T'ai Chi).

Deshalb lautet die Alternative für den pädagogischen, didaktischen und unterrichtlichen Bereich nicht „industriekultureller Sport oder postmoderner Bewegungs- und Körperkult", sondern Rückbesinnung auf die Vielfalt der europäischen Bewegungskultur unter Einbeziehung der gegenwärtig dominanten Sportkultur.

Kann aber das Wort Kultur für ein Programm der Bewegungserziehung passend sein und stellt es einen besseren Zielbegriff dar als das Wort Handlungsfähigkeit? In der Theorie der Leibeserziehung kommt die Wortverbindung Leibeskultur in Zusammenhang mit intentionalen Überlegungen vor, in der Theorie der Sporterziehung fehlt der Begriff Sportkultur, für eine didaktische Theorie der Bewegungserziehung ergibt die Wortverbindung „Bewegungskultur" eine brauchbare Zielbestimmung.

„Ich stimme mit einigen Kollegen darin überein, daß der Begriff Bewegungskultur ohnehin die angemessenere Gegenstandsbezeichung für unser Fachgebiet wäre" (DIETRICH 1995, 46).

DIETRICH nimmt die Kulturdefinition von Clifford GEERTS auf, wenn er „... Kultur als ein System von Bedeutungen und Symbolen versteht, nach denen Menschen ihre Erfahrungen interpretieren und nach denen sie ihr Handeln ausrichten" (DIETRICH 1995, 48).

Demnach ist Kultur ein die Erfahrungen ordnender und deutender sowie das Handeln leitender Wertbegriff, der als subjektive Verfassung die gesamte Lebensführung eines Menschen prägt und nach außen hin kennzeichnet. Ein durch vielerlei erzieherische Maßnahmen bewegungskulturell geprägter Mensch ist mehr als sportlich handlungsfähig: Er ist vielseitig interessiert, an Bewegungshandlungen teilzunehmen, sie zu erlernen und in vielfältigen sozialen Situationen auszuführen; er ist lebenslang neuen Bewegungserfahrungen aufgeschlossen, ohne in oberflächlicher Weise allen Bewegungsmoden nachzulaufen; er integriert die Bewegung in seine alltägliche Lebensführung und verbindet die Bewegungskultur mit anderen kulturellen Aktivitäten und Interessen, und er entwickelt über ein durchdachtes und sinnhaftes Bewegungshandeln ein Körperbild, ein körperliches Gewissen und ein Körperhandeln, in denen Bewegung mit Ernährung, Diätetik, Kleidung usw. zu einem Ensemble der Lebensführung verknüpft ist, das mit dem Wort *Körperkultur* zu bezeichnen wäre.

Ein pädagogisch-didaktisches Konzept ist nicht nur an seinen Zielformeln, inhaltlichen Festlegungen und methodischen Präferenzen, sondern auch an seinen Grundsätzen erkennbar und bestimmbar, an Prinzipien, die zu allen anderen Kenngrößen eine Affinität aufweisen, und sie zum Ganzen gehörig ausweist. Die auf individuelle und gesellschaftliche Bewegungskultur zielende und wirkende Bewegungserziehung hat als didaktisches Konzept folgende Prinzipien im Visier:

Das Prinzip der Vielfalt fordert die unterrichtliche Berücksichtigung der Handlungs- und Sinnvielfalt der Bewegungskultur im intentionalen und inhaltlichen Bereich, die Vielseitigkeit der methodischen Vermittlung und die Ausnützung der Breite der Organisationsformen des Bewegungsunterrichts. Damit Vielfalt nicht zur Oberflächlichkeit und Beliebigkeit entgleitet, ist ihr das Fundamentale und Bedächtige als Gegengewicht angehängt. Die Sinn- und Formenvielfalt des menschlichen Bewegungshandelns verdichtet sich zu den vier Bereichen des *sportlichen, spielerischen, gestaltenden* und *gesundheitsorientierten Handelns* und entlehnt die exemplarischen Lerninhalte aus den vier zugehörigen Bewegungskulturen. Die Bedächtigkeit als Prinzip verhindert die Rastlosigkeit und weist den Lehr- und Lernweg in die Richtung der Erkenntnis, dass weniger häufig mehr ist. Das auffälligste Merkmal des heutigen Sportbetriebs ist die Zeithast: Training und Wettkampf unter Zeitdruck, die hohe Wertschätzung der Zeitsportarten, die von Wettkampf zu Wettkampf hetzenden Athleten, die zeitsparenden Lehrmethoden u.v.m. Das Prinzip der Bedächtigkeit muss verhindern, dass die Zeithast des Sports in den Bewegungsunterricht der Schule übernommen wird.

Das joculatorische Prinzip verweist auf jene Bewegungshandlungen, die vorrangig aber nicht ausschließlich den Handlungssinn in sich tragen. Ihr eigentlicher Zweck liegt in der Ausführung und Ausübung und nicht im Ergebnis, das außerhalb oder nach dem eigentlichen Handlungsgeschehen existiert. Für den bewegungsdidaktischen Bereich ist aber aus dieser Tatsache nicht jede Art von instrumenteller Absicht und Wirkung auszuschließen. Im selbstgenügsamen und zwecklosen Bewegungshandeln erwächst dem Menschen die Freude in vielerlei Art: als Bewegungs- und Aktionslust des Körpers, als Spielfreude, als Wettkampfspaß, als ästhetisches Vergnügen an der gestalteten Bewegung, als vergnügliches Mitschwingen im musikalischen Rhythmus usw. Das joculatorische Prinzip in der Bewegungserziehung zieht eine Unterrichtsgestaltung nach sich, die es dem Schüler eröffnet, freudhaftes Erleben in der Sinnvielfalt der Bewegungskultur zu erfahren.

Das Prinzip der ökologischen Bedachtsamkeit verwehrt dem sich in der Natur bewegenden Menschen jene Handlungsweisen, die der sporttreibende Mensch unbedacht oder bewusst zur Anwendung bringt, wenn er die Natur als machbare und beliebig veränderliche Sportanlage betrachtet. Bedachtsamkeit als Ausfluss mitweltlicher Einstellung versöhnt die Bewegungsbedürfnisse des Menschen mit den ästhetischen Werten der Landschaft, der Lebensqualität der dort lebenden Menschen und den natürlichen Erfordernissen der Tiere und Pflanzen.

Das Prinzip des Ästhetischen fasst Ästhetik als Gebrauch aller Sinne und vielfältiges Erleben daraus und weist den Weg des Lernens und Handelns in der Bewegungskultur in die Richtung des Musischen, Sinnlichen und Sinnhaften.

Das Prinzip der Einfachheit ist getragen von der Ansicht, dass Spiel, Sport und Bewegung einfache Tätigkeiten sind, die mit einfachen Materialien ausgeübt werden können. Diese Einsicht ist dem aufwendigen modernen Sport völlig verloren gegangen. Quantitativ und qualitativ ist das heutige Sporttreiben an den übergroßen Aufwand an Energie, Material, Kleidung und Zeit gebunden. Ein gutes Beispiel sind die knallig gekleideten Mountainbiker, die auf sehr teurem Gerät, das zuerst mit dem Auto zur Sportanlage Natur gebracht worden ist, durch viel Landschaft unter Störung vieler anderer Lebewesen ihre Spur ziehen.

Das Prinzip der Regionalität soll zwar nicht überbewertet, wohl aber als Gegengewicht zur Internationalität des Sports gesetzt werden. Der Verlust der regionalen und traditionellen Bewegungskulturen ist ein Kulturschwund, den die internationalen und normativen Bestrebungen des industriekulturellen Sport zu verantworten haben und dem durch die Wiederentdeckung lokaler Bewegungstätigkeiten zu begegnen wäre.

Ein solches bewegungspädagogisches Konzept könnte zusammenfassend so beurteilt werden: Es stellt keine Addition bestehender sportdidaktischer Konzepte dar, ist als bewegungspädagogisches Modell aber auch keine Kompromissformel, wenngleich es nicht unbeeinflusst und unbeeindruckt von gegenwärtigen und vergangenen Überlegungen zur Theorie der körperlichen Erziehung in der Schule ist. Es ist keine Rückkehr zur Theorie der Leibeserziehung, wohl aber eine Rückbesinnung auf deren bildungstheoretischen Ansatz und es fehlt ihm noch die didaktische Konkretheit und unterrichtliche Konsequenz, weil es vornehmlich im intentionalen und prinzipiellen, d.h. bewegungspädagogischen Bereich angesiedelt ist.

1.4 Zusammenfassung

1. Die Fachdidaktik des Sports hat in ihrer Entwicklung von der Unterrichtslehre der Gymnastik und des Turnens über die Theorie der Leibeserziehung bis zur Sportdidaktik verschiedene Phasen durchlaufen, in denen didaktische Sachverhalte unterschiedlich bewertet und behandelt wurden und einmal eine größere, ein anderes Mal eine geringere Praxisnähe erreicht worden sind. Die didaktische Reflexion über den Sportunterricht begleitete die Realisierung desselben von den Anfängen des Schulsports bis zur Gegenwart.
2. Gegenwärtig gibt es mehrere sportdidaktische Konzeptionen mit größerer oder geringerer Wirksamkeit in der Unterrichtspraxis der Schule: das Sportartenkonzept, das Konzept des mehrdimensionalen Schulsports, das offene Bewegungskonzept, das Körpererfahrungskonzept, das Sporterziehungskonzept usw. Es kennzeichnet sie eher die Konkurrenz zueinander als das Bemühen um Integration.
3. Das Konzept der unterrichtstheoretischen Sportdidaktik strukturiert den Sportunterricht nach den Ebenen der Voraussetzungen, Entscheidungen und Auswertung, analysiert die Elemente des Unterrichts und setzt sie miteinander in Beziehung. Ziele, Inhalte, Verfahren, Organisations- und Unterrichtsformen und die anthropo-

logischen und gesellschaftlichen Rahmenbedingungen werden im Modell der unterrichtstheoretischen Sportdidaktik beschrieben und als Handlungsangebote dem Lehrer zur Verfügung gestellt.

4. Die unterrichtstheoretische Sportdidaktik versteht sich als Theorie und Lehre des Sportunterrichts, bildet den Kernbereich der Sportpädagogik und sieht ihre Aufgabe in der Vermittlung zwischen Unterrichtswissenschaft und Unterrichtspraxis.
5. Die immer häufiger und heftiger vorgetragene Kritik am Sportbegriff und die Fragwürdigkeit der Eignung des Handlungsbegriffes als didaktische Zielkategorie führen zur Konzeption einer bewegungskulturellen Fachdidaktik, die sich in der Vielseitigkeit der Zieldimension und in der Andersartigkeit der Grundsätze und Inhalte von allen gängigen sportdidaktischen Konzepten unterscheidet.

1.5 Anregungen zum weiterführenden Studium

1. Welche Phasen kennzeichen die Sportdidaktik vom Beginn bei den Philanthropen bis zur Gegenwart, welche inhaltlichen Schwerpunkte wurden jeweils gesetzt und welche Ergebnisse für die Unterrichtspraxis können für jede Epoche verzeichnet werden?

GRÖSSING, S. (Hrsg.): Spektrum der Sportdidaktik. Bad Homburg 1979.

LANGE, J.: Zur gegenwärtigen Situation der Sportdidaktik. In: Sportwissenschaft 1975/3–4/217.

2. Einen Überblick über sportdidaktische Konzepte der Gegenwart vermitteln:

BALZ, E.: Fachdidaktische Konzepte oder: Woran soll sich der Schulsport orientieren? In: Sportpädagogik 16 (1992) 2, S. 13–22.

CRUM, B.: Idealtypische Konzepte von Sportunterricht. In: Sportpädagogik. 16 (1992) 2, S. 29–32.

EHNI, H.: Vom Sinn des Schulsports. In: Wolters, P. (Hrsg.): Didaktik des Schulsports, S. 9–35.

FUNKE-WIENEKE, J.: Schulsportkonzepte – ein Plädoyer für das gemeinsam Tragbare. In: Sportpädagogik 16 (1992) 2, S. 23–28

PROHL, R.: Grundriß der Sportpädagogik. Wiebelsheim 1999.

3. Welche Ebenen, Elemente und Relationen kennzeichnen das integrativ-unterrichtstheoretische Modell der Sportdidaktik?

4. Wie stellt sich das Verhältnis zwischen Theorie und Praxis des Sportunterrichts für die Sportdidaktik dar? Welche Forschungsaufgaben kommen der Sportdidaktik zu, mit welchen Methoden löst sie ihre wissenschaftliche Verpflichtung ein und in welchem Bezug steht die Sportdidaktik zur Sportpädagogik?

BOUCHARD, C.: „Physical activity sciences." Eine grundlegende Konzeption für die Organisation einer Wissenschaftsdisziplin und eines Berufsfeldes. Internationale Zeitschrift für Sportpädagogik, 1976 3/19 und 1976 4/15.

GRÖSSING, S.: Überlegungen zum Wissenschaftscharakter der Sportpädagogik. In: ANDRECZ, H./ REDL, S. (Hrsg.): Forschen – Lehren – Handeln, S. 13. Wien 1976.

MEINBERG, E.: Hauptprobleme der Sportpädagogik. Darmstadt 1991².

PROHL, R.: Grundriß der Sportpädagogik. Wiebelsheim 1999.
WIDMER, K.: Sportpädagogik. Prolegomena zur theoretischen Begründung der Sportpädagogik als Wissenschaft. Schorndorf 1974.
WILLIMCZEK, K.: Wissenschaftstheoretische Aspekte einer Sportwissenschaft. Frankfurt 1968.

5. Welche Grundsätze unterscheiden das bewegungskulturelle Didaktikkonzept von gegenwärtig aktuellen sportdidaktischen Modellen?

GRÖSSING, S.: Bewegungskultur und Bewegungserziehung. Schorndorf 1993.

1.6 Spezielle Literatur

BALZ, E.: Fachdidaktische Konzepte oder: Woran soll sich der Schulsport orientieren? In: Sportpädagogik. 16 (1992) 2, S. 13–22.
BALZ, E./NEUMANN, P. (Hrsg.): Wie pädagogisch soll der Schulsport sein? Schorndorf 1997.
BECKERS, E.: Durch Rückkehr zur Zukunft? Anmerkungen zur Entwicklung der Sportpädagogik. In: Sportwissenschaft 17 (1987) 3, 241–257.
BLANKERTZ, H.: Theorien und Modelle der Didaktik. München 1969, 1975[9].
BOUCHARD, C.: „Physical activity sciences." Eine grundlegende Konzeption für die Organisation einer Wissenschaftsdisziplin und eines Berufsfeldes. In: Internationale Zeitschrift für Sportpädagogik 1976/3/19 und 1976/4/15.
BRÄUTIGAM, M.: Spaß als Leitidee jugendlichen Sportengagements. Konsequenzen für die Sportdidaktik? In: Sportunterricht 43 (1994) 6, S. 236-244.
CRUM, B.: Idealtypische Konzepte von Sportunterricht. In: Sportpädagogik 16 (1992) 2, S. 29–32.
EHNI, H. W.: Handlungsorientierte Sportpädagogik. In: GRÖSSING; S. (Hrsg.): Spektrum der Sportdidaktik, S. 173. Bad Homburg 1979.
EHNI, H.: Vom Sinn des Schulsports. In: WOLTERS, P. (Hrsg.): Didaktik des Schulsports 2000. S. 9-35.
FRANKFURTER ARBEITSGRUPPE (Hrsg.): Offener Sportunterricht – analysieren und planen. Reinbek 1982.
FUNKE, J. (Hrsg.): Sportunterricht als Körpererfahrung. Reinbek 1983.
FUNKE-WIENEKE, J.: Über den didaktischen Ansatz der „Körpererfahrung". In: PEPER, D./ CHRISTMANN, E. (Hrsg.) 1987, S. 94-108.
FUNKE-WIENEKE, J.: Schulsportkonzepte – ein Plädoyer für das gemeinsam Tragbare. In: Sportpädagogik. 16 (1992) 2, S. 23–28.
GRÖSSING, S.: Bewegungskultur und Bewegungserziehung. Schorndorf 1993.
GRÖSSING, S. (Hrsg.): Spektrum der Sportdidaktik. Bad Homburg 1979.
GRÖSSING, S.: Ist die Wiederentdeckung des Körpers das Ende der Sportdidaktik? In: Leibesübungen – Leibeserziehung 1985/3 und 4/67 und 93.
GRUPE, O.: Grundlagen der Sportpädagogik. München 1984[3].
HECKER, G.: Kompendium Didaktik – Sport. München 1979.
HECKER, G./ TREBELS, A.: Sportdidaktik. Wuppertal 1970.
HEIMANN, P./ OTTO, G./ SCHULZ, W.: Unterricht, Analyse und Planung. Hannover 1969[4], 1972[6].
HILDEBRANDT, R./ LAGING, W.: Offene Konzepte im Sportunterricht. Bad Homburg 1981.
HUMMEL, A.: Die Konzeption der körperlich-sportlichen Grundlagenbildung im Kontext sportdidaktischer Modelle. In: Leipziger Sportwissenschaftliche Beiträge. Leipzig 39 (1992) 2/3. S. 8–14.
HUMMEL, A.: Die körperlich-sportliche Grundlagenbildung – immer noch aktuell? In: BALZ/NEUMANN 1997, S. 47-62.
HUMMEL, A.: Historische und gegenwärtige Modelle zum Schulsport in der Diskussion I und II. In: Körpererziehung 45 (1995) 3, S. 83-88 u. 134-137.
KLAFKI, W.: Handlungsforschung im Schulfeld. In: Zeitschrift für Pädagogik 1973/4/487.
KRETSCHMER, J.: Akzente kindgerechter Bewegungserziehung. In: BALZ/NEUMANN 1997, 169-184.
KÜPPER, D.: Sportartübergreifende Zugänge zum Handlungsfeld Bewegung, Spiel und Sport. In: BALZ/NEUMANN 1997, 219-228.

KURZ, D.: Handlungsfähigkeit im Sport. In: PEPER, D.; CHRISTMANN; E. (Hrsg.): Zur Standortbestimmung der Sportpädagogik. Schorndorf 1987, S. 52–67.
KURZ, D.: Elemente des Schulsports. Grundlagen einer pragmatischen Fachdidaktik. Schorndorf 1979[2], 1990[3].
LANGE, J.: Handlungsorientierungen der Sportlehrer. In: BRETTSCHNEIDER, W.-D. (Hrsg.): Alltagsbewußtsein und Handlungsorientierungen von Sportlehrern, S. 78. Schorndorf 1984.
MEINBERG, E.: Sportpädagogik: Konzepte und Perspektiven. Stuttgart; Berlin; Köln; Mainz 1981.
MEINBERG, E.: Hauptprobleme der Sportpädagogik. Darmstadt 1991[2].
MESTER, L.: Grundlagen der Leibeserziehung. Braunschweig 1969[3].
MOEGLING, K.: Ganzheitliche Bewegungserziehung. Butzbach-Griedel 1999.
PASCHEN, K.: Didaktik der Leibeserziehung. Frankfurt/Main 1970[3].
PROHL, R.: Grundriß der Sportpädagogik. Wiebelsheim 1999.
PÜHSE, U.: Soziale Handlungsfähigkeit im und durch Sport.In: Balz/Neumann 1997, S. 93-110.
SASS, I.: Themenorientierter Sportunterricht – aber wie? In: BALZ/NEUMANN 1997, S. 229-242.
SCHALLER, H.-J.: Instrumentelle Tendenzen in der Sportpädagogik. In: Sportwissenschaft 22 (1992) 1, S. 9-31.
SCHMIDT-MILLARD, T.: Orientierungsprobleme in der Sportdidaktik. In: SCHIERZ, M./ HUMMEL, A./ BALZ, E. (Hrsg.): Sportpädagogik: Orientierungen – Leitideen – Konzepte. St. Augustin, 1994, S. 71–90.
SCHERLER, K.: Elementare Didaktik. Weinheim 1989.
SCHMITZ, J. N.: Studien zur Didaktik der Leibeserziehung. Beiträge zur Lehre und Forschung der Leibeserziehung, Bände 27, 31, 40, 45. Schorndorf 1970–1973. Band I: Fachdidaktische Analysen und Grundlagen1972a[3]. Band II: Grundstruktur des didaktischen Feldes 1970[2]. Band III: Lernen in den Leibesübungen 1973[2]. Band IV: Lehr-, Unterrichts- und Curriculumprobleme, 1972b.
SCHULZ, W.: Zur Didaktik der Berliner Schule. Düsseldorf 1977.
SCHULZ, W.: Unterricht zwischen Funktionalisierung und Emanzipationshilfe. In: RUPRECHT, H./ BECKMANN, H.-K./ CUBE, F. v./ SCHULZ, W.: Modelle grundlegender didaktischer Theorien. Hannover 1972.
THIELE, J.: Phänomenologie und Sportpädagogik. St. Augustin 1990.
TREUTLEIN, G. u.a. (Hrsg.): Körpererfahrung in traditionellen Sportarten. Wuppertal 1986.
VOLKAMER, M.: Wieviel Pädagogik verträgt der Sport – das Konzept der Entpädagogisierung. In: ZEUNER u.a. 1995, S. 58-63.
WIDMER, K.: Sportpädagogik. Schorndorf 1974.
WOLF, N. (Hrsg.): Dokumente zum Schulsport: Bemühungen des DSB 1950–1974. Schorndorf 1974.

2 Gesellschaftliche und anthropologische Rahmenbedingungen

2.1 Schule als Bestimmungsfaktor des Schulsports

Die Aufnahme der Leibesübungen in den Kanon der Unterrichtsfächer der Schule hat das jeweilige Gesellschaftssystem seit der Mitte des 19. Jahrhunderts, als die körperliche Erziehung als Schulfach eingesetzt wurde, mit den unterschiedlichsten Aufträgen und Aufgaben versehen: die Förderung der Gesundheit, die Wehrertüchtigung, die Vorbereitung auf Arbeitstätigkeiten, die staatsbürgerliche Erziehung und die Persönlichkeitsentfaltung vom Körper her. Das „Schulturnen" war stets bestrebt, solche gesellschaftlichen Erwartungen zu erfüllen, indem es sie zu Leitzielen erkor, sich selbst damit legitimierte, aber zumeist versäumte, die Einlösung solcher Versprechen auch zu überprüfen. Was bei einigen dieser hohen Ziele schwer gefallen wäre, bei anderen aber durchaus im Rahmen des Möglichen gelegen hätte und doch versäumt wurde. So gerieten die gesellschaftlichen Absichten an den Schulsport zu unverbindlichen Bildungszielen, die das beständig in seiner schulischen Existenz bedrohte Unterrichtsfach wie ein Schutzschild vor sich hertrug. Die Übernahme dieser gesellschaftlichen Aufträge und deren Umsetzung in Lern-, Erziehungs- und Bildungsziele ist ein Bedingungsfaktor des Schulsports.

Er ist in seinen Handlungs- und Entscheidungsfeldern aber auch von anthropologischen Kategorien bestimmt. Das Lerngeschehen im Schulsport vollzieht sich am heranwachsenden Menschen und ist in Ablauf und Ergebnis von dessen Konstitution und Entwicklung, Motorik und Gesundheit, Spielbedürfnis und Motivation, Interessen und Abneigungen beeinflusst. Zusammen mit diesen anthropologischen Faktoren wirken die unterschiedlichen gesellschaftlichen Mächte und Normen in vielfacher Art und Weise auf die Durchführung des Schulsports ein. Die Realität des Sportunterrichts kennt selbstverständlich keine Trennung in anthropologische und soziokulturelle Bedingungen, weil beide in ständiger Verflechtung den Bedingungsrahmen für den Schulsport stellen.

Darüber hinaus sind die politische und ökonomische Struktur der Gesellschaft, Bildungstraditionen, die Organisation des Schulwesens, gesellschaftliche Normen in den Bereichen Sport, Leiblichkeit, Leistung und Wetteifer wichtige Bedingungen des Sportunterrichts und Faktoren der Lernzielbestimmung, der Auswahl der Lerninhalte und des Methodeneinsatzes.

Die *Schule* als gesellschaftliche Institution stellt einen vorgegebenen Rahmen dar, in den der Schulsport einzupassen ist. Mit gesellschaftlichen Wandlungen verändert sich auch die Schule, in der Regel mit einer nicht unbeträchtlichen Zeitverschiebung (cultural lag), und mit den Wandlungen der Schule verändert sich der Schulsport. Schulsport kann immer nur der durch die Institution Schule geformte Sport sein und die Aufträge, welche die Gesellschaft der Schule zuschreibt, gelten demnach auch für den Schulsport. Aus dieser Perspektive und unter dieser Einschränkung muss der Schulsport betrachtet, bewertet und gestaltet werden.

Neben anderen Kriterien sind auch die Probleme, Erwartungen und Hoffnungen der Gesellschaft bestimmend für die Theorie und Praxis der Schule. Für die didaktische Analyse eines Schulfaches sind die epochalen und überdauernden Tendenzen und die zeitgemäßen und zukunftsweisenden Ideen der Schultheorie von Bedeutung. In der folgenden Darstellung einiger Kriterien gegenwärtiger Schultheorie werden jene besonders herausgestellt, die einen deutlicheren Bezug zum Schulsport aufweisen.

Die Schule definiert sich als Einrichtung zur Vermittlung von Kultur-, Berufs- und Lebenstechniken. Sie stattet den heranwachsenden Menschen mit Fähigkeiten aus, die eine angemessene Bewältigung der Lebenssituationen erwarten lassen. Durch ihre gegliederte Struktur tut sie es nach Inhalt und Umfang in unterschiedlicher Art. Die Schule vermittelt genau bestimmte Kulturtechniken (Lesen, Schreiben, Rechnen, Allgemeinwissen), betreibt Berufsvorbereitung und stattet den Heranwachsenden mit allgemeinen Fähigkeiten und Eigenschaften zur Lebensbewältigung aus. Diese Vermittlungs- und Erziehungsfunktion übt sie unter bestimmten Vorzeichen aus, die sich ändern, wenn sich gesellschaftliche Grundlagen gewandelt haben. Für die gegenwärtige Schule sind die Veränderungen im Arbeitsleben und der Zuwachs an Freizeit bedeutsame gesellschaftliche Tendenzen mit starkem Einfluss auf die Theorie der schulischen Ausbildung und Bildung.

Auch von den allgemeinen Bestrebungen zu mehr Mitbestimmung aller Beteiligten in größeren und kleineren Sozialgebilden (Schule, Familie, Berufsgruppen) ist die Institution Schule insgesamt und in jedem ihrer Unterrichtsfächer betroffen. Im Schulsport haben Demokratisierungstendenzen beispielsweise das Lehrer-Schüler-Verhältnis stark verändert. Der lehrerzentrierte Unterricht weicht dem sozial-integrativen Führungsstil, wobei allerdings häufig situative und altersmäßige Bedingungen außer acht gelassen werden. Eine Gleichsetzung von autoritärem Führungsstil und lehrerdominantem Unterricht ist ebenso realitätsfern wie die Auffassung, dass der sozialintegrative Stil in allen Situationen des Schulsports anderen Interaktionsformen vorzuziehen sei. Die Beachtung der Schülerinteressen bei der Auswahl des Lernstoffes und die erweiterten Wahlmöglichkeiten in der Oberstufe sind weitere Kennzeichen einer Beteiligung aller Betroffenen an schulischen Entscheidungen.

Die vermehrte *Freizeit* ist ein Ergebnis der industriellen Produktionsweise und ein herausragendes Merkmal der entwickelten Industriegesellschaft. Seit einem Jahrhundert verschiebt sich unaufhaltsam das Verhältnis von Arbeitszeit und Freizeit zugunsten der freien Zeit. Die Freizeit erfährt aber mit der zeitlichen Erweiterung auch einen Bedeutungs- und Strukturwandel. War einst Müßiggang – wie ein Sprichwort es behauptet – aller Laster Anfang, finden heute viele Menschen ihren Lebenssinn nur mehr in der Freizeit. Die Arbeit wird zum Vorspann der Freizeit. Der Feierabend war früher vor allem physische Regeneration, während die Freizeit von heute diese Funktion nur mehr zu einem kleinen Teil erfüllt und zum eigenständigen und eigenwertigen Dasein geworden ist. Damit wird weder die Abhängigkeit zur Arbeitswelt geleugnet, noch die Tatsache verschwiegen, dass Freizeit nicht immer Freiheit bedeutet. Der Mensch von heute ist in seinen freien Stunden weder von der Freizeitindustrie vollkommen manipuliert noch von seinen Arbeitszwängen vorprogrammiert; er verfügt aber auch nicht in reiner Selbstbestimmung über seine Freizeit. Freiheit und Sinnhaftigkeit in der Freizeit sind Chancen, die in langwieriger politischer und pädagogischer Tätigkeit eröffnet werden können. Zahlreiche Freizeituntersuchungen bestätigen dem Sport einen bedeutsamen Rang unter den beliebtesten Freizeitaktivitäten. Es wird aber auch eine unübersehbare Diskrepanz zwischen dem Freizeitsport als Bedürfnis und als Realität konstatiert. Der Freizeitsport ist also nicht nur eine Angelegenheit der Organisation, des Angebots und der Sportanlagen, sondern auch eine Frage der Freizeiterziehung durch die Schule.

Schulischer Unterricht ist unter anderem auch die Vorbereitung auf die spätere Berufstätigkeit. Der Sportunterricht allerdings hat diese Funktion nie in besonderem Ausmaß besessen, denn er vermittelt nicht jene Techniken, die im Berufsleben dringend erforderlich sind. Doch hat die sportliche Bewegung eine indirekte Bedeutung für Arbeit und Beruf. Die Berufswelt der Gegenwart ist gekennzeichnet durch die beständige Zunahme der Sitzberufe und die damit verbundene Bewegungseinschränkung, den Trend zum Spezialistentum und die gesundheitliche Beeinträchtigung durch Zivilisationsschäden. Unter solchen gesellschaftlichen Bedingungen erfährt der Schulsport einen Bedeutungswandel, der sich auf seine Unterrichtsziele und Erziehungsaufgaben auswirkt. Eine differenzierte Sicht der Zusammenhänge zwischen den gesellschaftlichen Faktoren Sport und Arbeit müsste aber zunächst die verschiedenen Erscheinungsformen des Sports voneinander abheben. Zwischen dem Hochleistungssport und der modernen Arbeitswelt bestehen grundlegende Übereinstimmungen, denn Rationalität, Planung, Fremdbestimmung und Leistungszwang sind Kennzeichen der industriellen Arbeitsweise und des Spitzensports gleichermaßen. Der Hochleistungssport ist in erklärter oder verschleierter Form zum Beruf geworden und unterliegt damit den normalen Bedingungen der Arbeitswelt, weshalb es müßig ist, dem Sport daraus einen Vorwurf zu machen. Schulsport, Breitensport und Freizeitsport sind aber weiter entfernt von der Konformität mit der industriellen Arbeitswelt, obschon einseitiges Leistungsdenken und produktorientierter Unterricht den Schulsport oftmals stärker an das Lebensfeld Arbeit anbinden, als es an sich notwendig wäre. Die Schule hat die Vorbereitung für das nachschulische Leben zu leisten, und diese Aufgabe verpflichtet alle Unterrichtsgegenstände auch zur Berufserziehung. Der Sportunterricht vermittelt allerdings kaum Tätigkeiten, die der Berufswelt direkt zugute kommen, denn die modernen Arbeitsformen können zunehmend mehr auf körperliche Kraft und Gewandtheit verzichten. Wenn die Berufs- und Arbeitswelt auch nicht ohne Einfluss auf den Schulsport ist und deshalb zu den sozialkulturellen Determinanten zu rechnen ist, verringert sich die berufsvorbereitende Bedeutung des Schulsports beständig, weil körperliche Kraft, Leistungsfähigkeit und motorische Geschicklichkeit nur noch in wenigen Berufen erforderlich sind. Der Sport ist also mehr zu einem Ausgleichswert für die Arbeitswelt geworden. Die indirekte Funktion des Schulsports für Arbeit und Beruf erschöpft sich nicht in der kompensatorischen Wirkung, wenngleich diese nicht gering veranschlagt werden soll. Die Humanisierung der Arbeitswelt ist mehr als ein politisches Schlagwort, denn die industrielle Produktionsweise erfordert nachdrücklich eine Verbesserung der Lebensqualität am Arbeitsplatz. Merkmale der Qualitätserhöhung sind Aufgabensteigerung und Prozessübersicht, Mobilität, selbstverantwortliche Teamarbeit und Übernahme von Entscheidungsbefugnissen. Die Problematik des Tranfers sozialaffektiver Einstellungen und Handlungen von einer Lebenssituation in eine andere bedenkend, sollte doch nicht übersehen werden, dass in den sozial-emotionalen Situationen des Sportunterrichts und in den häufigen Interaktionen zwischen Individuen und Gruppen berufsvorbereitende Fertigkeiten und Fähigkeiten stecken.

Da die Schule als gesellschaftliche Einrichtung von anderen Gruppen und Interessenverbänden der Gesellschaft nicht unbehelligt sein kann, müssen deren gerechtfertigte Ansprüche und Einflüsse auch anerkannt werden. Ohne den lange Zeit gehegten Autonomieanspruch der Pädagogik gegenüber der Gesellschaft wieder aufleben zu lassen, soll aber von den für die Schule verantwortlichen Personen immer erneut geprüft werden, inwieweit gesellschaftliche Ansprüche nicht dem erzieherischen und bildenden Auftrag widersprechen. Dies gilt auch für den Schulsport, der die zum Teil berechtigten Interessen des außerschulischen Sports und seiner Organisationen mit seinen pädagogischen Aufträgen in Einklang zu bringen hat, und dort, wo dies nicht möglich ist, die Prioritäten und Präferenzen im pädagogischen Feld zu setzen hat.

Das waren bis jetzt inhaltsbezogene Aspekte der gegenwärtigen Schultheorie – sie betrafen die Themen Beteiligung, Freizeit, Beruf.

Die Schultheorie hat in dieser Zeit des Umdenkens aber auch Veränderungen in den methodischen Strukturen vorgenommen und neue Formen des Lehr-Lerngeschehens entwickelt und vorgestellt. Es sind dies der fächerübergreifende und fächerverbindende Unterricht sowie zahlreiche Spielarten des Projektunterrichts auf deren Aspekte im einzelnen hier nicht eingegangen werden soll, weil sie im Kap. 5 aufgegriffen werden.
Fasst man die Tendenzen und Aspekte der gegenwärtigen Schultheorie zusammen, ist Folgendes zu erkennen:

1. eine stärkere Beachtung der Erziehungsfunktion neben der Vermittlungsfunktion;
2. eine weitgehende Akzeptanz der Verpflichtung zur Gesundheits-, Sozial- und Umwelterziehung neben der Wissensvermittlung;
3. eine Auflösung der Geschlossenheit bisheriger Unterrichtsmethoden zugunsten neuer Lehr-Lernformen wie fächerverbindender und Projektunterricht;
4. eine Veränderung bisheriger Organisationsstrukturen in Richtung auf mehr Vielfalt der Unterrichts- und Gruppenformen und der Öffnung der Schule nach außen;
5. mehr Schulautonomie und weniger Gängelung durch übergeordnete Unterrichtsbehörden bedingen mehr Schwerpunktbildungen und standortgebundene Imagepflege.

Die eben vermerkten neuen Aspekte der gegenwärtigen Schultheorie sind in manchen Punkten bereits Gestaltungskräfte einer neuen Schulpraxis geworden und bestimmen in größerer oder kleinerer Annäherung an die theoretischen Vorgaben den konkreten Unterricht und das gesamte Schulleben.

Die inhaltlichen, methodischen und organisatorischen Veränderungen in der gegenwärtigen Schultheorie und Schulpraxis sind insgesamt der Ausdruck einer neuen Zielsetzung, welche die Schule durch gesellschaftlich-politische und pädagogisch-didaktische Vorlagen erhalten hat. Der daraus sich ergebende neue Auftrag an die Schule der Zukunft ist in schlagwortartiger Auflistung folgendermaßen zu umreißen:

- vom Lernort zum Erziehungsfeld,
- von der Lehreraktivität zur Lehrer-Schüler-Interaktion,
- von der geschlossenen Anstalt zur offenen Einrichtung,
- von den Unterrichtsfächern zum themenorientierten Unterricht,
- von der Sitzschule zur bewegten Schule.

Diese, unter dem von Hartmut von Hentig ausgegebenen Motto „Schule neu denken" zusammengefassten Merkmale der gegenwärtigen Schultheorie wirken in jedes Unterrichtsfach der Schule hinein und betreffen deshalb in allen Punkten auch den Sportunterricht.

2.2 Sport als Unterrichtsgegenstand und Erziehungsmittel

Im *Sport* hat der Schulsport seinen zweiten Bezugspunkt. Dass auch der Schulsport Wirkungen auf den Sport außerhalb der Schule ausübt, sei erwähnt, nicht aber näher erläutert, weil es zunächst darum geht, den Sport als Rahmenbedingung für den Schulsport auszuweisen.

Das gesellschaftliche Phänomen Sport hat mehrere Ausdrucksformen, unter denen der Hochleistungs- und Schausport zur dominanten Form geworden ist und die einflussreichste Rahmenbedingung für den Schulsport darstellt. Die öffentliche Wertschätzung, die dem Sport als Mittel der Leistungsdemonstration entgegengebracht wird, die Größenordnung des Schausports, die wirtschaftliche Bedeutung und die politische Brauchbarkeit sichern dem Sport einen bedeutungsvollen Einfluss auf den Sportunterricht. Die Auswahl der Schulsportarten, die Rolle der Leistung im Schulsport, Leistungserhebung und Leistungsvergleich, Trainingsmethoden und die konkreten Maßnahmen der Talentsuche und -förderung sind Merkmale und Wirkungen dieses Einflusses.

Die wichtige Rolle des Sports als Freizeitaktivität jugendlicher und erwachsener Menschen ist durch Freizeituntersuchungen bestätigt worden. Festgestellt wurde dabei auch, dass das tatsächliche Ausmaß der sportlichen Tätigkeit nicht dem geäußerten Wunsch und Bedürfnis nach sportlicher Aktivität entspricht. Die Hemmnisse und Hindernisse für die Ausübung des Freizeitsports sind weniger die fehlenden Sportstätten, sondern die mangelnden Kenntnisse über Sportmöglichkeiten oder die Beschränkung auf die Ausübung einer Lieblingssportart, deren Durchführung an personalen oder räumlichen Voraussetzungen besonderer Art gebunden ist. Die Forderung nach einer Verringerung der Kluft zwischen Schulsport und Freizeitsport hat dazu geführt, dass der Kanon der Schulsportarten um freizeitwertige Disziplinen erweitert wurde, was den Bedeutungsverlust traditioneller Schulsportarten mit sich gebracht hat. Volleyball, Tennis, Rudern haben gegenüber Leichtathletik und Gerätturnen an Bedeutung im Schulsport dazugewonnen. Unter dem Aspekt des lebensbegleitenden Sports für die zunehmende Freizeit haben neue Sportarten in den Schulsport Eingang gefunden, solche vor allem, die aufgrund der geringeren Normiertheit, des einfachen Aufwands, der kleineren Gruppenstärken und der geringeren energetischen Leistungsanforderungen als lebenslange sportliche Freizeitaktivitäten ausgewiesen sind. Die alters- und geschlechtshomogene Gruppenbildung im Schulsport entspricht nicht der Zusammensetzung von Freizeitgruppen, denn Freundes-, Nachbarschafts-, Berufs- und Familiengruppen sind auch bei sportlichen Aktivitäten meist alters- und geschlechtsheterogen zusammengesetzt. Koedukativer und jahrgangsübergreifender Sportunterricht in Neigungs- und Leistungsgruppen sind aus diesem Grunde zu nicht mehr überhörbaren Forderungen an den Schulsport geworden.

Wenn der Sport zum Lerngegenstand der Schule wird, dann bedarf es einer ausreichenden Begründung, damit die Schule bereit ist, für dieses Unterrichtsfach die benötigten Räume, Zeiten und Mittel bereitzustellen. Der Schulsport hat in Vergangenheit und Gegenwart seine Legitimation hauptsächlich mit den Argumenten Gesundheit, Wehrhaftigkeit oder Bildung bestritten und seinen Status in der Schule einigermaßen gefestigt. Wenn Sport nun selbst zu einem Lerngegenstand und nicht nur als Mittel zur Erreichung bestimmter Fähigkeiten eingesetzt wird, dann muss erst der Nachweis geführt werden, dass Sport eine Berufs-, Kultur- oder Lebenstechnik sei, weil sich die Schule als Vermittlungsinstanz für solche Techniken versteht. Die Rechtfertigung des Sports als eigenständiger Lernbereich der Schule kann mit anthropologischen und gesellschaftlichen Argumenten und Fakten vorgenommen werden: Bewegung, Spiel, Wetteifer, Geselligkeit sind nicht nur elementare und unverzichtbare Bedürfnisse des Menschen, sondern auch Merkmale des Sports, die sein Wesen ausmachen. Diese Bedürfnisse hängen eng mit dem zusammen, was die Gesellschaft dem heutigen Menschen bietet und verwehrt: die ausgedehnte Freizeit, die materiellen Möglichkeiten, den Wohlstand, die unzureichende Bewegung, die Spezialisierung im Beruf, das Leben in der Kleingruppe, die Überschaubarkeit der Handlungsfelder, die spontane Aktivität, die Abenteuerlichkeit. In einer so gestalteten Welt bekommen jene Handlungsfelder eine gesteigerte Bedeutung, die gesellschaftlich bedingte Einschränkungen auszugleichen vermögen. Dazu zählt der Sport, wenn er nicht eindimensional verstanden wird. Erfahrungen und freudvolle Erlebnisse mit dem Sport jenseits der gesundheitlichen und sozialisierenden Zwecke sind eine Bereicherung und Erweiterung des Daseins auch in der postindustriellen Gesellschaft, ein Gewinn an Leben und Erleben primärer Art in einer Mediengesellschaft, ein Angebot für eine sinnvolle Aktivität in einer Freizeitgesellschaft. Kenntnisse und Erkenntnisse über das geistige und gesellschaftliche Phänomen Sport sind ein notwendiges Stück Welterkenntnis und Gegenwartsverständnis.

Dies alles bescheinigt dem Sport ein Recht darauf, ein eigener Lerngegenstand der Schule zu sein, ein Erfahrungsbereich, der für das Leben in dieser Welt und dieser Zeit unverzichtbar ist, wenn es darum geht, in der Schule die Voraussetzungen für ein glückendes menschliches Dasein zu schaffen.

Diese Absicht fördert ein mehrdimensionales Verständnis von Sport als Gegenstand des Schulsports. Eine umfassende Gegenstandsbestimmung weist den Sport als Aktivität, Organisation und Theorie aus. Alle drei Aspekte des Sports sind Lernbereiche des Schulsports und ihre Vermittlung erst sichert die Erreichung des gesetzten Zieles: Handlungsfähigkeit im Sport. Diese Zieldimension des Schulsports – sie ist nicht seine einzige aber seine wichtigste – erfordert, dass der Schüler Können und Kenntnisse, Erkenntnisse und Wertvorstellungen innerhalb eines weitgesteckten Lernfeldes Sport erwirbt, dass er lernt, Sport zu treiben, Sport zu organisieren und Sport zu verstehen. Sport ist eben nicht eine problemlose körperliche Betätigung, zu der man über motorische Lernprozesse befähigt wird, sondern ein vielschichtiges Handlungsfeld mit vielfältigen körperlichen, motorischen, sozialen, affektiven, gesellschaftlichen und kulturellen Aspekten und Problemlagen, das über komplexe Lernvorgänge erschlossen wird.

Die Bildungspolitik der letzten Jahrzehnte, die von den Erwartungen einer größeren Chancengleichheit bei der Wahl der Bildungsgänge, einer besseren schulischen Förderung der Angehörigen unterpriviligierter Sozialschichten, den Tendenzen zur größeren Wahlfreizeit der Schüler, den Ansätzen zu verbindlichen Lehrplänen und der Hoffnung auf mehr Effektivität im Unterricht durch die Einführung der Unterrichtstechnologie getragen war, hat auch das Selbstverständnis des Schulsports in vielen Bereichen verändert. Der Sportunterricht hat eine starke Differenzierung erfahren, und die Berücksichtigung der Schülerinteressen führte zur Aufnahme neuer Disziplinen in den Kanon der Schulsportarten.

Die Rahmenbedingung Schule als pädagogische und rechtliche Einrichtung schafft allerdings Einschränkungen für den Sportunterricht, die im organisatorischen, inhaltlichen, intentionalen und methodischen Bereich liegen (vgl. Brettschneider 1981, 25). Die institutionellen Vorgaben scheiden Sportarten aus dem schulischen Angebot aus, die erzieherisch bedenklich (z.B. Boxen), organisatorisch nicht zu bewältigen (z.B. Motorsport), rechtlich nicht zulässig (z.B. Drachenfliegen), zeitlich oder räumlich nicht durchführbar (z.B. Reiten) oder methodisch nicht zu verwirklichen sind. Der Sportunterricht schließt Formen des Sports aus, wenn solche Bedenken gegen sie sprechen und reduziert dadurch die Sinngehalte des Sports auf jene, die institutionell zu vermitteln sind. Auswege aus der Verengung sportlicher Vielfalt sind schulische Sportveranstaltungen außerhalb des obligatorischen Unterrichts wie Skikurse, Sportwochen, aktive Pause, Spiel- und Sportfeste, Wandertage und Neigungsgruppen.

Die didaktische Auswahl der sportlichen Erfahrungen für den Schüler hat allerdings so zu erfolgen, daß der Sport in seinen wichtigen Sinnrichtungen (vgl. Kurz 1979[2]) wahrnehmbar, erlernbar und erfahrbar wird. Leistung, Wettbewerb, Gesundheit, Ausdruck, Spiel, Geselligkeit, Abenteuer, Naturerleben sind Sinngehalte des Sports, die an ausgewählten Sportarten auch im Schulsport als Lern- und Erlebnisangebote an den Schüler herangebracht werden können.

Die sportliche Aktivität ist also vieldimensional und enthält Elemente und Strukturen des genormten außerschulischen Sports ebenso wie situativ zu bestimmende und neu zu gestaltende Bewegungshandlungen. Sport organisieren umfasst die Fähigkeiten zum Herstellen sportlicher Aktionen, zur Gruppenbildung, zur lehrenden Vermittlung einiger grundlegender Sachverhalte. Sport verstehen schließlich bedeutet den Erwerb von Wissen und Erkenntnissen über den Sport, die Aneignung medizinischer, psychologischer, soziologischer, bewegungstheoretischer und trainingswissenschaftlicher Zusammenhänge, die Aufnahme von Handlungswissen und die Verarbeitung von Theorien und Ideologien über den Sport.

Vier anthropologische Kategorien werden zu didaktischen Herausforderungen, wenn Sport mehrdimensional zum Unterrichtsgegenstand in der Schule erklärt wird: Bewegung, Spiel, Leistung und Gesundheit. Daran knüpfen sich die erzieherischen Absichten der Gesellschaft an den Schulsport, davon leiten sich die Ziele und Inhalte ab und dazu werden Unterrichtsmethoden entwickelt und eingesetzt.

Der Sportunterricht hat es in besonderer Weise mit dem sich *bewegenden Körper* des Schülers zu tun, setzt dort mit seinen pädagogischen Absichten an, sucht dort seine prägenden Wirkungen zu erzielen und zielt von dort auf die Bildung des ganzen Menschen. Der Körper des Menschen ist kein naturhaftes, sondern ein kulturelles Gebilde, er hat eine Geschichte und seine Ausdrucks- und Bewegungsformen sind epochal geprägt und verändern sich im Ablauf der Zeiten. Das Bild, welches der Mensch sich vom Körper schafft und die Erfahrungen und Wahrnehmungen des eigenen und des fremden Körpers sind kulturelle und gesellschaftliche Manifestationen und nicht naturgegebene Eigenheiten. Haltung und Bewegung, Körpersprache, Kleidung, der medizinische Umgang mit dem Körper und was darüber hinaus noch bedeutungsvoll ist, sind geprägt von der epochalen Kultur. Das Natürliche am menschlichen Körper ist das, was Adolf PORTMANN die sekundäre Natürlichkeit genannt hat. Kultur prägt den Körper, gibt ihm die Chancen zu vielfältigen Erlebnissen und Erfahrungen und gefährdet ihn in der jeweils für sie charakteristischen Weise. Gegenwärtige Gefahren für den Körper sind die Entfremdung in der Arbeitswelt, die Vermarktung in der Wirtschaft, die Verformung durch den Wohlstand, die Bewegungsverweigerung durch Freizeitgewohnheiten und die Entwürdigung im Sport. Der Sportkörper droht zum beliebig manipulierbaren, überforderten, unschönen und einseitig zweckorientierten Körper zu werden. Die abendländische Kultur war Jahrhunderte lang eine Kultur gegen den Körper und offenbart derzeit Bestrebungen, in den Körperkult zu verfallen und darin eine neue Art von Unkultur aufzubauen. Körperkultur hingegen ist der Versuch, das Bild des Menschen von der anderen Seite neu zu entwerfen. Ein bestimmendes Merkmal der menschlichen Körperlichkeit ist die *Bewegung*. Sie ist die Bedingung des Handelns und die Grundlage der Entfaltung der Fähigkeiten und Fertigkeiten im Prozess der Entwicklung. Bewegungseinschränkung ist eine Behinderung der Menschwerdung durch verhinderte Zugänge zur personalen und dinglichen Welt. Bewegung ist Erb- und Erwerbmotorik, wobei die wesentlichen Erträge im Erwerb der Bewegungsfähigkeit zu finden sind. Deshalb ist die Bewegung des Menschen auf Lernen und Erziehung angewiesen, weil nur durch Lernprozesse über das Grundmaß der biologischen Motorik hinausgegangen und Bewegungskultur erreicht werden kann. Die menschliche Bewegung überschreitet die Grenze der Naturnotwendigkeit und wird zum Kulturgut als geschaffenes Produkt. Das unterscheidet menschliche Bewegung grundlegend von der tierischen: die Offenheit gegenüber den Instinkten, die Gestaltungsfähigkeit und das hohe Maß der Lernabhängigkeit.

Bewegungskultur entsteht, weil der Mensch der Bewegung und dem Körper Bedeutung zumisst. Angefangen von der einfachen instrumentellen Bedeutung der Ortsveränderung bis hin zur kulturellen Bedeutsamkeit in der Bewegungskunst. Für Erziehung und Bildung von ausschlaggebender Wichtigkeit ist die erkundende Bedeutung der Bewegungshandlungen. Im Bewegungsvollzug macht der heranwachsende Mensch vom Tag seiner Geburt an prägende Erfahrungen mit sich selbst, mit anderen Menschen und mit den Gegenständen der Umgebung. Materiale, personale und soziale Erfahrungen durch die Bewegungen des Körpers sind unabdingbare Voraussetzungen der Persönlichkeitsentwicklung und je reichhaltiger und vielseitiger die geplanten und die unbeabsichtigten Bewegungsangebote in Familie, Schule, Verein und Freundeskreis sind, um so größer ist die Chance einer geglückten Bildung des ganzen Menschen. Die ersten sozialen Wahrnehmungen und Erfahrungen gewinnt das Kind fast ausschließlich über Bewegungsspiele, die Natur der Dinge offenbart sich ihm durch die Bewegung seiner selbst und durch die Bewegungen, in die es die Dinge versetzt.

In der Bewegung erfährt der Mensch sich selbst, seine Fähigkeiten und seine Eingrenzung, seine Identität, Individualität und seine vielfältigen Bindungen an andere. Und er macht nicht nur seine Erfahrungen in seiner Beziehung zur Welt und zu sich selbst, sondern entfaltet dabei seine Fähigkeiten im Umgang mit sich und anderen.

Die menschliche Bewegung als Handlung in vielfältigen und sinnhältigen Situationen, die Bewegung in ihrer personalen, sozialen, explorierenden und instrumentellen Bedeutung bildet die zentrale anthropologische Kategorie der Sportdidaktik. Die philosophisch-anthropologische Deutung der Bewegung, die entwicklungspsychologischen Erkenntnisse über den Einfluss der Bewegungstätigkeiten auf die körperliche, kognitive und sozial-emotionale Entfaltung des Menschen, die lernpsychologischen Einsichten in die Struktur des motorischen Lernens und die medizinischen Aussagen über die Folgen des Bewegungsmangels und der Bewegungseinschränkung sind Ansätze und Anregungen für die Sportdidaktik.

Die menschliche Bewegung stellt auch das entscheidende Kriterium für alle Elemente des Sportunterrichts dar. Ein breites Bewegungskönnen ist ein wichtiges Ziel des Sportunterrichts, Bewegungstätigkeiten genormter und freier Art sind seine Inhalte, das Bewegungsvermögen des Schülers wird bewertet und benotet, die konditionellen und koordinativen Grundlagen der Bewegung werden erworben, verstärkt und weiterentwickelt, Bewegungshandlungen geplant und organisiert. Die Planungs-, Entscheidungs- und Auswertungsebenen des Sportunterrichts haben in der menschlichen Bewegung die Grundbedingung für alle unterrichtlichen Handlungen des Lehrers und der Schüler.

Die Erfahrungen, die ein Mensch von seinem und über seinen Körper machen wird, sind mitentscheidend für die Entwicklung seiner Persönlichkeit. Solche Erfahrungen werden am bewegten Körper gemacht, am spielenden, tanzenden, schwimmenden, gleitenden, schwingenden, laufenden, springenden Körper, am Körper in der Situation des Wettkampfs, der Kooperation, der Auseinandersetzung mit den Elementen der Natur, der Überwindung von Widerständen, die vom eigenen Ich, von anderen Menschen oder von Gegenständen oder Geländeformen ausgehen. Es sind dies auch die Situationen des Sports, welche solche Erfahrungen bereitstellen und ermöglichen, Erfahrungen des sich bewegenden Körpers in Beziehung zur dinglichen und personalen Welt, Erfahrungen, die im Werden des Menschen unverzichtbar sind.

Die Deutung der Lebenskategorie *Spiel* ist so vielfältig wie seine Erscheinung. Scheuerl (1960) hat die Spieltheorien von Bally, Buytendijk, Fink, Groos, Huizinga, Heidegger, Jünger und anderen dargestellt und auf identische Elemente untersucht. Zentrale Begriffe darin sind Zwecklosigkeit, Eigenwertigkeit, sinnerfüllte Gegenwart, das Nicht-Notwendige, das Überflüssige, Freiheit und Gebundenheit. Es gibt Theorien, welche das Spiel als Gegenwelt zur Arbeit und als Ausgleich zum Alltag bestimmen. Grupe hat auf die Gefahren solcher Interpretation hingewiesen: „Wo aber das Spiel nur aus dem Gegensatz zur Arbeit, zum Ernst, zum Leben gedeutet wird, da erhält es den Anschein des Nicht-Ernsten, des Uneigentlichen und Unverbindlichen. Es gehört nicht mehr zu den eigentlichen Möglichkeiten des Menschen. Dies aber birgt die Gefahr in sich, nicht nur das Wesen des Spiels zu verkennen, sondern auch das Wesen des Menschen“ (Grupe 1969, 147). Häufig finden sich Aussagen, die das Spiel als

„primäre Lebenskategorie" (HUIZINGA), als „existentielles Grundphänomen" (FINK) oder „Spielraum der Freiheit" (BALLY) definieren. Diese allgemeinen Merkmale und Definitionen des Spiels und des Spielens gelten in der gleichen Weise auch für das Bewegungsspiel, das für den Sportunterricht belangvoll ist. Trotz der festgelegten Spielregeln, deren Einhaltung gefordert ist, bleibt dem Spieler ein weites Feld des freien Handelns, des eigenen Entscheidens und des spontanen Tuns. Es macht gerade die Faszination des Bewegungsspiels aus, dass es innerhalb einer regelhaften Ordnung diese Art von Freiheit gewährt. Das Spielen ist nicht die Flucht aus der Gegenwart, sondern die zeitenthobene Gegenwärtigkeit (SCHEUERL 1960). Es geht im Spiel nicht um den Schein einer heilen Welt inmitten einer unheilen Gegenwart, auch nicht um die Gegenwelt zur Arbeit, es geht um etwas anderes: „Es geht um Sicherung und Darstellung eines Handlungsraumes erlebbarer Freiheit und Freiwilligkeit, eines Raumes, in dem der junge Mensch auch jene Kräfte zu finden vermag, die ihm helfen, Konflikte, Spannungen und Widerstände seines Lebens zu bestehen...." (GRUPE 1969, 150).

Das Spiel ist ein geselliges Tun und befriedigt ein Grundbedürfnis des Menschen nach Kommunikation und gruppenhafter Geborgenheit. Dem Geselligkeitsstreben bietet es ein reichhaltiges Betätigungsfeld in vielfältigen Handlungsabläufen und Gruppenformen. Eindeutigkeit ist mit der Spielidee nicht vereinbar, Unbestimmtheit des Ausgangs und des Gelingens sind der eigentliche Reiz des Spielens. Nur sofern dies gewährleistet ist, kann eine Bewegungshandlung als Spiel bezeichnet werden und nur dann wird das Spiel von den Akteuren auch als spannend und lustvoll empfunden. Das Spiel ist Bewegung im Überfluss und überflüssige Bewegung, wenn man den Maßstab der biologischen Existenzsicherung anlegt. Weil sich das menschliche Dasein aber nicht in der biologischen Existenz erschöpft, ist das Überflüssige notwendig und das biologisch überflüssige Spiel tatsächlich eine primäre Lebenskategorie des Menschen.

Die Umkehrbarkeit bezeichnet SUTTON-SMITH (1978, 53 ff.) als Schlüssel zum Verständnis des Spiels und meint damit die Umkehr der Haltung zur Außenwelt, der sozialen Kontrolle, der Hierarchie, der sozialen Moral, der Rollen und des Status. Im Spiel kehren die Kinder das Leben, seine Verhältnisse und normativen Vorgaben um. Das Spielen ist ein aufregendes Tun, das auch deshalb Vergnügen bereitet, weil man die Erregung jederzeit beenden und in Entspannung überleiten kann. Das Spiel gestaltet sich aus Widersprüchen und polaren Elementen, aus Ordnung und Unordnung, Flucht und Jagd, Gewinnen und Verlieren; es vereinigt solche Gegensätze, baut darauf seine Spannung auf und bezieht daraus seine Faszination.

Die Spieltheorien erklären das Kulturphänomen Spiel in seiner Bedeutung für das Individuum und für die Gesellschaft. Spiele bilden gesellschaftliche Verhältnisse (z.B. Macht, Konflikt, Beruf, Arbeit) ab und sozialisieren auf die Gesellschaft hin. So wird die Kontrolle der menschlichen Aggression als wichtige Sozialisationsleistung betrachtet, bei der dem Spiel eine bedeutsame Aufgabe zufällt. SUTTON-SMITH vertritt die Idee der Innovation, die über das Spielen als Fähigkeit erworben werden kann. Das Spiel als offenes Geschehen verführt zum Verändern, Verwandeln, zum Erfinden und Variieren und verleitet zu neuartigen Handlungen. Spielideen sind als innovative Muster aufzufassen. Das Spiel ist Ordnung und Unordnung, Chaos und Kosmos, Freiheit und Gebundenheit, die Ambivalenz schlechthin und vermag integrierende und innovative Sozialisation zu leisten. Es hat nach SUTTON-SMITH (1978) eine dialektische Natur, weil es vereint, was außerhalb der Spielwelt unvereinbar ist und eine reversible Funktion, weil es Rollen und Handlungen umkehrbar macht.

Das Leisten im weitesten Sinn ist eine Grundkategorie des Sports. Als Aktionsform des Sportunterrichts gewinnt die *Leistung* eine doppelte Ausrichtung in die Steigerung und die Leistungsbreite. Das vereinssportliche Prinzip der Leistungssteigerung mit dem Ziel der maximalen Leistungshöhe ist für den Schulsport selbst in den leistungsbetonten Organisationsformen pädagogisch nur eingeschränkt vertretbar. Als Einrichtung der Erziehung ist der Schulsport dem heranwachsenden Menschen und seiner Entwicklung verpflichtet und nur dann zur Akzeptanz des energetischen Leistungsprinzips berechtigt, wenn hohe Leistungen im Sport mit der optimalen Persönlichkeitsentwicklung des jungen Menschen vereinbar sind.

Die hohe sportliche Leistungsfähigkeit ist aber an ein begrenztes Leistungsalter geknüpft und kann nur durch beständiges Üben und Trainieren erhalten oder erweitert werden. Die motorischen Eigenschaften sind die wichtigsten Grundlagen der energetischen Leistungsfähigkeit, weshalb die ständige Arbeit an der Kondition und Konditionsverbesserung auch die wesentliche Voraussetzung für den Erhalt oder die Steigerung des Leistungsniveaus ist. Eine ausschließliche Hinwendung zum energetischen Leistungsprinzip macht die Wirkung des Schulsports kurzlebig, weil mit dem Schulaustritt nicht nur ein Wegfall des regelmäßigen Übens und ein Abfall der Leistungsfähigkeit, sondern meist auch ein Nachlassen des Sportinteresses verknüpft sind. Die energetische Leistung erfährt im Schulsport eine Einschränkung auch insofern, als die objektiv gute Leistung nicht der alleinige Maßstab der Bewertung sein kann und die individuellen Leistungsvoraussetzungen stets mitberücksichtigt werden müssen. Die Leistungsbereitschaft und der Leistungszuwachs sind neben der meß- und wertbaren Leistungsfähigkeit weitere Kriterien der Leistungsbeurteilung im Sportunterricht.

Mit dem zweiten Leistungsprinzip ist die Ausweitung der motorischen Handlungsmöglichkeiten gemeint. Es geht darum, eine möglichst große Zahl sportlicher Disziplinen und Bewegungsfertigkeiten in einem mittleren Leistungsgrad zu beherrschen. Die Leistungsfähigkeit des Schülers bemisst sich dabei vor allem in der Anzahl und Vielfalt der Bewegungshandlungen, die er im schulischen Unterricht als sportliche Handlungsfähigkeit erlernt und erwirbt. Ein darauf bedachter Sportunterricht wirkt über die Schulzeit hinaus, weil er für den lebensbegleitenden Sport die besten Voraussetzungen schafft. Denn lebenslanger Sport kann nur in seltenen Fällen bedeuten, dass eine Sportart für ein ganzes Leben ausreicht, weil verschiedene Lebensalter ihre eigenen Sportarten und -interessen haben. Wenn unter dem Aspekt der Lernleistung im Schulsport ein großes Repertoire an Bewegungstätigkeiten erlernt und erworben wird, ist die Gewähr für den lebenslangen Sport eher gegeben als bei einem hohen Leistungsvermögen in einer Disziplin.

Das energetische Leistungsvermögen ist in erster Linie ein Ergebnis des Übungs- und Trainingsprozesses, während die zweite Art der Leistung eine Lernleistung darstellt. In der verschiedenen Gewichtung liegt auch der wesentliche Unterschied zwischen Schulsport und Vereinssport. Für den Basketballklub ist nicht der Spieler interessant, der neben Basketball auch noch Volleyball und Fußball beherrscht, ein guter Schwimmer ist und eine mittleres Können im Gerätturnen aufweist. Gerade darin aber liegt die Zielsetzung des Sportunterrichts, die im zweiten Leistungsprinzip ihren Ausdruck findet.

Die Leistung ist in beiden Ausprägungen abhängig vom Grad und der Ausrichtung der Leistungsmotivation. Nach der Definition von Heckhausen, wonach die Leistungsmotivation das „Bestreben ist, die eigene Tüchtigkeit in allen jenen Tätigkeitsbereichen zu steigern oder möglichst hoch zu halten, in denen man einen Gütemaßstab für verbindlich hält" (Röthig 1992, 280), kommt es darauf an, welche Art von Leistung dem Schüler als Gütemaßstab vorgestellt wird und welchen Gütemaßstab er sich im Sport zu eigen macht. Die Leistungsmotivation und der für sie verbindliche Gütemaßstab sind geprägt und abhängig von Persönlichkeitsstrukturen und Lernerfahrungen. Jede Art von Motivation macht außerdem eine Entwicklung mit, so dass die Gütemaßstäbe für die Leistungsmotivation im Sport nicht in allen Altersstufen dieselben sind. Entscheidend für den überdauernden Sportunterricht ist, dass der Schüler in der sportlichen Leistung insgesamt und allgemein einen Gütemaßstab für sich entdeckt hat.

Unter den Bedingungen der entwickelten Zivilisation erhält *Gesundheit* als anthropologische Kategorie einen erweiterten Sinngehalt. Das Wort ist ein Sammelbegriff für vieles geworden, was eigene Bedeutung hat: Wohlbefinden, Vitalität, Ausgleich, Erholung, Leistungsfähigkeit, Fitness, Kondition, Körperbewußtsein, soziale Geborgenheit usw. Gesundheit ist nicht einfach das Gegenteil von Krankheit, sondern vielmehr die Befähigung zur Bewältigung des gelegentlichen Krankseins. Gesundsein ist ein Zustand eines sicherlich sehr labilen Gleichgewichts der körperlichen, geistigen und seelischen Kräfte im Menschen, ein Ausdruck der Übereinstimmung von Ich und Umwelt, ein Phänomen jedenfalls, das den ganzen Menschen in seinen vielfältigen Bezügen zur sozialen Mitwelt, zur dinglichen Umwelt und zu sich selbst betrifft.

Gesundheit hat einen individuellen, sozialen und gesellschaftlich-geographischen Bezugspunkt, einen lebensgeschichtlichen Hintergrund und ist ein höchst dynamischer Zustand. Das Gleichgewicht der Kräfte zu halten, wird zu einer eigenverantwortlichen und beständigen Leistung des Individuums in seiner Lebenswirklichkeit. Diese enge Verflechtung zwischen individueller Gesundheit und räumlich-sozialer Umwelt lässt es nicht zu, den Zustand des Gesundseins auf objektive medizinische Parameter zu verkürzen. Ganzheitliches Gesundsein verlangt die Bewusstheit in der Lebensführung, die Eigenverantwortung in Entscheidungen und Handlungen, die Wahrnehmungen und Erfahrungen des Körpers in Zuständen des Wohl- und Missbefindens, eine Empfindsamkeit in der Herstellung sozialer Bezüge und ein Umweltbewusstsein gegenüber krankmachenden Einflüssen durch Lärm, Stress und verunreinigter Luft. Damit wird Gesundheit zu einem mehrdimensionalen Geflecht aus individuellen und sozialen Gegebenheiten.

Diese Vielschichtigkeit und Mehrdimensionalität der menschlichen Gesundheit als dynamische Balance zwischen Gesundsein und Kranksein ist im Wort Gesundheit nicht adäquat zum Ausdruck gebracht und deshalb wird für diese komplexe und von vielen Einflussfaktoren (Widerstandsressourcen, Risikofaktoren) abhängige individuelle Befindlichkeit und gesellschaftliche Zuständigkeit der Begriff Gesundheitskultur vorgeschlagen (s. Abb. 10, S. 65).

Die Gesundheitskultur als ein den ganzen Menschen betreffender Gesundheitsbegriff eröffnet dem Schulsport eine Zielperspektive vielfältiger Art und Aufgabenstellung. Fertigkeiten, Kenntnisse, Einsichten und Gewohnheiten, welche durch Bewegungsaktivitäten erworben werden, haben durchaus einen Anteil an der Erhaltung und Festigung der Gesundheit. Denn die gesunde Lebensführung ist hauptsächlich das Ergebnis einer umfassenden Gesundheitserziehung, und dazu kann der Schulsport einen gewichtigen Beitrag liefern. Die sogenannten Zivilisationskrankheiten sind weniger ein unerlässlicher Tribut an die Industriekultur als das Ergebnis einer falschen Weltwahrnehmung und nicht gelungenen Anpassung des Menschen, die sich in einer weitverbreiteten Unfähigkeit zur richtigen Erholung, in falschen Essgewohnheiten und in der Bewegungsverweigerung verraten. Unter solchen häufig vorkommenden Lebensbedingungen wird die Gesundheitskultur zu einem wichtigen Lern- und Erziehungsbereich für den Schulsport.

Die Gesundheitserziehung im Schulsport erfolgt in erster Linie über die Bewegung. Dies schließt nicht aus, dass im Rahmen sporttheoretischer Unterweisungen auch Informationen über die Gefährdung, Erhaltung, Festigung und Wiederherstellung der menschlichen Gesundheit durch Sport vermittelt werden. Der direkte Weg jedoch geht über die Bewegung, über die Entwicklung der motorischen Eigenschaften und körperlichen Leistungsfähigkeit und über das Erlernen, Üben und Anwenden der Bewegungstätigkeiten. Denn das Erleben von Vitalität

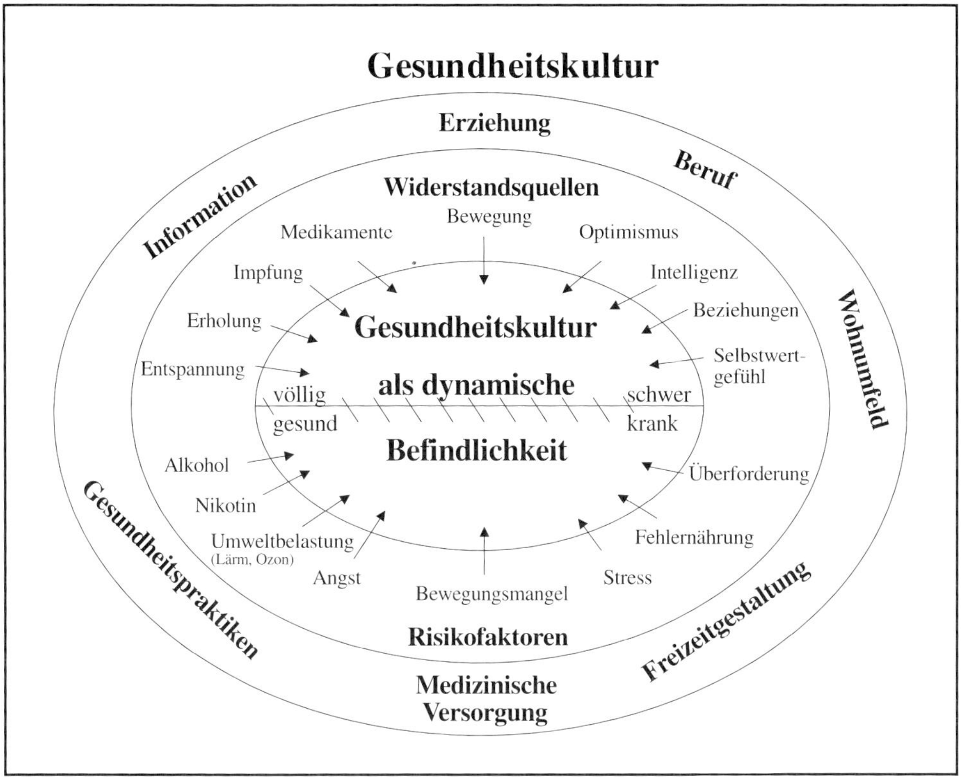

Abb. 10: Gesundheitskultur als dynamische Befindlichkeit.

und körperlicher Leistungsfähigkeit in der sportlichen Aktivität ist eine wesentliche Bedingung und Ursache für ein gesamtmenschliches Wohlbefinden. Wissensvermittlung und Aufklärung können ihre Wirkungen durch die Ergänzung zur unmittelbaren Erfahrung des Wohlbefindens sicherlich noch verstärken. Die Lebensbedingungen und -gewohnheiten der Gegenwart machen die Gesundheitserziehung in der Schule allerdings zu einem Anliegen für alle Fächer und vor allem für einen fächerverbindenden Projektunterricht.

Bis jetzt waren die sportlichen Felder und die mit dem Sport verknüpften Aufgaben die Themen der Betrachtung. Aber nicht nur die gesellschaftliche Realität des Sports in ihrer vielfältigen Ausprägung der Sportarten, sondern auch die an ihn gerichteten gesellschaftlichen *Erwartungen* und *Normen* beeinflussen den Schulsport in seinen Zielen, Inhalten, Verfahren und Sozialformen. Theorie und Praxis des Schulsports sind von der sozialen Bewertung des Sports abhängig, und diese gesellschaftliche Einschätzung besteht gleichsam aus einem Bündel von Erwartungen und Hoffnungen, Vorurteilen und Fehldeutungen. Letztere bilden zusammen mit wissenschaftlich gestützten Aussagen die Theorien über die Funktion des Sports in der gegenwärtigen und zukünftigen Welt und deuten den Sport entweder als Gegenwelt zur Arbeit, als Fortsetzung der Berufswelt, als unabhängige Handlungsebene innerhalb einer eigenständigen Freizeitwelt, als naturnahe Tätigkeit in einer naturfernen Lebenswelt oder als erlebnishafte Gegensatzerfahrung zum monotonen Alltag.

Die Vielfältigkeit der Ansichten über die gesellschaftliche Funktion des Sports schlägt sich in einer mehrfachen Aufgabenzuschreibung für den Schulsport nieder. Er soll durch Bewegungsreichtum, Spaß, ganzheitliche Erlebnissituationen, Naturnähe und Abenteuerlichkeit den notwendigen Ausgleich gegenüber den Einschränkungen der Schul- und Arbeitswelt bieten. Diese in ihren wesentlichen Teilen von Plessner (1966) entwickelte Ausgleichstheorie des Sports hat die Entwicklung des Schulsports nachhaltig beeinflusst. Die Industriegesellschaft verwehrt dem Menschen lebenswichtige Bedürfnisse nach Bewegung, Sensation, Geborgenheit, Popularität und ihr Bestand und Fortschritt sind abhängig davon, daß der Mensch die Spezialisierung im Beruf, die Anonymität des Daseins, die beständige Aggressionshemmung, die Uniformität des täglichen Handelns und die Bewegungsarmut akzeptiert. Der Bewegungsmangel, die Arbeitsmonotonie, die Entfremdung durch das Spezialistentum, die Aggressionshemmung aber sind häufige Ursachen für das massenhafte Auftreten und die beständige Zunahme der Zivilisationskrankheiten. Die Produktionsverhältnisse der Industriegesellschaft, welche die Lebens- und Erlebniswelt des Menschen beengen und einschränken, schaffen ihm zugleich die Gegenwelt der Freizeit mit den dort gebotenen Ausgleichschancen. Im Sport sieht Plessner (1966) eine der besten Möglichkeiten zur Kompensation des einförmigen Alltags- und Berufslebens durch den Erlebnisgehalt und die Handlungsvielfalt, die er dem Menschen gewährt. Sein Angebot besteht aus Bewegungsreichtum, Ganzheitlichkeit der Handlungsabläufe, Spontaneität, Naturerleben, Geborgenheit in Gruppen, Sinnerfahrung und Selbsterfahrung. Einwände gegen die Kompensationstheorie und die Ausgleichsfunktion des Sports wurden unter anderem von Linde und Heinemann (1960) vorgebracht, die durch eine empirische Erhebung festgestellt haben, dass jene Berufsgruppen weniger Sport betreiben, die einen Ausgleich zur Einförmigkeit des Arbeitsdaseins nötig hätten, wogegen die Menschen, die auch im Beruf stärker gefordert sind und darin als Person zur Geltung kommen, auch sportlich aktiver sind. Dem Sport wird damit mehr eine Selektions- und weniger eine Ausgleichsfunktion zugeschrieben.

Für die Selektionsthese spricht auch, dass der aktive Sport hauptsächlich eine Angelegenheit der gehobenen Mittelschicht ist, während in der Unterschicht die Sportkonsumenten, die Stadionbesucher und die regelmäßigen „Fernsehsportler" zu finden sind. Die Motivation zum aktiven Sport entstammt demnach nicht der am Arbeitsplatz erlebten Einschränkung, sondern den schon vor dem Eintritt ins Arbeitsleben erfahrenen Sozialisationseinflüssen in der Familie und in der Schule. Je sportfreundlicher die Familienatmosphäre ist und je länger die schulischen Einwirkungen dauern, desto ausgeprägter und anhaltender ist in der Regel die Zuwendung zum Sport. Das Freizeitverhalten ist demnach stärker von der Zugehörigkeit zu einer bestimmten Sozialschicht, den Einkommensverhältnissen, der Wohnlage und dem Erziehungsstil der Familie als von den Arbeits- und Berufsverhältnissen bestimmt. Jede Gesellschaft hegt auch Integrationserwartungen gegenüber dem Sport und begründet damit die ihm zuteil werdenden staatlichen Förderungsmaßnahmen. Den internationalen Wettkampfveranstaltungen werden Friedensfunktionen und der nationalen Repräsentanz durch den Sport sozial-integrative Wirkungen nachgesagt. Gesellschaftliche Erwartungen an den Sport sind oft nicht mehr als Schlagworte, die aber als Rahmenbedingungen für den Sportunterricht einflußreich und entscheidend werden können.

Die *Sportwissenschaften* haben sich in den letzten Jahren weiter entwickelt und stellten mit ihren Theorien eine wichtige Rahmenbedingung für den Sportunterricht dar. Sie haben einen stärkeren Praxisbezug entwickelt und sind zunehmend mehr bereit, die theoretischen Grundlagen für praktisches Handeln zu liefern, aber auch die Probleme der Praxis zu sehen und aufzugreifen, um sie mit den Methoden der Wissenschaft zu lösen. Daraus ist noch keine

Einheit von sportwissenschaftlicher Erkenntnis und sportpraktischem Handeln geworden, doch gehen beide Bereiche offenkundig aufeinander zu. Damit werden aber auch die Sportwissenschaften zu einer bedeutsamen Rahmenbedingung für das Planen, Durchführen und Evaluieren des Sportunterrichts. Neben der Sportpädagogik und der Sportmedizin, die bisher schon Bezugswissenschaften des Schulsports gewesen sind, beeinflussen zunehmend auch die Sportpsychologie, Sportsoziologie, die Sportökologie sowie die Bewegungs- und Trainingslehre die Entscheidungen im Sportunterricht und die Theorien und Konzepte der Sportdidaktik. Die Anteile von Sporttheorie und Sportpraxis in der Ausbildung von Sportlehrern haben sich zugunsten der Theorie verschoben, und innerhalb der theoretischen Unterweisung sind Sportpädagogik und Sportdidaktik zu Kernfächern geworden. Die Sportdidaktik ist auf dem besten Weg, eine echte Berufswissenschaft für den Sportlehrer zu werden und je näher sie diesem Ziel kommt, desto größer wird ihr tatsächlicher Einfluß im Berufsfeld Schulsport sein. Weiterhin ein ungelöstes Problem ist allerdings die Vermittlung zwischen Theorie und Praxis und die Umsetzung sportwissenschaftlicher Erkenntnisse in unterrichtliches Handeln. Ein Grund für diese Schwierigkeit liegt auch in der Unverständlichkeit der heutigen Wissenschaftssprache. Die Sportwissenschaften werden dann vermehrt als Rahmenbedingung für den Schulsport in Erwägung zu ziehen sein, wenn ihre Ergebnisse und Erkenntnisse so formuliert werden, dass der Praktiker einen Zugang zu ihnen findet.

2.3 Der Schüler als wichtigste Rahmenbedingung des Schulsports

Wenn wir nun daran gehen, die anthropologisch-personalen Komponenten einer Theorie des Lehrens und Lernens im Schulsport zu beschreiben, steht der Schüler als Kind und Jugendlicher im Zentrum der Betrachtung. Er wird uns zunächst als aktiv Handelnder im familiären, räumlich-zeitlichen und normativ-werthaften Bedingungsgefüge seiner Lebenswelt, sodann in der Entwicklungstatsache und zuletzt in auffallenden Erscheinungen innerhalb des Sportunterrichts sichtbar und verstehbar gemacht.

Vom Schüler aus stellen wir anschließend die Verbindung zum Lehrer her und betrachten in ihm die zweite wichtige anthropologisch-personale Komponente des schulischen Sportunterrichts, ehe wir beide in ihren unterrichtlichen Interaktionshandlungen aufeinander beziehen und im Wirkungszusammenhang beschreiben.

2.3.1 Die Lebenswelt von Kindern und Jugendlichen

Die Bedingungen des Aufwachsens der heutigen Kinder und Jugendlichen haben sich grundlegend geändert und bringen veränderte Kindheiten hervor. Kein Lebensbereich des Kindes ist von diesem Wandel der Umstände, Normen und Sozialgruppen ausgenommen und unbeeinflusst. Die veränderten Lebensbedingungen zeigen sich in der Familie, im Wohnumfeld, im Kindergarten und in der Schule, in den peer groups und in der Freizeit.

Die *Familie* ist zur Klein- und Intimgruppe geworden: Zweikind-Familien mit einer deutlichen Tendenz zur Einkind- und Alleinerzieherfamilie. Dadurch verringern sich die familiären Sozialkontakte der Heranwachsenden in drastischer und folgenschwerer Weise. Die positive Bilanz dieses Trends ist die Intimisierung des Familienlebens, die gesteigerte emotionale Zuwendung der Eltern oder eines Elternteiles zum Einzelkind, die damit verbundene intensivere intellektuelle Förderung durch erziehungskundigere Erwachsene und eine größere sozialmaterielle Sicherheit.

Im *Wohnbereich* des Kindes reduzieren sich die Gelegenheiten zum spontanen Spielen und Bewegen in „naturbelassenen Freiräumen" (Brachflächen, aufgelassenes Industriegelände, Wiesen, Wälder, Teiche und Tümpel) und vermehren sich die Angebote des Vereins- und Kommerzsports. Das sportliche Handeln des Kindes setzt allerdings die Bereitschaft der Eltern zum Autotransport der Kinder von einer Sportinsel zur anderen voraus. Die konzentrische Raumeroberung im Wohnumfeld in selbstbestimmter, wenig kontrollierter und zeitungebundener Weise wird dadurch eher erschwert und verringert.

Im Gegensatz zu früheren Zeiten sind der *Kindergarten* und die *Grundschule* heute bewegungsreicher geworden, weil verschiedene Aktionen wie „Bewegte und gesunde Schule", „Gesund und Munter", „Kurzturnen", „Aktive Pause", „Gesundheitswoche" usw. größere Verbreitung finden und die Ideen der Edukinestetik bei Grundschulleitern auf Zustimmung und die Bereitschaft der Umsetzung gestoßen sind. Die Schule sucht den zunehmenden Bewegungsmangel des Alltags durch Bewegungs- und Gesundheitsprogramme auszugleichen.

Ihr ist allerdings in der Freizeit und Freizeitindustrie ein wirkungsvoller Widersacher ihrer motorischen Bemühungen erwachsen. Die Spielangebote an Kinder verführen zum Sitzen und fordern bestenfalls die Feinmotorik der Hände heraus (Computerspiele), die Fernsehprogramme binden die Kinder stundenlang an den Sessel, elektronisches Spielzeug vermehrt die Stillhaltung des Körpers; alles zusammen reduziert die tägliche Bewegungstätigkeit auf ein Minimum. Bewegungstätigkeiten haben im Kindes- und Jugendalter nur dann die Chance angenommen zu werden, wenn sie modisch manipuliert und mit jugendkulturellen Aspekten verbrämt auf den Plan treten: Snowboard, Inline-Skating, Streetball.

Die Auswirkungen dieser eben beschriebenen Bedingungen des Aufwachsens bei heutigen Kindern und Jugendlichen sind an folgenden Fakten und Merkmalen zu erkennen:

- Die körperlich-motorische Entlastung der Kinder zeigt sich im Rückgang der konditionellen und koordinativen Fähigkeiten und der Vermehrung körperlicher Schäden und gesundheitlicher Probleme.
- Die künstlich gestalteten Spiel- und Bewegungsräume des Wohnumfeldes bewirken eine Naturentfremdung.
- Der zeitlich ausgedehnte Medienkonsum verhindert primäre Wirklichkeitserfahrungen und reduziert die Sinnlichkeit durch eingeschränkte Sinneserfahrungen (Dominanz des Sehsinnes). Die Kinder leben immer ausschließlicher in einer zweidimensionalen virtuellen Lebens- und Erlebniswelt.
- Der ungebremste und unbeschränkte Zugang zur Information (Fernsehen, Massenmedien) konfrontiert die Kinder mit Problemen und Themen (Sexualität, Gewalt usw.), die nach der bisher gültigen Theorie des Kindseins erst allmählich und entwicklungsgemäß an den heranwachsenden Menschen herangebracht werden sollten.

Diese kurzgefasste Situations- und Handlungsanalyse der kindlichen Lebens- und Bewegungswelt ist die Hintergrundsfolie der nachfolgenden entwicklungsbiologischen Überlegungen und der sich daraus ergebenden bewegungsdidaktischen Folgerungen für den schulischen Sportunterricht. Es haben sich nicht nur die äußerlich-materiellen, sondern auch die innerlich-normativen Bedingungen des Aufwachsens der Kinder und Jugendlichen gewandelt: Lebensräume und Lebensformen, Spielflächen, Spielsachen und Spielgesinnungen, Bewegungsbedürfnisse und Bewegungsangebote sind anders geworden und haben andere Kinder hervorgebracht. Die schulische Bewegungserziehung, der familiäre Freizeitsport und die Jugendarbeit in den

Sportvereinen haben von diesen Lebensbedingungen auszugehen, sollen die Kinder und Jugendlichen aber keineswegs nur in die von diesen Faktoren gewiesene Richtung führen sondern durchaus auch Gegensatzerfahrungen ermöglichen und Widerstandsquellen aktivieren. Die Bewegungserziehung ist wie jede Art von Erziehung immer beides zugleich: Anpassung an den Zeitgeist und Widerstand gegen ihn.

Die menschliche Körperlichkeit ist eine vorwiegend kulturelle und eine nachrangig naturelle Dimension des Daseins. Der Körper ist die Vermittlungsinstanz zur Welt, Körperlichkeit ist Weltbezogenheit, die menschliche Welt aber ist eine vorwiegend kulturelle Bewusstheit. Und ein herausragendes Merkmal dieser kulturellen Lebenswelt des Menschen ist die Veränderlichkeit. Wir nennen dieses Phänomen Geschichte. Die sich beständig wandelnde Lebenswelt des Menschen verändert seine Körperlichkeit. Das lässt sich gegenwärtig am besten an der Virtualisierung der Kultur und des Alltags belegen und verdeutlichen. Der alltägliche Anteil des digitalen Lebens wird größer, der des realen Lebens kleiner. Immer mehr Menschen verbringen in Beruf und Freizeit immer mehr Zeit in der Computer-Kommunikation. Diese wiederum erfolgt ohne reale Körperlichkeit bzw. definiert diese Körperlichkeit neu.

Die bewegungspädagogische Frage lautet nun so: Ist diese veränderte Körperlichkeit in der virtuellen Kultur der Gegenwart hinzunehmen oder ist dieser Tendenz entgegenzusteuern, weil sie die naturgegebene Körperlichkeit des Menschen schädigt oder sogar existentiell bedroht. Die Bedrohung liegt in der Untätigkeit des Gesamtkörpers, der geringen Beanspruchung seiner Organe und Muskulatur, der körperlosen Kommunikation, des Verlustes der Sinnlichkeit und der sozialen Isolation.

2.3.2 Kindheit und Jugend als Entwicklungsereignis

Das pädagogische Prinzip der Entwicklungsgemäßheit ist von Jean-Jacques Rousseau (1712–1778) erdacht und von der Schulreform am Anfang des 20. Jahrhunderts zu einem didaktischen Grundsatz entwickelt und formuliert worden. Ein entwicklungsgemäßer Unterricht beachtet bei der Auswahl des Lernstoffes und beim Einsatz der Lehrverfahren den Entwicklungsstand des Lernenden und beabsichtigt die bestmögliche Förderung des Entwicklungsverlaufes. Die phasengerechte Erziehung vermeidet einerseits die Verfrühung als Vorwegnahme und andererseits die Verspätung als Verfestigung einzelner Entwicklungstendenzen. Eine Entwicklungsphase ist charakterisiert durch Merkmale im Körperbild, in der Organentwicklung und der Belastbarkeit des Organismus, im motorischen Profil und der motorischen Lernfähigkeit, in den sozialen Handlungsweisen und in der psychischen Ausstattung der Einstellungen, Werthaltungen, Interessen und Motive. Ein entwicklungsgemäßer Unterricht berücksichtigt solche Phasenmerkmale der Kindheit und Jugendzeit, ohne sie als feste Größen für jeden Einzelfall anzusehen. Der Sportunterricht findet in den einzelnen Entwicklungsphasen unterschiedliche Voraussetzungen im motorischen, physischen und psycho-sozialen Bereich. Die Kenntnis der entwicklungsbedingten Hemmungen oder Vorteile für das Bewegungslernen und die körperliche Erziehung ist für die Planung und Gestaltung des Unterrichts unerlässlich. Entwicklungsgemäßheit als didaktischer Grundsatz fordert die Variation im Lehrer-Schüler-Verhältnis, begründet die Differenzierung nach Neigung und Leistung und die Individualisierung innerhalb homogener Altersgruppen. Entwicklungsgemäßer Sportunterricht bedeutet aber nicht nur die Anpassung der didaktischen Maßnahmen an Entwicklungszustände, sondern ebenso die optimale Beeinflussung der Entwicklung durch Lern- und Erziehungsprozesse. Ein entwicklungsgemäßer Sportunterricht verstärkt, lenkt, fördert und entfaltet einzelne Entwicklungstendenzen oder wirkt ihnen entgegen. Entwicklung wird definiert als Ergebnis von Reifung und Lernen, von Anlage und Umwelt, wobei die Anteile beider Seiten nicht genau auseinanderzuhalten sind. „Die Anlagen sind dem Acker, seiner Bodenbeschaffenheit und Nährhaltigkeit vergleichbar. Auf dem Boden kann recht Verschiedenartiges angebaut werden, es wächst nicht nur eine einzige Frucht. Auf einem besseren Boden wachsen allerdings bessere und mehr Früchte. Die Ernte hängt somit wesentlich von der Qualität des Bodens ab. Zugleich aber spielen auch ‚Umweltbedingungen' (Wetter, Pflege des Ackers) eine wichtige Rolle" (OERTER 1974, 51). Entwicklung als quantitative und qualitative Veränderung des ganzen Menschen steht also in einem unaufhebbaren Person-Umwelt-Bezug und ist ein dynamischer Prozeß, bei dem biogenetische und sozioökologische Faktoren beständig in der Wechselwirkung zueinander stehen. Für den Teilaspekt der körperlich-motorischen Entwicklung, der selbstverständlich nur theoretisch von der kognitiven, sozialen und emotionalen zu trennen ist, sind die genetischen Parameter Knochenreifung, Größenwachstum, Gewichtszunahme und Gestaltwandel von größerer Bedeutung. Die belangvollen Umweltfaktoren sind in natürliche (Geomorphologie, Klima, Wasser, Strahlung, Luft) und in gesellschaftliche (soziale Schicht, Bildung und Erziehung, Berufstätigkeit, Ernährung, Lebensgewohnheiten wie Alkohol, Nikotin, Sexualität u.a.) Gegebenheiten zu unterscheiden. Zur wechselhaften Einwirkung der Anlage- und Umweltfaktoren im Ablauf des Entwicklungsgeschehens kommt die Eigenentscheidung des Individuums als dritter, den Èntwicklungsverlauf bestimmender Faktor hinzu und bildet mit den beiden anderen Wirkkräften eine Trias der prägenden Kräfte des Lebenslaufes. (Ausführlich dazu Jürgen BAUR 1989)

Die Tatsache der kindlichen und jugendlichen Entwicklungsphasen stellt eine anthropologische Kategorie mit einer herausragenden Bedeutung für den Sportunterricht dar. Entwicklung wird als Prozess beschrieben, an dem endogene Kräfte (Wachstum, Reifung) und exogene Einflüsse (Lernen, Sozialisation, Umwelt) beteiligt sind, wobei in einzelnen Bereichen der Entwicklung (Sprachentwicklung, Motorik, körperliches Wachstum, Sozialverhalten) die Anteile der exogenen und endogenen Wirkfaktoren unterschiedlich verteilt sind.

Das Zusammenspiel von Anlage und Umwelt in der menschlichen Entwicklung folgt drei allgemeinen Tendenzen, die OERTER (1974) Differenzierung, Zentralisation und Kanalisierung benannt hat. Menschliche Entwicklung verläuft vom Allgemeinen zum Speziellen, vom Diffusen zum Differenzierten und vom Einfachen zum Komplizierten. An der Ausbildung des Sprechvermögens, der Gefühlsdifferenzierung oder an der motorischen Entfaltung kann dieses Entwicklungsgesetz verdeutlicht werden. Aus den undifferenzierten Lautäußerungen des Lallens wird im Verlauf der Entwicklung das höchst differenzierte Sprechvermögen des Menschen mit seiner Breite kommunikativer Funktionen. „Die Gefühle entwickeln sich aus einem diffusen Erregungszustand zu Lust- und Unlustqualitäten, später zur breiten Skala von Gefühlserlebnissen, wie sie der Jugendliche und Erwachsene besitzt" (OERTER 1974, 22 f.). Die Ausdifferenzierung der Motorik von den unkoordinierten Ganzkörperbewegungen des Säuglings zur Feinmotorik des Erwachsenen ist eine weiterer Beleg für diese allgemeine Entwicklungstendenz. Die soziale Schicht, das Geschlecht, die Art der Berufsausbildung sind einige Differenzierungsfaktoren, die Individuen oder Gruppen von Individuen voneinander abheben und Entwicklungsverläufe in unterschiedliche Bahnen lenken.

Die Differenzierung der Entwicklung wird durch die Gegenkraft der Integration auf eine personale Mitte geleitet. Die Motorik entwickelt sich nicht zur Fülle ihrer Möglichkeiten, sondern zum persönlichen Bewegungsvermögen eines Individuums. OERTER (1974, 24 f.) bezeichnet die Gegenbewegung zur Differenzierung als Zentralisation. Was sich in der Motorik zeigt, gilt für menschliches Handeln generell. „Mit zunehmenden Alter verliert das Verhalten an Diskontinuität, mehr und mehr ordnen sich einzelne Verhaltensweisen einem Plan unter und werden von Wille und Vorsatz gelenkt“ (OERTER 1974, 24).

Erbanlagen und Umweltbedingungen schränken die vielfältige Entfaltung im Verlauf der kindlichen und jugendlichen Entwicklung ein. Das offene Lebewesen Mensch erfährt eine Einengung durch Konstitution, Familie, geographische Umwelt, Kultur, Sozialschicht und Erziehung. Die körperlichen, motorischen, intellektuellen und emotionalen Entwicklungen verlaufen in vorgegebenen Bahnen und nach soziokulturellen Mustern. Wenngleich die Kanalisierung nicht zu früh einsetzen sollte und Erziehung und Unterricht durch das didaktische Prinzip der Vielseitigkeit diesem Entwicklungstrend bewusst entgegenzuwirken haben, ist andererseits nicht zu übersehen, dass die gebahnte Entwicklung das Schicksal jedes Menschen ist. Der Sportunterricht hat die Tatsache der Kanalisierung didaktisch so zu bewältigen, dass er die Bewegungserziehung lange genug vielseitig hält und rechtzeitig auf die eingeschränkten Interessen abstimmt.

Entwicklungsphasen und -merkmale

Gegen die phasenstrukturelle Erklärung der menschlichen Entwicklung wurden mehrfache Bedenken erhoben. „Je mehr entwicklungspsychologische Einzelergebnisse berücksichtigt werden, desto schwerer läßt sich die Phasentheorie aufrecht erhalten“ (OERTER 1974, 58). Sicherlich sind die Entwicklungsphasen in der Wirklichkeit des Lebens nicht so deutlich voneinander abzuheben, wie es in der theoretischen Darstellung geschieht, und ebenso erfolgt die Zuschreibung der motorischen, physischen und psychosozialen Merkmale zu den Phasen auf einen Regelfall hin. Die Entwicklungspsychologie hält dennoch am phasenartigen Verlauf der menschlichen Entwicklung fest und unterscheidet zwischen Phasen langsamer und schneller Reifung. Die unkritische didaktische Anwendung der Phasentheorie verführt den Lehrer zum schematischen Lehren und widerspricht der Forderung nach Individualisierung des Unterrichts. Es sprechen allerdings auch einige Gesichtspunkte für die Anwendung der Phasenstruktur der menschlichen Entwicklung beim Lehren und Lernen im Unterricht. „Prüft man die Auswirkungen der Phasentheorie auf die Unterrichts- und Erziehungspraxis, so überwiegen die Verdienste“ (OERTER 1974, 63).

Die Beschreibung der menschlichen Entwicklung als phasenhaften Prozess ist idealtypisch und regelhaft und erfolgt mit dem Wissen, dass der individuelle Verlauf näher oder entfernter vom Regelfall liegt. Die Kenntnis des Regelfalls der Entwicklung aber ermöglicht die bessere Beurteilung des individuellen Entwicklungsgeschehens. Entwicklungsgemäßer Unterricht bedeutet nicht die Angleichung der unterrichtlichen Maßnahmen an einen festgelegten Phasenverlauf, sondern die Differenzierung des Unterrichts nach den Entwicklungsphasen der Individuen aufgrund der Kenntnis des Regelfalles der kindlichen Entwicklung. Zur Beschreibung des Regelfalls der menschlichen Entwicklung gehört unumgänglich die Beachtung jener Faktoren, die kollektive Variationen in der Entwicklung bedingen: Geschlechtsunterschiede, Sozialschichten, räumliche und geistige Umwelten.

Die Entwicklung des heranwachsenden Menschen ist ein biologisch und kulturell bedingtes variables Geschehen, das raum- und zeitgebundene Erscheinungsformen aufweist und selbst innerhalb einer Kultur und einer Epoche eine Vielzahl unterscheidbarer Verlaufsformen ausbildet. Doch bilden der geographische Raum und der Zeitgeist auch gleichrichtende Tendenzen aus, die Entwicklungsverläufe im Kindes- und Jugendalter wiederum in Bahnen lenken und konform gestalten.

Für die sportmotorische Leistungsfähigkeit ist jedenfalls der Entwicklungsstand maßgebender als das chronologische Alter. Auf mehrere Untersuchungen sich stützend spricht dies Willimczik (1984, 303) deutlich aus: „Danach ist davon auszugehen, daß der Entwicklungsstand eines Kindes definiert über den Grad der Geschlechtsreife und das Knochenalter, die Leistung in den motorischen Fähigkeiten Schnelligkeit, Kraft und Ausdauer in weit stärkerem Maße bestimmt als das chronologische Alter."
Die Theorie der menschlichen Entwicklung benennt folgende Phasen:

Frühe Kindheit: 1. bis 6. Lebensjahr

Die frühkindliche Gestalt ist von einer Kopf-Rumpf-Proportion geprägt, in der der Kopf auffallend groß erscheint. Der Rumpf ist walzenförmig mit vorgewölbtem Bauch und flachem Rücken, die Muskulatur noch wenig entwickelt und mit einem Fettpolster überlagert. Die Beine sind im Verhältnis zum übrigen Körper unterentwickelt. Um das 6. Lebensjahr setzt ein Gestaltwandel mit einem gesteigerten Längenwachstum der unteren Extremitäten ein. Bis zum ersten Gestaltwandel hat der kindliche Körperbau zwar nicht die besten Voraussetzungen für die unterschiedlichen Bewegungstätigkeiten des Laufens, Springens usw., trotzdem zeigt das Kind ein stark entwickeltes Bewegungsverlangen. Eine motorisch anregende Umwelt aktiviert und unterstützt die reifebedingte Entfaltung der motorischen Grundtätigkeiten des Greifens, Kriechens, Gehens, Springens und Laufens. Bis zum 3. Lebensjahr beruht die motorische Lernfähigkeit im wesentlichen auf der Nachahmung und ist auf die Alltagsbewegungen bezogen.

Die zunehmende Raumeroberung – vom Greifraum über den Kriechraum zum Schreitraum – ist ein beständiger Erfahrungsgewinn, eine Bewusstseinserweiterung und ein wichtiger Faktor der Intelligenzförderung. Die Weltzuwendung erfolgt über die Bewegung und die grundlegenden sozialen Fähigkeiten werden in Spielsituationen erworben, weil ein ausgeprägter Tätigkeitsdrang seine Bedürfnisbefriedigung vorrangig in den Bewegungsspielen sucht und auch findet.

Piaget (1948) benennt die erste Phase der kognitiven Entwicklung als sensomotorische Intelligenz, weil die Begriffsbildung vornehmlich über Wahrnehmung und Bewegung erfolgt. Vielfältige Körper- und Bewegungserfahrungen in der frühen Kindheit fördern deshalb die Ausprägung der kognitiven wie der sozialen und emotionalen Fähigkeiten des Individuums.

Ein Sportunterricht im engeren Sinn seiner Bedeutung als Vermittlungsinstanz für Sportarten ist in dieser Entwicklungsphase nicht angebracht, weil die Lernfähigkeit im alltagsmotorischen Bereich liegt und die motorischen Grundformen des Gehens, Laufens, Springens, Werfens, Fangens, Kletterns, Steigens genug Anforderungen an die Bewegungserziehung stellen. Rhythmische Fähigkeiten, Bewegen mit Musik, kleine Bewegungsspiele und Geräteübungen, bei denen die Geräte vornehmlich Hindernisse abgeben, sind die Zielsetzungen einer frühkindlichen Bewegungserziehung. Erfahrung und wissenschaftliche Untersuchungen bestätigen übereinstimmend, dass das 5. Lebensjahr ein besonders günstiges motorisches Lernalter ist. Die Koordinationsfähigkeit verbessert sich offensichtlich auch reifebedingt in stärkerem Maße und dürfte durch intentionale Bewegungserziehung im Kindergarten, Sportverein und in der Familie noch bessere Werte erreichen.

Die grundlegenden Aufgaben der frühkindlichen Bewegungserziehung liegen demnach in drei Bereichen:

1. Unterstützung der reifebedingten Entwicklung der motorischen Grundtätigkeiten (Gehen, Laufen, Springen, Werfen usw.) und der motorischen Grundfähigkeiten (Kraft, Ausdauer, Schnelligkeit, Gewandtheit).
2. Anbahnung sportlicher und spielerischer Bewegungshandlungen: Schwimmen, Eislauf, Turnen, Skilauf usw.
3. Entwicklung eines Körperbewusstseins und bewegungsorientierten Gesundheitsbewusstseins im Sinne des Körpermanagements.

Späte Kindheit: 7. bis 11. Lebensjahr

Der erste Gestaltwandel leitet durch seine quantitativen (Wachstumsschub) und qualitativen (Körpergestalt) Veränderungen die Phase der späten Kindheit ein. Der Rumpf verliert seine zylindrische Form, weil sich die Taille und die Rückenkurvaturen ausbilden. Durch die Reduktion der Fettschicht werden Muskeln und Gelenke sichtbar und differenzieren die Brust- und Bauchregion aus. Die Proportion von Rumpf zu Kopf verändert sich zugunsten des Rumpfes und die Halsregion wird kräftiger. Nach dem 6. Lebensjahr erlangt das Längenwachstum die normale Zuwachsrate und das Breitenwachstum nimmt durch die Muskelentwicklung zu. Die inneren Organe sind nun leistungsfähig, die Körperproportionen ausgeglichen und der gesamte körperliche Zustand ist für motorische Beanspruchungen gut gerüstet.

Der Schuleintritt löst bei manchen Kindern eine kurzdauernde soziale Krise aus und bringt einige Umstellungsschwierigkeiten mit sich. Mit zunehmender Versachlichung der Lebensbezüge stellt sich ein Aufgabenbewusstsein und eine solide Arbeitshaltung ein. Die extrovertierte Lebensgrundhaltung fördert die Weltzuwendung und Eroberung der näheren Umgebung. Die soziale Anpassungsfähigkeit wird größer, andere Bezugsgruppen (Schulklasse, Nachbarschaftsgruppen) treten zur Familie hinzu und werden für soziale Lernerfahrungen bedeutsam. Die sich weiter entfaltende Fähigkeit zum Gruppenhandeln schafft günstige Voraussetzungen für den Gruppenunterricht. Die Lebensgrundstimmung des Schulkindes ist ausgeglichen und findet in der dinglichen Umwelt einen beständigen Anlass und Anreiz für die Erkundung, Entdeckung und Eroberung. Die Haltung und Einstellung gegenüber der eigenen und fremden Leistung wird kritischer. Ein gesteigertes Kraftgefühl, Geltungsdrang und eine hohe Wertschätzung der körperlichen Kraft sind Ausdrucksformen der kindlichen Vitalität.

Die moderne Entwicklungspsychologie (vgl. Oerter 1974) kennt den Begriff des angeborenen Lerntriebes. Er ist sicherlich auch für das motorische Lernen von Bedeutung und in diesem Lernbereich sogar leicht zu erkennen: die Wiederholungstendenzen beim Üben, das Erkundungsverhalten in der Bewegung oder der Spieldrang sind Ausdruck eines Lerntriebes, der vor der Pubertät ganzheitlich und unbewusst das Bewegungshandeln der Kinder in Gang setzt und steuert.

Der erste Gestaltwandel bringt eine vorübergehende Verunsicherung in die kindliche Motorik, die allerdings so gering ausfällt, dass sie keine negativen Auswirkungen für das Bewegungshandeln der Kinder zeitigt. Bis zum Eintritt der Pubertät verbessern sich die motorischen Lern- und Ausführungstätigkeiten kontinuierlich weiter und erzielen im Vollkindalter ein hohes Ausmaß an harmonischer Bewegungsqualität. Die gute motorische Lernfähigkeit bedingt zudem eine vielseitige Entwicklung der motorischen Fähigkeiten und Fertigkeiten. Schwierigkeit bereitet den Kindern in dieser Entwicklungsphase lediglich noch die Kontrolle und

Steuerung der rumpffernen Körperteile (Hände, Finger, Füße, Zehen). Die Fähigkeit zur Koordination von sequenzreichen Bewegungen ist ebenfalls noch nicht gut entwickelt. Ungerer (1973, 39) behauptet: „Die Lernfähigkeit wird um so geringer, je mehr sich die Schulung von den alltäglichen Bewegungsvollzügen und ihren Strukturmerkmalen entfernt." Diese Aussagen gelten allerdings mehr für sechs- bis achtjährige Kinder, während in der zweiten Hälfte der späten Kindheit (9. – 11. Lebensjahr) die Verbesserungen in allen Bereichen der Motorik und der motorischen Lernfähigkeit zu erkennen sind. Die Bewegungssteuerung gelingt immer besser, wobei allerdings geschlechtsspezifische Unterschiede bemerkbar sind, weil Mädchen generell bessere Lernergebnisse in der Bewegungskoordination zeigen. Gute Leistungen erbringen die Neun- bis Elfjährigen auch bei Gleichgewichtsübungen. In dieser Lebensphase der kindlichen Entwicklung verbinden sich eine hohe motorische Lernbereitschaft und Lernfähigkeit mit der gesteigerten Ansprechbarkeit auf Bewegungsreize und -aufforderungen und schaffen darin ein überaus günstiges Lernklima für vielseitige Bewegungstätigkeiten.

Vor dem Eintritt in die Pubertät mehren sich allerdings die Anzeichen für eine geschlechtsspezifische Differenzierung der Motorik, die in der pubertären Phase größere Dimensionen annimmt und in der Jugendphase die geschlechtlich bedingten Unterschiede in den konditionellen und koordinativen Leistungsgrundlagen für das Bewegungshandeln hervorbringt. Die Entwicklung der feinmotorischen Reaktionsschnelligkeit erreicht mit dem 11. Lebensjahr einen Abschluss und die von den Kindern darin erzielten Messwerte entsprechen denen der Erwachsenen. Bei beiden Geschlechtern werden im reifen Kindesalter große Fortschritte im motorischen Leistungsprofil gemacht und die Leistungsunterschiede zwischen Jungen und Mädchen fallen gering aus.

Die hohe motorische Lernbereitschaft der Kinder, gepaart mit günstigen Lernvoraussetzungen im physischen, kognitiven und sozialaffektiven Bereich, fordert vom Sportunterricht die Bereitstellung reichhaltiger Bewegungsmöglichkeiten in vielfältiger Beanspruchung. Das Kind drängt nach der vielseitigen motorischen Betätigung in unterschiedlichen Situationen, und je mehr Aufforderung zum Bewegungshandeln von der personalen Mitwelt und der räumlichen Umwelt ausgeht, um so günstiger verläuft die Entwicklung der gesamten werdenden Persönlichkeit. Denn der Wirkzusammenhang der motorischen mit der kognitiven und der sozial-emotionalen Entfaltung ist gesichert. Das Sammeln von Bewegungserfahrungen auf dem Boden, im Wasser, auf Schnee und Eis, mit und an Geräten und der Erwerb der Grundlagen der Alltags- und Sportmotorik stehen im Mittelpunkt der Bewegungserziehung in dieser Lebensphase. Dauerleistungen sind angebracht, wobei wiederholte kräftige, aber kurzdauernde Belastungen vorteilhaft sind. Die Schulung der Kraftausdauer durch dynamische Bewegungsfolgen verdient den Vorzug gegenüber der Verbesserung der Maximalkraft. Im Mittelpunkt des Schulsports steht weiterhin das Spiel mit allen Ballarten. Spieltaktische Überlegungen sind verfrüht und in der Technikschulung können komplexe Spielhandlungen noch nicht oder nur unzulänglich bewältigt werden. Das Turnen ist nach wie vor ein Hindernisturnen, verbunden mit Gleichgewichtsübungen und turnerischen Grundformen (Rollen, Stützsprünge, Aufschwünge). Die späte Kindheit ist ein günstiges Lernalter für Sprünge und Würfe, wobei die Mädchen vom 11. Lebensjahr an bereits geschlechtsspezifische Interessen in der Leichtathletik ausbilden. Unterschiedliche Wurfleistungen bei Jungen und Mädchen zeigen sich in der gesamten Entwicklungsphase, die Kraftleistungsfähigkeit ist bei männlichen Kindern und Jugendlichen in jeder Phase größer als bei Mädchen.

Die Sprungleistungen steigen bei beiden Geschlechtern kontinuierlich an, größere geschlechtsbedingte Abweichungen treten erst vom 16. Lebensjahr an auf. Das Schwimmen ist bis zum 10. Lebensjahr zu erlernen und auf mehrere Schwimmtechniken auszuweiten. Das

Wasserspringen und Turnen am Boden sowie an Geräten verbessern die Gewandtheit und kommen dem Bedürfnis der Kinder, Kunststücke zu beherrschen und vorzuführen, entgegen. Zu diesem motorischen Aufforderungsbereich sind auch das Eislaufen und Skifahren zu zählen.

Im späten Kindesalter liegt nach der übereinstimmenden Aussage vieler Bewegungstheoretiker und Sportdidaktiker (Meinel/Schnabel 1977, Martin 1982, Fetz 1979, Willimczik 1983) eine besonders günstige Zeit für das Bewegungslernen. Neben den Merkmalen der extrovertierten Lebenshaltung, des angeborenen Lerntriebes und der Bewegungsfreude stützen auch hirnphysiologische Erkenntnisse diese pädagogische Behauptung (Martin 1982, 259 f.). Das Lernen der Kinder in dieser Altersstufe erfolgt ganzheitlich und „auf Anhieb". „Die Kinder dieses Alters lernen noch nicht so sehr auf dem Wege einer rationalen Analyse des zu erlernenden Bewegungsablaufs, sondern erfassen diesen als einen ganzheitlichen Akt; sie vollziehen diesen Akt direkt innerlich mit und probieren ihn sofort aus" (Martin 1982, 261).

Pubertät: 12. bis 16. Lebensjahr

Die Entwicklungspsychologie unterteilt in eine erste und zweite puberale Phase, die sich zwar in einigen Merkmalen voneinander unterscheiden, ohne dass eine manchmal noch anzutreffende Wertung durch die Bezeichnung negative und positive Phase gerechtfertigt wäre. Jede Phase hat ihren Sinn im Entwicklungsgeschehen und wenn die erste puberale Phase negative Züge vorweist, dann nur aus der Perspektive der Erwachsenen, die es als Eltern, Lehrer oder Erzieher manchmal schwer haben, mit den Jugendlichen dieser Altersstufe zurechtzukommen.

In der ersten puberalen Phase vollzieht sich der zweite Gestaltwandel. Ein sprunghaftes Längenwachstum der unteren Extremitäten ist sein auffallendstes Kennzeichen. Die körperliche Geschlechtsreifung geht mit der Ausbildung der sekundären Geschlechtsmerkmale einher: Achsel- und Schambehaarung, Bartwuchs und Vergrößerung des Kehlkopfes bei den Jungen und die Entwicklung der Brust und die Hüftrundung bei den Mädchen. Der Beginn der pubertären Phase setzt bei den Mädchen ein bis zwei Jahre früher ein, so dass die Phasengrenzen von nun an nicht mehr übereinstimmen. Der zweite Gestaltwandel löst die kindliche Körpergestalt auf und ist der Beginn der Ausbildung der Körperform des Erwachsenen. Die zweite puberale Phase verlangsamt das Längenwachstum; ein größerer Gewichtsanstieg ist durch ein vermehrtes Dickenwachstum der Muskulatur bedingt. Die Kreislauforgane kommen nahe an die Leistungsfähigkeit des erwachsenen Menschen heran. Bei Mädchen ist das entwicklungsbedingte Muskelwachstum mit dem 16. Lebensjahr abgeschlossen. Die leichte Störbarkeit des vegetativen Nervensystems hört in der zweiten puberalen Phase wieder auf.

Das durch die Sexualreifung veränderte Leiberleben versetzt den jungen Menschen in eine emotionelle Umbruchsituation: Ansichten, Einstellungen und Werthaltungen verlieren die kindliche Stabilität und lösen beim Pubertierenden plötzliche Stimmungsumschwünge aus. Die Interessen und Neigungen verändern sich und verlieren die frühere Vielseitigkeit, wodurch unter Umständen der Sport vollständig aus dem Neigungshorizont eines Jugendlichen verschwinden kann. Das Handeln in den sozialen Bezugsgruppen ist häufig zwiespältig, es gestaltet sich zunehmend besser und reibungsärmer in der Gleichaltrigengruppe aber schwieriger im Umgang mit Erwachsenen. Trotzreaktionen und übertriebene Abwehrhandlungen deuten eine tiefgreifende Autoritätskrise an. Extremhaltungen finden sich bei männlichen Jugendlichen häufiger und ausgeprägter als bei Mädchen; dazu gehören die hohe Gefühlserregbarkeit, das Geltungsstreben und eine stärkere Bereitschaft zu verbaler und manueller Aggression. Die bisher kontinuierlich verlaufende Ablösung und Ausgliederung aus der Herkunftsfamilie nimmt während der Pubertät häufig einen krisenhaften und bestürzenden Charakter an. Hingegen setzt sich in der zweiten puberalen Phase auch im psychosozialen Bereich wieder die Beruhigung und Ausgeglichenheit durch. Die Skala der Sozialbezüge wird wiederum breiter, die Selbsteinschätzung realistischer, der seelische Ausgleich bahnt sich in allen Lebenslagen und sozialen Situationen an. Die Lebensgrundstimmung pendelt sich auf die aller Wahrscheinlichkeit nach doch genetisch bedingte Vorgabe ein, die Affektbeherrschung gelingt zunehmend besser und die Aggressionsbestrebungen nehmen deutlich hinsichtlich Anzahl und Stärke ab.

Die erste und zweite puberale Phase sind auch im motorischen Bereich unterschiedlich zu beschreiben und zu beurteilen. Der zweite Gestaltwandel und die seelisch-geistigen Hochspannungen der ersten puberalen Phase verunsichern die Bewegungskoordination, wobei die Alltagsmotorik davon stärker betroffen ist, als die im Kindesalter bereits erworbenen sportmotorischen Fähigkeiten. Die durch das gesteigerte Längenwachstum der Arme und Beine bedingten konstitutionellen Veränderungen in Form der verschobenen Hebelverhältnisse bewirken eine sichtbare Verunsicherung im Bewegungshandeln und lassen aus den harmonischen Bewegungen des Kindes die Überflußmotorik des pubertierenden Jugendlichen werden. Wiederum sind die geschlechtsbedingten Unterschiede groß, denn bei den Mädchen hält sich selbst am Höhepunkt der Pubertät die Verunsicherung der Motorik in engeren Grenzen. Trotz größerer Störungsanfälligkeit und oftmals fehlender Lernbereitschaft bleibt die motorische Lernfähigkeit auch in dieser Entwicklungsphase erhalten. Nichts spricht dafür, die Pubertät zu einer Schonzeit für das Erlernen von Bewegungsfertigkeiten und die motorische Beanspruchung werden zu lassen. Motorische Steuerungsfähigkeit, Zeitgefühl und Raumorientierung als Merkmale der motorischen Lernfähigkeit erfahren in der ersten puberalen Phase einen Einbruch und dieser bewirkt die vorübergehende Verunsicherung und Erfolgsverminderung beim motorischen Lernen. An der Stagnation in der motorischen Lernfähigkeit während dieser Entwicklungsphase sind außerdem auch die ungünstigen Hebelverhältnisse und die Veränderung des Körperbildes maßgeblich beteiligt.

Die eben getroffenen Aussagen über die koordinative Beeinträchtigung in der ersten puberalen Phase sind allerdings mit großer Vorsicht in didaktische Maßnahmen umzusetzen. Die Autoren widersprechen einander und können auf wenig wissenschaftlich gesicherte Befunde zurückgreifen. Willimczik (1983, 288) vermeint die Ursachen für das Theoriedefizit in den meßtechnischen Problemen zu sehen, die bei der Erforschung eines derart komplexen Phänomens auftreten. Einfache Koordinationsleistungen sind keiner Beeinträchtigung in der Pubertät unterworfen, feingesteuerte und azyklische Bewegungskombinationen hingegen zeigen einen Rückschritt an. Geht man von der koordinativen Komponente Gewandtheit aus, stellt sich ein pubertärer Rückschlag bei den Jungen und eine Stagnation bei den Mädchen ein. Dies ist vielleicht deshalb auch so offensichtlich, weil die Zunahme der Gewandtheit in der späten Kindheit besonders groß war.

Trotz einer motorischen Verunsicherung durch den zweiten Gestaltwandel sind Lernfortschritte in der Bewegungserziehung zu erzielen. Die Präzision der Bewegungsausführung geht zeitweilig zwar verloren und deshalb ist die Feinformung sportmotorischer Fertigkeiten zumindest in der ersten puberalen Phase unökonomisch. Um das 15. Lebensjahr verbessert sich aber das körperliche und motorische Leistungsvermögen deutlich. Die Organschulung in dieser Altersstufe ist in sachbetonter Weise möglich und die Einkleidung in Spielhandlungen nicht mehr erforderlich. Die zunehmende Distanzfähigkeit zum eigenen Körper schafft günstige

Voraussetzungen für die bewusste Konditionsarbeit. Die Pubertät wurde lange Zeit als kritische Phase für die Ausdauerleistung angesehen und die Warnungen der Sportpädagogen wurden vor allem mit der Begründung ausgesprochen, dass die Diskrepanz zwischen dem sprunghaften Wachstum der Extremitäten und dem Zurückbleiben der Entwicklung der inneren Organe bei aeroben und vor allem anaeroben Ausdauerleistungen gesundheitsgefährdend wäre. Neuere Untersuchungen haben diese Auffassung korrigiert (vgl. Willimczik 1983).

Die Ausdauerleistungsfähigkeit entwickelt sich gleichmäßig vom 5. bis zum 15./16. Lebensjahr weiter und der kontinuierliche Anstieg erfährt auch in der puberalen Phase keinen deutlich erkennbaren Einbruch. Männliche Jugendliche erzielen insgesamt bessere Werte als weibliche und erreichen die Höchstwerte auch später (18. Lebensjahr gegenüber 15./16. Lebensjahr bei Mädchen). Im 7. Lebensjahr haben Mädchen bereits 80 % ihrer absoluten Ausdauerleistungsfähigkeit, vom 12. Lebensjahr an verflacht die aerobe Leistungskurve und kommt die anaerobe Leistungsentwicklung sogar zum Stillstand. Dies betrifft allerdings die entwicklungsabhängige und nicht die durch intensives Training zu erzielende Ausdauerleistungsfähigkeit.

Mit dem Eintritt in die Pubertät verdeutlichen sich auch hinsichtlich der Kraftentwicklung die geschlechtsspezifischen Unterschiede, die allerdings anders als im Ausdauerbereich auch schon vorher in allen Ausprägungen der Kraft vorhanden waren. Männliche Personen haben in jedem Lebensalter die besseren Ergebnisse bei Kraftleistungen vorzuweisen, was auf die Wirkung des Testosterons auf das Muskelwachstum zurückzuführen ist (Willimczik 1983). Die vor der Pubertät noch geringeren Unterschiede wachsen sich vom 13./14. Lebensjahr an bei der Schnellkraft und der Kraftausdauer zu großen aus. Mädchen stagnieren in der entwicklungsbedingten Ausbildung der Kraft, Jungen zeigen sogar noch bedeutsame Steigerungen bis zum 16. Lebensjahr. Eine Ausnahme macht lediglich die Ausprägung der Maximalkraft (Hand), bei der zwar geschlechtsbedingte Unterschiede vom 7. Lebensjahr ebenfalls vorhanden sind, bei den Mädchen aber auch in der Pubertät ein, wenn auch flacher Anstieg der Leistungsfähigkeit anhält.

Hinsichtlich der motorischen Schnelligkeit treten bei Jungen und Mädchen nur sehr geringfügige Abweichungen zutage, bei beiden Geschlechtern hält die entwicklungsabhängige Verbesserung dieser Fähigkeit bis ins frühe Erwachsenenalter (18./19. Lebensjahr) an. Da es auch kleinere Abweichungen in der Koordinationsleistung und der Gelenkigkeit im Pubertätsalter gibt, wobei in beiden Fällen die Mädchen diesmal die besseren Ergebnisse erzielen, kann die Pubertät auch im körperlich-motorischen Bereich als Phase der Ausbildung der geschlechtsspezifischen Differenzen angesehen werden. Dem stark entwickelten Bedürfnis nach Wettkampf und Leistungsvergleich ist ein entsprechendes Übungsangebot zu unterbreiten. In der Leichtathletik können Übungen mit verstärktem Krafteinsatz durchgeführt werden. Die ungünstigen Hebelverhältnisse während des Gestaltwandels beeinträchtigen das Boden- und Geräteturnen, wobei besonders bei den männlichen Jugendlichen häufig die Zuwendung zu dieser Bewegungstätigkeit nicht mehr gegeben ist. In der zweiten puberalen Phase erwacht hingegen das Interesse am regelrechten Sportspiel und der damit verbundenen Spieltechnik und -taktik. Die stabilisierte Motorik erlaubt eine intensiver werdende Leistungsschulung.

Adoleszenz: 17. bis 19. Lebensjahr

Die jugendliche Körpergestalt nähert sich vom 17. Lebensjahr an ihrer genetisch vorgesehenen Form an und zeigt keine größeren quantitativen oder qualitativen Veränderungen, sofern sie als entwicklungsbedingte Erscheinungen zu klassifizieren sind. Die Muskelbildung, die Struktur des Knochensystems und der aktive und passive Bewegungsapparat erreichen die Endzustände der Reifung. In der organischen Funktionstüchtigkeit werden jene optimalen Werte gemessen, die im normalen Entwicklungsverlauf zu erreichen sind.

Die Stabilisierung der Gefühls- und Stimmungslage, die sich in der zweiten puberalen Phase ankündigt, setzt sich fort und lässt übertriebene affektive Gefühlsregungen in den Hintergrund treten. Die individuellen Besonderheiten im psychosozialen Verhalten verdeutlichen sich, Interessen werden gefestigt und eine stabilere Werthaltung prägt sich aus. Nicht alle Jugendlichen und am wenigsten die Mädchen geraten um das 17. Lebensjahr erneut in eine Jugendkrise mit pubertätsähnlichen Erscheinungsformen. Die soziale Verunsicherung äußert sich wiederum in einer hohen Gefühlserregbarkeit, in Trotzhandlungen gegenüber den Autoritätspersonen und in der Absonderung innerhalb der Gleichaltrigengruppe. Das entwicklungsabhängige motorische Leistungsprofil hat den bestmöglichen Zustand in allen leistungsbestimmenden Faktoren erreicht. Individuelle und geschlechtspezifische Eigenheiten bilden sich allerdings aus, setzen der motorischen Lern- und Leistungsfähigkeit die besonderen Grenzen, schaffen ihr aber auch die individuellen Entfaltungsbedingungen.

Die guten organischen Gegebenheiten, die ausgeglichene psychosoziale Befindlichkeit und das ausgereifte motorische Leistungsprofil sind die besten Voraussetzungen für das sportliche Training und die hohe sportmotorische Leistungsfähigkeit. Diese günstigen Rahmenbedingungen im anthropologischen Bereich hat der schulische Sportunterricht durch organisatorische, methodische und inhaltliche Entscheidungen zu beantworten, die eine Abwendung der Jugendlichen vom Unterrichtsfach Sport verhindern können. Sie betreffen im einzelnen die größere Wahlmöglichkeit und Mitentscheidung bei den Lerninhalten, die Berücksichtigung der sportlichen Freizeitgewohnheiten, den koedukativen Unterricht und die Verbreiterung der schulsportlichen Zusatzangebote in Hinblick auf Talentförderung, Fördergruppen für Leistungsschwache und Neigungsgruppen.

2.3.3 Problemschüler und Schülerprobleme

In den bisherigen Überlegungen stand der „normale" Verlauf des kindlichen und jugendlichen Entwicklungsgeschehens im Mittelpunkt der Betrachtung und als Ausgangspunkt der sportdidaktischen Überlegungen. Es verläuft aber die Entwicklung und Entfaltung der menschlichen Person in den ersten zwei Lebensjahrzehnten nicht immer in den von der Entwicklungspsychologie beschriebenen Bahnen und Richtungen. Dauerhafte oder vorübergehende Fehlentwicklungen, phasen- oder persönlichkeitsbedingte Störungen oder Krisen, genetisch oder gesellschaftlich bewirkte Sonderformen des Denkens, Handelns oder Empfindens erzeugen nicht nur eine bunte Vielheit der Lebensläufe, sondern bewirken auch verschiedene Arten von Störfällen und Problemlagen im erzieherischen und unterrichtlichen Umgang mit Kindern und Jugendlichen.

Neben allgemeinen anthropologischen Kennzeichen der menschlichen Entwicklung gibt es also eine Reihe spezieller individueller wie gesellschaftlicher Sachverhalte, die einen Einfluss auf das Lehren und Lernen nehmen, Lernergebnisse bestimmen und das Lehrer-Schüler-Verhältnis variabel gestalten.

Im speziellen Fall des Sportunterrichts sind damit die jedem Sportlehrer bekannten Schwierigkeiten und problematischen Situationen angesprochen, die sich im Unterricht ereignen, weil Schüler ängstlich oder unmotiviert, störend, aggressiv, ungeschickt, dicklich oder wenig leistungsbereit sind und dadurch für den Lehrer zu Problemschülern werden. Die Aussagen über die Anzahl der Problemschüler in einer Klasse stimmen auch deshalb nicht überein, weil ein im Unterricht gezeigtes Verhalten von einem Lehrer als normal, von einem anderen aber als problematisch empfunden wird, weil ein Lehrer über abweichendes Schülerhandeln hinwegsieht, ein anderer aber keinen Verstoß gegen die Schuldisziplin durchgehen läßt, weil manche Lehrer jede provokante Handlung gleich als Angriff auf die eigene Person empfinden und wiederum andere nicht sich, sondern ihre pädagogische Tätigkeit besonders wichtig nehmen.

Als Problemfall wird der Schüler angesehen, der leistungsmäßig unter dem Klassendurchschnitt liegt. Doch kann die Leistungsschwäche möglicherweise für den Schüler selbst gar kein Problem bedeuten, weil sie im Schulsport ohne Belang für ihn ist oder sie kann für den Lehrer unproblematisch sein, weil sie aufgrund der körperlichen Voraussetzungen des betreffenden Schülers nicht zu verbessern ist. Umgekehrt kann ein leistungsstarker Schüler störend und unwillig im Unterricht auftreten und damit zu einem pädagogischen und didaktischen Problem für den Lehrer werden. Eine Unterscheidung muss zwischen dem zeitweiligen und dem stetigen Problemschüler gemacht werden, demjenigen, der im Sportunterricht generell und in allen Bewegungstätigkeiten den an ihn gestellten Anforderungen nicht entspricht, der allen Bewegungsaufgaben ängstlich begegnet, für den fast jede Situation zum Anlaß für provokatives Verhalten wird oder den kein Angebot interessieren kann und dem Schüler, dem nur bestimmte Sportarten nicht liegen oder der einigen unterrichtlichen Situationen aus dem Wege geht.

Der Problemschüler verursacht Problemsituationen im Schulsport, schafft Störungen und Konflikte oder er wird von ihnen geschaffen. Besondere Bedingungen des Schulsports, bestimmte Lerninhalte, Unterrichtsverfahren oder Lehrerhandlungen produzieren Problemschüler, d.h. der Sportunterricht wird zur Ursache für das Auftreten des Problemschülers und schafft sich gleichsam seine Konflikte selbst. Dies trifft in besonderer Weise auf den ängstlichen, störenden oder unmotivierten Schüler zu. Denn mancher junge Mensch erfährt erst unter den Bedingungen des Schulsports die Angst im Sport oder entwickelt erst durch den Schulsport die Abneigung zum Sport. Es kommen aber auch Schüler als dickliche, ungeschickte oder furchtsame Kinder in die Schule und bringen die Probleme und Schwierigkeiten von sich aus in den Unterricht hinein. Das Phänomen des Problemschülers wäre zu einseitig und damit falsch erklärt und interpretiert, wollte man nur die Anforderungen und Handlungssituationen des Sportunterrichts für das Auftreten der Konflikte und Probleme verantwortlich machen, ebenso irrig aber ist die Annahme, daß alle Problemfälle von außerhalb in die Schule hineingetragen werden. Die Ursachen der Schülerprobleme sind nicht eindimensional und einer Seite zuzuschreiben, die Anzahl der Problemschüler ist jedoch in jeder Klasse beträchtlich genug, um darin ein gewichtiges sportdidaktisches Anliegen zu sehen, wo immer auch die Gründe für das Auftreten liegen mögen.

Die Sportdidaktik hat die Verpflichtung, dem Sportlehrer die Ursachen und Erscheinungsformen des Problemschülers zu beschreiben und Handlungsstrategien für die Bewältigung der unterschiedlichsten Schwierigkeiten und Unterrichtsstörungen zur Verfügung zu stellen. Entscheidend ist die Tatsache, daß die Ursachen für die Entstehung des Problemschülers gebündelt auftreten und die realen Fälle sich nicht wie in der nachfolgenden theoretischen Behandlung in ängstliche, dicke, störende oder unwillige Schüler trennen lassen, sondern in der Regel als Mehrfach-Problemschüler auftreten. Dessen ungeachtet wird auf den folgenden Seiten eine Beschreibung von vier Typen des problematischen Schülerverhaltens vorgenommen.

1. Der leistungsschwache Schüler

Mit dem eher undeutlichen Begriff der Leistungsschwäche verbinden sich vor allem und zuerst die Erscheinungen des körperlich und motorisch benachteiligten Kindes, bei dem entweder Fettsucht, Koordinationsstörungen oder andere konstitutions- oder entwicklungsbedingte Behinderungen vorliegen.

Die Ursachen für die mangelnde Leistungsfähigkeit im motorischen Bereich sind vielfältiger Natur und liegen in verschiedenen Ebenen: angeborene und erworbene Fettleibigkeit, cerebrale Koordinationsstörungen, zeitlich oder räumlich bedingter Übungsmangel, elterlicher Erziehungsstil, der zur Bewahrung und Behütung tendiert, chronische Krankheiten wie Asthma oder Diabetes mellitus, eine längerdauernde akute Erkrankung, ausgeprägte musische oder intellektuelle Neigungen. Es trägt aber auch ein leistungsbetonter Sportunterricht, ein an den guten Schülern orientierter Lehrer und das eingeschränkte Angebot an Schulsportarten zum gehäuften Vorkommen leistungsschwacher Schüler in einer Klasse bei. Dabei gerät das leistungsschwache Kind in einen verhängnisvollen Wirkkreis gegenseitiger ungünstiger Beeinflussung der die Leistungsschwäche erzeugenden und vermehrenden Faktoren. Aufgrund seiner motorischen Beeinträchtigung vermeidet der leistungsschwache Schüler die Bewegungstätigkeiten, geht den motorischen Anforderungen aus dem Wege oder wird, etwa bei den Wettkämpfen im Schulsport, sehr schnell aus dem Bewegungsgeschehen entfernt, was wiederum seine motorischen Fähigkeiten nicht verbessert und seine Leistungsbereitschaft vermindert. Häufige Erfahrungen des beständigen Misserfolges werden mit der Flucht aus der unangenehmen Situation beantwortet. Der leistungsschwache Schüler lässt sich durch ärztliche Atteste vom Schulsport befreien oder benützt Ausreden, um der Leistungsdemonstration, die mit Beschämung, Spott der Mitschüler, Sanktionen des Lehrers oder Mißerfolgserlebnissen verknüpft ist, zu entgehen und verwendet dafür die Toilette, vorgetäuschte Unwohlgefühle und Verletzungen, Überaktivität beim Geräteauf- und -abbau und andere Ausreden und Ausflüchte.

In den Handlungssituationen des Sportunterrichts zeigen solche Problemschüler typische Handlungsweisen: Passivität oder Überaktivität beim Spielen sind ebenso häufig zu beachten wie geschicktes Umgehen der Übungen beim Turnen oder in der Leichtathletik. Die Überaktivität äußert sich in den Ballspielen dadurch, dass solche Schüler zwar mitlaufen, aber sich zugleich hüten, in den Ballbesitz zu gelangen, weil sich dann ihre Ungeschicklichkeit offenbart und den Anlass für die Unmutsäußerungen der Mitschüler abgibt.

2. Der unmotivierte und lustlose Schüler

Der leistungsschwache Schüler wird wenig Begeisterung für den Sportunterricht aufbringen und zählt daher auch zu den unmotivierten und uninteressierten Jugendlichen. Es gibt allerdings auch den dicklichen oder ungeschickten Schüler, der mit großem Eifer bei der Sache ist, eine hohe Leistungsbereitschaft zeigt und dennoch aufgrund seiner konstitutionellen, organischen oder sensomotorischen Beeinträchtigungen leistungsmäßig unter dem Durchschnitt verbleibt. Und es gibt auch den leistungsstarken Jugendlichen mit den günstigen motorischen Voraussetzungen, der die Mitarbeit im Schulsport verweigert. Das Desinteresse am Schulsport kann sehr allgemein sein und das gesamte Handlungsfeld Sport, mithin auch den außerschulischen Sport einschließen, nur auf den Schulsport oder sogar nur auf einzelne Schulsportarten beschränkt sein. Es kann plötzlich auftreten, mit entwicklungsbedingten Interessenverschiebungen zusammenhängen, von der Person des Lehrers abhängig sein oder sich als dauerhafte Abneigung gegenüber der sportlichen Tätigkeit manifestieren.

Auch das Erscheinungsbild des unmotivierten Schülers ist vielfältig und offenbart Fluchtverhalten, Störungen und Aggression, Teilnahmslosigkeit, Scheineifer, Überwindungsverhalten, demonstratives und provokantes Desinteresse oder versteckte Verweigerung der Mitarbeit. Der herkömmliche Sportunterricht spricht eben hauptsächlich den leistungsmotivierten Jugendlichen an. Der Schüler, der aus vielerlei Gründen weniger leistungsbereit ist, findet im Schulsport oft kein interessantes Betätigungsfeld und wendet sich deshalb von ihm ab. Die einseitige inhaltliche Ausrichtung des Schulsports auf die leistungsbetonten Sportarten ist sicherlich ein gewichtiger, aber keineswegs der alleinige Grund für das Desinteresse mancher Schüler an diesem Unterrichtsfach. Ein nicht zu übersehendes Phänomen ist die Abwendung vom Schulsport mit zunehmendem Alter, insbesonders das geringe Interesse der 16- bis 19jährigen Schüler. Mitbeteiligt daran ist die Tatsache, dass für diese Altersstufe die herkömmlichen Schulsportarten ihre Attraktivität eingebüßt haben und teilweise sogar heftig abgelehnt werden. Die Unmotiviertheit vieler Schüler ist demnach vorrangig ein Problem der Lerninhalte des Sportunterrichts. Die Schulsportarten decken sich immer weniger mit den Sportneigungen junger Menschen, und dieser Tatbestand tritt verstärkt in der Oberstufe auf. Die Schule hat darauf mit der Einführung des differenzierten Unterrichts und der Aufnahme neuer Sportarten in die Lehrpläne geantwortet. Es bleibt aber letztlich ein fragwürdiges pädagogisches Unternehmen, wenn der Schulsport versucht, den rasch wechselnden und häufig durch die Sportartikelindustrie manipulierten Sportmoden der Jugend hinterherzulaufen und mit Zugeständnissen dieser Art die Anteilnahme und die Teilnahme am Schulsport zu halten. Sinnvoller erscheint die Besinnung auf die Fundamente der körperlichen und motorischen Ausbildung, die argumentative Stützung des inhaltlichen Angebots und die Bereitschaft des Lehrers zu echter Autorität und Vorbildhaftigkeit im alltäglichen Bewegungshandeln. Das inhaltliche Lernangebot des Schulsports ist allerdings nicht der einzige Anlass für die häufiger werdende Abwendung vom Sportunterricht. Weitere Ursachen für die fehlende Motivation sind Interessensverschiebungen in der Pubertät, der Einfluß der Gleichaltrigengruppe, das Lehrerverhalten, Misserfolgserlebnisse und damit verknüpfte Enttäuschungen oder so äußerliche Gründe wie Bequemlichkeit, fehlende Anstrengungsbereitschaft oder die geringe Bedeutung der Sportnote in der schulischen Selektion.

3. Der ängstliche Schüler

Über das Zustandekommen von Angstgefühlen gibt es mehrere Theorien und die Skala der Deutungen beginnt mit organischen Ursachen und reicht bis zu gesellschaftskritischen Erklärungen. Der psychoanalytische Ansatz führt Angst entweder auf das Geburtstrauma (Primärangst bei Freud) oder auf die ersten frühkindlichen Lernerfahrungen und sozialen Prägungen (Neo-Freudianer) zurück. Behavioristische Theorien sehen in der Angst das Ergebnis einer Konditionierung, wobei es auch experimentell gelungen ist, Angst über gezielte Lernprozesse zu entwickeln (Watson-Versuch). Auch gesellschaftliche Zustände und Normen werden zur Erklärung von Angst herangezogen, wobei die größte Wirksamkeit dem in unserer Gesellschaft vorherrschenden Leistungs- und Konkurrenzprinzip zugeschrieben wird. Die Autoritätsangst wird als gesellschaftlich vermittelt dargestellt und mit den in Elternhaus und Schule bestehenden Hierarchieverhältnissen in Verbindung gebracht. Die Auswirkungen und Folgen der angeborenen oder lernend erworbenen Ängstlichkeit im Handeln des Schülers während

des Sportunterrichts wird verschiedentlich betrachtet, gedeutet und beurteilt. Geringe Angst mit einer hohen Risikobereitschaft verbunden, kann in manchen Situationen des Sports gefahrvoll sein. Starke Angstgefühle hemmen die Bewegungsausführung und schaffen durch die Verkrampfung der Muskulatur wiederum gefahrvolle Situationen beim Sporttreiben. Es findet sich in einschlägigen Veröffentlichungen öfter die Behauptung, dass eine leichte bis mittlere Angst aktivierend und motivierend sein könne, doch fehlen dazu wohl gesicherte Erfahrungswerte, um daraus sportdidaktische Konsequenzen ableiten zu dürfen. Für die Planung und Durchführung des Schulsports sind neben den Angsttheorien auch die Ursachen und Erscheinungen der kindlichen Angst belangvoll.
Ein Schüler kann im Sportunterricht Angst haben, weil er:

1. mit Sportgeräten unliebsame Erfahrungen gemacht hat. Häufig ist es die Furcht vor den Geräten des Turnens und der Leichtathletik, die zu körperlichen Verletzungen oder zu schmerzhaften Empfindungen Anlass gaben und eines didaktisch durchdachten Einsatzes bedürfen, damit die Geräteangst nicht zu einem ständigen Vermeidungsverhalten führt. Selbst der Ball ist für manchen Schüler mit schmerzhaften Erfahrungen verknüpft, so dass oftmals die gezeigte Ungeschicklichkeit beim Fangen nicht auf die Koordinationsschwächen, sondern auf Ballängste zurückzuführen ist;
2. vor dem Gelände oder dem Element Angst empfindet, auf dem oder in dem Sportunterricht stattfindet. Der steile Skihang, die glatte Eisfläche, das tiefe Wasser können dem Angst einflößen, der damit nicht vertraut ist oder dem der elterliche Erziehungsstil die Ängstlichkeit in schwierigen Situationen beigebracht hat. Solche Ängste können sich zu neurotischen Störungen auswachsen und zu nicht mehr überwindbaren Phobien führen (Höhenangst, Furcht vor dem Wasser);
3. in ungewöhnlichen Situationen, die meist mit ungewohnten Körperstellungen verbunden sind, Angstzustände bekommt und in solchen Zuständen nicht mehr berechenbar handelt. Dazu zählen Sprung- und Schwungübungen beim Gerätturnen oder Wasserspringen, die mit Dreh- und Schraubbewegungen verknüpft sind;
4. im Schulsport beschämende Erlebnisse gehabt hat und aus Angst vor weiteren Demütigungen allen Situationen aus dem Weg geht, die mit solchen Erfahrungen verbunden sein könnten. Falsches Lehrerverhalten oder mangelnde Solidarität innerhalb der Klasse bringen den leistungsschwachen und motorisch benachteiligten Schüler in Situationen, in denen ihm das Gelächter der Mitschüler oder ironische Lehreräußerungen das Versagen deutlich vor Augen führen;
5. häufig mit Misserfolgen konfrontiert wurde, die für ihn besonders dann zählen, wenn er in sportlichen Leistungen einen für ihn verbindlichen Gütemaßstab erblickt. Letzteres ist für Kinder vor oder während der Pubertät fast immer der Fall, weshalb Misserfolgserlebnisse geradezu in diesem Alter schwerwiegende Folgen haben können. Aus Angst vor solchen Erfahrungen des Unvermögens werden sportliche Handlungen entweder gemieden oder in einem verkrampften Zustand durchgeführt, wodurch die Chancen eines Erfolges verringert oder zunichte gemacht werden;
6. durch Erfahrungen in der Schule oder im Elternhaus gelernt hat, vor Autoritäten Angst zu empfinden und ihm auch der Sportlehrer als angsterzeugende Autorität entgegentritt. Dies dürfte zwar angesichts der Persönlichkeitsstruktur des Sportlehrers nicht allzu häufig vorkommen und wenn, dann vor allem nach der Pubertät für den Schüler nur noch geringe Bedeutsamkeit haben. Dennoch muß die Autoritätsangst auch als eine mögliche Erklärung für das Angstverhalten von Schülern herangezogen werden;

7. auch im Schulsport Prüfungssituationen als Belastung empfindet und mit Angst darauf reagiert. Bei einseitiger Benotung der sportlichen Leistungsfähigkeit werden Leistungserhebungen von den schwächeren Schülern mit Angst durchgestanden, was wiederum ihrer Leistungsfähigkeit nicht gerade förderlich ist.

Die Ängste des Schülers im Schulsport zeigen sich nicht immer in den für sie typischen Symptomen an. Wenn sie aber verkleidet auftreten, werden sie häufig vom Lehrer nicht als solche erkannt und deshalb durch falsche Reaktionen beantwortet. Aber selbst die offenkundigen und eindeutigen Angstäußerungen werden nicht immer zur Kenntnis genommen, weil es manchem Sportlehrer schwer fällt, sich in Situationen einzufühlen, die einem Schüler Angst einflößen können. Es ist deshalb eine dringende Forderung an die Sportlehrerausbildung, den zukünftigen Lehrer mit Erscheinungen und Ursachen der Schülerangst vertraut zu machen und ihm didaktische Hilfen zur Angstverminderung im Unterricht anzubieten. Denn ohne Zweifel wird in einem weitgehend angstfreien Sportunterricht mehr und besser gelernt; wenn man sich auch nicht der Illusion hingeben darf, Schülerängste vollends beseitigen zu können.

Zuerst kommt es darauf an, dass der Lehrer die sichtbaren Merkmale der Angst wahrnimmt und richtig interpretiert. Schweißausbrüche, nasse Handflächen, Hautverfärbungen, erhöhter Puls, starre Augen und verkrampfte Muskulatur sind äußere Erscheinungen der Angst. Es gibt aber Schüler, die gelernt haben, ihre Angst zu verbergen und durch Handlungen zu ersetzen, die man auf den ersten Blick nicht mit Angst in Verbindung bringt. So können Resignation, provozierendes Verhalten, Übereifer beim Geräteauf- und -abbau, häufiges Ansprechen des Lehrers, lächerliches und das Gelächter der Mitschüler herausforderndes Verhalten, Ausreden, Ausbrechen und sonstige Vermeidungsstrategien Ausdruck der Angst vor dem Gerät, dem Gelände, dem Element, der sozialen Situation oder dem Lehrer sein.

So vielfach die Ursachen, so vielseitig können auch die Erscheinungsweisen der Angst im Sportunterricht sein. Es gehört die Bereitschaft und die Fähigkeit des Sportlehrers dazu, Angst zu sehen und zu analysieren, wenn es gelingen soll, die Angst der Schüler auf das unumgängliche Maß zu reduzieren, um im entspannten Klima Lehren und Lernen zu gestalten.

4. Der störende Schüler

Wie groß die Anzahl der störenden Schüler und der Störfälle im Schulsport ist, hängt auch davon ab, was der Sportlehrer als Störung empfindet. Obschon er stets den Überblick über das Geschehen im Unterricht haben soll, was beim Gruppenunterricht ohnedies nicht immer leicht ist, muss er auch einiges übersehen können, weil sich manches Ereignis nicht zur Störung auswächst, wenn es vom Lehrer nicht beachtet wird. Doch selbst dann, wenn der Sportlehrer bereit ist, nicht jedes abweichende Verhalten seiner Schüler zum Anlass für ein disziplinierendes Eingreifen zu nehmen, wird es im Sportunterricht zu Konflikten, Schwierigkeiten und anderen problematischen Ereignissen kommen, einfach deshalb, weil die Dynamik des interpersonellen Geschehens, die Materialaufwendigkeit und die situative Variabilität zahlreiche Anlässe für die Störung des normalen Unterrichtsverlaufes mit sich bringen. Das Lernfeld mit seinen Ablenkungen durch die Geräte, das Lernumfeld, in dem sich manches abspielt, was die Aufmerksamkeit der Schüler auf sich zieht (z.B. im Schwimmbad), die gesteigerte Gruppendynamik in allen Aktionen des Schulsports, die emotionell geladenen sozialen Situationen beim Wettkampf und Spiel tragen eben dazu bei, Konflikte und Unterbrechungen zu erzeugen. Somit liegt eine Ursache für Problemsituationen auch im Fach selbst, d.h. in den besonderen Bedingungen, unter denen im Sportunterricht gelehrt und gelernt wird. Konflikte können auch abgelöst von der Fachstruktur des Schulsports auftreten, weil die Schüler sie in die Unterrichtssituation einbringen. Verhaltensgestörte Schüler finden sich in stärkerer oder schwächerer Ausprägung in allen Schulformen und -stufen. Zum Erscheinungsbild des sozial auffälligen Kindes und Jugendlichen zählt der aggressive Schüler, der den Lehrer oder die Mitschüler verbal oder körperlich angreift, der streitet und randaliert, Geräte beschädigt, andere anspuckt oder mit Schlägen traktiert. Wie immer die Aggression theoretisch erklärt wird (Trieb- oder Instinkttheorie, Frustrationshypothese, Lerntheorie) und wie viele außer- und vorschulische Gründe es für das aggressive Verhalten der Schüler geben mag, Tatsache bleibt, dass Schule und Schulsport ebenfalls Anlässe für aggressives Verhalten bieten und der Sportunterricht dadurch häufig gestört wird. Ohne Zweifel muss der durch Aggressionen provozierte Konflikt nicht ausschließlich negativ beurteilt und als Störfall im Unterricht behandelt werden, aber ebenso wäre es falsch, darin stets einen wünschenswerten Anlass für soziales Lernen zu erblicken. Das Lernen, Üben, Spielen, Gestalten im Sportunterricht benötigt auch das ruhige Klima und die ungestörte Situation. Deshalb geht es auch darum, durch didaktische Maßnahmen und pädagogisches Handeln, Konflikte, die sich aus aggressiven Handlungen ergeben könnten, zu vermeiden, indem man die Anlässe zum aggressiven Ausbruch vermindert, abschwächt oder ausschaltet.

Zum Erscheinungsbild des störenden Schülers zählt weiterhin der überaktive und übereifrige Jugendliche, der, wenn auch mit vollem Einsatz bei der Sache, durch sein ständiges Ausbrechen aus dem Ordnungsrahmen und durch die häufige Inanspruchnahme des Lehrers Störungen im Unterrichtsverlauf bewirkt, auch wenn es nicht in provozierender Absicht geschieht.

Die Handlungsformen des störenden Schülers sind selten klar voneinander zu trennen, die Übergänge von der Unbeherrschtheit zur Aggression sind fließend, die Abgrenzung zwischen dem übereifrigen und dem provozierenden Schüler nicht immer leicht zu finden. Störendes Schülerverhalten ist natürlich auch situationsbedingt, weil manche unterrichtliche Aktionen oder sportliche Handlungen mehr dazu einen Anlass bieten und andere weniger: monotone Lernsituationen, Führungsschwächen des Sportlehrers, emotional aufgeladene Handlungsabläufe wie Spiele oder Wettkämpfe, Gruppenunterricht u.a. geben häufiger den Anstoß zu störendem Schülerverhalten als andere Unterrichtssituationen.

Zum Problemschüler kann auch ein besonders leistungsstarker Schüler werden, wenn er dominant in Erscheinung tritt und dem Lehrer die Führungsrolle immer wieder streitig macht. Im Gruppenunterricht beherrscht er die Aktivitäten der Mitschüler, dirigiert und kommandiert sie und stellt sich in allen Entscheidungssituationen in den Vordergrund.

Der Problemschüler in seiner vielfältigen Ausprägung stellt eine didaktische Herausforderung für den Sportlehrer dar, für die er dann besser gerüstet ist, wenn er gelernt hat, die Problemfälle zu sehen, zu analysieren und die differenzierten Gründe für das Auftreten von Störungen und Konflikten zu erkennen. Sportdidaktische Konsequenzen sind in allen Handlungs- und Entscheidungsfeldern des Schulsports und des Sportunterrichts zu ziehen. Schon die Kenntnis der zahlreichen Ursachen für ein auffälliges Handeln des Schülers im Sportunterricht wird den Sportlehrer in die Lage versetzen, daraus resultierende Konflikte und Störungen angemessen zu beantworten und eine Handlung nicht immer nur so zu beurteilen, wie sie dem Schein und ersten Eindruck nach bewertet werden müßte. Denn hinter mancher Provokation steckt die Angst vor dem Versagen, hinter mancher Leistungsverweigerung die Furcht vor der Blamage, manch ein Störverhalten kann dem Wunsch nach Zuwendung entspringen und die Aggressivität nur der spontane Ausdruck einer gesteigerten Emotion sein. Problemverhalten unterscheiden zu lernen und den richtigen Ursachen zuzuschreiben ist ein wesentlicher Teil des didaktischen Geschicks eines Sportlehrers. Der Sportlehrer stellt demnach die zweite bedeutsame Kategorie im personalen Gefüge des Sportunterrichtes dar, mit seiner schulischen Position und seiner Berufsauffassung sowie mit dem vielfältigen interpersonellen Geschehen zwischen ihm und den Schülern befassen sich die beiden folgenden Abschnitte.

2.4 Der Sportlehrer: Trainer oder Bewegungserzieher?

So wenig es den gleichförmigen Schüler gibt, so wenig existiert auch die einheitliche *Lehrerpersönlichkeit*, aber es gibt einige idealtypische Merkmale, die zum Beschreiben und Verstehen der realen Personen brauchbar sind. Deshalb soll versucht werden, den Sportlehrer als Typus zu erfassen, wobei auf die Überlegungen zur allgemeinen Lehrertypologie zurückgegriffen wird. Dahinter steht die Absicht, den Sportlehrer dafür zu gewinnen, die eigene Person in die didaktischen Überlegungen sowohl bei der Planung und Auswertung als auch bei der Durchführung des Unterrichts mit einzubeziehen. Einige Untersuchungen über den Sportlehrer haben die bisher eher unbekannte anthropologische Komponente des Schulsports etwas erhellt und für sportdidaktische Entscheidungen zugänglich gemacht (VOLKAMER 1972, ALLMER/BIELEFELD 1982, BAUR 1981, MARAUN 1981, MESSING 1980, BRETTSCHNEIDER 1984, MOEGLING 1984). Der Sportlehrer steht im Kontext der Schule und des Berufsfeldes Lehrer und muss von diesen allgemeinen Bedingungen her betrachtet und beurteilt werden. Wenn ihm die Besonderheit seines Faches im Kanon der schulischen Unterrichtsfächer auch eine in manchem abgehobene berufliche Tätigkeit auferlegt, bleibt er letztlich doch Lehrer am Gymnasium, an der Realschule, an der Grund- oder Sonderschule.

Nicht mehr zeitgemäß dürften die idealtypischen Aussagen geisteswissenschaftlich orientierter Pädagogen zur Lehrerpersönlichkeit (KERSCHENSTEINER) oder zur Person des Leibeserziehers (SPRANGER, NOHL) sein. Dort spielen Attribute wie Berufung, Idealismus, Vorbild oder pädagogischer Eros eine besondere Rolle. Ohne solche Persönlichkeitsmerkmale abzuwerten, muss gesehen werden, dass ein Tugendkatalog dieser Art den Lehrer überfordert und ihm eine Berufsrolle auferlegt, die in der Schule von heute nicht zu erfüllen ist, weil ihr Muster aus der Hauslehrererziehung früherer Jahrhunderte stammt. Realistischer ist die Unterscheidung CASELMANNS (1964) nach dem stoffbezogenen (logotropen) und dem kindbezogenen (pädotropen) Lehrertypus, wobei beide Merkmale keine Alternativen, sondern Akzente darstellen. Diese Vorstellung taucht in sportdidaktischen Überlegungen zum produkt- und prozessorientierten Unterricht wieder auf. Aus soziologisch orientierten Untersuchungen zur Person des Gymnasiallehrers leiten sich Erkenntnisse ab, die für die Beurteilung des Sportlehrers von Bedeutung sind. Gymnasiallehrer ist ein Beruf, der sehr häufig aus einer Sekundärentscheidung erwachsen ist, denn man wollte Physiker werden, entschloss sich aber während des Studiums zum Beruf des Physiklehrers. Gymnasiallehrern wird eine konservative Mentalität nachgesagt, sie betrachten die Schule vorwiegend als politikfreien Raum. Der soziale Status wird in der Eigenbeurteilung als ungesichert betrachtet, innerhalb der Lehrerhierarchien wiederum fühlen sich die Gymnasiallehrer den anderen Lehrern überlegen. Die meisten Untersuchungen über den sozialen Status des Sportlehrers ordnen diesen der unteren und mittleren Mittelschicht zu, wobei Sportlehrerinnen in der Regel aus einer etwas höheren Sozialschicht als ihre männlichen Kollegen stammen. Diese Aussagen decken sich mit den Untersuchungen zur Schichtzugehörigkeit von Lehrern im Allgemeinen. Diese Schichtzugehörigkeit dürfte auch die Ursache für bestimmte Sozialisationsverläufe sein, die dem Sportlehrer zugeschrieben werden. Die Mittelschicht stellt einen hohen Anteil an Sportvereinsmitgliedern, ist generell sportinteressiert und stärker als andere soziale Schichten leistungsmotiviert. Diese Merkmale und Einstellungen finden sich gebündelt bei Sportlehrern, denn viele unter ihnen stammen aus sportlichen Familien, waren in jungen Jahren Mitglieder eines Sportvereins, hatten vorwiegend positive Erfahrungen mit dem Schulsport gemacht und trafen ihre Berufsentscheidung sehr früh (vgl. Joch 1974).

Die intensive sportliche Sozialisation in Familie, Schule und Verein berechtigt zur Annahme, dass der Sportlehrer dazu neigt, seine eigene positive Haltung zum Sport bei den Schülern vorauszusetzen und sich jenen besonders zuzuwenden, bei denen er diese Einstellung wiederfindet. Wenn dies zutrifft, wird der sportschwache oder unmotivierte Schüler mit wenig Verständnis für seine Situation und seine Beweggründe beim Sportlehrer rechnen dürfen. Die Schüler werden am eigenen Maßstab gemessen, wobei sich eine bestimmte Erwartungshaltung beim Sportlehrer ausbildet, die ihrerseits wiederum durch Erwartungseffekte bestätigt wird (Pygmalioneffekt). Dort, wo der Sportlehrer eine ihm verwandte Einstellung zum Sport beim Schüler entdeckt, erwartet er bessere sportliche Leistungen, wendet sich diesem Schüler häufiger und in positiv verstärkender Weise zu und erreicht dadurch tatsächlich bessere Schülerleistungen, womit seine Erwartung bestätigt wird. Dies zu durchschauen ist eine wichtige Voraussetzung für ein ausgewogenes und gerechtes Handeln im Unterricht und eine gleichmäßige Zuwendung zu allen Schülern. Die eigene sportliche Sozialisation darf dem Verständnis für andere Sozialisationsverläufe nicht im Wege stehen. Die Einstellung zum Sport und zum Beruf des Sportlehrers scheint eine gefestigte zu sein. Sportliche Aktivitäten spielen auch im Freizeitverhalten des Sportlehrers eine bedeutende Rolle und lassen andere Beschäftigungen häufig zu kurz kommen, die Berufswahl ist stark von den sportlichen Neigungen bestimmt, denn für die meisten hatte das Fach Sport schon beim Studium eindeutig den Vorrang gegenüber dem zweiten Fach. Diese Präferenz scheint auch im Beruf erhalten zu bleiben. Schon die Wahl des Studiums ist in erster Linie von der Neigung zum Sport bestimmt, während das zweite Fach nur in seltenen Fällen der Grund für die Entscheidung zum Lehrerberuf gewesen ist. Der Sportlehrer dürfte sich in erster Linie als Sportler, in zweiter Linie als Sportlehrer und zuletzt als Gymnasiallehrer mit zwei Fächern empfinden. Neuere Untersuchungen zeigen allerdings eine Trendverschiebung an: Sportstudierende benennen häufiger pädagogische Absichten und weniger die sportlichen Neigungen als Gründe für die Wahl des Studiums. Die zunehmend pädagogische Orientierung des Sportlehrers verhindert allerdings nicht die weitgehende Identifikation mit dem Sport und dem Beruf des Sportlehrers. Das Berufsfeld wird akzeptiert, Kritik trifft nicht die Basis, sondern höchstens Einzelheiten im organisatorischen Bereich. Eine grundlegende und an die Wurzeln gehende Infragestellung des Sports und des Schulsports in den derzeitigen Formen findet sich bei der Mehrheit der Sportlehrer nicht. Auf die Statusunsicherheit des Gymnasiallehrers wird in mehreren einschlägigen Untersuchungen hingewiesen. Der Sportlehrer zeigt hier kein abweichendes Verhalten, wohl aber einige weitere und spezifische Rollenprobleme (vgl. Volkamer 1972). Er fühlt sich innerhalb der Kollegenschaft in seinem pädagogischen Wirken unterschätzt, was seine Berufsrolle noch weiter verunsichert und Minderwertigkeitsgefühle aufkommen läßt. Das Fach Sport ist kein Auslesefaktor in der Schule, der Sportunterricht wird von den Lehrern anderer Fächer als leicht durchführbar und wenig zeitaufwendig in der Vorbereitung eingestuft, kurz, der Schulsport ist kein Kernfach und der Sportlehrer zählt nicht zu den Stützen der schulischen Gesellschaft. Diese ihm entgegengebrachte Haltung verstärkt sein Unsicherheitsgefühl und isoliert ihn häufig innerhalb der Lehrerschaft. Nur wenn sein Zweitfach ein ausgesprochenes Kernfach ist, ändert sich der Status in der Schule, weil das zweite Fach dem Sportlehrer etwas von seinem „antiintellektuellen Image" (TIEGEL 1976, 201) nimmt.

Das Selbstbewusstsein des Sportlehrers wird durch das Fach bzw. die Fachwissenschaft nicht gehoben, weil weder der Sport noch die Sportwissenschaft in den intellektuellen Kreisen unserer Gesellschaft hohes Ansehen genießen. Deshalb weicht der Sportlehrer gerne auf seinen pädagogischen Auftrag aus und stellt seine Erzieherfunktion heraus, was aber auch nicht immer überzeugend gelingt, weil die bildenden Wirkungen des Sports schwer nachzuweisen und einsichtig zu begründen sind. Des Weiteren wird dem Sportlehrer mit dem Bezug auf die eigene sportliche Sozialisation ein Mangel an Verständnis für den leistungsschwachen, ängstlichen, bewegungsgehemmten und koordinationsgestörten Schüler nachgesagt (vgl. WIDMER 1976). Wenn nach den Aussagen der Schüler Sportlehrer kameradschaftlicher und verständnisvoller seien als Lehrer anderer Fächer, so dürfte dies eher auf deren Umgang mit den guten Schülern zutreffen. Die Erwartungen der Schüler an den Sportlehrer sind jedenfalls in besonderer Weise von Vorstellungen wie Kameradschaftlichkeit, Vertrauensperson, Vorbild u.a. geprägt, was durch mehrere Untersuchungen bestätigt worden ist.

Das Verhältnis des Sportlehrers als Praktiker zur Sportdidaktik als Berufstheorie ist ein zwiespältiges. Mindestens vier Handlungstypen sind zu unterscheiden: Der Sportlehrer verweigert sich trotz der theoriegeleiteten Ausbildung an der Universität (oder gerade wegen dieser?) bewusst der theoretischen Verunsicherung und Herausforderung, stützt seine Einstellung auf die Behauptung, dass Sport ein praktisches Tun sei und unterrichtet die Sportarten, die seinen Interessen oder den Wünschen der Schüler entsprechen (Handlungstyp I). Der Sportlehrer müht sich durch die verwirrende Fülle sportdidaktischer Konzeptionen und Informationen, findet keinen theoretischen Leitfaden für sein Handeln und nähert sich, wenn auch mit schlechtem Gewissen, immer mehr dem Handlungstypus I an. Ein dritter Typ lässt sich von einem spezifischen sportdidaktischen Modell überzeugen, verschreibt sich dessen Anweisungen und richtet seinen Unterricht langfristig darauf aus. Der vierte Handlungstyp ist bereit, die Mehrdimensionalität des Sportunterrichts anzuerkennen und ist bestrebt, die Zielentscheidungen, inhaltlichen Angebote und Unterrichtsverfahren theoriegeleitet im Unterricht zu verwirklichen. Die Sportdidaktik kann zur Vermehrung des sicherlich zahlenmäßig schwächsten Handlungstyps IV beitragen, wenn sie diesem Sportlehrer handlungsleitende Theorien zur Verfügung stellt und durch Beachtung der Bedingungen des Unterrichtsalltags den Gefahren der Überforderung des Lehrers zu entgehen sucht.

Die Wiederentdeckung des Sportlehrers in der Sportdidaktik, die nach einer längeren Phase der Schülerorientierung eingesetzt hat, brachte zahlreiche Untersuchungen und Ergebnisse zutage, die sich in jüngerer Zeit auch um das Alltagshandeln zentrierten (vgl. BRETTSCHNEIDER 1984, KRETSCHMER 1990). Andere Themenbereiche sind die Unterrichtsplanung (LANGE 1981, STEGEMAN 1986, MARAUN 1981), Belastungssituationen, Konflikte und Störungen (ALLMER/ BIELEFELD 1982, MIETHLING 1982, SPRENGER 1978), Ausbildung und Berufseinstellung (BAUR 1981, URBIGKEIT 1983), handlungsleitende Kognitionen und subjektive Theorien (HANKE 1982, 1983).

Zum alltäglichen Planen, Durchführen und Auswerten des Unterrichts sind folgende kurzgefaßten und thesenartigen Aussagen anzuführen. Sie beziehen sich auf Veröffentlichungen von LANGE (1984), BRETTSCHNEIDER (1984), STEGEMAN (1986).

1. Das unterrichtliche Handeln des Lehrers zielt auf einen möglichst störungsfreien und planmäßigen Ablauf des Sportunterrichts. Disziplinierende Maßnahmen bei auftretenden Konflikten und Störungen, die Verwendung von rituellen Verlaufsformen, die Planung und

Durchführung des Unterrichts nach Stundenbildern (Ablaufmuster) sind die wichtigsten Bestandteile dieses Prinzips. Die Unterrichtsauswertung hat darin einen wesentlichen Gradmesser des Erfolgs, wenn der Lehrer überhaupt bereit ist, mehr als mess- und bewertbare sportliche Leistungen des Schülers in die Unterrichtskontrolle einzubeziehen.

2. Alle drei Handlungsbereiche (Planung, Durchführung, Auswertung) des Sportlehrers nehmen den Ausgang von den Sportarten. Entgegen dem didaktischen Gebot, von den Absichten, Aufgaben und Zielen des Sportunterrichts auszugehen und die unterrichtspraktischen Entscheidungen davon abhängig zu machen, planen und organisieren die Sportlehrer den Unterricht am Leitfaden der Inhalte.
3. Sportlehrer beklagen häufig die Diskrepanz zwischen Stoffmenge und Unterrichtszeit und sind bestrebt, den Unterricht effektiv zu gestalten. Sie befinden sich damit in Übereinstimmung mit produktorientierten sportdidaktischen Konzepten. Die Unterrichtseffektivität ist durch Gruppenbildung, straffe Führung, planvollen Geräteeinsatz und erprobte Darbietungsmethoden gewährleistet und wird am Ausmaß des motorischen Unterrichtserfolges und -ertrages gemessen.
4. Entlastung und Zufriedenheit sind weitere Handlungsorientierungen des Sportlehrers. Ein alltäglich mehrmals zu gestaltender Unterricht benötigt Rezepte und Routine als Entlastungsfaktoren; und Zufriedenheit stellt sich offensichtlich beim Sportlehrer dann ein, wenn er eine partnerschaftliche und kameradschaftliche Beziehung zu seinen Schülern aufbauen und durchhalten kann.

2.5 Theorien und Praxis des interpersonellen Geschehens im Sportunterricht

Über den Verlauf und die Wirksamkeit der pädagogischen Interaktionen gibt es viele Theorien, die, fasst man verwandte Ansätze zusammen, mehrere Gruppen von Interaktionstheorien bilden. Ulich (1976) unterscheidet die phänomenologisch-hermeneutischen und die empirisch-sozialpsychologischen Interaktionstheorien. Zur ersten Gruppe zählen die geisteswissenschaftlichen Interpretationen des Lehrer-Schüler-Bezuges, in denen das Handeln von Lehrern und Schülern deutlich gefühlsgeprägt erscheint. Diese Auslegung der schulischen Interaktion verfehlt die Realität der heutigen Schule, weil es die Fähigkeiten eines Lehrers überfordert, ein derart persönliches Verhältnis zu vielen Schülern herzustellen und durchzuhalten. Selbst als idealtypische Konstruktion ist ein Lehrer-Schüler-Bezug dieser Art für das Verständnis und die Bewältigung der Unterrichtswirklichkeit wenig hilfreich.

Eine phänomenologische Auslegung des personellen Geschehens im Unterricht, die mit der für die geisteswissenschaftliche Pädagogik charakteristischen Methode des Verstehens zu Erkenntnissen gelangt, ist nach Ulich (1976) die Theorie der schulischen Interaktionsrituale von Wellendorf (1974). Dieser Autor sieht die Interaktion in der Schule beeinflusst und geprägt von Normen und Ritualen, die für diese Institution typisch sind und in denen sich gesellschaftliche Erwartungen und Rollenvorstellungen von Lehrern und Schülern manifestieren. Diese Verhaltensmuster lenken das interpersonale Geschehen im Unterricht, erschweren durch ihren repressiven Charakter die Identitätsfindung des Kindes und passen es den Normen der Einrichtung Schule an.

Sozialpsychologische Theorien der schulischen Interaktion stellen den Begriff des Erziehungsstiles in den Mittelpunkt der Ausführungen. TAUSCH/TAUSCH (1970) haben aus den Interaktionsmerkmalen Wertschätzung bzw. Geringschätzung des Schülers und starke bzw. minimale Lenkung im Unterricht die beiden Unterrichtsstile „autokratisch-lehrerdominativ" und „sozialintegrativ" konstruiert. Diese Interaktionstheorie hat nachhaltig auf die Pädagogik Einfluss genommen und zu Konsequenzen für das Verhaltenstraining von Lehrern geführt. Das Lehrerverhalten wird bei diesem theoretischen Konzept als Führungsverhalten im Unterricht gekennzeichnet und typologisch zusammengefaßt. Dieses Verfahren ist mit gebotener Vorsicht auch für das Handeln des Sportlehrers als Deutungsmuster und Systemkonstrukt anzuwenden. Die bevorzugten methodischen Maßnahmen und Lehrverfahren des Sportlehrers werden als Merkmale seines Führungsstils herangezogen. Ein bestimmter Unterrichtsstil ist dann der durch die einzelnen Sach- und Sozialkategorien erfassbare Ausdruck der Interaktion zwischen Lehrer und Schülern einerseits und der Schüler untereinander auf der anderen Seite. Die unterrichtlichen Handlungen des Lehrers und die Lernaktivitäten der Schüler verdichten sich zu einem bestimmbaren Unterrichtsstil, der allerdings vorrangig und nachhaltig durch den Lehrer geprägt wird. Der individuelle Unterrichtsstil ist durch die Persönlichkeit des Lehrers bestimmt, situationsbedingt und von den Unterrichtsinhalten beeinflusst. Dass ein Führungsstil nicht durch die Lehrerpersönlichkeit allein geformt ist, beweist die Tatsache, dass Lehrer ihr unterrichtliches Handeln verändern und an wechselnde Bedingungen anpassen können, wenn ihnen die Kriterien der Unterrichtsführung bewusst geworden sind.

Unterrichtsstile sind theoretische Konstruktionen, von denen das tatsächliche Lehrerverhalten mehr oder weniger abweicht. In einem kontrollierten Feldexperiment haben bereits 1941 LEWIN, LIPPIT und WHITE (WEBER 1970) drei Formen eines möglichen Führungsverhaltens in ihren Auswirkungen auf eine Kindergruppe untersucht. Zehnjährige Knaben wurden in einem Freizeitheim beim Herstellen von Masken bewusst und geplant einem autoritären, einem demokratischen und einem Laissez-faire-Verhalten der Gruppenleiter ausgesetzt und in ihren Reaktionen systematisch beobachtet. Aus den drei Führungsstilen der amerikanischen Untersuchung konnten die beiden zuerst genannten als häufig auftretende Unterrichtsstile im Lehrerhandeln wiederentdeckt werden. TAUSCH/TAUSCH (1970) haben sie als autokratisch-lehrerdominanten und als sozialintegrativen Unterrichtsstil beschrieben. Welche Merkmale kennzeichnen den jeweiligen Führungsstil und welcher Bezug lässt sich zum Sportunterricht herstellen?

Den *autokratisch-dominanten Führungsstil* kennzeichnet die verbale Dominanz des Lehrers und seine personale Distanz zur Schülergruppe. Die Gruppenaktivitäten und die Lerninhalte werden ohne Beteiligung der Schüler festgesetzt, Informationen betreffen nur die jeweils nächsten Unterrichtseinheiten, wodurch der Überblick über den gesamten Stundenverlauf den Schülern vorenthalten bleibt. Auf Diskussionen, besonders in Konfliktfällen, lässt sich der Lehrer nicht ein. Sprachliche Äußerungen haben Anweisungscharakter und sind irreversibel, d.h. der Schüler kann dem Lehrer nicht im selben Tonfall oder mit ähnlichen Worten erwidern, wie er von diesem angesprochen wird, ansonsten würde er disziplinäre Maßnahmen zu spüren bekommen. Negative Sanktionen (Notendruck, Bestrafung, Tadel) sind häufiger als positive Verstärkung und Zuwendung (Lob, ermutigende Kritik). Schülergruppen, die einem derartigen Führungsverhalten ausgesetzt sind, entwickeln eine geringe Gruppensolidarität, neigen zur Konfliktbereitschaft oder zu resignierenden Einstellungen gegenüber der Amtsautorität des Lehrers. Das Leistungsverhalten ist quantitativ zufriedenstellend, die Leistungsbereitschaft aber an die Anwesenheit des Lehrers gebunden. Spontane und selbständige Handlungen im Unterricht sind selten zu beobachten.

Der Sportunterricht schafft Situationen, die ein autoritätes Verhalten des Lehrers erforderlich machen. Das ist dann der Fall, wenn die Art der Übung oder die gegebene Situation ein erhöhtes Unfallrisiko mit sich bringen. Von solchen Ausnahmesituationen abgesehen, dürften aber bei einem beständigen autokratischen Unterrichtsstil im Schulsport dieselben Handlungsweisen und -merkmale bei den Schülern aufscheinen, die bei anderen Fächern beobachtet werden konnten. Die allgemeine Behauptung über die negativen Folgen eines lehrerdominanten Führungsstils ist allerdings in einigen Punkten zu differenzieren. Der Unterrichtsstil des Lehrers ist vom Alter der Schüler, vom Unterrichtsinhalt und der besonderen Unterrichtssituation abhängig. Ein lehrerzentrierter Unterricht sollte allerdings nicht von vornherein mit einem autoritären Führungsstil gleichgesetzt werden, wie ein konsequenter Führungsanspruch des Sportlehrers, wenn er mit fachlichem Können verbunden ist, das motorische Lernen und Leisten der Schüler in günstiger Weise beeinflussen kann.

Die Bezeichnung Führungsstil ist bei einem *Laissez-faire-Verhalten* eigentlich nicht zutreffend, weil der Führungsanspruch durch den Lehrer aufgegeben wird und die Gruppe in der Planung und Ausführung der Aktivitäten sich selbst überlassen bleibt. Die Untersuchung von LEWIN und seinen Mitarbeitern (WEBER 1970) hat gezeigt, dass die Schwierigkeiten bei der führungslosen Realisierung des geplanten Vorhabens bei den am Experiment beteiligten Kindern ein gereiztes Gruppenklima geschaffen und vermehrt aggressive Handlungen untereinander und gegen den Gruppenleiter bewirkt haben. Ein Laissez-faire-Verfahren des Lehrers ist im Sportunterricht nicht selten anzutreffen und auch leichter möglich als in anderen Unterrichtsfächern. Der geringere Stoff- und Notendruck und die größere Bereitschaft der Schüler zur sportlichen Aktivität ermuntern manchen Sportlehrer geradezu zum Rückzug aus dem Unterrichtsgeschehen. Mitsprache und Entscheidungsbefugnisse der Schüler im Unterricht sind aber keine Merkmale des Laissez-faire-Stils und lassen sich mit dem Führungsanspruch des Lehrers durchaus in Einklang bringen.

Der *sozialintegrative Führungsstil* wird vom partnerschaftlichen Handeln des Lehrers getragen. Er behält die Führung, beteiligt aber die Schüler an den Entscheidungen bei der Planung und Durchführung des Unterrichts. Seine Einstellung und das daraus resultierende Verhalten zur Gruppe sind partnerschaftlich und entscheidungsoffen, und seine verbalen Äußerungen sind von solcher Art und Inhaltlichkeit, dass sie in derselben Art vom Schüler auch an ihn gerichtet werden können. Kritische Äußerungen des Lehrers bleiben sachorientiert und werten niemals die Person ab. Der Lehrer fordert die Fragen der Schüler heraus und regt Diskussionen an. Im Gruppenverhalten der Schüler ist Solidarität und Spontaneität vorherrschend, freundliche und hilfsbereite Kontakte kommen häufig und Aggressionshandlungen selten vor. Die Leistungsbereitschaft bleibt auch bei vorübergehender Abwesenheit des Lehrers erhalten, die Leistungsergebnisse sind qualitativ gut. Der Sportunterricht hat eine sachbedingte Tendenz zum sozialintegrativen Führungsstil, weil er selten als Frontalunterricht und häufig als Gruppenarbeit organisiert wird und der Gruppenunterricht selbständiges Handeln und Entscheiden der Schüler voraussetzt, fordert und fördert.

Die Fähigkeit den sozialintegrativen Führungsstil anzunehmen und einen Lerngewinn daraus zu ziehen, setzt beim Schüler ein gewisses Alter und vorangegangene Erfahrungen im partnerschaftlichen Umgang voraus. Ein demokratischer Führungsstil sollte daher schrittweise und nach Schaffung einiger Vorbedingungen im Sportunterricht praktiziert werden. Ein Unterricht, bei dem nicht allein der Lehrer die Entscheidungen trifft und die Anordnungen gibt, der von mehreren Beteiligten gestaltet wird, ist konfliktanfälliger und problemgeladener als ein anders geführtes Unterrichtsgeschehen. Konfliktsituationen verführen selbst jene Lehrer, die im normalen Verlauf demokratisch unterrichten, zum autoritären Handeln und Entscheiden. Der sozialintegrative Führungsstil ermöglicht die Diskussion, die Mitbestimmung und die Meinungsäußerung aller am Unterricht Beteiligten. Er macht das motorische Lernen zeitaufwendig und ist weniger effektiv im Lernergebnis, weshalb ihn leistungsorientierte Sportlehrer häufig ablehnen. Soziales Lernen hat allerdings bei einem sozialintegrativen Führungsstil mehr Chancen der Verwirklichung. Der prozeßorientierte Sportlehrer tendiert zum sozialintegrativen Stil, der produkt- und leistungsorientierte hingegen bevorzugt den lehrerdominativen Führungsstil, von dem eine höhere Lerneffektivität und ein höheres Leistungsniveau im motorischen Bereich zu erwarten ist.

Das unterrichtliche Handeln des Lehrers ist geprägt und beeinflusst von den Aufgaben, die er dem Schulsport zuschreibt. Wenn die sportliche Handlungsfähigkeit zum wichtigsten Auftrag an den Schulsport erklärt wird, macht sich der Sportlehrer zum Vermittler des vorrangig außerschulischen Sports. Sein Handeln ist dann vor allem ein Lehren jener Sportarten, die er selber gut beherrscht. Aber so gewichtig der Stellenwert des eigenen Könnens in der Lehrtätigkeit auch sein mag, stellt es doch nur einen Teil der Qualifikation und des Unterrichtserfolges eines Sportlehrers dar. Das Lernen der Schüler so zu gestalten, dass es allen Schülern einer Klasse, den leistungsstarken und -schwachen, den willigen und unwilligen, den ängstlichen und draufgängerischen, gerecht und erfolgsbringend wird, bedeutet je nach Lernsituation, Lernalter, Lernbedingung und Lerninhalt, dass der Sportlehrer einmal straff führt und ein anderes Mal im Hintergrund bleibt, weil ein Unterrichtsprogramm die Lehrfunktion übernimmt oder die Schüler ihr Lernen selbst in die Hand nehmen. Es bedeutet weiterhin, dass der Lehrer das eine Mal die einzelnen Lernschritte vorgibt und ein anderes Mal die Schüler die Lernwege selbst suchen und finden lässt. Deshalb steht dort die Beeinflussung und da die Eigentätigkeit des Schülers im Vordergrund, und der Sportlehrer ist einmal der Lehrende und Führende und dann der Anregende und Beratende. Gefahrvolle Situationen im Sportunterricht fordern das autoritäre Verhalten, ungefährliche erlauben das partnerschaftliche, und in Ausnahmefällen ist sogar ein Laissez-faire-Verhalten pädagogisch gerechtfertigt. Sport im Unterricht vermitteln bedeutet aber mehr als Sportarten zu lehren, weil Sport nicht nur eine Tätigkeit, sondern auch ein kulturell-gesellschaftliches Phänomen ist. Zum Lehrerverhalten im Sportunterricht gehört deshalb auch die Führung einer Diskussion über Wirkungen und Abhängigkeiten des Sports, eines Unterrichtsgespräches über gruppendynamische Erscheinungen in den Situationen des Sporttreibens oder ein kurzer Vortrag über gesundheitliche Aspekte.

Wenn die Vermittlung des Sports auch ein bedeutendes didaktisches Anliegen ist und die unterrichtliche Interaktion vorwiegend zu einem Lehr- und Lernverhalten werden lässt, bleibt die Erziehung durch Sport doch ein weiterer und nicht unwesentlicher Auftrag an den Schulsport. Die Unterrichtstätigkeit des Sportlehrers ist deshalb auch davon bestimmt, was WIDMER (1976) die zwischenunterrichtliche Interaktion bezeichnet hat und worunter er das Aufmuntern, die Akte der Sympathiebezeugung, das Trösten u.a. zählt. Diese doppelte Verpflichtung des Schulsports gestaltet das Handeln des Sportlehrers im Unterricht vielfältig und variabel, dynamisch und situationsabhängig und verbietet die Festlegung auf einen einzigen und idealen Unterrichts- und Erziehungsstil.

Die Klassifikation des Lehrerhandelns in drei Führungsstile und die damit verbundene Wertung sind an sich nicht unproblematisch, auch wenn empirische Untersuchungen eine ausreichende theoretische Grundlage dafür geliefert haben. Vollends problematisch wird das Verfahren dann, wenn Merkmale des Führungsverhaltens, die in den theoretischen Unterrichtsfächern erhoben wurden, auf die Situationen des Sportunterrichts übertragen werden. Die Handlungsstrategien, die ein Sportlehrer in den Situationen des Sportunterrichts im Umgang mit den Schülern entwickelt und praktiziert, sind lern- und trainierbar und deshalb offen und keineswegs durch die Persönlichkeit des Lehrers begrenzt. Für die Einübung der sozialen und personellen Interaktionen können die idealtypischen Konstruktionen der Führungsstile brauchbare Grundmuster für den Sportlehrer sein. Zum starren Verhaltensschema aber dürfen sie nicht werden, und so wäre es auch falsch, den sozialintegrativen Unterrichtsstil lernend zu erwerben und in allen Situationen im Sportunterricht anzuwenden. Die Lehrer-Schüler-Interaktion im Schulsport ist von so vielen Faktoren abhängig, dass ein Verhaltensrezept im Sinne eines Führungsstiles nicht ausreicht, jeder Situation gerecht zu werden.

Das Handlungstraining des Sportlehrers beginnt mit der Unterrichtsbeobachtung, der Unterrichtsanalyse und der Auseinandersetzung mit der normativen Basis des Schulsports. Unterricht ist ein so vielschichtiges Geschehen, dass nicht alle stattfindenden Prozesse und alle auftretenden Situationen vorweg planbar sind. Das Lehrertraining kann daher niemals Handlungsangebote für alle unterrichtlichen und erzieherischen Eventualitäten anbieten. Improvisation und Spontaneität sind unverzichtbare Bestandteile der Lehrer-Schüler-Interaktion im Sportunterricht. Diese Behauptung entbindet die Sportdidaktik allerdings nicht von der Verpflichtung, die soziale Interaktion im Sportunterricht zum Gegenstand wissenschaftlicher Untersuchungen und zum Inhalt der Sportlehrerausbildung zu machen.

Diese Beispiele für Interaktionstheorien – sie ließen sich sowohl im phänomenologisch-hermeneutischen als auch im sozialpsychologisch-empirischen Bereich um weitere Konzepte vermehren – sollten aufzeigen, dass Aussagen über Interaktionen im Sportunterricht nicht nur ein Gegenstandsverständnis, eine Auffassung über den pädagogischen Auftrag des Schulsports und eine Unterrichtstheorie als Grundlage ausweisen, sondern auch von wissenschaftstheoretischen und gesellschaftspolitischen Entscheidungen geprägt sind.

Besondere Interaktionsbedingungen im Schulsport

Die personellen Handlungsweisen, wie sie im vorherrschenden Unterricht gebräuchlich sind, der doch vorwiegend im Klassenzimmer und in starrer Sitzordnung stattfindet, sind auf den Schulsport nicht anwendbar, weil dort aufgrund der besonderen Sozial- und Sachstruktur des Lehrens und Lernens andersartige Handlungsformen des Lehrers und der Schüler zum Tragen kommen. Das interpersonelle Geschehen im Sportunterricht hat seine eigenen Strukturen aufgrund der besonderen äußeren, personellen und fachlichen Bedingungen.

Zu den äußeren Bedingungen zählen Merkmale wie: *Organisation*, Ablenkung, Dynamik und Gefahr. Der Sportunterricht ist organisatorisch aufwendig, weil das Lernen, das Üben, das Spielen, Wettkämpfen, Gestalten in den unterschiedlichsten Räumlichkeiten und Anlagen (Turnhalle, Sportplatz, Schwimmbad, Skihang, Eisfläche usw.) stattfinden und an der jeweiligen Sportstätte viele Sportgeräte verwendet werden. Diese Gerätschaft wird hergebracht, aufgebaut, umgestellt, abgebaut und weggeräumt. Die wechselnden Lernumfelder und die Vielzahl der Sportgeräte prägen das interpersonelle Handeln zwischen den am Sportunterricht beteiligten Personen in auffallender Weise.

Der Sportunterricht bietet und provoziert mannigfache Anregungen und Anlässe zur *Ablenkung* und zum Ausbrechen aus dem geplanten Unterrichtsverlauf und viele Interaktionen zwischen dem Lehrer und seinen Schülern sind davon bestimmt, den vorgesehenen Ordnungsrahmen wiederherzustellen. Die Ablenkung erfolgt durch Geräte (Taue, Bälle, Sprossenwände) und durch die vielen Kontaktmöglichkeiten der Schüler untereinander.

Der Gruppenunterricht ist die häufigste Form des Lehrens und Lernens im Schulsport und bringt eine beständig hohe *Dynamik* in das interpersonelle Handeln. Mannschaften, Riegen und Kleingruppen werden gebildet, umgestellt und neu zusammengesetzt. Die Gruppenmitglieder handeln miteinander, spielen und wettkämpfen gegeneinander. Nur in Ausnahmefällen gibt es jedenfalls den Zustand, den der Lehrer in anderen Fächern als Regelfall kennt: die gesamte Klasse als weitgehend statisches Gebilde.

Die *Verletzungsgefahr* ist im Sportunterricht auch bei größter Sorgfalt nie ganz auszuschalten. Das Verhalten des Lehrers ist deshalb auch geprägt von Sicherheitsvorkehrungen, Ordnungsanweisungen und disziplinierenden Maßnahmen. Dadurch mag die Lehrer-Schüler-Interaktion dem nicht fachkundigen Beobachter als autoritäres oder lehrerzentriertes Geschehen erscheinen. Die Unfallgefährdung im Sportunterricht ist aber die sachliche Notwendigkeit für eine straffe Unterrichtsführung, was noch einsichtiger wird, wenn der Unterricht im Hallenbad, auf Skihängen oder mit den Wurf- und Stoßgeräten der Leichtathletik durchgeführt wird. Die interpersonellen Aktionen im Sportunterricht sind demnach auch auf die Verhütung von Schäden und die Sicherung vor Unfällen ausgerichtet.

Die personellen Bedingungen der Interaktion im Sportunterricht sind mit den Begriffen: Erwartung, Leistung, Beteiligung und Nähe zu benennen. Unterricht in jeglicher Form ist auch von der *Erwartungshaltung* des Lehrers geprägt. Der Sportlehrer hat im Verlauf seiner Ausbildung und Berufstätigkeit Vorstellungen über die Aufgaben und den Erziehungsauftrag seines Faches entwickelt. Häufig bringt er eine gefestigte Meinung über seinen Beruf schon in das Studium ein. Den Schülern begegnet er mit Erwartungshaltungen, die sein interpersonelles Handeln und seine Lehrtätigkeit prägen und dadurch Erwartungseffekte im Ergebnis der Lernleistungen bewirken, die ohne die Erwartungshaltung des Lehrers in der Weise gar nicht zustande gekommen wären. Herrscht eine Erwartungshaltung vor, die auf die beständige Verbesserung der sportlichen Leistungsfähigkeit ausgerichtet ist und beurteilt der Sportlehrer im Hinblick auf diese Fähigkeit seine Schüler, dann wird sein Interaktionshandeln vom Leistungsvermögen und der Leistungsbereitschaft der Schüler abhängig und geformt sein. Dadurch erhält der gute Schüler mehr Zuwendung und mehr positive Verstärkung im Lernprozess. Häufig bestätigen diese Schüler durch bessere Leistungen sogar die Erwartungen des Lehrers, auch dann, wenn die Leistungserwartung keine objektiven Voraussetzungen hat, sondern durch subjektive Eindrücke erzeugt wurde. Das Lehrverhalten des mehr kindbezogenen (paidotropen) Sportlehrers unterscheidet sich auch aufgrund verschiedener Erwartungen vom Interaktionsstil des stoffbezogenen (logotropen) Lehrers.

Die eigene sportliche *Leistungsfähigkeit* des Sportlehrers berührt die Interaktion im Unterricht mehrfach: als methodische Maßnahme (Vormachen) im Lern- und Übungsprozess, als Mitmachen beim Ballspiel, beim Tanz oder in der Gymnastik, als Vorbild für den Schüler und Anreiz zum sportlichen Können. Die sportliche Leistungsfähigkeit des Lehrers ist ein wichtiger Teil der Berufsqualifikation, sie ist zudem jene Befähigung, die Schüler erkennen, durchschauen und beurteilen können. Die Fachkompetenz des Mathematiklehrers ist weniger offenkundig, die Leistungen des Physiklehrers werden nicht an denen Einsteins gemessen, während der Sportlehrer von seinen Schülern durchaus mit Sportidolen verglichen wird. Das eigene Leistungsvermögen bringt ihn häufig in eine exponierte Stellung im Interaktionsgeschehen, denn er wird von den Schülern zur Demonstration provoziert und wird mit zunehmenden Alter häufiger nicht mehr die Überlegenheit vorführen können, sondern das sichtbare Eingeständnis der Grenzen der motorischen Leistungsfähigkeit bieten müssen.

Der Sportunterricht gewährt dem Schüler bedeutend mehr individuellen *Handlungsspielraum* als der Fachunterricht im Klassenzimmer. Das gruppenhaft offene und dynamische Geschehen vervielfältigt die Schüler-Schüler-Interaktion und bringt auch den Lehrer viel öfter in Kontakt mit den Schülern. Schüler und Lehrer sind in ein dynamisches Handlungsgefüge verwoben, und die daraus entspringenden Tätigkeiten bedingen ständige und wechselhafte Interaktionen der am Sportunterricht Beteiligten.

Widmer (1976, 24) nennt ein charakteristisches Interaktionsmerkmal des Sportunterrichts das „Durchbrechen des physischen Toleranzspielraums". Die körperliche und emotionale Nähe zum Schüler gewinnt der Sportlehrer aus der Sachstruktur des Sportunterrichts in geradezu selbstverständlicher Ungezwungenheit. Körperkontakte zwischen den Schülern untereinander sowie dem Lehrer und dem Schüler sind im Sportunterricht nicht auszuschließen, sondern notwendiger Bestand des motorischen Lernens und Übens oder unvermeidbare Begleitumstände bei vielen sportlichen Handlungen (z.B. Ballspiele). Die Interaktion im Sportunterricht beruht deshalb auf häufigem Körperkontakt und lässt aus der physischen eine gefühlsmäßige Vertrautheit entspringen, die auf Skikursen, bei Wanderungen oder im Spiel ausgebaut wird und dem sozialen Handlungsgeflecht zwischen dem Sportlehrer und seinen Schülern eine dauerhafte Prägung verleiht.

Die fachspezifischen Bedingungen des Lehrer-Schüler-Bezuges sind in der Organisationsstruktur des Sportunterrichts gegeben. Dazu gehören eine besondere Kommunikationsform, die Konfliktanfälligkeit und der weiche Status des Faches.

Die interpersonelle Verständigung zwischen dem Lehrer und den Schülern erfolgt im Schulsport über visuelle und verbale Signale, wobei die visuell-nonverbale Kommunikation beim motorischen Lernen, Üben und Anwenden eine gesteigerte Bedeutung erlangt. Sie erfolgt durch Handzeichen bei der Schiedsrichtertätigkeit, Trillerpfeife, akustische Zeichen mit der Stimme oder anderen Klanginstrumenten, Gesten in Spielhandlungen und mimische Signale, die vielerlei ausdrücken können: Angst, Erschöpfung, Bedauern, Freude, Betrübnis.

Problem- und Konfliktsituationen im Sportunterricht haben ihre unterschiedlichen Ursachen in räumlichen, gegenständlichen und personellen Gegebenheiten. Aggressive Handlungen als Ausdruck der sicht- und unsichtbaren Konflikte sind im Sportunterricht nicht selten, wobei provozierende Lernumwelten, Interessenkollisionen, emotionell angespannte Tätigkeiten (Wettkampf, Spiel) und die besondere Anteilnahme der Schüler am sportlichen Geschehen als Verursacher auftreten können. Die Austragung, Verarbeitung oder Verdrängung von Konflikten prägen und färben die Lehrer-Schüler- und die Schüler-Schüler-Interaktionen im Sportunterricht in entscheidender Weise.

Der Sportunterricht ist in der Hierarchie der Unterrichtsgegenstände ein sogenanntes *weiches Fach* (Widmer 1976, 21), in dem kein Notendruck ausgeübt werden kann. Sport ist eben im Denken der Schüler und der Eltern eine Nebensache, bei der Können wenig zählt und schlechte Leistungen keine Sanktionen zur Folge haben. Diese Einstellung prägt die unterrichtlichen Tätigkeiten der Schüler und des Sportlehrers und schafft Interaktionsmuster, die sich von denen der sogenannten harten Fächer deutlich abheben. Auf der anderen Seite kann besonders von jüngeren Schülern spontane Zuwendung und sachbezogene Motivation zum Schulsport erwartet werden, so daß das interpersonelle Geschehen auf das Druckmittel Note verzichten kann.

2.6 Zusammenfassung

1. Der Sportunterricht ist in seinen Zielsetzungen, Lerninhalten, Unterrichtsverfahren und Organisationsstrukturen von anthropologischen und gesellschaftlichen Rahmenbedingungen beeinflusst, die nur in der theoretischen Sicht voneinander abzuheben sind, in der Realität der Schule und des Unterrichts hingegen in beständiger Wechselwirkung zueinander stehen.
2. Bedeutsame gesellschaftliche Einflussfaktoren sind die Bildungs- und Sportpolitik und der außerschulische Sport. Die Institutionen des Sports und der Schule üben einen wirkungsvollen Einfluss auf alle didaktisch bedeutungsvollen Sachverhalte des Schulsports aus. Die Veränderung der Berufsstrukturen von der Produktions- zur Dienstleistungsgesellschaft, das Ausmaß und die Ausgestaltung der Freizeit, die Tendenzen zur Demokratisierung und die öffentliche Anteilnahme am Leistungssport sind gesellschaftliche Tatbestände, die mitentscheiden, welche Ziele der Schulsport zu verfolgen und welche Inhalte er mit welchen Methoden und Unterrichtsformen zu vermitteln hat.
3. Die moderne Gesellschaft erwartet vom Schulsport die kompensatorische Funktion gegenüber den zivilisationsbedingten Einschränkungen im täglichen Leben und in der Berufswelt, präventiv gesundheitliche Wirkungen und die Hilfestellung bei der sozialen Integration der Bürger in die Gruppen und Institutionen des Staates. Darüber hinaus versieht gerade die gegenwärtige Gesellschaft den Schulsport mit Erziehungsaufträgen wie Fair-Play-Verhalten, Gewalt- und Drogenprävention oder Friedenserziehung.
4. Der Umfang und die Bedeutung der freien Zeit sowie die hohe Wertschätzung des Sports als Freizeitaktivität haben die Freizeit zu einer wichtigen und einflussstarken gesellschaftlichen Rahmenbedingung des Sportunterrichts werden lassen. Dagegen sind Berufshandlungen, Arbeitstätigkeiten und Wehrhaftigkeit als Einflussgrößen für sportdidaktische Entscheidungen unbedeutend geworden.
5. Die phasenhafte Entwicklung im Kindes- und Jugendalter ist bei allen Vorbehalten gegenüber der Regelhaftigkeit des Phasenverlaufs und der Phasenbegrenzung ein beachtenswertes Kriterium sportdidaktischer Theorie, denn der Grundsatz des entwicklungsgemäßen Unterrichts schließt die Beachtung der Entwicklungsmerkmale ebenso ein wie die Verpflichtung zur Entwicklungsförderung. Entwicklungsphasen sind durch körperliche, psychosoziale und motorische Merkmale gekennzeichnet, die für einen entwicklungsgemäßen und entwicklungsfördernden Sportunterricht Richtwerte darstellen und für das Erkennen individueller Entwicklungsverläufe vonnöten sind.
6. Ein besonderes sportdidaktisches Anliegen ist der Problemschüler, der im Sportunterricht als ängstlicher, leistungsschwacher, dicker, störender oder unmotivierter Schüler in Erscheinung tritt und für dessen Auftreten viele Ursachen verantwortlich sind, die teils im Sportunterricht selbst erzeugt und teils von außen hereingebracht werden.
7. Über die Selbst- und Fremdeinschätzung des Sportlehrers ist aus den wenigen Erhebungen zu schließen, dass Sportlehrer aus Neigung zum Sport und aus pädagogi-

schen Motiven den Beruf ergreifen und diese Berufsentscheidung häufig schon in frühen Lebensjahren getroffen wird. Die eigene sportliche Sozialisation, die durch Familie, Verein und Schule ausgesprochen sportfreundlich verläuft, schafft eine Einstellung, die dem Sportlehrer ein Verstehen und sachgemäßes Beurteilen der unmotivierten und leistungsschwachen Schüler erschwert.

8. Das Lehrerhandeln im Sportunterricht kann in drei Arten von Führungsstilen (autokratisch-lehrerdominant, sozialintegrativ, laissez-faire) unterteilt werden, wird damit aber nicht ausreichend und überzeugend erfasst. Dennoch ist die Kenntnis der Führungsstile eine Hilfe beim Unterrichten, wobei angenommen werden kann, dass ein Lehrer seine interpersonellen und unterrichtlichen Tätigkeiten und Entscheidungen auch verändern kann, wenn sie ihm bewusst geworden sind. Unterrichtsstile sind voneinander unterscheidbare Ausdrucksformen der Lehrer-Schüler-Interaktion, unter denen einzelne methodische Maßnahmen und Unterrichtsverfahren zusammengefasst werden können. Das tatsächliche Lehrerverhalten weicht allerdings mehr oder weniger vom konstruierten Idealtypus ab. Auf den Sportunterricht sind die allgemeinen Merkmale der drei Führungsstile nur bedingt übertragbar, da die besondere Form des Lehrens und Lernens andere Verhaltensmuster hervorbringt.
9. Im Gegensatz zum Klassenzimmerunterricht hat der Sportunterricht besondere Bedingungen der Interaktion, die man in äußere, personelle und fachspezifische Kategorien einteilen kann. Ein hoher Aufwand in der Organisation, gefahrvolle Situationen, Dynamik und Ablenkung beim Lerngeschehen, die besonderen Erwartungen des Sportlehrers, die beständige Leistungsdemonstration und Beteiligung, die psychische und physische Nähe der am Unterricht Beteiligten, die Konfliktanfälligkeit, die häufige nichtverbale Kommunikation und der fehlende Notendruck sind die wichtigsten Besonderheiten der Interaktion im Sportunterricht.

2.7 Anregungen zum weiterführenden Studium

1. Welche gesellschaftlichen Einflussfaktoren haben einen stärkeren Einfluss auf den Schulsport?

2. Welche Erwartungen hegt die moderne Gesellschaft gegenüber dem Sport und wie schlägt sich diese Erwartungshaltung im Schulsport nieder?

   Heinemann, K.: Einführung in die Soziologie des Sports. Schorndorf 1980.

3. Welche Veränderungen kennzeichnen die gegenwärtige Theorie und Praxis der Schule?

   Hentig, H. v.: Die Schule neu denken. München/Wien 1993.

4. Wie verändert sich der Sport, wenn er zum Unterrichtsgegenstand der Schule wird und welche Auswirkungen zeitigt die veränderte Theorie der Schule im Unterrichtsgegenstand Sport?

5. Leiblichkeit, Gesundheit, Leistung und Spiel sind anthropologische Kategorien. Welche Bedeutung haben diese Begriffe für den Bewegungsunterricht in der Schule?

HAHN, E./PREISING, W. (Hrsg.): Die menschliche Bewegung – human movement. Schorndorf 1976.

6. Welche Bedingungen haben die Lebens- und Bewegungswelt von Kindern verändert und welche Auswirkungen haben diese veränderten Lebensbedingungen auf das kindliche Bewegungsverhalten?

7. Was besagt der didaktische Grundsatz der Entwicklungsgemäßheit, welche körperlichen, motorischen und psychosozialen Merkmale kennzeichnen die einzelnen Entwicklungsphasen?

AUSUBEL, D. P.: Das Jugendalter. München 1968.
BAUR, J.: Körper- und Bewegungskarrieren. Schorndorf 1989b.
MÖCKELMANN, H./ SCHMIDT, D. (Bearb.): Leibeserziehung und jugendliche Entwicklung. Schorndorf 1980[9].
OERTER, R.: Moderne Entwicklungspsychologie. Donauwörth 1974[14].

8. Was hat ein entwicklungsgemäßer Sportunterricht zu beachten und welche Chancen der Entwicklungsförderung sind in ihm angelegt?

9. Die Erscheinungsformen des Problemschülers sind vielfältig und haben unterschiedliche Ursachen.

BOISEN, M.: Angst im Sport. Gießen 1975.
DUNKERBECK, U./PRENNER, K.: Der leistungsschwache Schüler aus der Sicht des Sportlehrers. In: ADL, Sport Lehren und Lernen, S. 323. Schorndorf 1976.
GRÖSSING, S.: Angst als lern- und leistungshemmender Faktor. In: Leibesübungen – Leibeserziehung 1987/7/168.
HARTMANN, H./ODEY, R.: Schwache Schüler im Sportunterricht – Unterrichtsversuche zur Entwicklung kooperativen und sozial-integrativen Handelns im Sportunterricht. In: ADL, Sport Lehren und Lernen, S. 85. Schorndorf 1976.
PRENNER, K.: Zur Sozialpsychologie des leistungsschwachen Schülers im Sportunterricht. In: Sportunterricht 1976/9/299.

10. Welche Erkenntnisse über den Status und das unterrichtliche Handeln des Sportlehrers liegen vor?

ALLMER, H./BIELEFELD, J. (Hrsg.): Sportlehrerverhalten. Schorndorf 1982.
BRETTSCHNEIDER, W.-D. (Hrsg.): Alltagsbewußtsein und Handlungsorientierungen von Sportlehrern. Schorndorf 1984.
CASELMANN, Ch.: Wesensformen des Lehrers. Stuttgart 1964[3].
FRIEDRICH, G./HILDENBRANDT, E. (Hrsg.): Sportlehrer/in heute – Ausbildung und Beruf. Hamburg 1997.
MOEGLING, K.: Sportlehrer als Kollegen. Ahrensburg 1984.
VOLKAMER, M./ZIMMER, R.: Vom Mut, trotzdem Lehrer zu sein. Schorndorf 1983.

11. Welche Merkmale kennzeichnen die Sonderform der pädagogischen Interaktion im Schulsport?

TAUSCH, R./TAUSCH, A.: Erziehungspsychologie. Göttingen 1970[5].
ULICH, D.: Pädagogische Interaktion. Weinheim 1976.
WIDMER, K.: Zum Problem des Lehrer-Schüler-Verhältnisses im Sportunterricht. In: BEYER, E./ RÖTHIG, P. (Red.): Beiträge zur Gegenstandsbestimmung der Sportpädagogik, S. 13. Schorndorf 1976.

2.8 Spezielle Literatur

ALLMER, H. (Hrsg.): Sport und Schule. Reinbek 1984.

ALLMER, H./ BIELEFELD, J. (Hrsg.): Sportlehrerverhalten. Schorndorf 1982.

BAUR, J.: Zur beruflichen Sozialisation von Sportlehrern. Schorndorf 1981.

BAUR, J.: Körper- und Bewegungskarrieren. Schorndorf 1989b.

BAUR, J./BÖS, K./SINGER, R. (Hrsg.) Motorische Entwicklung. Schorndorf 1994.

BRETTSCHNEIDER, W.-D.: Sportunterricht 5–10. München 1981.

BRETTSCHNEIDER, W.-D. (Hrsg.): Alltagsbewußtsein und Handlungsorientierungen von Sportlehrern. Schorndorf 1984.

BRETTSCHNEIDER, W.-D./SCHIERZ, M. (Hrsg.): Kindheit und Jugend im Wandel – Konsequenzen für die Sportpädagogik? St.Augustin 1993.

CASELMANN, Ch.: Wesensformen des Lehrers. Stuttgart 1964[3].

DUNKERSBECK, U./ PRENNER, K.: Der leistungsschwache Schüler aus der Sicht des Sportlehrers. In: ADL, Sport Lehren und Lernen, S. 323. Schorndorf 1976.

EHNI, H. W./ KRETSCHMER, J./ SCHERLER, K.: Spiel und Sport mit Kindern. Reinbek 1985.

FISCHER, P./ PETERS, H./ REINALTER, A.: Untersuchung zur Person des Sportlehrers unter dem besonderen Blickwinkel der Lehrer-Schüler-Interaktion. In: Sportunterricht 1979/6/209.

GRUPE, O.: Grundlagen der Sportpädagogik. München 1984[3].

GRUPE, O.: Was ist und was bedeutet Bewegung? In: HAHN, E./ PREISING, W. (Hrsg.): Die menschliche Bewegung – human movement, 3. Schorndorf 1976.

GRUPE, O. u.a. (Hrsg.): Spiel – Spiele – Spielen. Schorndorf 1983.

HAHN, E. (Hrsg.): Kind und Bewegung. Schorndorf 1978.

HARTMANN, H./ ODEY, R.: Schwache Schüler im Sportunterricht – Unterrichtsversuche zur Entwicklung cooperativen und sozial-integrativen Handelns im Sportunterricht. In: ADL, Sport Lehren und Lernen, S. 85ff. Schorndorf 1976.

KURZ, D.: Elemente des Schulsports. Grundlagen einer pragmatischen Fachdidaktik. Schorndorf 1990[3].

LINDE, J. H./ HEINEMANN, K.: Leistungsengagement und Sportinteresse. Schorndorf 1968.

LÜSCHEN, G.: Soziologische Grundlagen von Leibeserziehung und Sport. In: Einführung in die Theorie der Leibeserziehung, Schorndorf 1970[2].

MOEGLING, K.: Sportlehrer als Kollegen. Ahrensburg 1984.

NEUMANN, O.: Die leibseelische Entwicklung im Jugendalter. München 1964.

OERTER, R.: Moderne Entwicklungspsychologie. Donauwörth 1974[14].

PLESSNER, H.: Die Funktion des Sports in der industriellen Gesellschaft. In: KLÖHN (Hrsg.): Leibeserziehung und Sport in der modernen Gesellschaft. Weinheim 1966.

POSTMAN, N.: Das Verschwinden der Kindheit. Frankfurt 1989.

SCHERLER, K. H.: Elementare Didaktik – vorgestellt an Beispielen aus dem Sportunterricht. Weinheim 1989.

SCHEUERL, H. (Hrsg.): Beiträge zur Theorie des Spiels. Weinheim 1960[2].

SCHMIDT, W.: Sportpädagogik des Kindesalters. Hamburg 1998.

SUTTON-SMITH, B.: Die Dialektik des Spiels. Schorndorf 1978.

UNGERER, D.: Leistungs- und Belastungsfähigkeit im Kindes- und Jugendalter. Schorndorf 1973[3].

WEBER, E.: Erziehungsstile. Donauwörth 1970.

WIDMER, K.: Zum Problem des Lehrer-Schüler-Verhältnisses im Sportunterricht. In: BEYER, E./ RÖTHIG, P. (Red.): Beiträge zur Gegenstandsbestimmung der Sportpädagogik, 13. Schorndorf 1976.

WILLIMCZIK, K./ GROSSER, M.: Die motorische Entwicklung im Kindes- und Jugendalter. Schorndorf 1979.

WILLIMCZIK, K./ ROTH, K.: Bewegungslehre. Reinbek 1983.

3 Ziele, Grundsätze und Inhalte

3.1 Aufgaben und Absichten des Sportunterrichts

3.1.1 Aufgabenbereiche

Die anthropologische Erkenntnis, dass der Mensch ein sich bewegendes Lebewesen ist, dass seine Bewegungstätigkeiten zum geringeren Teil angeboren und zum größeren Teil erworben sind und die Bewegungshandlungen umwelt- und entscheidungsoffen und nicht instinktgeführt vollzogen werden, macht die Bewegungsförderung, -anregung und -erziehung vom Anbeginn des Lebens zwingend erforderlich. Die menschliche Bewegung ist nicht natürlich wie die Bewegung des Tieres, sondern in Ausdruck und Ablauf kulturell geformt. Dies gilt für die Alltags-, Arbeits- und Freizeitbewegungen, für Gehen, Sitzen, Schreiben, Grüßen, Schwimmen, Laufen, Tanzen, Ballspielen usw. Die Bewegungserziehung in der Schule ist aus diesem Grunde die Hinführung zur bestehenden Bewegungskultur und richtet ihr Hauptaugenmerk auf die Freizeitbewegungen. Der Sport ist die derzeit bedeutsamste Bewegungskultur und wichtigste Form der Freizeitbewegung. Seine motorischen Fertigkeiten, Regeln und Sinngehalte sind der erste Auftrag an die Bewegungserziehung in der Schule. Die Sportdidaktik wiederum hat eine pädagogisch und institutionell begründete Auswahl aus dem Bewegungsangebot des Sports vorzunehmen und für das Lehren und Lernen im Schulsport aufzubereiten. Sicherlich sind die Alltags- und Arbeitsbewegungen gegenüber den Freizeitbewegungen von nachrangiger Bedeutung für den Schulsport. Diese Aussage ist aber hinsichtlich der Schulformen und -stufen insofern einzuschränken, als in der Grundschule den Alltagsbewegungen und in der Berufsschule den Arbeitsbewegungen ein größeres Gewicht im Lehr- und Lernprozess zugestanden werden muss. Dennoch bilden die Freizeitbewegungen den Kern der sportdidaktischen Analyse und des unterrichtlichen Angebots. Manche Anzeichen und Ereignisse deuten an, dass die sportliche Bewegungskultur in eine Krise geraten ist und in naher Zukunft schon von strukturellen Veränderungen betroffen sein wird. Deshalb würde eine ausschließlich auf den Sport ausgerichtete Bewegungserziehung wohl die Gegenwart, nicht aber die Zukunft der Jugend im Blickfeld haben, denn die Perspektiven der Bewegungserziehung sind expressive, gesundheitliche, spielerische, erholsame und beruhigende Übungen. Die sportliche Bewegung ist nach außen gerichtet, während die Bedürfnislage der Menschen zunehmend mehr auf Bewegungshandlungen gerichtet ist, die nach innen weisen, meditative Haltungen bewirken und den Körper zum Partner und nicht zum Instrument erheben. Erziehung kann nicht gegen den Hauptstrom des Zeitgeistes schwimmen, sich aber auch nicht in ihm treiben lassen. Die Bewegungserziehung in der Schule hat deshalb den Auftrag der Vermittlung einer umfassenden Bewegungskultur. Die Ausgewogenheit in der Erziehung zur vorwiegend sportlich-gegenwärtigen und zur vorwiegend nichtsportlich-zukünftigen Körper- und Bewegungskultur ist ein zwar schwieriges, aber nicht zu umgehendes Anliegen von Sportdidaktik und Schulsport.

Im engeren Sinne bedeutet Sport ein wettbewerbsorientiertes Bewegungshandeln, bei dem objektiv messbare und subjektiv-wertbare Leistungen verglichen und mit Normangaben in Verbindung gesetzt werden. Der Weg zur sportlichen Leistung geht über das systematische

Training aller leistungsbestimmenden Faktoren. In diesem eingeschränkten Sinn ist die *Sporterziehung* deshalb wesentlich eine Leistungserziehung, wobei es die Besonderheit des Schulsports ausmacht, dass diese Leistungserziehung in die beiden Richtungen der Leistungssteigerung und der Leistungsbreite geht.

Die Sporterziehung ist auf die „Handlungsfähigkeit im Sport" (KURZ 1987) gerichtet und verbindet in dieser Zielvorstellung das sportliche Können mit dem Wissen über Sport. Die Sporterziehung ist deshalb kein ausschließlich motorisches Anliegen, sondern ein ganzheitlicher pädagogischer Auftrag, bei dem motorisches Können mit sozialen Fähigkeiten und kognitiven Einsichten verknüpft wird. Für die Schule ist die optimale und nicht die maximale Leistung der Maßstab des Lehrens und Lernens und der Leistungszuwachs ein ebenso wichtiger Tatbestand wie die Leistungshöhe. Der Schulsport relativiert in der Sporterziehung die sportliche Leistung, berücksichtigt die konstitutionellen Voraussetzungen des Schülers und bewertet die Leistungsfähigkeit nach anderen Gesichtspunkte als dies im Vereinssport geschieht. Die Leistungserziehung im Schulsport ist demnach stärker pädagogisch als sportlich orientiert, weshalb die Schule auch keine geeignete Einrichtung der Talentförderung sein kann.

Dietrich MARTIN (1995, 13–21) zählt zu den Einflussgrößen der sportlichen Leistung Komponenten und Bedingungen, die in den Bereichen der konditionellen, koordinativen, kognitiven, emotionalen und sozialen Fähigkeiten angesiedelt sind. Die Leistungsförderung und -entwicklung im Sportunterricht hat es natürlich auch mit diesen leistungsbestimmenden Faktoren zu tun, wenngleich die Gewichtung und Beachtung durch die dort gegebenen Zielvorstellungen, Unterrichtsverfahren und institutionellen Rahmenbedingungen anders ausfällt als im vereinsgebundenen Training jugendlicher Leistungssportler.

Die konditionellen Fähigkeiten Kraft, Schnelligkeit und Ausdauer sind nicht in dem Ausprägungsgrad erforderlich wie sie im Elitesport benötigt werden, die koordinative Ausprägung muss im Schulsport nicht bis zur Stufe der Automation gebracht werden und der Anteil der intellektuellen Steuerung und das Ausmaß des benötigten Bewegungswissens sind im Schulsport ebenfalls geringer anzusetzen. In einer früheren Veröffentlichung (1982) spricht MARTIN auch eine Gruppe von psychodynamischen Fähigkeiten als leistungsbestimmende Komponenten an und benennt dabei ausdrücklich den Lernantrieb, der sich als Spieltrieb, Informationsbedürfnis, Erkundungstendenz oder Wiederholungshandeln ausdrückt. Hier kann soviel angemerkt sein, dass der Lernantrieb als Grundlage der Leistungserziehung im Schulsport bei Schülern vor der Pubertät in ausgeprägtem Maße angenommen werden kann.

Die an früherer Stelle beschriebenen Merkmale des Bewegungsspiels sind zugleich Ziele und Grundsätze der *Spielerziehung* im Schulsport: Entscheidungsfreiheit, Offenheit des Ausgangs, Erlebnisganzheit, Spannung und vielseitige Kommunikation dürfen durch die Pädagogisierung des Spiels nicht verloren gehen. Darauf haben die Inhalte und Methoden der Spielerziehung in der Schule Bedacht zu nehmen. Für diese Spielerziehung eignen sich viele Inhalte des Schulsports, die Spielen als Idee gleichsam in sich tragen: Sportspiele, Ballspiele, kleine Spiele, neue Spiele. Dabei hat es aber nicht sein Bewenden, weil spielerische Elemente auch im Turnen, Schwimmen, in der Leichtathletik oder im Skilauf enthalten sind und den Sportlehrer herausfordern, diese Spielgehalte in den Sportarten zu entdecken und an den Schüler heranzubringen. Turngeräte, das Wasser, Schnee und Eis, das Gelände und zahlreiche Gegenstände des täglichen Gebrauchs (Zeitung, Fahrradschlauch, Kartons, Teppichfliesen usw.) bieten sich dem didaktischen Geschick des Sportlehrers als Spielgeräte und Spielgelegenheiten an.

Der jugendgemäßen Lebensform des Spielens eröffnet die Schule nur bescheidene Räume und Zeiten, weil die meisten Unterrichtsfächer mit der Ernsthaftigkeit des Lernens befasst sind. Umso zwingender ist der Auftrag an den Schulsport, Spielräume einzurichten, Spielzeiten zu gewähren und Spielerziehung zu betreiben. Diese Spielerziehung im Schulsport kann nicht allein aus den Interessen der Kinder und Jugendlichen didaktisch begründet und unterrichtlich verwirklicht werden. Die Bewegungsspiele zählen auch zu jenen Kulturgütern, deren Weitergabe an die nachfolgenden Generationen zur gesellschaftlichen Verpflichtung der Schule gehört. Auch unter diesem Aspekt muss die Spielerziehung im Schulsport betrachtet werden, denn die Spielfähigkeit als Lernziel ist nicht nur aus der Sicht des Individuums zu definieren, sondern enthält auch die Verpflichtung zur Tradierung eines wertvollen Kulturgutes. Was aber ist Spielfähigkeit als individuelle Befindlichkeit?

Knut DIETRICH (1984) unterscheidet eine allgemeine von einer speziellen Spielfähigkeit und betont zu Recht, dass beide Fähigkeiten aufeinander bezogen sind, dass aber im Sportunterricht das Augenmerk auf die spezielle Fähigkeit gelegt wird und das, was die allgemeine Spielfähigkeit leisten soll, zumeist vom Lehrer ausgeführt wird. Die Kenntnisse der Spielregeln, taktische Fähigkeiten, Wahrnehmungs- (z.B. Spielübersicht) und Entscheidungsleistungen, Mannschafts- und Rollenverhalten und die Bewegungsfertigkeiten der Spieltechnik sind Merkmale der speziellen Spielfähigkeit und werden in den Sportspielen und kleineren Ballspielen geschult und über verschiedene methodische Wege (z.B. Spielreihen) erworben. Darüber hinaus gibt es die einzelne Spiele übergreifenden Fähigkeiten, die DIETRICH (1984) zur allgemeinen Spielfähigkeit zusammenfasst und ebenfalls zu einem Erziehungsziel in der Spielerziehung erklärt: ein Spiel zu organisieren, den Spielverlauf aufrechtzuhalten und bei Störungen von außen oder innen wieder herzustellen, Regelvereinbarungen zu treffen, aber auch Regeländerungen vorzunehmen, wenn es die Situation oder die Interessen der Spieler verlangen. Ein Spiel sowohl unter normalen als auch ungewohnten Bedingungen in Gang zu bringen und spannend aufrechtzuhalten, ist als allgemeine Spielfähigkeit ebenfalls ein Lernziel des Sportunterrichts und darf als Entscheidung und Handlung nicht immer dem Sportlehrer allein übertragen sein. Für die Verwirklichung des Zieles der allgemeinen Spielfähigkeit eignet sich die Methode der Spielreihe nicht, wie DIETRICH ausführt (1984, 20), weil ihre methodischen Wege vom Lehrer geplant werden. „Hier ist ein Unterrichtsarrangement notwendig, das die Herstellung eines Spiels als Aufgabe stellt, und einen Prozess auslöst, in dem ein Spiel hervorgebracht, wenn nötig geändert und weiterentwickelt wird“ (DIETRICH 1984, 21). DIETRICH nennt dies ein „genetisches Spielkonzept“ (1984, 21).

In der Geschichte der körperlichen Erziehung ist das Gesundheitsversprechen eine wirksame Hilfe bei der Einführung und Einbindung der Leibesübungen in die Schule gewesen. So verschiedenartig die Aufgaben und Zwecke der Leibesübungen in den Epochen der Schulgeschichte bestimmt wurden, so sehr Zeitgeist und Zeitzustände jeweils andere erzieherische Schwerpunkte setzten, so gleichlautend blieben stets die gesundheitlichen Erwartungen an die Gymnastik, das Schulturnen, die Leibeserziehung, den Sportunterricht oder wie immer man dieses Unterrichtsfach benannt hat. In der modernen Industriegesellschaft sind Bewegungsmangel, belastender Stress, Über- und Fehlernährung, Rauchen, übermäßiger Alkoholgenuss, Lärm, nervliche Überforderung oder schädigende Umwelteinflüsse (Luft, Ozon) gesundheitsbedrohende Faktoren. Kurzfristige Maßnahmen wie Aufklärung und Information haben sich als wenig wirksam erwiesen. Ein komplexes und handlungsbestimmendes Phänomen, wie es die menschliche Gesundheit nun einmal ist, erfordert deshalb eine umfassende und früh einsetzende *Gesundheitserziehung*. Der Sportunterricht wäre ein günstiger Ansatz und Anlass für die Gesundheitserziehung, weil er Situationen schafft, in denen Wissen und Erfahrung, Erkenntnis und Erleben vereint auftreten bzw. durch didaktische Arrangements verknüpft werden können.

Gesundheitserziehung im Schulsport hat eine vierfache Zielrichtung. Sie ist zuerst Fitnesstraining, Konditionsschulung, Verbesserung der motorischen und organischen Leistungsfähigkeit. Nennen wir alles zusammen das Trainingskonzept der Gesundheitserziehung. Sportliches Training im individuell bestimmten Umfang ist sicherlich ein präventives und rehabilitatives Mittel der Gesundheit. Das Trainingskonzept der Gesundheit verliert nicht deshalb seine Wertigkeit, weil im heutigen Spitzen- und Freizeitsport häufig unmäßig, falsch und mit unerlaubten Mitteln trainiert wird und der große Sport tatsächlich oft erst dort anfängt, wo er aufhört, gesund zu sein (frei nach Bert Brecht). Auch wenn die Zahl der wissenschaftlichen Untersuchungen über die gesundheitlichen Wirkungen der Sportarten nicht allzu groß ist (vgl. MRAZEK 1986), kann dennoch die Behauptung aufgestellt werden, dass ein regelmäßiges Fitness- und Ausdauertraining günstige Wirkungen auf das Herz-Kreislauf-System, auf die psychische Stimmungslage (Depression, Angst) und auf das Selbstwertgefühl ausübt. Das Trainingskonzept der Gesundheitsförderung richtet sein Augenmerk vorrangig, aber nicht ausschließlich auf die physische Gesundheit und misst die Wirkung mit medizinischen Parametern. Umfang und Inhalt des Schulsports dürfen dahingehend allerdings keine großen Erwartungen aufkommen lassen, weil unmittelbare gesundheitliche Wirkungen von den drei bis vier wöchentlichen Sportstunden nicht zu erhoffen sind, weshalb die Bedeutung des Schulsports eben mehr in der längerfristigen Gesundheitserziehung als in der kurzfristigen Herstellung und Festigung des Gesundheitszustandes liegt.

Gesundheitserziehung über das bewusste Wahrnehmen und Erleben des Körpers in vielfältigen Bewegungshandlungen zu betreiben ist die Absicht des Körpererfahrungskonzeptes. Es ist einer ganzheitlichen Idee der Gesundheit verpflichtet und stellt das emotionale und soziale Wohlbefinden in den Vordergrund. Das trägt diesem Ansatz der Gesundheitserziehung den Vorwurf ein, wichtige Merkmale wie Anstrengung, Askese und Überwindung nicht zu beachten und in den Erziehungsprozess einzubringen. Gesundsein wird zur subjektiven Befindlichkeit erklärt und auf Wegen erreicht, die Freude, Spaß und Lust versprechen. Ursprünglich als Alternative zum Trainingskonzept entwickelt, entdeckt der pädagogische Ansatz der Körpererfahrung zunehmend mehr auch die traditionellen Sportarten als Wahrnehmungs- und Erlebnisfelder für subjektive und lustvolle Körper- und Bewegungserfahrungen (TREUTLEIN u.a. 1986).

Eine Sicherheitserziehung ist im Schulsport unumgänglich für den täglichen Unterricht und darüber hinaus ein Aspekt der umfassenden Gesundheitserziehung. Die nicht unbeträchtliche Zahl der Schulsportunfälle, die Gefährlichkeit einiger Sportarten und die erhöhte Risikobereitschaft junger Menschen überträgt dem Sportunterricht die Verpflichtung zur ausgewogenen Erziehung zum Sicherheitsbewußtsein. Ausgewogen bedeutet in diesem Zusammenhang nicht das Ausschalten jeglichen Risikos, weil Abenteuer und Wagnis Wesensmerkmale des Sports sind und ein zum „Nur-Gesundheitssport" degenerierter Schulsport einen gewaltigen Motivationsverlust bei den Schülern zur Folge hätte.

Gesunder Sport ist nur in gesunder Umgebung möglich und deshalb besteht ein enger Zusammenhang zwischen gesundheitsbewußtem Handeln und Umwelterziehung. Die Bezüge zwischen sportlicher Aktivität und räumlicher Umwelt sind vielfältig, wechselwirkend und gegenwärtig in mehreren Sportarten erheblich gestört und belastet (z.B. Mountainbiking, Paragliding, Snowboard, Rafting). Der Sport greift oftmals schädigend in die Umwelt ein (z.B. Pistenbau für den alpinen Skilauf) oder findet in einer Umgebung statt, die gesundheitliche Wirkungen in ihr Gegenteil verkehren können (Jogging in verkehrsreichen Straßen). Gesundheitserziehung hat in diesem Bereich deshalb die zweifache Aufgabe, zu einem Handeln anzuregen, das Sporttreiben mit Natur- und Umweltschutz versöhnt und ein Bewusstsein zu entwickeln für die Abhängigkeit der individuellen Gesundheit von gesellschaftlichen Faktoren (vgl. SEEWALD/

Kronbichler/Grössing 1998) Die umfassende Gesundheitserziehung im Schulsport sucht die Zugänge über Belehrung und Erfahrung und errichtet ihr Fundament auf den Säulen Training, Körpererfahrung, Sicherheit und Umweltbewusstsein. Ziele, Inhalte und methodische Grundsätze einer ganzheitlichen Gesundheitserziehung im Schulsport sind in den nachfolgenden acht Punkten enthalten. Sie beziehen sich auf das Können, Wissen, auf Einstellungen und Erkenntnissen des Schülers:

1. Regelmäßige, anstrengende und vielseitige motorische Beanspruchung im Schulsport zur Verbesserung der motorischen und organischen Leistungsfähigkeit mit dem Ziel eines reichhaltigen und dauerhaften Fertigkeits- und Fähigkeitsniveaus.
2. Ausgleichende Übungen zu den Hauptbelastungen der heutigen Lebensweise im Sinne von Dehnungsübungen gegen Verspannungen, Entspannungsübungen gegen Aufregung und Stress, Spielformen gegen die Ernsthaftigkeit, geselligen Sport gegen die Anonymität des Daseins und Abenteuersportarten gegen die verbreitete Lebensführung aus zweiter Hand.
3. Kenntnisse über Hygiene, Ernährung, Nikotin, Alkohol und Unfallverhütung praxisnah und anschaulich vermittelt zu bekommen und mit sportlicher Aktivität in Verbindung bringen zu können.
4. Einsichten über soziale Gegebenheiten der Gesundheit in Beziehung zum Konkurrenz- und Solidaritätshandeln, zum Wettbewerb und zur Kooperation zu gewinnen.
5. Körpererfahrungen in den herkömmlichen Schulsportarten ebenso wie in Übungsbereichen der nicht sportlichen Bewegungskultur zu machen, die eine Körperbewusstheit als jene Fähigkeit bewirken, im Dialog mit dem eigenen Körper zu leben, Botschaften der Organe zu vernehmen und mit vernünftigen Handlungen zu beantworten.
6. Ein Sicherheitsbewusstsein für sich und andere beim Sporttreiben zu entwickeln und unfallvermindernde Strategien zu erwerben, die Wagnis und Risiko zwar nicht vollends ausschalten, aber auf das unumgängliche Maß zurückschrauben.
7. Die Befähigung zu erwerben, individuelles Wohlbefinden und Gesundsein in umweltliche und mitweltliche Bezüge einzufügen, Wechselwirkungen zu erkennen und handelnd eingreifen zu können.
8. Gesundheitliche Gewohnheiten auch im Schulsport zu entwickeln oder zu verfestigen.

Entscheidend für die Verwirklichung solcher gesundheitsorientierter Zielsetzungen im Sportunterricht ist die Vorbildfunktion des Sportlehrers. Gerade Gesundheitserzieher ist der Sportlehrer nur dann, wenn er die Gewohnheiten und Einstellungen einer gesundheitsbewußten Lebensführung durch seine Person repräsentiert. Skikurse, Wandertage, Sportfeste, aber auch der alltägliche Sportunterricht bieten ausreichend Situationen und Gelegenheiten für das Vortragen und das Vorleben gesundheitsfördernder Maßnahmen.

Die eben genannten Zielsetzungen und Aufgaben des Schulsports verdichten sich zur Forderung nach dem „Erziehenden Sportunterricht", unter dem sowohl die Anleitung zum Sporttreiben als auch die Erziehung durch den Sport zu verstehen ist. Die immer wieder geführte Instrumentalisierungsdebatte wird hinfällig, wenn beides, Sport als Lernziel und als Erziehungsmittel, anerkannt und in unterrichtlichen Maßnahmen umgesetzt wird. Die Rückbesinnung auf den Bildungsbegriff und -auftrag innerhalb der Sportpädagogik (Vgl. Schaller 1992; Beckers 1997; Meinberg 1988; Prohl 1994, 1999), die im letzten Jahrzehnt des 20. Jahrhunderts deutlich aufgebrochen ist, hat viel zur Überwindung der Sportarten- und Sportkonzepte des Schulsports beigetragen und den Erziehungsanspruch legitimiert und in seinen didaktischen Sachverhalten (Inhalte, Methoden) auch differenziert. Der „Erziehende Sportunterricht" ortet seine Zielsetzungen und Aufgaben wieder vermehrt in den Bereichen der sozialen Handlungsfähigkeit und des Gesundheitsbewusstseins.

3.1.2 Begründung und Einteilung der Lern- und Erziehungsziele

Der schulische Sportunterricht ist eine absichtsvolle, geplante und zielgerichtete Abfolge von Lehr-, Lern- und Erziehungsvorgängen mit motorischen, sozialen, emotionalen oder kognitiven Akzenten. Intentionale, inhaltliche, methodische und organisatorische Entscheidungen sind die Hauptfaktoren der Planung, Durchführung und Auswertung des Sportunterrichts, wobei den Zielen eine Vorrangstellung zukommt, weil sie einen stärkeren Einfluss auf Inhalte oder Verfahren ausüben, als sie ihrerseits von diesen beeinflusst werden. Die Lernziele sind gewöhnlich der erste Schritt der didaktischen Überlegung und die Entscheidungsgrundlage für die Erstellung von Lehrplänen. Lernziele drücken aus, was der Schüler im Sportunterricht können und erwerben soll, bis zu welchem Grade Fertigkeiten und Fähigkeiten entwickelt werden sollen und in welchen Verwendungszusammenhängen sie zu realisieren sind. Lernziele sind immer auch zugleich Erziehungsziele.

Die Lernziele des Sportunterrichts sind einerseits aus fachspezifischen und fachwissenschaftlichen Kriterien zu bestimmen und zu begründen, stehen aber andererseits auch in einem Abhängigkeitsverhältnis zu Schultheorien, allgemeinen Lernzielen und fachübergreifenden Erziehungsaufgaben der gesellschaftlichen Einrichtung Schule. Allgemein ausgedrückt und für die gesamte schulische Ausbildung geltend sind die Lernziele Fertigkeiten, Fähigkeiten, Einstellungen und Gewohnheiten, welche über geplante Lernprozesse im Unterricht von Lernenden unter Anleitung von Lehrenden erworben, verändert und verfestigt werden.

Die allgemeinen Lernziele der Schule sind Festsetzungen gesellschaftlicher Gruppen, Ausdruck ihrer Interessen, Ausfluss gesellschaftlicher Normen, Ableitungen aus Gesellschaftstheorien, Weltanschauungen, philosophischen und pädagogischen Denkrichtungen. Die Lernzielentscheidungen treffen Experten, Gremien, Parteien und andere gesellschaftliche Gruppen. In den Lernzielen werden die Normen einer bestimmten Gesellschaft und einer geistigen Epoche deutlich und sichtbar, weshalb ihr Geltungsanspruch und -bereich immer nur zeitlich und geographisch begrenzt ausfallen kann. Die Bestimmung der Lernziele des schulischen Unterrichts ist aus diesem Grunde ein immerwährendes didaktisches Unternehmen und bildet die Grundlage für den Akt der Lernzielentscheidung. Gewonnen werden die Lernziele eines Unterrichtsfaches aus der Analyse der fachdidaktischen Literatur, aus fachwissenschaftlichen Erkenntnissen und Forschungsergebnissen, wirtschaftlichen Gegebenheiten, politischen Zuständen und Programmen, soziokulturellen Normen, Ideologien und Weltanschauungen. Es war ein betontes Anliegen der Curriculumtheorie, die Entscheidung über Lernziele in Gremien zu vollziehen, die nach den Gesichtspunkten der Repräsentanz, Objektivität und Transparenz zusammengesetzt sind. Repräsentative Gruppen für Lernzielentscheidungen im Schulsport wären etwa Lehrer, Erziehungs- und Sozialwissenschaftler, Sportwissenschaftler, Vertreter der Unterrichtsverwaltung, Eltern und Vertreter des außerschulischen Sports. Die Entscheidung über die Aufgaben und Ziele eines Unterrichtsgegenstandes kann in demokratischen Gesellschaften nur als Kompromiss divergierender Interessen der gesellschaftlichen Gruppen zustande kommen.

Die fachspezifischen Lernziele des Sportunterrichts stehen in Beziehung zu den allgemeinen Erziehungsaufgaben der Schule, welche den Rahmen bilden, innerhalb dessen die Lernziele des Sportunterrichts ihren Platz, ihren Wert und ihre Verbindung zu den anderen Fächern des Unterrichts erhalten.

Eine Aufzählung fachübergreifender, allgemeiner Lernziele, die Hartmut von Hentig (1971) der Schule zugeschrieben hat, lässt einzelne Anteile des Sportunterrichts am Erziehungsauftrag der Schule erkennen:

1. Die Vermittlung von Fertigkeiten und Kulturtechniken.
2. Die Befähigung zur Wissensaneignung und die Bereitschaft zur permanenten Weiterbildung.
3. Die körperliche Leistungsfähigkeit und die Einsicht in gesundheitlich-hygienische Zusammenhänge.
4. Eine allgemeine, auf Mobilität bedachte Berufsvorbereitung.
5. Die Befähigung zum selbstverantwortlichen Umgang mit der freien Zeit.
6. Die Auswahlfähigkeit gegenüber den Angeboten von Konsum und Meinungen.
7. Die Kommunikations- und Kooperationsfähigkeit.
8. Die politische Handlungsfähigkeit.
9. Die Befähigung zur rationalen Lebensführung und zum Umgang mit der Wissenschaft.
10. Der kreative Umgang mit den Erscheinungen der Kunst.
11. Ein Transzendenzbewusstsein.

Diese allgemeinen Lernziele der Schule und die spezifischen Ziele der jeweiligen Unterrichtsfächer sind pädagogischen Leitbildern verpflichtet, in denen sich das epochale Bildungsdenken begrifflich verdeutlicht. In diese fachübergreifenden Zielsetzungen und Leitideen der Schule fließen traditionelle Bestände, Gegenwartsanalysen und zukünftige Perspektiven ein und bilden für das jeweilige Unterrichtsfach den Ausgangspunkt und theoretischen Rahmen der Lernzielbestimmung. Dies sei am Beispiel des Schulsports in der nachfolgenden Abbildung, welche die Faktoren und Kriterien der Lernzielbestimmung und -begründung für den Sportunterricht aufführt, deutlich gemacht.

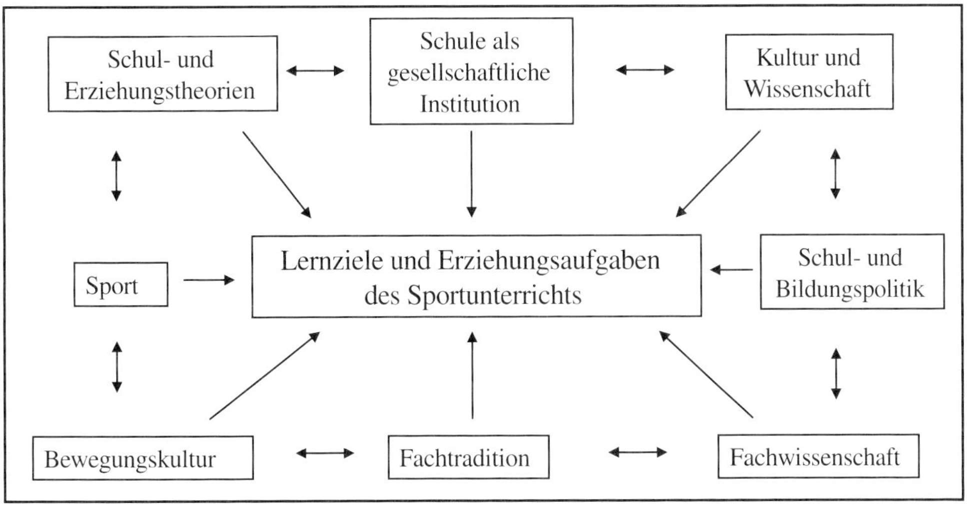

Abb. 11: Begründungsfaktoren für die Bestimmung der Lern- und Erziehungsziele des Sportunterrichts.

Diese Bestimmungsgrößen für die Lernziele des Schulsports sind miteinander verflochten und aufeinander wirkend. Die Begründung der Ziele aus einer einzigen Quelle würde zwar die methodologische Problematik vereinfachen und rascher zu Ergebnissen führen, wäre aber der komplexen und vernetzten Realität des Unterrichts nicht angemessen. Die Lernziele und Erziehungsaufgaben eines Unterrichtsfaches sind mit den gesellschaftlichen Zuständen und kulturellen Normen verwoben, in der Bildungs- und Schultradition verankert, den weltanschaulichen und politischen Grundfragen einer Epoche verpflichtet und von wissenschaftlichen Erkenntnissen und Entwicklungen beeinflusst.

Der Sportunterricht hat auch Aufgaben zu übernehmen und zu erfüllen, welche ihm von der Gesellschaft zugeteilt werden, und deshalb hat die Festlegung und Ausformulierung seiner Lern- und Erziehungsziele auch von den gesellschaftlichen Anforderungen und Erfordernissen auszugehen. Dies verpflichtet die Schule, den heranwachsenden Menschen mit Fähigkeiten, Fertigkeiten und Einstellungen derart auszustatten, dass Lebenssituationen angemessen bewältigt werden können. Wichtige Lebensbereiche sind Freizeit, Arbeit und Beruf, Familie und Öffentlichkeit. Die Gesellschaftsanalyse als einzigen Bezugspunkt für die Lernziele eines Unterrichtsfaches heranzuziehen, birgt die Gefahr der Reproduktion des Bestehenden in sich. Erziehungs- und Lernziele sind auch soziokulturelle Normen, die in einer Gesellschaft bewusst oder unbewusst, aufgedeckt oder verschleiert wirksam sind. Für den Schulsport sind Wertvorstellungen zur Leiblichkeit, Gesundheit, Leistung, Sportlichkeit und zum Wetteifer von großer Bedeutung für die Aufgabenzuschreibung und Lernzielbegründung. Die Bestimmung der Lernziele aus dem Normenhorizont einer Gesellschaft ist aber ein höchst schwieriges Unternehmen, weil demokratische Gesellschaften kein einheitliches Wertesystem ausbilden, was dem normativen Untergrund der Lernziele des Sportunterrichts die Merkmale des Wandels, der Vielfalt und Verunsicherung zuschreibt.

Lernziele sind Antworten auf gesellschaftliche Probleme, die einen geschichtlichen Zusammenhang haben. Die Lernziele des Sportunterrichts müssen vor dem Hintergrund der historischen Entwicklung dieses Unterrichtsfaches gesehen und gewonnen werden. Lösungsversuche für eine Gegenwart reichen ohne Vergangenheit nicht in die Zukunft. Eine Lernzielbestimmung, die von einem Nullpunkt ausgeht, übersieht den evolutionären und organischen Charakter von Schule und Unterricht. Die Lernzielbestimmungen erfolgen meist im Rahmen konkreter schulpraktischer Vorhaben, wie sie die Reform der Lehrpläne oder die Einrichtung neuer Schultypen oder Unterrichtsgegenstände darstellen.

Für eine *Einteilung* der Lernziele des Sportunterrichts bieten sich mehrere Schemata an. In den Lehrplänen wurde meist das hohe Abstraktionsniveau der Bildungsziele bevorzugt, zu denen dann die sportartenspezifischen Feinziele des Unterrichts das Gegenstück bildeten, wobei allerdings der Abstand zwischen beiden Zielebenen so weit auseinander gerückt war, dass ein Zusammenhang zwischen Bildungs- und Unterrichtszielen für den Lehrer nicht mehr erkennbar war. Beide Lernzielebenen sind deshalb weniger für die Darstellung im Lehrplan geeignet, während ein mittleres Abstraktionsniveau in der Zielbeschreibung sich als brauchbar erwiesen hat. Für die Lernzieleinteilung eignen sich ein handlungsorientiertes oder ein inhaltsorientiertes Konzept. Die Verhaltenskategorie bringt die Unterscheidung nach kognitiven, affektiven und psychomotorischen Lernzielen und die inhaltliche Anforderung kann die Betonung auf die fachimmanenten oder fachübergreifenden Lernziele des Sportunterrichts legen und einzelne Ziele zu Lernfeldern zusammenfassen.

Für die Beschreibung der Lernziele hat die Curriculumtheorie den Begriff Operationalisierung eingeführt. Er bedeutet die Umschreibung des mit einem Wort benannten oder durch einen Satz charakterisierten Lernzieles durch ein am Lernenden beobachtbares Handeln. Da nicht alle Lernziele des Sportunterrichts beobachtbare Handlungsweisen darstellen, sind auch nicht alle operationalisierbar. Aber selbst bei solchen Lernzielen, die als beobachtbare Tätigkeiten zu beschreiben sind, wird es fraglich, ob eine Operationalisierung erwünscht sein kann. Dabei ist vorerst nach verschiedenen Lernzielbereichen zu unterscheiden. Sportmotorische Fertigkeiten und konditionelle und koordinative Eigenschaften sind leichter als Handlungen zu beschreiben als Einsichten in die gesellschaftliche Bedeutung des Sports, die Spielfreude oder Gewohnheiten, die gesunde Lebensführung betreffend. Stets handelt es sich um Lernziele des Sportunterrichts, aber ungleich schwierig ist die Forderung nach operationaler Beschreibung in den einzelnen Lernzielbereichen zu verwirklichen. Dies wird einsichtiger, wenn dargelegt wird, was Operationalisierung alles einschließt. Nach MAGER (1973, 12) wird nicht nur das erwünschte Endverhalten im Detail beschrieben, sondern auch angegeben, unter welchen Bedingungen es zustandekommen soll und mit welchen Instrumenten (Tests) es gemessen werden kann. Deshalb ist das Bemühen um Verhaltensbeschreibung sinnvoll bei den Lernzielen im motorischen Fertigkeits- und Eigenschaftsbereich, aber unsinnig bei pädagogischen Leitideen, weil solche Ziele zuviel Interpretationsspielraum und Subjektivität zulassen, um die Forderung nach Operationalisierung erfüllen zu können.

Das Verlangen nach Überprüfung des Lernerfolges hat das Bemühen um Lernzielkontrollen zur Folge gehabt. Der Erfolg des Unterrichts ist aber nicht nur an den objektiven Lernzielkontrollen zu messen, weil das zielgerichtete Lernen im Unterricht weder ins letzte planbar noch restlos überprüfbar ist. Wie bei der Beschreibung der Lernziele muss auch bei der Kontrolle ihrer Verwirklichung nach den einzelnen Lernzielebenen unterschieden werden. Wieder sind sportmotorische Fertigkeiten leichter überprüfbar als sozialaffektive Einstellungen. Langzeitliche Lernziele sind innerhalb der Schulzeit überhaupt nicht kontrollierbar in ihrer Umsetzung. Der Überprüfung des Lernerfolges stehen sportmotorische Tests in standardisierter und informeller Art für die Messung und Beurteilung von Kondition, Koordinationsfähigkeit, Schnelligkeit, Ausdauer zur Verfügung. Unentbehrlich für die Leistungskontrolle ist aber nach wie vor das geschulte Lehrerurteil.

Die geschichtliche Entwicklung des Schulsports lässt erkennen, dass seine Lernziele stets übergeordneten Aufgabenbereichen zugewiesen waren. Wenn Sport aus pädagogischer Absicht theoretisch begründet und in der Schule praktisch durchgeführt wurde, geschah es unter Berufung auf mehrere damit verbundene Absichten: Er sollte der Gesundheit dienen oder zur Wehrhaftigkeit beitragen, die Entwicklung zur Persönlichkeit fördern, Berufsvorbereitung oder Anleitung zur Freizcitgestaltung sein (Instrumentalisierung).

Eine Gliederung der Lernziele des Schulsports in die Bereiche der Fertigkeiten, Kenntnisse, Fähigkeiten und Gewohnheiten findet sich in einigen neueren Lehrplänen. Motorische Fertigkeiten und konditionelle und koordinative Fähigkeiten sind nicht voneinander zu trennen, weil die einen jeweils die anderen bedingen und die Ausübung des Sports auf das Zusammenspiel beider Bereiche angewiesen ist. Die umfangreiche Lernzielebene des Bewegungswissens hat neben der Sportpraxis auch die Vermittlung der Sporttheorie im Unterricht zur Voraussetzung. Die in Abb. 12 (S. 110) angeführten Lernziele sind Ziele mittlerer Reichweite, die für den Unterricht zu Feinzielen aufbereitet werden müssen. Weitreichend und gebräuchlich, in letzter Zeit aber auch einiger Kritik ausgesetzt, ist die Formel „Handlungsfähigkeit im Sport" (KURZ 1987, BRETTSCHNEIDER 1981) im fachdidaktischen Schrifttum als oberste Zielsetzung des Sportunterrichts anzutreffen. Die Anerkennung dieser Zielformel setzt eine weite Begriffsbestimmung des Wortes Sport voraus, in die die wetttkampf- und leistungsorientierten Bewegungsfertigkeiten ebenso unterzubringen sind wie die vielfältigen spielerischen, gestalterischen und gesundheitsorientierten Bewegungshandlungen, die nicht den sportlichen Prinzipien der Leistungssteigerung und der Konkurrenz mit sich und anderen unterstellt sind. Meiner Ansicht nach wäre der Begriff „Bewegungskulturelle Handlungsfähigkeit" vorzuziehen, weil er zum Ausdruck bringt, dass die Aufgabe des schulischen Sportunterrichts nicht nur in der Vermittlung der Sportkultur liegt, auch wenn diese die derzeit dominante Bewegungskultur darstellt.

Die Handlungsfähigkeit im Sport ist ein mehrdimensionales Ziel, dessen Vielschichtigkeit sich schon in den Begriffen Handlung und Fähigkeit offenbart. Es ist damit das einsichtige und selbstbestimmte Bewegungshandeln gemeint, ersteres ohne und zweites mit Einschränkungen gefordert. Sporttreiben im weitesten Sinn ist mit Einsichten über die Sinnhaftigkeit des Tuns zu verknüpfen, damit es eine reflektierte Aktivität sein kann. Selbstbestimmung ist auch im Sport nur eingeschränkt möglich, weil es ein geselliges Tun ist und auf Übereinkünfte im Handeln angewiesen ist. Deshalb ist Sport immer auch ein Stück Fremdbestimmung, denn Handlungsfähigkeit schließt die Anerkennung der Interessen der Sportpartner mit ein. Die sportliche Handlungsfähigkeit ist vielseitig hinsichtlich der Sinngehalte des Sports und der Fähigkeiten des sporttreibenden Menschen. Sportliche Fähigkeiten sind Tätigkeiten des Wettkampfs und der Überbietung eigener und fremder Leistungsfähigkeit, der Darstellung und des künstlerischen Ausdrucks, des Spielens, des Körpererlebens, des Wohlbefindens und Erholens usw. Sportliches Handeln erfordert den Erwerb und Besitz konditioneller und koordinativer Fähigkeiten, Wissensbestände und Kenntnisse, soziale und organisatorische Fähigkeiten, ein motorisches Repertoire und Gewohnheiten, die mit Bewegung zusammenhängen. Handlungsfähigkeit im Sport ist zuletzt auch Anpassung an die bestehende Bewegungskultur und die Befähigung zur Veränderung und Neuschaffung derselben.

Dieser Katalog der Lernziele des Sportunterrichts ist fachspezifisch formuliert und zunächst auf Qualifikationen ausgerichtet, die mit der Handlungsfähigkeit im Sport zusammenhängen und darüber hinaus keine Ansprüche erheben. Kann es dabei bleiben oder müsste nicht auch der Schulsport zur allgemeinen Erziehung des Menschen und zur Persönlichkeitsbildung einen Beitrag leisten? Gesundheit und körperliche Leistungsfähigkeit sind sicherlich auch sportübergreifende Absichten, aber von solchen Lernzielen zu sprechen ist nur dann berechtigt, wenn die im Schulsport erzielten Ergebnisse des motorischen, kognitiven und sozialen Lernens in andere Lebens- und Verwendungssituationen übertragen werden können. Im motorischen Bereich sind Lernübertragungen im Fertigkeits- und Fähigkeitsbereich nachzuweisen. Wer in regelmäßigen sportlichen Aktivitäten einen höheren Ausprägungsgrad an Kraft oder motorischer Gewandtheit erworben hat, verfügt über diese Eigenschaften auch im Beruf oder bei Freizeitbeschäftigungen nichtsportlicher Art. Differenzierter stellt sich das Problem des Transfers der kognitiven und sozialen Lernergebnisse dar, mit dem sich Kurt Egger (1975) gründlich auseinandergesetzt hat, weshalb sich die weiteren Ausführungen seinen Gedankengängen anschließen.

Es wäre der Nachweis zu erbringen, dass sportliche Aktivitäten Handlungsweisen und Einstellungen bewirkt, die in anderen Lebenssituationen ebenfalls zum Tragen kommen. Es liegen Untersuchungen über Zusammenhänge zwischen motorischer und intellektueller Entwicklung vor (Zensurenvergleiche, Experimente mit der täglichen Sportstunde in der Grundschule, Vergleichsuntersuchungen zwischen motorischem Profil und Intelligenzquotient), die allerdings für den Normalschüler keine gesicherten Zusammenhänge zwischen sportlichen Tätigkeiten und intellektueller Entwicklung nachweisen können. Berechtigter sind die Transfererwartungen bei schwach begabten Kindern, wo Untersuchungsergebnisse den vorsichtigen Schluß zulassen, „daß Kinder mit einer retardierten intellektuellen Entwicklung und auch Kinder mit auffälligen Lernstörungen mit einem gezielten sportlich-motorischen Training in ihrer geistigen Entwicklung gefördert werden können" (Egger 1975, 171/172).

Es werden auch Vermutungen über Beziehungen zwischen der sportlichen Betätigung und der Persönlichkeitsbildung ausgesprochen. Welche Eigenschaften werden durch das sportliche Training besonders gefördert und wie intensiv muss dieses Training ausfallen, damit persönlichkeitsbildende Wirkungen von ihm zu erwarten sind?

Es ist wohl nicht zulässig, aus der Persönlichkeitsstruktur von Spitzensportlern auf charakterbildende Wirkungen des Schulsports zu schließen. Wenn aus den Untersuchungen von NEUMANN (1964) hervorgeht, dass eine hohe sportliche Leistungsfähigkeit mit den Handlungsmerkmalen Aggression, Leistungsstreben, Dominanzbedürfnis, Gefühlsstabilität und Extroversion in Beziehung steht, dann ist nicht nur die Intensität, sondern auch die Art des sportlichen Trainings dafür maßgeblich. Im Schulsport wird aber weder im hohen Ausmaß noch ausschließlich in einer bestimmten Sportart trainiert. EGGER (1975, 174) lässt aber persönlichkeitsprägende Wirkungen des Sports nur bei langfristigen und intensiven Trainingsaktivitäten gelten, wenn diese Wirkungen außerdem vom Trainer bewusst und aktiv gefördert werden und das sportliche Training bereits im Kindesalter eingesetzt hat. Die ungeklärte Transferfrage entlässt den Sportunterricht aber nicht generell aus der Verpflichtung zum sozialen Lernen. „Dennoch muß mit aller Deutlichkeit klargestellt werden, daß auf der Grundlage der Vergleichsuntersuchungen und der spärlich vorliegenden Transferuntersuchungen über den Transfer von komplexen Verhaltenstendenzen vom sportlichen auf den außersportlichen Bereich keine gesicherten Anhaltspunkte bestehen" (EGGER 1975, 178).

Trotz der stichhaltigen Einwände gegen eine unkritische Transfergläubigkeit bleiben individuelle und soziale Handlungsformen, Einstellungen und Werthaltungen außerhalb der Bewegungstätigkeiten wünschenswerte Lernziele des Schulsports. Sie werden zunächst sicherlich im sportlichen Handeln selbst benötigt und sind neben den Bewegungsfertigkeiten und den motorischen Fähigkeiten ein notwendiger Bestandteil dieses Handlungsfeldes. Das Problem der Lernübertragungen vom sportlichen Bereich auf andere Lebenssituationen ist beim derzeitigen Stand der Transferforschung nach beiden Seiten hin offen. Es ist weder gesichert, dass Lernübertragungen stattfinden, noch bewiesen, dass sie nicht stattfinden, und solange dieser Erkenntnisstand anhält, sind die sozialisierenden und persönlichkeitsbildenden Erwartungen an den Schulsport gerechtfertigt.

„Da sind Mut, Ausdauer, Ruhe, Sicherheit, die man auf dem Sportplatz zwar nicht für alle Fälle des Lebens, aber immerhin so erwirbt wie ein Seiltänzer das Gleichgewicht auf einem Seil, das in der Höhe von einem Meter gespannt ist. Man lernt die Aufmerksamkeit zu sammeln und zu verteilen wie ein Mann, der mehrere Spinnstühle beaufsichtigt. Man wird gelehrt, die Vorgänge im eigenen Körper zu beobachten, die Reaktionszeit, die Innovationen, das Wachstum und die Störungen in der Koordination der Bewegungen, man erlernt die Beobachtung und Auswertung von Nebenvorgängen, die rasche intellektuelle Kombination; alles das ähnlich, wenn auch nicht in dem Maße, wie ein Jongleur. Man erwirbt Bekanntschaft mit den Fehlleistungen, welche der wahrnehmbaren Müdigkeit voranschleichen; man lernt das eigentümliche Schweben zwischen zuviel und zu wenig Fleiß kennen, die beide schädlich sind, den gewöhnlich ungünstigen Einfluß der Affekte auf die Leistung und andererseits die beinahe mirakulöse Natur des besonders guten Gelingens, wo der Erfolg sozusagen schon vor der Anstrengung da ist. Und obwohl man alles das auch bei anderen Gelegenheiten, etwa beim Kartoffelgraben, kennenlernen kann, so faßt es der Sport doch in einer überaus zugänglichen und reizvollen Weise zusammen, wozu noch die Anregungen kommen, die das Kampfspiel gewährt, das Überlisten, die Schwankungen zwischen den Gegnern, die Einschüchterung und die Siegesgewißheit und so vieles andere, was man etwas geschwollen als Taktik und Strategie bezeichnet … Das Wesen des Ich leuchtet in den Erlebnissen des Sports aus dem Dunkel

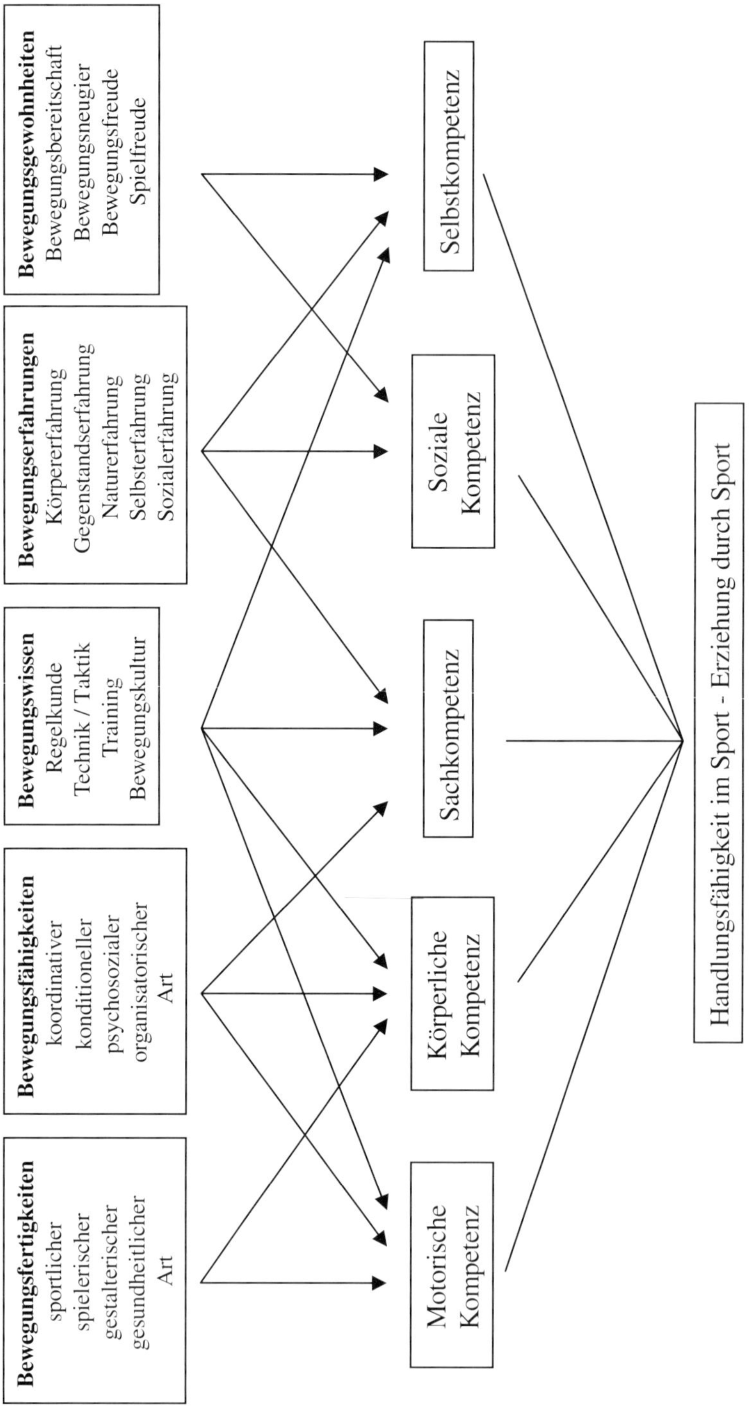

Abb. 12: Handlungsfähigkeit im Sport und Erziehung durch Sport als Aufgaben des Sportunterrichts.

des Körpers empor, und auch sonst leuchtet dabei allerhand Dunkles" (Robert MUSIL 1955, 818). Der österreichische Romancier Robert MUSIL (1880–1942) hat in seinem Roman „Der Mann ohne Eigenschaften" viel Kluges auch zum Sport geschrieben, ich habe aber auf den etwa 1.500 Seiten des Werkes keine Stelle gefunden, die dichter und dichterischer das Wesentliche des Sports und die Wichtigkeit seiner Erziehungsfunktion zum Ausdruck bringt.

3.2 Grundsätze schulischer Sporterziehung

Dem im ersten Kapitel vorgestellten unterrichtstheoretischen Konzept der Sportdidaktik folgend, leiten sich aus der Aufgaben- und Funktionszuschreibung an den Schulsport zunächst die konkreten Lern- und Erziehungsziele ab, die wiederum in einem nächsten didaktischen Schritt mit Grundsätzen der Erziehung und der Unterrichtsführung in Beziehung gebracht werden. Dies geschieht im folgenden Abschnitt: die zentralen Aufgaben der Sport-, Spiel-, Ausdrucks- und Gesundheitserziehung und die ihnen zugehörigen Zielvorstellungen gewinnen an Überzeugungskraft, Anschaulichkeit und Konkretheit hinzu, wenn sie an pädagogischen und didaktischen Prinzipien gemessen werden. Die Auswahl der Lerninhalte und der Einsatz der Unterrichtsverfahren ist danach zwar kein zwangsläufiges didaktisches Unternehmen und bedarf durchaus der Reflexion, bewegt sich aber in einem Rahmen, der von den intentionalen Entscheidungen abgesteckt ist.

Jeglicher Unterricht ist als pädagogische Veranstaltung von Grundsätzen bestimmt, die wie die Lern- und Erziehungsziele, mit denen sie im engen Bezug stehen, einer ständigen Überprüfung ihrer Berechtigung zu unterziehen sind, weil sie nur eine zeitweilige Gültigkeit beanspruchen dürfen. Die Unterrichtsprinzipien sind der Ausdruck eines epochalen pädagogischen Denkens, erreichen meist verspätet die Praxis und sind dort noch lange wirksam, wenn sich die theoretische Grundlage gewandelt hat und die ideologisch-gesellschaftliche Stützung nicht mehr vorhanden ist. Schul- und Unterrichtstheorien prägen oft auch nach ihrer Widerlegung und Abschaffung den Schul- und Unterrichtsalltag, wie sie umgekehrt lange nach ihrer Konzipierung und wissenschaftlichen Anerkennung ohne praktischen Niederschlag sein können. Prinzipien des Unterrichts sind idealtypische Festlegungen und pädagogische Leitvorstellungen, die sich zu konkreten Unterrichtsgrundsätzen in einem bestimmten Fach ausformen und auf didaktische Entscheidungen Einfluß nehmen. Didaktische Prinzipien sind jedenfalls keine ewig gültigen pädagogischen Wahrheiten und aus diesem Grunde auch immer wieder kritisch auf ihre Zeitgemäßheit zu untersuchen. Denn es können Grundsätze die Unterrichtspraxis bestimmen, die einer vergangenen geistigen Epoche angehören und ein Erziehungsdenken verkörpern, dem entscheidende Grundlagen bereits entzogen sind. Jedenfalls sind alle drei Ebenen der Unterrichtsgestaltung, die Planung, Durchführung und Auswertung nicht nur von den Zielvorgaben, Inhalten und methodischen Verfahren, sondern auch von den pädagogischen Grundsätzen geprägt. Diese Tatsache wird einsichtig gemacht, wenn die heute bestehenden und anerkannten Prinzipien des Sportunterrichts näher beschrieben werden. Es sind dies die folgenden: Vielseitigkeit, Differenzierung, Planmäßigkeit, Improvisation, Einfachheit, Regionalität und Mitweltlichkeit.

Während die vier erst genannten Unterrichtsprinzipien charakteristisch für die Sportdidaktik und den gegenwärtigen Sportunterricht sind, bilden die drei folgenden Grundsätze der Einfachheit, Regionalität und Mitweltlichkeit den Übergang zu einem neuen und zukünftigen Konzept einer Bewegungsdidaktik und eines bewegungskulturellen Unterrichts in der Schule.

Zieht man die wichtigsten Unterrichtsprinzipien der früheren Theorie der Leibeserziehung (Ganzheitlichkeit, Gemeinschaftsgebundenheit, Naturnähe; vgl. Seybold 1973, 1974) zum Vergleich mit den sportdidaktischen und bewegungsdidaktischen Grundsätzen heran, wird die epochale Gebundenheit und Bestimmtheit dieser pädagogischen und didaktischen Prinzipien deutlich erkennbar.

Das didaktische Prinzip der *Vielseitigkeit* ist ein anerkannter Grundsatz im Schulsport und reicht vom vielfältigen Sammeln von Bewegungserfahrungen bis zur Vielfalt der Unterrichtsmethoden. Das Ziel der Schule ist der vielseitig gebildete Mensch, das Ziel des Schulsports die Handlungsvielfalt in der Bewegungskultur. Daraus leiten sich viele Absichten, Lerninhalte und Verfahren ab, die Vielseitigkeit anstreben. Im Schulsport beginnt es mit der vielseitigen motorischen Grundausbildung als Voraussetzung für eine in Grenzen gehaltene Spezialisierung in der Oberstufe. Zur Vielseitigkeit der Bewegungserfahrungen und des motorischen Könnens zählt auch die Beidseitigkeit in zahlreichen Sportarten, in denen bisher Einseitigkeit vorherrschend war: z.B. Tennis, Badminton, Basketball und andere Ballspiele (vgl. Stadler/Bucher 1986). Nicht verwechselt werden darf die Vielseitigkeit im Sportunterricht mit der Oberflächlichkeit und der Planlosigkeit. Äußerlich betrachtet sieht beides nach Vielseitigkeit aus, weil dem Schüler immer Neues angeboten wird und der Unterricht sich nach den wechselnden Wünschen der Beteiligten richtet. Vielseitigkeit im inhaltlichen Angebot ist geplanter, zielgerichteter und ausreichend vertiefter Unterricht. Deshalb erhält das Prinzip Vielseitigkeit in der Forderung nach dem Fundament ein ausgleichendes Gewicht. Fundamentale Bewegungserfahrungen und Lerngelegenheiten ordnen sich wiederum um die Aufgabenfelder des Wettkampfes (Sport), des Spiels, der Gestaltung (Ausdruck) und der Gesundheit und fordern für den Unterricht die exemplarische Vermittlung dieser vier Bewegungshandlungen ein. Fundamentale Begrenzungen des Prinzips Vielseitigkeit ergeben sich mithin für alle didaktisch belangvollen Bereiche des Schulsports: im Zielbereich durch die Konzentration auf vier Aufgabenfelder, bei den Lerninhalten durch die Betonung der vier Gruppen von Bewegungstätigkeiten, in der Methodik durch die situative Ausgewogenheit der induktiven und deduktiven Unterrichtsverfahren und im Organisatorischen durch die Bereitstellung einiger weiterer Lerngelegenheiten neben dem eigentlichen Sportunterricht (Sportkurse im Sommer und Winter, Bewegungspausen, schulische Wettkämpfe usw.). Der Gedanke der Vielseitigkeit steckt auch in der Forderung der Mehrperspektivität, die Kurz (1990, 1993, 1994) für die Vermittlung der Sinngehalte des Sports im Sportunterricht aufstellt und begründet.

Das didaktische Prinzip der *Differenzierung* des Unterrichts leitet sich aus der pädagogischen Idee der Individualisierung ab. Es fordert die Bedachtnahme auf individuelle Neigungen und Leistungsfähigkeiten trotz der Gruppensituation schulischen Lernens. Nach Seybold (1973, 56) bietet der Sportunterricht in fünf Bereichen die Ansätze für eine Differenzierung:

Bewegungsrhythmus: Jeder Mensch hat einen individuellen Bewegungsrhythmus, den Bewegungsfluss, zeitlicher Ablauf und Phasenstruktur kennzeichnen. Meinel (1971) bezeichnet damit die dynamisch-zeitliche Struktur einer Bewegung. Seybold (1973, 58) hebt die Abhängigkeit des Bewegungsrhythmus vom „habituellen Bewegungsrhythmus eines Individuums, wie von seiner aktuellen Stimmungslage, von der motorischen Reife wie vom Grad der Übung“, hervor. Konstitutionelle Eigenheiten und Entwicklungsmerkmale sind weitere Determinanten der individuellen Bewegungsausführung. Der Sportunterricht betreibt das Bewegungslernen meist in der Gruppensituation. Trotz des Bemühens um Differenzierung im Unterricht ist das gemeinsame Lernen, Üben und Anwenden von Bewegungstätigkeiten nicht zu umgehen. Diese Situation ruft Nivellierungstendenzen im Bewegungsrhythmus hervor, die nicht nur negativ bewertet werden dürfen. Ein Üben und Lernen nach vorgegebenem Rhythmus oder im gemeinsamen Ablauf bedeutet auch Hilfe und Verstärkung für den Einzelnen, ohne dass es dabei zur Verformung der individuellen Bewegungsausführung kommen muss. Die Behauptung, dass ein gemeinsames Üben mit vorgegebenen Bewegungsrhythmus unbedingt zur Störung des Eigenrhythmus führen muss, geht an der Realität des Schulsports vorbei. Damit wird den von taktmäßigen Bewegungsfolgen gekennzeichneten gymnastischen Massenveranstaltungen nicht das Wort geredet.

Motorisches Profil: Das motorische Leistungsvermögen und der jeweilige Zustand des motorischen Eigenschaftsniveaus sind das Ergebnis von Reife- und Lernprozessen und deren Wechselwirkung aufeinander. Eine bewegungsanregende personale und materiale Umwelt bewirkt ein besseres motorisches Niveau als eine bewegungsarme Umgebung. Deshalb ist die motorische Leistungsfähigkeit eines Schülers unter anderem auch mitbestimmt von der Familiensituation, dem Erziehungsstil und den Wohnverhältnissen. Der motorische Zustand eines Schülers ist weniger alters- als entwicklungsabhängig, weshalb eine altersgleiche Schulklasse (was ohnehin kaum vorkommen wird) keinen einheitlichen motorischen Entwicklungsstand aufweist. Besonders die Umbruchzeiten der menschlichen Entwicklung, wie sie der erste Gestaltwandel und die Pubertät darstellen, bereiten Schwierigkeiten bei der Diagnose des motorischen Leistungszustandes. Körperliche und psychosoziale Phasenmerkmale helfen dem Sportlehrer, die Zuordnung der Motorik zu Entwicklungsphasen vorzunehmen. In der kindlichen und jugendlichen Entwicklung bis zum 20. Lebensjahr gibt es motorische Krisenphasen, die besondere Anforderungen an einen differenzierten Sportunterricht stellen.

Leistungsvermögen: Das verschiedenartige motorische Profil der Schüler ist nicht die einzige Ursache für differente Grade des Leistungsvermögens im Sport. Konstitutionelle Bedingungen, Motivation und Interessen, unterschiedliche Leistungsbereitschaft, Willensstärke, Angstempfinden und andere Faktoren bedingen ebenfalls die Verschiedenartigkeit und graduelle Abstufung der motorischen und körperlichen Leistungsfähigkeit. Das Prinzip der Differenzierung des Unterrichts fordert deshalb die Einteilung in Leistungsgruppen, die Bereitstellung von Lernhilfen, die unterschiedliche Anwendung der Sportgeräte und die abgestuften Leistungsanforderungen an die Schüler.

Seybold (1973, 63 f.) äußert einige Bedenken gegen die Einteilung der Schüler in unterschiedliche Leistungsgruppen, kommt aber nicht umhin, diese als methodische Maßnahme anzuerkennen. Die dadurch getroffene Klassifizierung in gute, mittlere und schlechte Schüler ist pädagogisch nicht so bedenklich, weil sie im Sportunterricht beständig im Fluss ist. Wer im Geräteturnen in einer niedrigeren Leistungsgruppe übt, kann in derselben Stunde bereits beim Volleyball seinen hohen Leistungsgrad demonstrieren. Selten bewegt sich ein Schüler ausschließlich und immer in unteren Leistungsgruppen, und wenn er es tut, weiß er, daß er im Sport nicht seine Stärken hat. Solche Erfahrungen können dem heranwachsenden Menschen auch in anderen Unterrichtsfächern nicht erspart bleiben und sind selbst im leistungsdifferenzierten Unterricht nicht zu vermeiden. Die von Seybold (1973, 64) vorgeschlagene freie Wahl der Leistungsgruppe ist als pädagogische Maßnahme sicherlich von Vorteil, weil sie dem Schüler Enttäuschung erspart. Die selbständige Entscheidung für eine unter mehreren Leistungsgruppen setzt aber die richtige Einschätzung der eigenen Leistungsfähigkeit voraus. Den Blick für die Grade und Grenzen des eigenen Könnens erwirbt der Schüler, wenn er über längere Zeiträume seine Leistungsentwicklung verfolgen kann, Leistungserhebungen selbst vornimmt und zur Bewertung angeleitet wird. Das setzt seine Mitarbeit in allen Stufen und Formen der Unterrichtskontrolle voraus.

Interessen: Die Vielseitigkeit im inhaltlichen Angebot ist ein weiteres Merkmal des differenzierten Unterrichts. Schülerinteressen sind ein Anlass zur inhaltlichen Differenzierung, auch wenn dem Schulsport hierin Grenzen gesetzt sind, weil der Kanon der schulischen Bewegungstätigkeiten aus organisatorischen Gründen nicht beliebig zu erweitern ist. Außerdem sind die sportlichen Interessen von Jugendlichen sehr häufig von Modetrends geprägt und kurzdauernd, was den Schulsport zum beständigen Wechsel seiner Lerninhalte zwingen würde. Die Differenzierung nach Neigungen und Interessen der Schüler meint auch die Wahlmöglichkeit innerhalb des Kanons der Schulsportarten. Neigungsgruppen und ein neigungsorientierter Unterricht in der Oberstufe sind die organisatorischen Konsequenzen. Neigungsdifferenzierung ist als didaktisches Prinzip vor allem für die Oberstufe bedeutsam, denn vor der Pubertät sind die sportlichen Interessen der Kinder ohnedies breit gestreut und gestatten die Vielseitigkeit als tragenden Grundsatz des Sportunterrichts. Vom 13./14. Lebensjahr an tritt jedoch eine Verengung des Interessenshorizonts auch im Sport ein, dem dann ein differenzierter Unterricht gerecht zu werden hat. Es wäre aber zu weit gegangen, wenn ausschließlich eine Didaktik der Angebote die Antwort auf die eingeengten Interessen der Jugendlichen wäre. Interessen sind nicht nur vorhanden, sondern können auch geweckt werden.

Lerntempo: Die Tatsache, dass kognitive Lernvorgänge von einem individuell unterschiedlichen Lerntempo abhängig sind, war dem aufmerksamen Lehrer von jeher eine bekannte Erscheinung. Das motorische Lernen unterliegt ähnlichen Bedingungen, wenngleich die Gruppensituation in der Schule dem individuellen Lerntempo enge Grenzen setzt, die der differenzierte Sportunterricht allerdings erweitert, indem er dem einzelnen Schüler Gelegenheiten verschafft, Lernprozesse nach dem individuellen Lerntempo ablaufen zu lassen und ihn nicht in allen Situationen an die Lernschritte der besten Schüler bindet. Der Gruppenunterricht ist eine methodische Maßnahme, die dem individuellen Lernen sehr entgegenkommt.

Das Unterrichtsprinzip der *Planmäßigkeit* leitet sich aus der Forderung nach Effektivität des Sportunterrichts ab. Aus Schülerbefragungen geht hervor, dass im Schulsport zu wenig gelernt wird (MARTIN/ZIEGLER 1974). Das sportmotorische Leistungsvermögen ist ein wichtiges Lernziel des Schulsports, das durch geplante Lernwege erreicht werden soll. Zwischen den Grundsätzen der Differenzierung und der Planmäßigkeit besteht eine wechselwirkende Beziehung. Dem Unterrichtsfach Sport steht eben nur eine begrenzte Wochenstundenzahl zur Verfügung, das motorische Lernen aber ist ein zeitaufwendiger Prozess. Der Schulsport unterbreitet dem Schüler ein vielfältiges Angebot an motorischen Tätigkeiten von unterschiedlicher Komplexität und Schwierigkeit beim Erlernen und Üben. Die Forderung nach schnellen und zielsicheren Lernwegen ist demnach berechtigt und die Antwort darauf liegt beim geplanten und straff geführten Unterricht. Die methodischen Übungsreihen, Lernzielkontrollen, ein planvoller Stundenaufbau und die Erstellung der Jahrespläne sind einzelne Schritte zu einer effektiven Unterrichtsführung. Das alltägliche Leben in entwickelten Gesellschaften ist gekennzeichnet durch ein hohes Defizit an Bewegung und körperlicher Anstrengung. Der Schüler ist durch die langdauernde Sitzhaltung besonders davon betroffen und entwickelt ein akutes Bewegungsbedürfnis, das er in den Sportstunden befriedigen möchte. So sehr es gerechtfertigt ist, mit dem Sportunterricht noch weitere Aufgaben zu verbinden, so wenig darf die primäre Verpflichtung zum Bewegen vernachlässigt werden. Der in der Bewegung eingeschränkte Schüler hat ein Bedürfnis nach und einen Bedarf an Bewegung, für dessen Befriedigung die Pausenzeiten nicht ausreichen. Die beste Lösung wäre die tägliche Sportstunde. Ausreichende Bewegung für jeden Schüler ist nach wie vor die erste Forderung an den Schulsport und ein Kennzeichen des effektiven Sportunterrichts. Untersuchungen haben ein überraschend geringes Maß an tatsächlicher Bewegung für jeden Schüler in einer normalen Sportstunde erbracht. Effektiv ist ein Sportunterricht auch dann, wenn er möglichst viele motorische Grunderfahrungen dem Lernenden vermittelt und vielseitige Erlebnisse im Bereich der Bewegungskultur ermöglicht.

Die Forderung nach *Offenheit und Improvisation* im Sportunterricht, nach Handlungs- und Entscheidungsspielräumen für den Schüler ist ein aktuelles Unterrichtsprinzip, das zwar vordergründig zu den Grundsätzen der Differenzierung und Planmäßigkeit in Widerspruch steht und sich mit dem Effektivitätsdenken schwer vereinen lässt. SEYBOLD (1973, 143 ff.) nimmt die Forderung des Arbeitsschulpädagogen Hugo GAUDIG (1860–1923) auf, den Bildungserwerb zu einem „Handeln aus eigenem Antrieb, mit eigenen Kräften, auf selbstgewählten Bahnen zu freigewählten Zielen" (1973, 146) zu gestalten, und fragt nach dem Beitrag und den Möglichkeiten der Leibeserziehung bei der Umsetzung dieses pädagogischen Prinzips in die unterrichtliche Wirklichkeit. Der didaktische Grundsatz der Offenheit und Improvisation geht aber über arbeitspädagogische Vorstellungen hinaus und stellt einen hohen Anspruch an den Lernenden und an den Lehrer.

Auf Seiten des Schülers sind kreative Fähigkeiten und die Bereitschaft zur Selbstständigkeit und Spontaneität Voraussetzungen für die Verwirklichung dieses didaktischen Prinzips. Dem steht aber in der Realität des Schulsports einiges entgegen. Eigene Antriebe zum Sport sind nicht bei allen Schülern vorhanden, Unterrichtsziele in vielfacher Weise vorgegeben (z.B. in den Lehrplänen) und daher weder vom Lehrer noch vom Schüler frei wählbar. Über die Unterrichtsverfahren weiß der Schüler in der Regel zu wenig Bescheid, um darüber befinden zu können. So erfährt das an sich berechtigte Prinzip der Offenheit seine Grenzen in der Praxis. Innerhalb dieser Grenzen bleiben aber Raum und Zeit für spontanes Handeln im Schulsport, für Mitbestimmung bei der Unterrichtsgestaltung, für Einfälle und Improvisation. Gerade dieses Unterrichtsfach bietet die Chance zur Spontaneität, weil es weniger als so genannte Lernfächer unter dem Noten- und Leistungsdruck steht. Den Bedürfnissen der einzelnen Altersstufen angemessen, können unterschiedliche Lehrverfahren mehr oder weniger die Spontaneität der Lernenden herausfordern und berücksichtigen. Die Bewegungsaufgabe und das induktive Lehrverfahren erfüllen die Forderung nach offenem und spontanem Handeln im Schulsport am ehesten. Die Kreativität des Schülers im Schulsport, ausgedrückt im selbstständigen Handeln und im eigenverantwortlichen Entscheiden ist allerdings abhängig von der Unterrichtsorganisation, der Altersstufe und der Motivation der Schüler sowie den zu lernenden Inhalten.

Einfachheit, Regionalität und Mitweltlichkeit sind Erziehungs- und Unterrichtsprinzipien, die in der gegenwärtigen Sportdidaktik nicht jene Beachtung finden, die sie verdienen und die deshalb auf ein zukünftiges Konzept einer bewegungskulturellen Erziehung verweisen. Die Aufwendigkeit an Material, Zeit und Raum charakterisiert den modernen Sportbetrieb außerhalb der Schule und lässt den Schulsport nicht unbeeinflusst. Dieser Tendenz ist das Prinzip *Einfachheit* entgegenzustellen, das den Schülern die Erfahrungen vermitteln soll, dass ein gelingendes und freudvolles Bewegungshandeln auch ohne teure Sportgeräte, ohne eigens errichtete Sportanlagen, ohne lange Anfahrtswege und ohne kompliziertes Regelwerk möglich ist. Die reichhaltige Bewegungskultur, wenn sie nicht auf die Sportkultur reduziert wird, bietet eine Fülle einfacher und alltäglicher Bewegungserlebnisse und -erfahrungen.

Mit dem Schlagwort Bewegungskultur wird häufig die Vorstellung fernöstlicher Meditationsübungen, sanfter Körpererfahrungen, spielerischer Unverbindlichkeit oder esoterischer Gesundheitsgymnastik verknüpft. In dem hier vorgestellten bewegungskulturellen Erziehungs- und Unterrichtskonzept sind diese Übungsbereiche integriert, aber nicht alleiniger Bestandteil des inhaltlichen Angebots. Die europäische Bewegungskultur ist von den Grundsätzen der Anstrengung, Askese und Anforderung ebenso getragen und bestimmt wie von denen der Innerlichkeit und Spielhaftigkeit. Die Versportlichung der traditionellen Bewegungskultur im

20. Jahrhundert hat aber diese zweite Seite verkümmern lassen und die Leistungsmotivation in den Vordergrund gestellt. Was für die schulische Bewegungserziehung gefordert wird, die Ausgewogenheit zwischen beiden Teilen der Ganzheit wieder herzustellen, ist letztlich nur das Nachvollziehen einer Entwicklung, die im außerschulischen Bewegungshandeln der Menschen als Wertewandel im Sport schon seit einiger Zeit in Gang gesetzt worden ist.

Der auf die Gleichförmigkeit der Durchführungsbestimmungen bedachte internationale Sport beherrscht immer ausschließlicher das Bewegungshandeln der Menschen. Die Sportartenorientierung des Schulsports, die Tätigkeiten der Sportvereine, die Wirksamkeit der Medien durch die Sportberichterstattung und die Sportangebote der kommerziellen Unternehmen verstärken diesen Trend zum genormten Sport in der Freizeitgestaltung. Lokale Bewegungsmuster, motorisches Brauchtum, Spiel- und Turnfeste, Straßenspiele der Kinder und ähnliche Erscheinungen der traditionellen Bewegungskultur werden vom Sport in den Hintergrund gedrängt und sogar zum Verschwinden gebracht. Das bewegungskulturelle Erziehungskonzept kämpft dagegen an, weil es die *regionalen Bewegungsformen* ins Lehr- und Lernprogramm nimmt, der Alltäglichkeit des heutigen Sporttreibens festliche Bewegungshandlungen zur Seite stellt, die überkommenen Spiel- und Brauchtumsformen der Bewegung als erhaltenswerte Kulturgüter eines Volkes oder einer Landschaft betrachtet.

Im Bewegungshandeln der Menschen ist die Zuwendung zu den Abenteuer- und Natursportarten gewaltig angestiegen und stellt inzwischen ein ökologisches Problem dar. In einer urbanisierten Gesellschaft ist das einer Natursehnsucht entstammende Bedürfnis nach Bewegung in natürlichen Räumen verständlich und zu akzeptieren. Die Verstärkung und Ausnützung dieser Bedürfnislage durch kommerzielle Unternehmen und Interessen, die bedenkenlose Inanspruchnahme der Landschaft für Natursportarten und das massenhafte Auftreten der Sportler in sensiblen Räumen schaffen eine bedrohliche Situation für Lebensräume von Pflanzen, Tieren und Menschen. Die Alpenregion insgesamt, aber auch andere europäische Regionen sind durch den Alpinen Skilauf, Rafting, Paragliding, Mountainbiking und andere Sportarten dieses Zuschnitts in eine bedrohliche ökologische Situation geraten. Schulische Bewegungserziehung kann und soll nicht gegen diesen breiten Strom der Neigungen und Bedürfnisse des Menschen schwimmen, den verderblichen Tendenzen der Natursportarten aber auch etwas entgegenhalten. Dieses Gegengewicht heißt *„Prinzip Mitweltlichkeit"* und ist das ideale Konzentrat einer Weltsicht, die den Menschen nicht zum Weltenherrscher und alle anderen Lebewesen und Dinge zu Untertanen erklärt, sondern ihn hineinstellt in das Gefüge des Lebens auf dieser Erde und zum Mitbewohner des gemeinsamen Hauses macht. Mitweltliches Bewegungshandeln sieht die Landschaft nicht als beliebig machbare und veränderbare Sportanlage und das Tier (z.B. das Pferd) nicht als Sportgerät an. Diese Einstellung lässt die Bewegungsinteressen des Menschen nicht über alle anderen Lebensrechte herrschen, hat nicht allein die Gesundheit des Menschen, sondern die Gesundheit des ganzen Planeten im Visier und betrachtet die Erde als lebenden Organismus statt als tote Materie. Gerade in der Ausübung der Natursportarten ist diese mitweltliche Lebenshaltung zu wecken und zu festigen, damit aus dem Natursport ein mit der Natur versöhnlicher Umgang im Bewegungshandeln werden kann. So werden also den traditionellen Grundsätzen des Sportunterrichts wie Vielseitigkeit, Differenzierung, Planmäßigkeit und Offenheit die auf eine bewegungskulturelle Erziehung gerichteten Prinzipien der Einfachheit, Regionalität und Mitweltlichkeit gleichwertig und gleichwichtig an die Seite gestellt.

3.3 Lerninhalte und Unterrichtsthemen des Schulsports

3.3.1 Auswahlkriterien

Die Aufgaben und Zielsetzungen des Schulsports bilden die Entscheidungsgrundlage für die Auswahl und Gliederung der Lerninhalte und Unterrichtsthemen. Aus der Mehrschichtigkeit der Aufgaben und Ziele leitet sich ein mehrdimensionaler Inhaltsbegriff für den Sportunterricht ab. Lerninhalte sind zunächst einmal Bewegungsfertigkeiten, motorische Fähigkeiten und Wissensbereiche der Bewegungskultur, durch deren Erwerb der Schüler in die Lage versetzt wird, sportliche, spielerische und andere Bewegungstätigkeiten wie die Übungen des Gesundheitssports oder der expressiven Bewegungskultur für sich allein oder in größeren und kleineren Gruppen mit anderen Personen auszuführen, die motorischen Aktivitäten anderer zu planen und zu leiten, sportliche Handlungen und Normen zu bewerten und die sportliche Leistungsfähigkeit zu verbessern. Es dürfte einsichtig sein, dass zwischen den Zielen und den Inhalten des Sports fließende Grenzen und ständige Übergänge herrschen. Jedenfalls sind die Lerninhalte des Schulsports keine fixierten und unveränderlichen Tätigkeiten, sondern offene Bewegungshandlungen, die erst durch die jeweilige Zielsetzung ihre Struktur, ihre äußere Form und ihren inneren Ablauf, ihr Regelwerk und ihre Sozialformen erhalten. Jede Bewegungshandlung trägt als Inhalt des Schulsports ihre Alternativen gleichsam in sich.

Das Schulturnen war früher bemüht, sich vom außerschulischen Sport schon dadurch abzuheben, dass es seine Lerninhalte nicht mit den gebräuchlichen Namen der Sportarten versehen, sondern allgemein Leibesübungen benannt und in eine nach pädagogischen Kriterien erstellte Systematik gebracht hat. Diese Tendenz verdeutlichen die Lehrpläne, die nach dem Zweiten Weltkrieg in den Ländern der Bundesrepublik Deutschland und in Österreich erstellt worden sind. Wenn aber der Sport nicht nur dem Namen, sondern auch der Sache nach zum Schulsport wird, muss aus der Fülle und Vielfalt der sportlichen Disziplinen eine Auswahl getroffen werden. Denn aus mehreren Gründen eignen sich nicht alle Sportarten für die Vermittlung im schulischen Unterricht. Damit die notwendige Auswahl nicht willkürlich erfolgt, bedarf er der Auswahlkriterien. Als solche sind die curricularen Lernziele des Sportunterrichts, pädagogische Leitideen, didaktische Grundsätze, traditionelle Gepflogenheiten, räumliche Gegebenheiten, vorhandene Sportstätten und -geräte, die Ausbildung der Sportlehrer und die Interessen der Schüler in Betracht zu ziehen und in einem ausgewogenen Anteil als Entscheidungsgrundlage für die Aufnahme in den Katalog der Schulsportarten zu nehmen. Den Aufgaben und Zielen gebührt allerdings der Vorrang vor den anderen didaktischen Kriterien. Die geschichtliche Entwicklung der körperlichen und motorischen Erziehung in der Schule offenbart ein starkes Beharrungsvermögen der zu lehrenden Bewegungstätigkeiten, wodurch sich Veränderungen im außerschulischen Sport mit deutlicher zeitlicher Verzögerung und nach Überwindung bedeutender Hindernisse im Schulsport niederschlugen. Das war am Beginn des 20. Jahrhunderts der Fall, als die Vorherrschaft des Turnens sehr langsam zugunsten der Leichtathletik und der Ballspiele gebrochen wurde.

Da die Lernzielbestimmung für den Sportunterricht immer wieder ansteht, ist auch der Kanon der Lerninhalte von Zeit zu Zeit reformbedürftig. Der enge Zusammenhang zwischen Zielen und Inhalten macht außerdem deutlich sichtbar, dass durch die Aufnahme sportlicher Disziplinen in den schulischen Bereich diese von Veränderungen betroffen sind, die sich aus den Aufgaben und Zielvorstellungen der Schule herleiten. Für die Auswahl der Lerninhalte des Schulsports stellen also die Aufgaben und Ziele ohne Zweifel ein wichtiges Kriterium dar, es wäre aber unrealistisch, würde man sie als das einzige Auswahlkriterium ansehen. Denn über die Art der Lerninhalte entscheiden auch räumliche und geographische Gegebenheiten der jeweiligen Schule, die Ausbildung und die Interessen der an der Schule beschäftigten Lehrer, die zähen Traditionen dieses Unterrichtsfaches und die überdauernden sportlichen Gewohnheiten und Neigungen von Kindern und Jugendlichen mit. Die in den Schulen realisierten Lerninhalte sind nicht immer identisch mit den im Lehrplan intendierten, weil man auch im Hinblick auf die Lerninhalte die Unterscheidung nach einem offiziellen und einem heimlichen Lehrplan treffen kann (vgl. auch Brodtmann 1979, 49).

Da die Inhalte des Sportunterrichts durch unterschiedliche Zielsetzungen verändert werden, schlägt Brodtmann (1979, 52) dafür den Begriff Thema vor. Der Lerninhalt Volleyball kann als normgerechtes Spiel, als unter besonderen situativen, personellen oder materiellen Bedingungen zu gestaltende Bewegungsaufgabe, als taktische Variante oder gruppendynamisches Problem zum Thema des Sportunterrichts werden. Die bestehenden Lehrpläne enthalten Inhalte und Lernziele, und dem Sportlehrer erwächst daraus die Aufgabe, die Inhalte bezogen auf die Ziele zu den Themen des Unterrichts zu machen. Vom Unterrichtsverständnis und von der Aufgabenzuschreibung wird es abhängen, welche Themen im Schulsport bevorzugt werden, ob z.B. Volleyball als genormtes Sportspiel oder freies Bewegungsspiel zum häufigeren Thema des Unterrichts gemacht wird.

3.3.2 Einteilungskriterien

Die Ordnung und Einteilung der Sportarten nach festgelegten Kriterien erübrigt sich im außerschulischen Sport, denn es ist belanglos, ob die sportlichen Disziplinen nach Mannschafts- oder Einzelsportarten, nach Spielen oder Leistungsübungen, nach medizinischen Wirkungen oder Bewegungsverwandtschaften gegliedert sind. Anders ist die Situation im Schulsport, wo die Systematik der Lerninhalte eine Hilfsfunktion für die Durchführung des Unterrichts innehat. Man sollte diese Funktion nicht überschätzen und die Lehrpläne nach inhaltlichen Systematiken gestalten, aber auch nicht unterbewerten und in der Ordnung des Übungsgutes nur ein theoretisches Interesse vermuten.

Ein System der Lerninhalte des Sportunterrichts ist abhängig von den Zielsetzungen und Aufgaben, die dem Schulsport zugeschrieben werden. Geht man von dieser Voraussetzung an die Ordnung der Lerninhalte heran, werden pädagogische Kriterien die ausschlaggebende Grundlage der Einteilung bilden. Denkbar sind aber auch Einteilungsprinzipien wie Bewegungsverwandtschaft, physiologische Übungswirkung, biomechanische Gesetzmäßigkeit, philosophisch-anthropologische Prinzipien oder unterrichtspraktische Überlegungen. In Systemversuchen aus Geschichte und Gegenwart des Schulsports werden solche Ordnungskategorien erkennbar und in den nachfolgenden Ausführungen dargestellt.

Die Anfänge einer schulischen Körpererziehung sind zugleich der Beginn des Bemühens um eine Ordnung des Übungsstoffes. GutsMuths (1759–1839) hat Überlegungen über ein System der pädagogischen Gymnastik angestellt und mechanisch-physikalische, anatomisch-physiologische und gesamterzieherische Kriterien benannt. Er selbst hat die Einteilung nach der Bewegungsverwandtschaft allen anderen Möglichkeiten vorgezogen und danach sein System der Erziehungsgymnastik erstellt. Die eigentlichen gymnastischen Übungen sind die Grundtätigkeiten des Laufens, Springens, Werfens, Hebens usw., die sich voneinander durch charakteristische Bewegungsmerkmale abheben. GutsMuths ist von der Praxis der philanthropischen Schulgymnastik ausgegangen und hat mit der Ordnung des Übungsstoffes diese

Praxis wiederum beeinflusst. Charakteristisch für die Einteilung des Übungsstoffes bei den Philanthropen (GUTSMUTHS, VILLAUME) ist die Dreiteilung in die gymnastischen Übungen, Jugendspiele und Handarbeiten. Gartenarbeit, Buchbinden und Tischlerarbeiten zählen in der Praxis der körperlichen Erziehung zur Gymnastik.

PESTALOZZI (1746–1827) hat mit einer Einteilung der Gymnastik nach den physikalisch-mechanischen Gesetzmäßigkeiten des menschlichen Körpers (Elementargymnastik) der Entwicklung des Schulturnens im 19. Jahrhundert die Linie vorgezeichnet. Seine Elementargymnastik mit ihrer starren Einteilung in die Gelenkbewegungen des Kopfes, Rumpfes, der Arme und Beine entsprach weder den Ansichten über Körpererziehung, die er im Vorwort zur Elementargymnastik und in seinen übrigen Erziehungsschriften äußert, noch der Praxis des Gymnastikunterrichts an seinen Erziehungsanstalten in Stans, Burgdorf oder Iferten. In der Praxis fand das von GUTSMUTHS entwickelte Übungsgut Anwendung und in seinem Bildungsdenken stand die Bildung des Körpers vollgültig neben der emotionalen und intellektuellen Erziehung. JAHN und GUTSMUTHS haben seine Stoffeinteilung zwar abgelehnt und bekämpft, konnten aber nicht verhindern, dass die praktische Gestaltung des Schulturnens im gesamten 19. Jahrhundert vom Geist der Elementargymnastik geprägt war.

Die Elementarisierung des Übungsstoffes fand in Adolf SPIESS (1810–1858) den Vollender. Die Grundordnung des SPIESS-MAULSCHEN Schulturnens nach Einzel- und Gemeinübungen spiegelt den Geist der Elementargymnastik PESTALOZZIS getreulich wider, auch wenn SPIESS nach eigener Aussage diese Einteilung vor der Erstellung seines eigenen Systems nicht gekannt haben will.

Als SPIESS-MAULsches System des Schulturnens hat es die Praxis in der zweiten Hälfte des 19. Jahrhunderts nachhaltig beeinflusst.

Die vier inhaltlichen Pfeiler dieses Systems waren:

I.	Freiübungen
II.	Ordnungsübungen
III.	Geräteübungen
IV.	Gesellschaftsübungen (Turnspiele)

Die Reihenfolge war zugleich eine Rangfolge und ein Maßstab für die Verwendung der Übungen im Turnunterricht. Das System des Übungsstoffes wurde zum Ordnungsschema jeder einzelnen Turnstunde, in der die Übungen auch in dieser Reihenfolge dargeboten wurden. Dabei nahmen Frei- und Ordnungsübungen die meiste Unterrichtszeit in Anspruch, während sich die Turnspiele mühsam und langsam ihren Platz erkämpften. Unter der Bezeichnung Geräteübungen sind die weiterentwickelten Übungsformen des JAHNSCHEN Turnens zu verstehen.

Um die Wende zum 20. Jahrhundert war das System von SPIESS und die davon bestimmte Unterrichtswirklichkeit der Anstoß zur Reform des Schulturnens und zur Ausbildung eines neuen Systems der Lerninhalte. Diese Reform des Schulturnens war ein Bestandteil und ein Ausdruck der allgemeinen Erziehungsreform zu Anfang des 20. Jahrhunderts. Der österreichische Turnpädagoge Karl GAULHOFER (1885–1941) hat die Bildungsarbeit des Lehrers und die Bildungswirkung des Stoffes zu Ordnungsprinzipien und Kategorien der pädagogischen Leibesübungen erhoben. Mit den Systemeinheiten Ausgleich, Formung, Leistung und Kunstfertigkeit hat er die vier wesentlichen Bildungsaufgaben der körperlichen Erziehung und die

Grundeinheiten der Gliederung der Lerninhalte gefunden. Wenn auch die Zuordnung der schulischen Leibesübungen zu diesen vier Hauptgruppen in manchen Punkten fragwürdig blieb (so etwa, wenn GAULHOFER das Wandern zu den Leistungsübungen zählt), leitete die Systematik GAULHOFERS doch die konsequent pädagogische Behandlung der Lerninhalte ein. Dieselben Ordnungskategorien finden sich bei Liselott DIEM, die die Aufgabe des Schulsports durch vier Zielsetzungen bestimmt:

L. DIEM	GAULHOFER
– Körperbildung	– Ausgleich
– Bewegungsbildung	– Formung
– Leistungssteigerung	– Leistung
– Bewegungsgestaltung	– Kunstfertigkeit

Hans GROLL (1909–1975) hat die Systematik von GAULHOFER weitergeführt und mit neuen Akzenten in die Gegenwart des österreichischen Schulsports hinübergetragen (s. Abb. 13).

Die geisteswissenschaftlich orientierte Theorie der Leibeserziehung hat nach dem Ende des Zweiten Weltkrieges die Diskussion um eine Systematik des Übungsstoffes wieder aufgenommen und weitergeführt. Jeder Einteilungsversuch war zugleich eine Strukturbestimmung des Unterrichtsfaches. Alle Systeme gehen von pädagogischen Ordnungskriterien aus, so dass die Unterschiede nur daraus resultieren, dass entweder der Übungsstoff und seine bildenden Wirkungen (PASCHEN 1970) oder der übende Mensch (MESTER 1969) und seine Aktionsweisen als Ansatz dienen (s. Abb. 14).

Die Lerninhalte des Sportunterrichts werden unterschiedlich benannt: Verhaltensweisen, Tätigkeitselemente, Strukturprinzipien, Aktionsweisen, Übungsweisen, Grundfähigkeiten und Dispositionen. Schon die Namen verdeutlichen, dass entweder die Tätigkeit des Menschen oder die Struktur des Faches das Einteilungs- und Ordnungsprinzip abgeben. MESTER (1902–1975) ordnet den Verhaltensformen entsprechende Übungsformen zu (s. Abb. 15, S. 122).

Menschliche Handlungsweisen im Vollzug der Leibesübungen finden ihr Gegenstück in objektivierten Formen der Bewegungskultur. Das Verhältnis beider Bereiche zueinander kann wohl nur als ein wechselwirkendes verstanden werden. Menschliche Antriebe und Bedürfnisse nach Kampf, Spiel und Tanz bringen kulturelle Muster der Bewegung hervor und diese wirken zurück auf die Entfaltung der Bedürfnisse nach Spiel, Tanz und Wettkampf. Die Diskussion um die Systematik von MESTER hat sich am Begriff des Übens und an den Übungsformen entzündet. Das Üben ist ein Aspekt des motorischen Lernens und in allen Bewegungshandlungen anzutreffen: Geübt wird beim Spielen, Kämpfen und Tanzen und selbstverständlich auch beim sportlichen Handeln. Hajo BERNETT (1969) verknüpft in seiner Systematik das menschliche Bewegungshandeln mit den historisch gewordenen objektivierten Grundformen der Bewegungskultur.

Den vier Kulturformen Turnen, Gymnastik, Spiel und Sport entsprechen vier menschliche Handlungsweisen und -motive. Die von BERNETT (1969) getroffene Zuordnung kann allerdings nicht ausschließlich, sondern nur schwerpunktartig sein, weil jede Aktionsform in jeder objektivierten Form enthalten ist.

A (vorzüglich) Individualbildende Übungsbereiche

1. Ergänzungsübungen (Konditionsföderung)
   - Kräftigung
   - Schmeidigung
   - Lösung
2. Formende Übungen (Koordinationsförderung)
   - Haltungsformung
   - Bewegungsformung
3. Leistungsübungen und Kunststücke
   - Grundübungen
   - Kunststücke
   - Schwimmen und Wasserspringen
   - Rudern, Skilauf, Eislauf

B (vorzüglich) Sozialbildende Übungsbereiche

1. Spiele
   - Staffeln, Gruppenwettbewerbe
   - Kleinspiele
   - Parteispiele
   - Kampfspiele
2. Tänze und tänzerisches Gruppenspiel
   - Vorformen
   - Tänzerische Gruppenspiele
   - Tänze
3. Wanderungen, Skikurse
   - Wanderungen
   - Skikurse
   - Lager

Abb. 13: System der pädagogischen Leibesübungen von GROLL.

Autor	**Benennung**	**Einteilung**				
Mester	Verhaltensweisen	Spielen	Üben	Kämpfen	Tanzen	
Hanebuth	Tätigkeitselemente	Spielen	Leisten	Kämpfen	Gestalten	
Schmitz	Strukturprinzipien	Spielen	Leisten		Gestalten	
Denk	Strukturprinzipien	Spielen		Kämpfen	Gestalten	
Bernett	Aktionsweisen	Spielen	Beherrschen	Kämpfen	Gestalten	
Stöcker	Aktionsweisen	Spielen	Beherrschen	Kämpfen	Gestalten	
Geißler	Grundfähigkeiten	Spielen	Üben	Kämpfen	Gestalten	
Seybold	Dispositionen	Spielen	Leisten	Handeln	Tanzen	Üben
Paschen	Übungsweisen	Spielen		Kämpfen	Tanzen	Erholen

Abb. 14: Grundstrukturen der Leibesübungen.

Verhaltensweise	Übungsweise
Spielen	Spielformen
Üben	Übungsformen
Kämpfen	Kampfformen
Tanzen	Tanzformen

Abb. 15: MESTERS Systematik der Lerninhalte.

Aktionsform	Objektivierte Form
Beherrschen	Turnen
Gestalten	Gymnastik
Spielen	Spiel
Kämpfen	Sport

Abb. 16: System der Lerninhalte von BERNETT.

Der Versuch, die Vielfalt der sportlichen Aktionsweisen nach festgelegten Systemkriterien auf einige Grundformen zurückzuleiten, ist ein Kernthema der bildungstheoretischen Sportdidaktik gewesen und steht mit dem Grundsatz der kategorialen Bildung (KLAFKI) in Zusammenhang. Darin sollte die Grundstruktur des Faches gefasst und als wesentliche Bildungserfahrung im Feld der Leibeserziehung dem Heranwachsenden vermittelt werden. Zumeist sind es vier Elemente, welche die Struktur des Schulsports ausmachen, weil in ihnen auch die grundsätzlichen Aktionsformen des sich bewegenden Menschen enthalten sind (MESTER, HANEBUTH, STÖCKER, PASCHEN, GEISSLER, BERNETT). Es gibt aber auch Systeme, welche nur aus drei Grundformen (SCHMITZ, DENK) bestehen, während SEYBOLD fünf Dispositionen als bestimmend für die Leibesübungen ansieht. Einigkeit bei allen Autoren besteht hinsichtlich der Tätigkeit und dem Strukturelement Spielen. Kämpfen und Wettkämpfen werden synonym verwendet und als Systemeinheit geführt. Leisten, Beherrschen und Üben bilden eine zusammengehörige Kategorie, wobei die Bezeichnung Leisten den anderen vorzuziehen ist. Am wenigsten geeignet für eine Systematisierung der Lerninhalte ist die Bezeichnung Üben. Gestalten und Tanzen schließlich bilden eine vierte Kategorie menschlicher Bewegungstätigkeit und bewegungskultureller Struktur, wobei der Begriff Gestalten der umfassendere ist und alle Arten von Bewegungsgestaltung (mithin auch das Tanzen) einschließt.

Die eigentliche Absicht einer Systematisierung der Lerninhalte nach Grundformen der Bewegungskultur als objektivierte Gebilde und den Grundtätigkeiten des sich bewegenden Menschen besteht darin, dem Sportlehrer die Struktur des Unterrichtsfaches verständlich zu machen und Kriterien für die Auswahl der Übungen zu liefern. Die Schwierigkeit besteht darin, daß die Lerninhalte des Sportunterrichts diesen Grundformen und -tätigkeiten schwer zuzuordnen sind. Wo wäre etwa das Volleyballspiel anzusetzen: beim Spielen, Leisten oder Wettkämpfen?

Nachdem KURZ (1987, 1995) die Handlungsfähigkeit im Sport zur wichtigsten Aufgabe des Schulsports erklärt hat, stellt sich die didaktisch belangvolle Frage, nach welchen Gesichtspunkten die Disziplinen des Sports in ein System von Lerninhalten des Schulsports gebracht werden können. Dazu liegt ein früherer Vorschlag von KURZ (1977, 210 ff.) vor, der die Elemente des Schulsports nach folgenden Kriterien aus dem außerschulischen Sport gewinnt:

- Vielfalt der Bewegungsmuster und der Erfahrungen, die in der Bewegung gemacht werden können;
- Vielfalt der sozialen Beziehungen und Handlungsmuster;
- Freizeitwertigkeit im Sinne der unterschiedlichen Freizeitgestaltung in der Gegenwart und in der Zukunft des Schülers;
- Gesundheit und Wohlbefinden unter dem präventiven Aspekt;
- Darstellung und Ausdruck als Leistung;
- Spannung durch Spiel und Wettkampf.

Damit macht KURZ deutlich, dass es nicht ausreicht, Sportarten einfach zu benennen (z.B. Basketball) oder in Gruppen zusammenzufassen (z.B. Mannschaftssportarten), ebensowenig genügt es, Lernfelder zu bezeichnen (z.B. Gesundheit) oder Qualifikationen anzuführen (z.B. Kooperationsfähigkeit). Die von KURZ (1977, 1990[3]) genannten Kriterien für die Auswahl der Inhalte des Schulsports berücksichtigen Bewegungs-, Beziehungs- und Sinnaspekte, die einer didaktischen Analyse als Grundstrukturen des Sports zugänglich sind.

3.4 Zusammenfassung

1. Wichtige gesellschaftliche Aufträge an den Schulsport sind die Bewegungs-, Spiel-, Leistungs- und Gesundheitserziehung. Der Beitrag der sportlichen Bewegung zur Gesundheit und zum Wohlbefinden des Menschen wird angesichts der vielfältigen Bedrohungen in einer Wohlstandsgesellschaft sehr hoch veranschlagt.
2. Lernziele sind die Leitlinien des Sportunterrichts. Die didaktischen Entscheidungen über Lerninhalte und Lehrverfahren sind von den Lernzielen stärker abhängig als umgekehrt die Lernziele von den übrigen Unterrichtselementen. Die Lernziele des Sportunterrichts stehen in Beziehung zu den Erziehungsaufgaben der Schule und den Normen und Werten einer Gesellschaft. Die Bestimmungsfaktoren für Lernziele des Sportunterrichts sind die Gesellschaftsanalyse, Bestand und Entwicklung der Bewegungskultur und die Perspektiven normativer und gesellschaftlicher Entfaltungs- und Veränderungstendenzen.
3. Lernziele, Erziehungsabsichten und Unterrichtsgrundsätze stehen zueinander in einer wechselwirkenden Beziehung. Wie die Ziele unterliegen auch die didaktischen Grundsätze einer ständigen Überprüfungsforderung.
   Inhaltliche und organisatorische Gegebenheiten des Schulsports sind am stärksten bestimmt durch den Grundsatz der Differenzierung nach dem individuellen Bewegungsrhythmus, dem motorischen Profil, dem Leistungsvermögen, dem Lerntempo und der Interessenslage des Lernenden. Vielseitigkeit, Planbarkeit und Of-

fenheit sind weitere aktuelle sportdidaktische Prinzipien. Als Perspektiven der Weiterentwicklung der menschlichen Bewegungskultur erscheinen die gegenwärtig in der Sportdidaktik weniger beachteten Grundsätze der Einfachheit, Regionalität und Mitweltlichkeit.

4. Die Lerninhalte des Sportunterrichts sind Bewegungstätigkeiten, motorische und personale Fähigkeiten und sporttheoretische Kenntnisse, die nach pädagogischen und schulorganisatorischen Gesichtspunkten ausgewählt und im Unterricht vermittelt werden.
   Auswahlkriterien für die Aufnahme einzelner Sportarten und Bewegungshandlungen in den Kanon der Schulsportarten sind die Lernziele, pädagogische Leitideen und didaktische Grundsätze, traditionelle Gepflogenheiten, die geographische Umgebung, räumliche Gegebenheiten, Sportstätten und Geräteausstattung, der Ausbildungsstand der Sportlehrer und die sportlichen Interessen der Schüler. Diese Kriterien sind in einem ausgewogenen Verhältnis für die Entscheidung über die Zusammensetzung der Lerninhalte des Schulsports einzusetzen.
5. Ein System der Lerninhalte erfüllt eine Hilfsfunktion bei der Gestaltung des Sportunterrichts. Es vermittelt Einsicht in Zusammenhänge des Übungsstoffes, deckt Probleme auf und vermittelt zwischen Theorie und Praxis des Unterrichts. Die Geschichte der körperlichen Erziehung im 19. und 20. Jahrhundert hat mehrere Systematiken des Übungsstoffes hervorgebracht. Die gegenwärtigen Inhaltsgliederungen enthalten die vier Kategorien Spielen, Leisten, Wettkämpfen und Gestalten als Aktionsweisen des sporttreibenden Menschen und Strukturelemente des Schulsports.

3.5 Anregungen zum weiterführenden Studium

1. Welche gesundheitlichen Beeinträchtigungen treten in der Gegenwart häufig auf und welche Präventivmaßnahmen kann der Schulsport im Rahmen einer Gesundheitserziehung setzen?

ALLMER, H./ SCHULZ, N. (Hrsg.): Gesundheitserziehung – Wege und Irrwege. In: Brennpunkte der Sportwissenschaft 1987/1/9–12.

BALZ, E.: Sport und Gesundheit – problemorientierte Reflexionen in pädagogischer Absicht. In: Sportwissenschaft 1992/22/257–282.

BECKERS, E. u.a.: Gesundheitsbildung durch Wahrnehmungsentwicklung und Bewegungserfahrung. Theoretische Grundlagen. Köln 1986.

BRODTMANN, D.: Schulsport und Gesundheit. In: Sportpädagogik 1984/6/12–20.

BRODTMANN, D.: Gesundheitserziehung im Schulsport. In: Sportpädagogik 1991/15/5/16–22.

FRANKE, E. (Hrsg.): Sport und Gesundheit. Reinbek 1986.

FUNKE, J.: Sich bewegen und gesund sein – Pädagogische Überlegungen. In: HOMFELDT, H. G. (Hrsg.): Erziehung und Gesundheit. Weinheim 1988/145–166.

KOLB, M./ THIELE, J.: Gesund durch Sport? Sportpädagogische Anmerkungen zu einem problematischen Verhältnis. In: Sportunterricht 1994/43/12–20.

KÜPPER, D./ KOTTMANN, L.: Sport und Gesundheit. Schorndorf 1991.

THIELE, J. (Hrsg.): Gesundheit und Bewegung. Didaktische Perspektiven und praktische Umsetzung. Köln 1991/56–74.

2. Zu welchen fachübergreifenden Lernzielen stehen die Zielsetzungen des Sportunterrichts in einem besonderen Nahverhältnis und wie werden Lernziele des Schulsports gewonnen, begründet und eingeteilt?

   BREZINKA, W.: Was sind Erziehungsziele? In: Zeitschrift für Pädagogik 1972/4/497.
   BRODTMANN, D.: Grenzen der Sportdidaktik. In: Sportwissenschaft 1975/3–4/286.
   MENZE, C.: Die Ziele des Sportunterrichts. In: Sportwissenschaft 1975/3–4/251.

3. Welche Unterrichtsgrundsätze gelten in der Sportpädagogik und welche sportdidaktischen Konsequenzen leiten sich daraus ab?

   GRÖSSING, S.: Bewegungskultur und Bewegungserziehung. Schorndorf 1993.

4. Wie stellt sich das Problem der Lernübertragung im Sportunterricht dar?

   EGGER, K.: Lernübertragungen in der Sportpädagogik. Wissenschaftliche Schriftenreihe des Forschungsinstituts der ETS-Magglingen. Basel 1975.
   LEIST, K.H.: Transfer im Sport. Schorndorf 1978.

5. Welche Funktion hat die Systematisierung der Lerninhalte für die Praxis des Sportunterrichts und nach welchen Kriterien wurden und werden Inhaltssysteme erstellt?

   GROLL, H.: Die Systematiker der Leibesübungen. Vergleichende Systemkunde der pädagogischen Leibesübungen. Wien 1970[5].

3.6 Spezielle Literatur

ALLMER, H. (Hrsg.): Sport und Schule Reinbek 1984.

ALLMER, H./ SCHULZ, N. (Hrsg.): Gesundheitserziehung – Wege und Irrwege. In: Brennpunkte der Sportwissenschaft 1987/1/9–12.

BALZ, E.: Sport und Gesundheit – problemorientierte Reflexionen in pädagogischer Absicht. In: Sportwissenschaft 1992/22/257–282.

BECKERS, E. u.a.: Gesundheitsbildung durch Wahrnehmungsentwicklung und Bewegungserfahrung. Theoretische Grundlagen. Köln 1986.

BERNETT, H.: Grundformen der Leibeserziehung. Schorndorf 1969[2].

BREZINKA, W.: Grundbegriffe der Erziehungswissenschaft. München, Basel 1990(5).

BRODTMANN, D.: Lernzielbestimmungen für den Sportunterricht. In: Sportwissenschaft 1971/2/119.

BRODTMANN, D.: Gesundheitserziehung im Schulsport. In: Sportpädagogik 1991/15/5/16–22.

BURGER, E. W./ GROLL, H.: Leibeserziehung. Wien 1971[3].

DENK, H.: Die Auswahl des Lehrstoffes als didaktisches Problem der Leibeserziehung. In: Die Leibeserziehung 1966/5/157.

DIETRICH, K.: Zum Problem der Lehrplanentscheidung. Ahrensburg 1972.

DIETRICH, K.: Vermitteln Spielreihen Spielfähigkeit? In: Sportpädagogik 1984/1/19.

EGGER, K.: Lernübertragungen in der Sportpädagogik. Wissenschaftliche Schriftenreihe des Forschungsinstituts der ETS-Magglingen. Basel 1975.

EHNI, H./ KRETSCHMER, G./ SCHERLER, K.: Spiel und Sport mit Kindern. Reinbek 1985.

FRANKE, E. (Hrsg.): Sport und Gesundheit. Reinbek 1986.

FUNKE, J.: Sich bewegen und gesund sein – Pädagogische Überlegungen. In: HOMFELDT, H.G. (Hrsg.): Erziehung und Gesundheit. Weinheim 1988/145–166.

GAULHOFER, K.: System des Schulturnens. Wien 1966.

GROLL, H.: Die Systematiker der Leibesübungen. Vergleichende Systemkunde der pädagogischen Leibesübungen. Wien 1970[5].

Hentig, H. v.: Allgemeine Lernziele der Gesamtschule. In: Deutscher Bildungsrat, Gutachten und Studien der Bildungskommission. Band 23, S. 13–14. Stuttgart 1971.

Kolb, M./ Thiele, J.: Gesund durch Sport? Sportpädagogische Anmerkungen zu einem problematischen Verhältnis. In: Sportunterricht 1994/43/12–20.

Küpper, D./ Kottmann, L.: Sport und Gesundheit. Schorndorf 1991.

Kurz, D.: Elemente des Schulsports. Grundlagen einer pragmatischen Fachdidaktik. Schorndorf 1979², 1990³.

Martin, D.: Trainingslehre. Kursbuch 2 für die Sporttheorie in der Schule. Wiesbaden 1995⁶.

Mester, L.: Grundfragen der Leibeserziehung. Braunschweig 1969.

Mrazek, J.: Psyche, Gesundheit und Sport. In: Franke, E. (Hrsg.) 1986, S. 86.

Paschen, K.: Didaktik der Leibeserziehung. Frankfurt/Main 1970³.

Schmitz, J. N.: Lehr-, Unterrichts- und Curriculumprobleme. Schorndorf 1972.

Seewald, F./Kronbichler, E./Grössing, Sportökologie – Eine Einführung in die Sport – Natur – Beziehung. Wiesbaden 1998.

Seybold, A.: Didaktische Prinzipien in der Leibeserziehung. Schorndorf 1972.

Seybold, A.: Pädagogische Prinzipien in der Leibeserziehung. Schorndorf 1973⁷.

Thiele, J. (Hrsg.): Gesundheit und Bewegung. Didaktische Perspektiven und praktische Umsetzung. Köln 1991/56–74.

Treutlein, G. u.a. (Hrsg.): Körpererfahrung in traditionellen Sportarten. Wuppertal 1986.

Weiss, O. (Hrsg.): Sport – Gesundheit – Gesundheitskultur. Wien 1994.

4 Handlungs- und Sozialformen des Sportunterrichts

4.1 Bewegungslernen

Der Prozesscharakter des Sportunterrichts verdeutlicht sich in den Handlungsformen des Lernens und Übens und in der Ausführung jener Bewegungstätigkeiten, die aus dem Lernen hervorgegangen sind. Das Handlungsgeschehen spielt sich im Rahmen der schulischen und unterrichtlichen Sozialstrukturen und Organisationsformen ab. Mit diesen interaktionellen Tätigkeiten von Lehrern und Schülern befaßt sich das folgende Kapitel.

Das wichtigste Handlungsgeschehen des schulischen Sportunterrichts ist das motorische Lernen und Üben, das stets mit sozialen und kognitiven Lernprozessen verknüpft abläuft. Wenn das Lernen der Neuerwerb von Tätigkeiten, Wissen, Können, Einstellungen und Gewohnheiten ist, bedeutet Üben deren Verfestigung. Im motorischen Fertigkeitsbereich sind Lernen und Üben zwar eng miteinander verbunden, aber nicht identisch. Schließlich bleibt dem Sportunterricht mehr als anderen Unterrichtsfächern Zeit für die Anwendung der erlernten Fertigkeiten und erworbenen Fähigkeiten. Im Wettkampf, Spiel, Tanz usw. ist die Anwendung der gelernten und geübten motorischen Fertigkeiten zumeist ein freudvolles Geschehen.

Wenn das Erlernen, Üben und Betreiben der Bewegungstätigkeiten im Vordergrund der folgenden Ausführungen stehen, und die unterrichtlichen Handlungsformen vorrangig als Mittel und Wege zur Aneignung des Bewegungskönnens gesehen werden, bleibt deshalb die Bedeutung des interaktionellen Geschehens im Hinblick auf eine Erziehung durch das Bewegungshandeln nicht ausgesperrt. Die Sozialstruktur des Schulsports ist durch die zweifache Aufgabenstellung des unterrichtlichen Bewegungslernens und des persönlichkeitsprägenden Bewegungshandelns bestimmt.

Gelernte und geübte Bewegungstätigkeiten werden im Schulsport in vielfältigen Handlungssituationen zur Anwendung gebracht. Im Sportunterricht finden Lernen, Üben und Anwenden beständig nebeneinander statt, wobei alle drei Aktionen in einem ausgewogenen Maß berücksichtigt werden sollten. Ein Unterricht, in dem beständig Lernprozesse ablaufen, würde den Schüler überfordern, ein beständiges Üben ihn anöden. Langeweile macht sich aber auch breit, wenn nicht geplant dazugelernt wird, sondern die einmal gelernten Sportarten immer wieder nur zur Anwendung kommen. Die Ausgewogenheit von Bewegungslernen und Bewegungshandeln macht den guten und abwechslungsreichen Sportunterricht aus.

Zu den wichtigsten Tätigkeiten der Ausführung der Bewegungstätigkeiten gehören die Bewegungsspiele, das Wettkämpfen im sportlichen Bereich, die Vorführung tänzerischer, gymnastischer und gauklerischer Bewegungskünste und die Ausübung der meist einfachen Übungen des gesundheitsorientierten Sports. Sie werden in diesem Kapitel zwar einzeln beschrieben, sind im tätigen Vollzug aber häufig miteinander verknüpft.

4.1.1 Motorisches Lernen und Üben

Der über das Lernen und Üben zustande kommende Erwerb des Bewegungskönnens kann als Prozess aus unterschiedlichen wissenschaftstheoretischen Positionen betrachtet werden und wird je nach Gesichtspunkt deshalb auch verschiedenartig beschrieben und erklärt. Die mit dem motorischen Lernen in Beziehung gesetzten Begriffe wie Regulation, Programm, Einsicht, Feedback verweisen auf dahinterliegende wissenschaftstheoretische Positionen wie Behaviorismus, Kybernetik, Gestaltpsychologie, Handlungstheorie oder Systemtheorie. Die Vielfalt der motorischen Lerntheorien kommt in folgender neuerer Literatur zum Ausdruck: BUYTENDIJK (1956), SCHMITZ (1977), CRATTY (1979), BREHM (1981), BUYTENDIJK/ PLÜGGE (1963), HOTZ/WEINECK (1988), ROTH SAHRE (1990), WILLIMCZIK ROTH (1983), BIERHOFF-ALFERMANN (1986), HOTZ (1986), ROTH (1987), HEINZ/LAGING (1999), LIPPENS (1997), PROHL/SEEWALD (1995).

Die Beschreibung der Strukturmerkmale des motorischen Lernprozesses ist die Voraussetzung für die didaktische Analyse des Lehrens und Lernens im Sportunterricht. Die S-R-Lerntheorien (stimulus-response) von PAWLOW bis SKINNER und die Theorien des einsichtigen Lernens (WERTHEIMER, KÖHLER, CORRELL) enthalten Aussagen über das kognitive Lernen, deren Übertragung in das motorische Lerngeschehen manche Schwierigkeiten nach sich zieht. Motorisches Lernen wird häufig im Phasenverlauf dargestellt, wobei die meisten Autoren eine Dreiteilung des motorischen Lernprozesses vornehmen. Im Folgenden werden die Lehr- und Lernkonzepte von MEINEL (1977), FETZ (1979), UNGERER (1971), GÖHNER (1979) und HOTZ (1986) beschrieben und auf Gemeinsamkeiten untersucht. Darauf aufbauend wird eine sportdidaktische Analyse die methodischen Konsequenzen aus diesen Theoriekonzepten des motorischen Lernens ziehen.

MEINEL beschreibt das motorische Lernen als Phasenfolge in drei Einheiten:

Phase A:	Grobkoordination (Erwerb des Grundablaufs)
Phase B:	Feinkoordination (Korrektur, Differenzierung)
Phase C:	Stabilisierung (Festigung und Anpassung an wechselnde Bedingungen)

Abb. 17: Motorischer Lernprozess nach MEINEL.

Eine Verbindung von Lehr- und Lernstufen nimmt das Schema von FETZ (1996) vor, bei dem das Gewicht der Ausführungen allerdings bei den Lehrstufen liegt.

Lehrstufen	**Lernstufen**		
keine Bewegungsvorschriften, Vielseitigkeit, Eigentätigkeit Bewegungsaufgaben	Sammeln von Bewegungserfahrungen, unbewußte Formungsverbesserung der Koordination	I	naive Stufe
Bewegungsformung durch Bewusstmachung, Vorführung, Übungsveränderung, -steigerung, -verbindung	bewusste Formung	II	Zuwendung
Auslese nach Begabung, hohes Übungsmaß	Spezialisierung, Automatisierung	III	Feinformung

Abb. 18: Lehr- und Lernstufen nach FETZ.

Dieter Ungerer (1973) hat auf kybernetischer Grundlage einen Beitrag zur Verdeutlichung des motorischen Lernens geliefert. Kybernetische Lernpsychologie und Sensomotorik, d.h. Wahrnehmung und Bewegung sensomotorischer Systeme sind die theoretischen Grundannahmen. Das klassische Lernmodell des Behaviorismus (S R; Stimulus führt zu Reaktion) wird zum kybernetischen erweitert durch die Einführung intervenierender Variablen zwischen S und R. Die lineare Relation S R wird zur Kreisrelation, d.h. der sensorische (Wahrnehmung) und der motorische (Bewegung) Anteil am Bewegungsverhalten werden miteinander gekoppelt, weshalb Ungerer stets vom sensomotorischen Lernen spricht. Das *Lernmodell der Sensomotorik* geht von einem offenen, dynamischen und sich selbst regulierenden System aus. Der sporttreibende Mensch mit seinen sensorischen und motorischen Organen wird als sensomotorisches System bezeichnet. Die Analyse des sensomotorischen Lernprozesses schafft die Voraussetzung für die Optimierung des Lernens im Sportunterricht. Ungerer (1973, 143) bestimmt den sensomotorischen Lernvorgang folgendermaßen: „Der sensomotorische Lernprozeß ist ein Vorgang, durch den Sequenzverknüpfungen entstehen, die vorher im Verhaltensrepertoire des sensomotorischen Systems nicht nachgewiesen werden konnten."

Eine ausführliche Darstellung des kybernetischen Lernmodells findet sich bei Ungerer (1973) und Daugs (1979).

Das Lernkonzept der Sensomotorik beruht auf dem Begriff der Sequenz und der Sequenzkoppelung. Daran hat sich auch die Kritik an Ungerer entzündet (siehe dazu Leist 1977, 1994, Wurzel 1975, Göhner 1979, Wiemann 1977). Die Kriterien für die Ermittlung einer sensomotorischen Sequenz sind nicht bewegungstheoretischer, sondern informationstheoretischer Art und besonders für Schlüsselsequenzen zu unpräzise formuliert, als dass daraus lerntheoretische und didaktische Folgerungen abgeleitet werden könnten. Die Charakterisierung einer sensomotorischen Sequenz durch zwei Raumpunkte, welche Richtungsänderungen signalisieren, ist nach Wiemann (1977, 231) kein exaktes Maß für die Bewegungsbeschreibung.

Ausgelöst und gesteuert wird der sensomotorische Lernprozeß durch *Informationen*. Jede Information hat einen Neuigkeitswert und verändert den Zustand des lernenden Systems. Solche vom lehrenden System ausgehenden Informationen können beim sensomotorischen Lernprozeß verbaler, visueller oder taktiler Natur sein und in jeweiliger Verbindung vorkommen. Im sensomotorischen Lernprozeß werden Informationen, die vom lehrenden System ausgegeben werden, vom lernenden System zu sensomotorischen Fertigkeiten verarbeitet. Die Güte und Art der Information und das Aufnahmevermögen des Adressaten sind die entscheidenden Kriterien, welche über Erfolg oder Mißerfolg des Lernens entscheiden. Das Aufnahmevermögen der Informationen pro Zeiteinheit (Informationsniveau) ist nicht in jedem Alter gleich hoch und nimmt im Laufe der Entwicklung beständig zu. Der Erfolg im sensomotorischen Lernen ist dann in Frage gestellt, wenn folgende Fehler bei der Informationsübertragung gemacht werden: zu viele Informationen pro Zeiteinheit, falsche Informationsanordnung, die Sequenzen sind falsch verbalisiert oder visuell nicht richtig dargeboten oder die Informationen über sensomotorische Sequenzen sind zwar richtig, aber altersunspezifisch formuliert.

Die Informationen über die zu erlernende Bewegungsfertigkeit rufen im Bewusstsein des Lernenden einen Bewegungsentwurf hervor, dessen Präzision abhängig vom Lernalter, der Abstraktionsfähigkeit, dem motorischen Erfahrungsstand und den Fähigkeiten Bewegungsphantasie und Bewegungsgedächtnis ist. Der Bewegungsentwurf ist also das innere Modell einer Bewegung oder Bewegungshandlung und somit die Führungsgröße für den Lernenden. Durch Informationen werden im Lernenden Selektionsprozesse, Entscheidungen, Reduktionen und Zuordnungen ausgelöst. Im Vorgang der Zuordnung werden eingetroffene Informationen mit bereits gespeicherten Nachrichten verglichen. Dieser Vergleich bezieht sich auf die im Gedächtnis vorhandenen motorischen Fertigkeitsmuster und entscheidet darüber, ob das eingetroffene Signal tatsächlich einen Neuigkeitswert für das lernende System besitzt und damit als Information einen Lernvorgang auslösen kann.

Sensomotorische Lernprozesse sind störungsanfällig. Die verschiedenen Störfaktoren im Lernprozess bewirken, dass der jeweilige Ist-Wert vom Soll-Wert oder der Regelgröße abweicht. Die methodische Maßnahme der Bewegungskorrektur, die Verbesserung der Informationseingabe, die Verfeinerung der Bewegungsvorstellung sind Regelungsvorgänge. Soll- und Ist-Wert-Vergleiche als Auslöser der Regelung des Lernprozesses werden von externen (lehrendes System) und internen (lernendes System) Reglern angestellt. Die Annäherung der Bewegungsausführung (Ist-Wert) an den Bewegungsentwurf (Soll-Wert) im Lernprozess wird durch Regelung stabilisiert. Neue Informationen von außen und ein interner Ist-Soll-Wert-Vergleich durch Rückkoppelung schalten die Störfaktoren im sensomotorischen Lernprozess weitgehend aus und sichern damit den Lernerfolg. Der sensomotorische Lernprozess ist ein dynamischer und offener Vorgang, auf den von außen und von innen Störgrößen einwirken. Der Lernende ist störungsanfällig durch Ermüdung, augenblickliche Stimmungslage, Krankheit und steht zudem im Lernprozess in einem vielfachen Umweltbezug, wodurch sich die Störfaktoren vermehren. Wechselndes Gelände, veränderte Geräte, neue Aufgabenstellung, Ablenkung durch die personale Umwelt, klimatische Gegebenheiten und soziale Verhältnisse sind eine Auswahl aus der Vielzahl externer Störfaktoren. Damit der Lernprozess zum gewünschten Lernergebnis führen kann, müssen diese Störgrößen durch Regelung kompensiert werden. Dabei spielt das Phänomen der *Rückkoppelung* eine besondere Rolle.

Die Bedeutung des Feedback im motorischen Lernprozess hat Daugs (1979, 237 ff.) herausgearbeitet, die nachfolgenden Ausführungen folgen seinen Überlegungen: Durch die Rückkoppelung werden Ist-Werte an das System gemeldet, das damit in die Lage versetzt wird, einen Ist-Soll-Wert-Vergleich durchzuführen, um Lernergebnisse bzw. Lernplateaus festzustellen. Durch Rückkoppelung wird der Lernprozess gesteuert und gegenüber Störeinflüssen geregelt. Unterschieden wird nach einer inneren und äußeren Rückkoppelung, die innere erfolgt über Regelkreise im lernenden System selbst und die äußere über Regelkreise, in die die Umwelt einbezogen ist. Interne Rückmeldung erfolgt vorrangig über die subkortikale Ebene und gelangt nur zu einem Teil in das Bewusstsein des Lernenden. Sie hängt mit dem allerdings unklaren und ungeklärten Begriff des Bewegungsgefühls (Kinästhesie) zusammen, durch das der Mensch imstande ist, Bewegungen des Körpers oder einzelner Körperteile aus Muskelspannungen zu lokalisieren und ins Bewußtsein zu heben.

Die äußere Rückkoppelung erfolgt über die personale und materiale Umwelt. Die dadurch ermittelten Daten fließen als erneute Instruktion und Information des Lehrenden in den Bewegungsentwurf des Lernenden ein. Im Feedback spielt der Zeitfaktor eine wichtige Rolle, auch wenn einschränkend gesagt werden muss, dass die dahinterstehende Theorie des Zerfalls von Gedächtnisspuren (Daugs 1979, 249) als ungesichert angesehen werden muss. Auf der Hypothese aufbauend, dass Informationen im Kurzzeitgedächtnis innerhalb einer „psychischen Präsenzzeit" von zehn Sekunden bewahrt bleiben und dann wieder gelöscht sind, wird der Rückkoppelung nur dann eine Lernwirkung zugeschrieben, wenn sie die Bewegungsausführung begleitet (synchron oder verzögert) oder unmittelbar danach gegeben wird. Im ersten Fall spricht man von einer Sofort- und im zweiten Fall von einer Schnellinformation. Feedbackinformationen, die nach der Zehn-Sekunden-Grenze eintreffen (Spätinformationen), wird keine Wirksamkeit zugeschrieben, obwohl einige Untersuchungen und viele praktische Erfahrungen dem widersprechen. Zuletzt unterscheidet Daugs (1979, 250) zwischen subjektiv (Lehrer, Trainer) und objektiv (biomechanische und Video-Feedbacksystem) erfolgenden Rückkoppelungen. Biomechanische Feedbacksysteme (z.B. Goniometer, Dynamograph) melden biomechanische Parameter (Zeit, Raum, Geschwindigkeit, Beschleunigung), von denen der Übende nur dunkle Empfindungen hat, während der Ausführung oder unmittelbar danach und erhellen damit das Geschehen. Sie eignen sich hauptsächlich für den Trainingsprozess und sind bisher auch nur im Leistungssport zum Einsatz gekommen.

Die zentrale Bedeutung der Rückmeldung von außen (externes Feedback) im Prozess des Bewegungslernens wird neuerdings in Frage gestellt (vgl. VOLGER 1995).

Das hinter dem informationstheoretisch fundierten Bewegungslernen verborgene oder sichtbare Menschenbild ist hinlänglich in Frage gestellt worden. Nicht einmal dann, wenn der Schüler als informationsverarbeitendes System betrachtet wird, ist gewährleistet, dass das motorische Lernen tatsächlich durch die bevorzugten Methoden der Informationseingabe und -regelung, des Input–Output-Vergleiches und des Feedback am effektivsten ausfällt. Wird der Schüler und der Mensch insgesamt aber mit anderen Augen betrachtet und damit in einem anderen Bild wahrgenommen, stellt sich die Frage nach einem Bewegungslernen solcher Art gar nicht mehr (vgl. VOLGER 1995).

Es scheint mir aber die von LEIST (1993) oder VOLGER (1995) vertretene Anschauung über das menschliche Bewegungslernen ebenso einseitig in die andere Richtung gedacht, wie es die von ihnen abgelehnte informationstheoretische Lerntheorie in die eine Richtung gewesen ist. Denn man kann die Eigentätigkeit und die Eigenverantwortung des Menschen beim Lerngeschehen, zumal die des heranwachsenden jungen Menschen, zu hoch oder zu niedrig ansetzen. Wahrscheinlich ist das Lernereignis ein Gemisch aus Informationseingabe durch andere und innewohnenden Lernkräften. Das Lehren sollte dann auf beide Seiten des Lernens Bedacht nehmen.

Ein *funktionales Bewegungsverständnis* ist der Ausgangspunkt eines motorischen Lernkonzeptes, das GÖHNER (1979) beschrieben hat. Das Bewegungslernen setzt die Analyse voraus, und dafür entwickelte GÖHNER ein Verfahren der funktionalen Bewegungsanalyse, bei dem die Bewegungsziele sowie die Movendum-, Beweger-, Umgebungs- und Regelbedingungen die entscheidenden Strukturprinzipien und Beurteilungskriterien abgeben. Sie beeinflussen und steuern die Operationen und Verlaufsformen einer sportlichen Bewegung und bilden zugleich die Grundlagen einer didaktischen Orientierung bei der Planung und Ausführung sportmotorischer Lehr- und Lernprozesse. Auf der Grundlage eines solcherart strukturierten Analysesystems der sportlichen Bewegungshandlung gliedert GÖHNER sodann die Bewegung selbst in Funktionsphasen und sondiert funktionale Bewegungseigenschaften. So erhalten alle Bewegungsbestandteile eine Funktion im Hinblick auf die Bewegungsziele, die GÖHNER differenziert darstellt. Die Bewegungsanalyse erfolgt demnach unter einem pädagogischen Aspekt, unter dem Gesichtspunkt des Lernens der Bewegung auf ein Bewegungsziel hin. Die Bewegungsanalyse, für die GÖHNER ein System und Instrumente entwickelt hat, wird weniger aus bewegungstheoretischen denn aus bewegungspädagogischen, d.h. auf das motorische Lernen zielenden Absichten vorgenommen. Die Bewegungsanalyse wird nach GÖHNERS eigenen Worten zur „Lehrstoffanalyse“ (1979, 13), zur Strukturierung einer Bewegungsaufgabe, die dem Lehrenden und dem Lernenden gestellt ist. GÖHNERS Analyseinteresse ist mithin ein sportpädagogisches und -didaktisches, weil die durch die funktionale Bewegungsanalyse gewonnenen Einsichten über Bedingungen und Verlaufsformen einer Bewegungshandlung unmittelbar der Gestaltung von Lehr- und Lernprozessen dienen. Dies beruht auf einem funktionalen Bewegungsverständnis, das die Funktion von Einzelheiten einer Bewegungshandlung eines sich Bewegenden vom Bewegungsziel herleitet. Die Bedeutung einer

Bewegung wird also vom Bewegungsziel definiert, von dem die Bewegungsanalyse ihren Ausgang nimmt. Das Bewegungsziel und das funktionale Bewegungsverständnis liefern die Kriterien und Kategorien für eine funktionale Analyse sportlicher Bewegungen. Der zentrale Aspekt im Konzept der funktionalen Bewegungsanalyse ist also das Bewegungsziel. GÖHNER unterscheidet nach situationsspezifischen und situationsunspezifischen Bewegungszielen im Sport, die er zwar als gleichwertig, aber ungleichgewichtig ansieht. Denn der Akzent liegt bei den endzustands-, anfangs- und verlaufsorientierten situationsspezifischen Zielen, die er jeweils nach den Aspekten Erhaltung eines Bewegungszustandes, Trefferoptimierung, Schwierigkeitsoptimierung, Zeit- und Distanzoptimierung und Fehlerminimierung weiter unterteilt.

Die Funktionen einer Bewegung werden aufgrund der vorhin genannten verlaufsrelevanten Bezugsgrundlagen gefunden, wobei die Bewegungsziele eine herausragende Bedeutung erlangen. Aber auch Movendum- und Bewegerbedingungen, die Umgebung und die Regeln spielen bei der Funktionszuschreibung als Rahmenbedingungen der Bewegung wichtige Rollen. GÖHNER stellt die These auf, dass die Funktionen einer Bewegung nur aus einer sorgfältigen Analyse und genauen Betrachtung aller Bezugsgrundlagen bestimmt werden können. Diese Annahme führt zur Einteilung nach Haupt- und Hilfsfunktionsphasen. Die Hauptfunktionsphasen leiten sich aus den verlaufsrelevanten Bezugsgrundlagen ab, während die vorbereitenden, unterstützenden oder überleitenden Hilfsfunktionsphasen nur zur Hauptfunktionsphase in Beziehung gesetzt sind. Deshalb führt jede Veränderung in den Bezugsgrundlagen auch zu Änderungen der Hauptfunktionsphasen (GÖHNER 1979). Hauptfunktionsphasen können dabei zu Hilfsfunktionsphasen werden und umgekehrt. Jede sportliche Bewegung hat mindestens eine Hauptfunktionsphase, kann aber auch aus mehreren zusammengesetzt sein. Hilfsfunktionsphasen bereiten nachfolgende Phasen vor, unterstützen gleichzeitig ablaufende oder beenden Phasen und leiten zu neuen Bewegungshandlungen über. Die funktionale Bewegungsanalyse von GÖHNER hat einige praktische Konsequenzen bei der Gestaltung der motorischen Lehr- und Lernprozesse:

- Hauptfunktionsphasen sind wichtige Bestandteile des Lernprozesses, von denen das Gelingen der Bewegungshandlung unmittelbar und entscheidend abhängt. Das Erkennen funktionaler Abhängigkeiten hat einen großen Einfluss auf die Anordnung der Lernschritte wie auch einzelner Übungsteile bei methodischen Reihen. GÖHNER (1979, 196) fordert, dass diese Funktionszusammenhänge nicht nur dem Lehrenden bekannt sein, sondern auch dem Lernenden bekanntgemacht werden sollen.
- Die Notwendigkeit von Hilfsfunktionsphasen ist immer an den Hauptfunktionsphasen zu überprüfen, keineswegs aber sollte ein Lernvorgang mit einer Hilfsfunktionsphase begonnen werden.
- Zur Entlastung des Lernenden ist die Zerlegung einer komplexen Bewegung in Teilbewegungen denkbar und als methodischer Weg auch zu akzeptieren. Ohne die Aufteilung in Teilbewegungen als methodischen Schritt beim Bewegungslernen abzulehnen, betont GÖHNER aber, dass die Einteilung in Funktionsphasen nicht schon zwangsläufig ein analytisches Lehrverfahren mit sich bringt. Die funktionelle Bewegungsanalyse erlaubt aber die Trennung einer Bewegungsganzheit in sinnvolle und für das Lernen nützliche Teileinheiten, indem für jede Teilbewegung ein erreichbares Bewegungsziel gefunden wird. Die Festsetzung der Teilziele rechtfertigt demnach erst die Aufteilung der Bewegungsganzheit in Teilbewegungen für die Gestaltung des Lehr- und Lernprozesses.

- Bewegungshandlungen haben sogenannte Funktionsschwellen (GÖHNER 1979, 208), die bewältigt werden müssen, damit das vorgesehene Bewegungsziel erreicht werden kann. Beim Nichtgelingen müssten die Zielrichtung und die Verlaufsform der Bewegung verändert werden. GÖHNER nennt solche Funktionsschwellen lokale Bewegungseigenschaften, die im Lernprozess eine wichtige Rolle spielen und durch Bewegungshilfen oder Reduzierung des Schwellenwertes überschritten werden können.

Aus dem Konzept der funktionalen Bewegungsanalyse können demnach didaktische Konsequenzen für die Gestaltung von Lehr- und Lernprozessen im Sport und Schulsport gezogen werden. Die Gliederung einer Bewegung in funktionale Verlaufsbestandteile unter Einbezug aller wichtigen Bezugsgrundlagen ist von GÖHNER explizit unter dem Aspekt des motorischen Lernens vorgenommen worden. Sein Analysekonzept beruht auf handlungstheoretischen Grundlagen und stellt insofern eine Erweiterung gegenüber dem Sensomotorikmodell dar, als es Bewegungshandlungen komplexer betrachtet und Handlungskomponenten wie Zielsetzungen, Erwartungen, Motive und Umweltsbedingungen mit einbezieht. Das funktionale Bewegungsverständnis ist in seiner Komplexität dem realen Bewegungshandeln sicherlich angemessener als das sensomotorische Konzept, das seine wesentlichen Aussagen einem naturwissenschaftlich-technischen Denken entlehnt hat.

Qualitatives Bewegungslernen nennt A. HOTZ einen Ansatz motorischen Lernens, der auf „fähigkeitsorientierten Fertigkeitserwerb" (1986, 11) im Sportunterricht zielt und dabei einige didaktische Grundsätze nach sich zieht. Die Bewegungsqualität erfordert die Schulung der konditionellen und koordinativen Grundlagen ebenso wie die Ausbildung der Wahrnehmungs- und Planungsfähigkeiten. Diese Fähigkeiten liegen in den Regulationsebenen Antrieb, Orientierung und Ausführung und werden sportartübergreifend gelernt, geübt und erworben. Dabei spielt die Bewegungsbeobachtung als Fähigkeit des Lehrenden ebenso wie des Lernenden eine herausgehobene Rolle. Die Lehrtätigkeit des Sportlehrers stützt sich auf die drei Säulen Beobachten, Beurteilen und Beraten, die als Prozessmerkmale allerdings nicht scharf voneinander zu trennen sind. Ein Schlüsselbegriff im Konzept des qualitativen Bewegungslernens ist die „Bewegungserfahrung", die HOTZ im Sinn der Erfahrungstheorie von Jean PIAGET als belangvoll in allen Phasen des motorischen Lernprozesses ansieht. Sie hat eine Orientierungsfunktion beim Aufbau des Bewegungsentwurfes und eine Steuerungsfunktion in der Realisierungsphase. Eine Spielart der Bewegungserfahrung ist die Gegensatzerfahrung durch das Variieren der Bewegungsausführung und der Ausführungsbedingungen. Räumliche, gegenständliche, zeitliche oder informative Veränderungen in der Bewegungsausführung, d.h. Üben unter Zeitdruck, bei Raumveränderungen (z.B. Wechsel der Steilheit des Skihanges), Gerätewechsel oder blindes Ausführen einer Bewegung, ermöglichen das Sammeln von Gegensatzerfahrungen, die das Bewegungsempfinden differenzieren und dadurch zur Verbesserung des Lernens (auch im Sinne der Lernübertragung) führen.

Diese und andere Theorien des Bewegungslernens bilden eine Grundlage für sportdidaktische Analysen, auf denen die Planung und Durchführung motorischer Lernprozesse aufbaut. Wenngleich die Planung, Durchführung und Auswertung der Lernvorgänge im Sportunterricht auf einer noch schmalen theoretischen Basis steht, ist der Erkenntniszuwachs der Bewegungswissenschaften doch bedeutsamer geworden und wird die Entscheidungsgrundlagen der Sportdidaktik beständig erweitern. Für den Schulsport dürfte die Wiederentdeckung holistischer Bewegungsmodelle gegenüber der einseitigen Vorherrschaft biomechanisch-analytischer Deutungen zu des Bewegungslernens und der Bewegungsausführung von Nutzen sein. In Ergänzung zu den bisherigen Ausführungen über den Phasenaufbau, die Regelkreisstruktur und die

Zielabhängigkeit des Bewegungslernens werden nachfolgend weitere Aspekte einer motorischen Lerntheorie vorgetragen.

Die motorischen Lernergebnisse sind von den äußeren und inneren Gegebenheiten des Lernprozesses abhängig. Ein wichtiger Faktor der inneren Lernbedingungen ist die Lernmotivation des Schülers. Da sie nicht von vornherein vorhanden ist, hängt es vom Geschick des Lehrers ab, wie er Lernzustimmung und Lernbereitschaft erzeugt. Das Lernklima ist eine handlungsbestimmende Größe, für die das Lehrerhandeln zwar nicht die einzige, aber eine wesentliche Bedingung darstellt. Ausreichende Erklärungen und Begründungen der Lernziele, die Verwendung audiovisueller Unterrichtsmedien, variable methodische Maßnahmen und Verfahren, der Führungsstil des Lehrers und die Art der Lehrer-Schüler-Interaktion sind Bestimmungsgrößen des Lernklimas, auf die der Sportlehrer Einfluss nehmen kann. Die Ausstattung der Sportanlagen, die räumliche und geographische Umgebung, der Zeitfaktor (Vormittags- oder Nachmittagsstunden), Stundenplan, Schulklima, Klassenstärke, Lernalter, Zusammensetzung der Gruppe sind weitere Faktoren des Lernklimas im Schulsport, die sich zum Großteil der Einflussnahme des Sportlehrers entziehen. Das Lernklima ist wie jedes Klima ein äußerst labiler Zustand mit großer Störanfälligkeit und begrenzten Regelungsmöglichkeiten. Sicherlich kann das für das Bewegungslernen vorteilhafte Lernklima auch durch viele Einzelhandlungen des Lehrers erzeugt und über einige Zeit aufrechterhalten werden, aber auf Anweisung des Lehrers stellt sich die Lernbereitschaft der Schüler nicht ein. Die Weckung und Stabilisierung der Lernmotivation und die Herstellung eines günstigen Lernklimas sind schwierige didaktische Aufgaben. Das Lernen braucht aber Anregung und Zustimmung, wenngleich es auch angeborene Lernantriebe (vgl. MARTIN 1982, 261) gibt, die in bestimmten Phasen der kindlichen Entwicklung das motorische Lernen wie von selbst gelingen lassen.

„Lernantriebe sind dem Reifungsprozeß zugeordnete, altersabhängige Explorations-, Probier- und Spielformen zum Erproben eigener Fähigkeiten und zum Einüben motorischer Verhaltenselemente…. Diese zeigen sich im Ausprobieren-Wollen der eigenen Fähigkeiten bei motorischen Handlungen, im starken Informationsbedürfnis, im Spieltrieb, in einer starken Wiederholungstendenz und in der Neuzuwendung“ (MARTIN 1982, 262). Das motorische Lernen enthält kognitive und sozial-affektive Handlungsteile. Die Informationsverarbeitung und die Erstellung eines Bewegungsentwurfes sind kognitive Anteile des Bewegungslernens. In der Bewegungsausführung sind die Fehlerkorrektur und die Handlungsorientierung vorwiegend kognitive Leistungen, die durch die bewusste Eigenbeobachtung und die Fähigkeit zur Konzentration auf die Ausführung von Teilhandlungen erbracht werden. Die Funktion der Fehleranalyse besteht in der Veränderung der Teile einer ganzheitlichen Bewegungshandlung. Das Problem dabei ist die Schwierigkeit, Bewegungsdiagnosen in Bewegungsausführungen umzusetzen. Die Handlungsorientierung besteht im bewussten Freiwerden von der Fixierung auf die Zielübung, d.h. in der bewussten Hinwendung zu den einzelnen Bewegungsteilen. Das Ziel des motorischen Lernprozesses ist zunächst die grobgeformte Bewegungshandlung, die zu ihrer weiteren Form- und Leistungsverbesserung der Ergänzung und Vertiefung durch Üben und variationsreiches Anwenden bedarf. Ist die Automatisierung der Bewegungsausführung erreicht, sind die kognitiven Einschaltungen nicht mehr notwendig, weil die Bewegung gleichsam von selbst abläuft. Das Ziel des motorischen Lernens jedenfalls ist das bewusst gewordene Bewegungskönnen, d.h. ein mit Bewegungsverständnis verknüpftes motorisches Können. Das Bewegungslernen ist ein komplexer und wohl auch komplizierter Vorgang der Aneignung und Befestigung motorischer Fähigkeiten und Fertigkeiten unter Beteiligung der ganzen Person in Beziehung zur gegenständlichen und personalen Welt, bei dem viele Innen- und Außenfaktoren und -bedingungen wirksam sind. Von diesen sind bisher einige erörtert und in ihren unterrichtlichen Folgerungen dargestellt worden. Den bisherigen Ausführungen sind noch zwei Aspekte anzuhängen: die umstrittene Thematik der *Bewegungsintelligenz* und das vielschichtige Problem der *Lernübertragung*.

Da es unterschiedliche Ausprägungen der kognitiven Intelligenz gibt und diese in verschiedenen Höhen des Intelligenzquotienten zum Ausdruck gebracht werden, ist anzunehmen, dass es auch verschiedene Grade der Bewegungsintelligenz geben kann. Weil aber Intelligenz in allen Fällen eine äußerst komplexe menschliche Befähigung zur Lebensbewältigung ist, wird sich auch die Bewegungsintelligenz aus unterschiedlichen Faktoren zusammensetzen.

Von welchen Kriterien diese Fähigkeit in ihrer Ausprägung bestimmt wird, welche Grade einer motorischen Intelligenz es gibt und welche Auswirkungen auf das Lerntempo und das Lernergebnis bestehen, ist noch wenig untersucht worden. Mit großer Wahrscheinlichkeit sind konstitutionelle Gegebenheiten im Bereich der Ausführungsorgane (Bewegungsapparat) und die Wahrnehmungsfähigkeit der Sinnesorgane bedeutsame Voraussetzungen der Bewegungsintelligenz. Ob eine Abhängigkeit zwischen kognitiver und motorischer Intelligenz besteht, ist ebenfalls noch kaum geklärt. Die Praxis des Sportunterrichts zeigt jedenfalls, dass die Lernfähigkeit und das Lerntempo im motorischen Bereich nicht bei allen Schülern gleich sind und mit einiger Wahrscheinlichkeit von einer teilweise angeborenen und teilweise durch frühkindliche Bewegungserfahrungen erworbenen motorischen Begabung gesprochen werden kann. Sie ist von körperlichen Voraussetzungen wie Konstitution, Kondition, Reaktionsschnelligkeit, Gleichgewichts-, Steuerungs- und Koordinationsfähigkeit abhängig, wird aber auch von Faktoren wie Alter, Entwicklungsphase und motorischen Erfahrungen beeinflusst. Das zu beobachtende unterschiedliche Lerntempo der Schüler dürfte mit der Bewegungsintelligenz im Zusammenhang stehen.

Das Lernen neuer Bewegungstätigkeiten baut stets auf der Grundlage vorangegangener Lernerfahrungen und des bereits verfügbaren motorischen Fertigkeitsprofils auf. So finden stets Lernübertragungen vom Bestand zum Neuerwerb statt. Für Lernübertragungen innerhalb des motorischen Handlungsbereiches stehen mehrere Transfertheorien als Erklärungshilfen zur Verfügung (EGGER 1975, 55). EGGER benennt drei Arten von Lernübertragungen im motorischen Fertigkeitsbereich: Es gibt 1. die Sonderform des bilateralen Tranfers, der nicht zwischen verschiedenen Bewegungstätigkeiten stattfindet, „sondern in Form nichttrivialer Lerneffekte von geübten auf nichtgeübte Körperglieder" (EGGER 1975, 160); 2. den vertikalen Transfer als Lernübertragung von einer bereits erlernten Primärbewegung auf eine neu zu erwerbende Sekundärbewegung; und 3. den lateralen Transfer, bei dem die Primäraufgabe in veränderten Situationen ausgeführt wird.

Unter solchen Aspekten müssen methodische Maßnahmen und Lehrverfahren des Sportunterrichts nicht nur nach ihren Lernwirkungen, sondern auch nach den transferfördernden Auswirkungen beurteilt werden. Lernübertragungen innerhalb des motorischen Handlungsbereiches sind nach EGGER (1975) abhängig von der Aufgabenstellung, dem Lehrverfahren und der Bewegungsstruktur, wobei die beiden zuerst genannten Faktoren als lernexterne Bedingungen des Tranferprozesses gelten, weil sie dem Lernenden von außen durch den Lehrenden vorgegeben sind. Transfer findet von einer Primär- zu einer Sekundäraufgabe statt, wobei weniger die Ähnlichkeit oder die Schwierigkeit beider Aufgaben die transferbeeinflussenden Faktoren sind, sondern die Bewältigung der Primäraufgabe (EGGER 1975, 160–161). Für den Sportunterricht zieht EGGER daraus folgenden Schluss (1975, 161): „Je sicherer motorische Leistungen in der Primäraufgabe bewältigt werden, um so größer ist die Wahrscheinlichkeit, daß das Gelernte auch in nachfolgenden Aufgaben oder in veränderten situativen Bezügen angewendet werden kann."

Als schwieriges Problem erweist sich in Hinblick auf die transferfördernde Funktion der Lehr- und Lernverfahren die exakte Unterscheidung nach Lern- und Transfereffekten. EGGER (1975) beurteilt deshalb die wichtigsten Faktoren des Lernens und Lehrens im Sportunterricht (Informationsaufnahme, Informationsverarbeitung und Durchführungsbedingungen) in ihren Auswirkungen auf den Lern- und den Transferprozess. Vertikale und laterale Lernübertragungen sind von der Güte und Genauigkeit des Bewegungsentwurfes und von der Art der Umsetzung der Informationen in die Bewegungsausführung, also vom eigentlichen Lerngeschehen in starkem Ausmaß beeinflusst.

Fünf transferwirksame Faktoren ergeben sich nach EGGER (1975, 162) aus dem Lehr- und Lernverfahren:

1. Die Bildung von Lerneinstellungen
2. Die Lernintensität
3. Die Lernvariabilität
4. Die methodische Gliederung der Primäraufgabe
5. Das Zeitintervall zwischen dem Lernen der Primär- und der Sekundäraufgabe

„Lerneinstellungen bestehen nicht in der Aneignung von Automatismen, sondern in der Ausbildung eines flexiblen Lösungverhaltens“ (EGGER 1975, 163). Dieser Satz enthält eine wichtige sportdidaktische Konsequenz: Für Transferwirkungen im motorischen Fertigkeitsbereich kommt es darauf an, dass eine Bewegung sowohl stabil als auch variabel beherrscht wird.

Positive Lernübertragungen können angenommen werden, wenn die Primäraufgabe sehr gründlich gelernt wurde und der Lernende außerdem in der Lage ist, die Unterschiede zwischen der Primär- und der Sekundärbewegung zu erkennen. Obwohl Intensität und Variabilität unterscheidbare Faktoren im Lernprozess sind, ist ihre Funktion im Transferprozess nicht voneinander zu trennen. „Nur bei einer hohen Übungsvielfalt im Training der Primäraufgabe kann sich jene Flexibilität im Antwortverhalten entwickeln, die den Lernenden zum vertikalen oder lateralen Übertragungsvollzug befähigt“ (EGGER 1975, 163). Untersuchungen über die Wirksamkeit der Ganzheits- oder Teilmethode haben wohl Ergebnisse in Bezug auf das Lernen, nicht aber im Hinblick auf Lernübertragungen gebracht (EGGER 1975, 92–94). Ebenso lässt die zeitliche Übungsaufteilung (z.B. verteiltes oder geblocktes Üben) nur Rückschlüsse auf den Lern-, nicht aber auf den Transferprozess zu. Das von Egger (1975, 164) als überraschend bezeichnete Ergebnis einiger Transferexperimente ist die Tatsache, „das Transfereffekte auch während längeren Zeitintervallen zwischen der Primär- und der Sekundäraufgabe relativ konstant bleiben“.

Der wichtigste lerninterne Transferfaktor ist die Bewegungsstruktur. Motorische Fertigkeiten haben eine Handlungsstruktur, und die Wandlungsfähigkeit dieser Struktur ist ein Gradmesser für die Wahrscheinlichkeit der Lernübertragung; je größer diese Wandlungsfähigkeit ist, desto wahrscheinlicher sind vertikale und laterale Transfereffekte nachzuweisen. „Der Transferprozeß wird durch bewußte kognitive Aktivitäten wie Wissen, Urteilen, Überlegen, Auswählen sowohl in vertikaler als auch in lateraler Richtung gesteuert“ (EGGER 1975, 166).

Diese Einsichten und Erkenntnisse berechtigen EGGER (1975, 166) zu dem Schluss, dass Lernübertragungen von der Stabilität und Flexibilität der Lernresultate abhängig sind. Stabilität und Flexibilität der Lernresultate schließen einander allerdings zunächst aus, weil der höchste Grad einer stabilen Bewegungsfertigkeit in der Automatisierung vorliegt, automatisierte Bewegungen aber einen äußerst geringen Grad an Wandlungsfähigkeit (Flexibilität) besitzen. Die Lösung dieses anscheinenden Widerspruches liegt darin, dass eine motorische

Tätigkeit als Ergebnis eines motorischen Lern- und Übungsprozesses als Handlung stabilisiert und zugleich auf einer breiten Verwendungsbasis variiert wird. Die generelle sportdidaktische Konsequenz aus diesen Überlegungen zum Transfer innerhalb des sportmotorischen Fertigkeitsbereiches ist eine seit langem bekannte Tatsache:

„Je breiter die motorischen Erfahrungen und je gefestigter die einzelnen motorischen Fertigkeiten sind, die ein Kind im Laufe seiner Entwicklung erfahren hat, um so leichter vollzieht sich der progressive Aufbau motorischer Verhaltenseinheiten“ (EGGER 1975, 170).

Mit dem Aspekt der zeitlichen Verteilung des motorischen Lernens hat sich ZISCHANG (1977) auseinandergesetzt. Dieser Sachverhalt stellt noch ein offenes sportdidaktisches Problem dar, zu dem es wenige Untersuchungen gibt, die eine Antwort zuließen, ob verteiltes oder geblocktes Lernen die größere Effektivität haben. Der Begriff der schöpferischen Pause darf zunächst einmal auch für motorische Lernprozesse in Anspruch genommen werden und bedeutet, dass beim verteilten Lernen durch das Einschalten von Pausen Lerngewinne erzielt werden, die nicht durch die tatsächlich wiederholte Ausführung der Bewegung zustande gekommen sind (Phänomen der Reminiszenz). Vor allem dürfte bei Koordinationsleistungen die zeitliche Verteilung des motorischen Lernprozesses eine maßgebende Rolle spielen. Beim geblockten Lernen kommt es durch die damit verbundenen Ermüdungseffekte leicht zu Beeinträchtigungen des koordinativen Vermögens. Beim verteilten Lernen ist die Pausenlänge zu beachten, die beim motorischen Lernen länger anzusetzen ist als beim kognitiven Lernen. In der Anfangsphase des motorischen Lernens wird dem massierten Lernen wiederum die größere Effektivität zugeschrieben.

Das Ergebnis des Bewegungslernens, das in der Konkretheit des Ereignisses immer eine Ganzheit aus kognitiven, sozialen, emotionalen, körperlichen und motorischen Lernstrukturen bildet, ist das Bewegungskönnen. Es tritt als staunenswerte, auffallende oder einfache und unscheinbare Handlung, als Kunststück oder Alltagsbewegung, Salto oder Lauf auf. Es ist ein Können, das nur den Ausführenden selbst oder ihn im unlösbaren Bezug zu einem Partner, zu einer Mannschaft oder im Rhythmus einer großen Menge betrifft. Es ist ein spannendes, erregendes, die ganze Person ergreifendes oder ein ruhiges, langweilig wirkendes Geschehen, es hat eine Außen- und eine Innenansicht, kann vom Ausführenden ganz anders empfunden werden, als es dem Zuschauenden erscheint, es kann sperrig und widerborstig oder fließend und hemmungslos im Ablauf sein.

Es ist jedenfalls ein Vermögen des Menschen, das lange Wege des Lernens und Übens, Lehrende und Lerngelegenheiten, räumliche und zeitliche Bedingungen benötigt, das einmal erreicht nicht lebenslang Bestand hat, weil es auch hier ein Verlernen und Vergessen gibt.

So verschieden die Ergebnisse des Bewegungslernens ausfallen, so unterschiedlich sind auch die Lernwege dahin. Das Kapitel über die methodischen Maßnahmen und Verfahren gibt den Einblick in die Variabilität der Unterrichtsmethoden im Sportunterricht. Das Eingeständnis dieser Tatsache soll aber nicht den Schluss nahelegen, dass es keine brauchbaren Kenntnisse über methodische Wege des Bewegungslernens gäbe, jede Lernsituation so einmalig wäre, dass sie gleichsam spontan und neu zu gestalten wäre und Erfahrungen und Muster erfolgreichen Lernens nicht auf andere Situationen übertragbar wären. Das wäre als Folge der Einsicht über die Verschiedenartigkeit der Wege und Ziele des Bewegungslernens weit verfehlt (vgl. VOLGER 1995, 156).

Die Prinzipien des Bewegungslernens sind nicht (oder nur zu einem kleinen Teil) aus der Bewegungshandlung selbst zu gewinnen. Es sind pädagogische Grundsätze, die bis in die Methoden des Bewegungslernens hineinreichen, und hinter ihnen stehen humanistische Grundsätze, steht ein Menschenbild. Nicht die Übung selbst, nicht die Sportart, nicht die Handlungssituation bestimmen die Verwendung ganzheitlicher oder teilhafter Maßnahmen, induktiver oder deduktiver, inszenierender oder programmierender Lernwege. Diese Bestimmung erfolgt aus dem Menschenbild, das ein Lehrer bewusst oder unbewusst in sich gebildet hat, aus den Erziehungs- und Unterrichtsaufträgen, welche die Gesellschaft der Schule zuteilt, aus den Bildungsvorstellungen, die eine Epoche prägen.

Wenn das Bewegungslernen pädagogisch ausgelegt wird, reicht die Kenntnis der Sachstruktur des motorischen Lernens nicht aus. Bis jetzt haben wir mit dem Blick auf das Lernergebnis, das Bewegungskönnen, hauptsächlich die Sachstruktur des Bewegens im Blickfeld der Betrachtung und Darstellung gehabt. Bewegungslernen in den pädagogischen Bereichen der Schule, des Sportvereins oder der Familie braucht aber die Ergänzung durch die anthropologische Perspektive.

Im pädagogischen Raum und Bezug ist das Lehren und Lernen von Bewegungshandlungen demnach nicht am Objekt (z.B. Sport), sondern am Subjekt (Kind, Schüler, Athlet usw.) zu messen, zu bewerten und auszurichten. Freilich nicht ausschließlich und einseitig, weil bestimmte Bewegungshandlungen bestimmte Lernwege nahelegen und andere nur ausnahmsweise zulassen.

„Dass Lernende allenfalls als abhängige Variablen des Lehrens vorkommen, dass das Lehren als objektrationale Technologie aufgefasst wird und das Lernen sich am Gängelband vollziehen soll, ist mit dem Bild von autonomen, handlungsfähigen, sinnsetzenden und wertbewusst sich bewegenden Menschen ebenso wenig vereinbar wie mit einem auf Selbstverantwortlichkeit, Selbsttätigkeit und Kulturfähigkeit ausgerichteten Bildungsbegriff und – nicht zuletzt – auch nicht mit der dynamischen Differenzierung unserer Bewegungskultur.“ (Scherer, 1999, 30)

Schulisches Lernen ist nun einmal vom Lehren abhängig und führt erst über mehrere Schritte der Beeinflussung zur Eigentätigkeit und -verantwortung. Bildung bedarf generell der Erziehungsmaßnahmen und die Dynamik der Bewegungskultur wird nicht erstarren, wenn einzelne Bewegungshandlungen in methodisch festgelegter Abfolge gelernt werden. Diese Aussagen rechtfertigen „Methodische Übungs- und Spielreihen“ nicht generell und erheben sie keineswegs zur einzigen oder wichtigsten Unterrichtsmethode des Schulsports.

Eine weitere Kritik an den Schema- und Programmtheorien des motorischen Lernvorganges kommt auch von Scherer (1999, 30 ff.) und bezieht sich auf den mehrfachen Einwand, dass der lernende Mensch sein Handeln stets in Beziehung zur Umwelt gestaltet, Bewegung von Wahrnehmung nicht zu trennen ist und erst das vorgesetzte Ziel, bzw. die Sinnbedeutung der zu erlernenden Bewegung den motorischen Teileinheiten die Funktion zuschreibt.

Diese Annahmen verweisen auf eine andere theoretische Sicht des Bewegungslernens und diese wiederum beruht auf einem anderen Welt- und Menschenbild, das sich vom cartesianisch-naturwissenschaftlichen Deutungsmuster der menschlichen Bewegung grundlegend unterscheidet.

Die Interpretationsversuche des menschlichen Bewegens und Bewegungslernen liegen in einem Feld, das von den beiden Polen des biomechanisch-analytischen (d.h. naturwissenschaftlichen) und gestalttheoretisch-synthetischen Erklärungsmodells gebildet wird. Gegenwärtig sind die ganzheitlich-phänomenologischen oder auch funktionell-sinnhaften Erklärungskonzepte im Aufwind der Akzeptanz.

Konstitutive Merkmale des Bewegungshandelns im Sinne des zuletzt genannten Erklärungsmodells sind demnach (vgl. Scherer 1999, Prohl 1995):

- Bewegen hat Handlungscharakter und ist kein Verhalten im Sinne eines einfachen oder zusammengesetzten Reiz-Reaktionsschemas.
- Bewegen ist umweltbezogen und strukturiert sich aus den vielfältigen, wechselnden und dynamischen Beziehungen zwischen Subjekt und Welt. Bewegen und Wahrnehmen bilden einen wechselwirkenden Zusammenhang.

- Die Einzelteile der Bewegungshandlung erhalten ihren Funktionszusammenhang vom Ganzen der Bedeutung und des Sinnes der Bewegungshandlung.

Eine vielfältige Landschaft ist die Bewegungswissenschaft am Beginn des 21. Jahrhunderts: Das menschliche Bewegungshandeln und -lernen wird informationstheoretisch, als Schema und Programm, funktionell, analytisch oder ganzheitlich, mehr in Außen- oder mehr in Innensicht, biomechanisch, philosophisch-anthropologisch, pädagogisch, mehr objekt- oder mehr subjektbezogen gedeutet und beschrieben. Den einzelnen Theorien liegen unterschiedliche Menschenbilder (vgl. TAMBOER 1994) zugrunde: den naturwissenschaftlichen Bewegungstheorien ein substantielles (TAMBOER), d.h. dualistisches, Körper und Geist unterscheidbares Menschenbild und den humanwissenschaftlichen Theorien ein relationales (TAMBOER), d.h. Leib und Geist einigendes Menschenbild.

Aber unverkennbar vollzieht sich gegenwärtig in der Sportpädagogik eine Wende der bewegungstheoretischen Betrachtung, eine Abwendung von objektbezogenen, biomechanischen und informationstheoretischen Erklärungen und eine Hinwendung zu subjektbezogenen, philosophisch-anthropologischen und ganzheitlichen Deutungen des menschlichen Bewegungshandelns und motorischen Lernens. Als Zeugen für diese Behauptung sind TAMBOER 1994, TREBELS 1992, PROHL/SEEWALD 1995, MOEGLING 1999 anzugeben.

Mehr als Andeutungen einer Verknüpfung beider Bewegungsbilder (und damit beider Menschenbilder) gibt es derzeit in der Sport- oder Bewegungspädagogik nicht: TREBELS (1992) bekennt seinen Zweifel an dem Entweder-Oder beider Sichtweisen, MOEGLING sucht die Integration zu fassen und verwendet den aus der niederländischen Denktradition (GORDIJN, TAMBOER, BUYTENDIJK) entlehnten Begriff des Bewegungsdialoges für ein beide Seiten verbindendes Theoriekonzept der menschlichen Bewegung. „Dementsprechend müsste eine integrative Bewegungslehre sowohl auf die äußerlich sichtbare Bewegungstechnik und die zugrundeliegenden biomechanischen und funktionsgymnastischen Prinzipien, sowie auf den empirisch-analytischen Zugang zur Bewegung, als auch auf die Innensicht der Bewegung und ihrer lebensweltlichen Vernetzung Bezug nehmen.“

Damit begnügt sich Moegling allerdings nicht, weil er weitere Referenzpunkte und Referenten (MERLEAU-PONTY, PETZOLD, JACOBS) in die Konstruktion seiner „Integrativen Bewegungslehre“ aufnimmt. Und so entsteht bei ihm ein Modell von Bewegungslehre, das aus folgenden Elementen und Beziehung der menschlichen Bewegung zusammengefügt ist:

Mehrere Wahrnehmungsebenen (Außen- und Innensicht), verschiedene Bedeutungen und Sinnbereiche (Leistung, Wettkampf, Meditation, Gesundheit, Geselligkeit usw.), vielfache wissenschaftliche Zugänge (Philosophie, Anthropologie, Ethik, Ökologie, Biologie, Physik, Kybernetik, Sportwissenschaft) und verschiedenartige Ausdrucksweisen der Bewegungskultur (Sport, Spiel, Gestaltung, Gesundheitsübungen, Alltagsbewegungen usw.).

Diese so vielfach begründete und vielseitig konstruierte „Integrative Bewegungslehre“ bildet die Grundlage eines bewegungspädagogischen Unterrichts in Schule, Verein, Familie und anderen Erziehungseinrichtungen der Gesellschaft.

Zwischen dem Erlernen einer Bewegungshandlung in grobkoordinierter Ausführung und der Anwendung in den verschiedenen Situationen des motorischen Handelns liegt das *Üben*. Es zielt auf die Verfestigung durch die Variation der erlernten Bewegungsfertigkeit. SCHMITZ (1973) nennt das Üben den Kern des motorischen Lerngeschehens, weil Lernen und Üben schwer voneinander zu unterscheiden und zu trennen sind.

Das Üben ist die mehr oder weniger häufige Wiederholung einer erlernten Bewegungstätigkeit mit dem Ziel der Verbesserung des Könnens und der Verlängerung des Behaltens. Dabei können die Ausführungsbedingungen gleichbleiben oder verändert werden. Das Üben beruht mehr als das Lernen auf der Selbsttätigkeit und Selbstständigkeit des Schülers, weil die Führung durch den Lehrer beim Üben in den Hintergrund tritt, aber nicht überflüssig wird. Die Anzahl der Wiederholungen leitet sich aus der Komplexität und dem Schwierigkeitsgrad der Bewegungsfertigkeit ab, ist aber auch abhängig von der Bewegungsintelligenz des Übenden. Mit dem Begriff Intervall wird der zeitliche Abstand zwischen zwei gleichen Übungsinhalten bezeichnet. Gelernte Bewegungen müssen in größeren oder geringeren Zeitabständen übend wiederholt werden, damit sie weiterhin beherrscht werden. Üben wirkt somit dem Verlernen entgegen, und je komplexer und schwieriger eine motorische Fertigkeit ist, desto kürzer fallen die Übungsintervalle aus, damit das Gelernte behalten werden kann. Die Differenzierung nach Übungsarten bedeutet die Veränderung bei gleichbleibendem Übungsinhalt durch situative, räumliche oder gegenständliche Gegebenheiten. In der Methodik spricht man von Übungsveränderungen, -verbindungen und -steigerungen.

Nach Schmitz (1973) ist das Üben motorischer Fertigkeiten durch folgende sechs Prinzipien gekennzeichnet: Bereitschaft, Effekt, Dosierung, Frequenz, Variation, Korrektur. Da Schmitz Üben und Lernen nicht grundsätzlich voneinander unterscheidet, gelten diese Grundsätze auch für das motorische Lernen.

Zur *Übungsbereitschaft* wird gerechnet, was an physischen und psychosozialen Voraussetzungen im Schüler gegeben sein muss, damit ein Übungseffekt erreicht wird. Die Skala reicht vom Aufwärmen der Muskeln bis zur Übungsmotivation. Das Ergebnis des Übens ist der *Übungseffekt.* Erfolgreiche oder misslungene Ergebnisse können eine motivierende Wirkung auf weiteres Üben haben. Erfolgserlebnisse haben auch im Übungsprozess eine verstärkende Wirkung, Misserfolge schließen zwar in Ausnahmefällen eine verstärkte Übungsbereitschaft nicht aus, verlieren diesen Effekt aber, wenn sie gehäuft auftreten. *Dosierung* bedeutet die richtige Festlegung des Übungsumfanges und der Übungsbelastung. Der Wechsel von Anspannung und Entspannung und die Beobachtung der organischen Belastungsfähigkeit in Abhängigkeit von Alter und Entwicklungsstand sind Faktoren der Übungsdosierung.

Variation ist jede Form-, Zeit-, Raum- oder Aufgabenveränderung bei der zu übenden Bewegungsfertigkeit. Bei allen Veränderungen in zeitlicher Hinsicht, durch Geräteaufstellung oder durch die Verwendung von Zusatzgeräten, bleibt die Bewegung in ihrem Kern erhalten. Variation kann Bewegungsverbindung oder Übungssteigerung sein, wobei im ersten Fall die Bewegungsfertigkeit in eine größere Abfolge bereits gekonnter Bewegungen eingebaut wird, während das Üben unter erschwerten Bedingungen eine Übungssteigerung bedeutet. Die Variation des Übens erfordert methodisches Geschick, Einfallsreichtum und Einsicht in Bewegungsverwandtschaften beim Lehrer. Für den Schüler bringt sie die Abwechslung in ein ansonsten eher eintöniges Unterrichtsgeschehen. Falsche Bewegungen werden durch das Üben ebenso verfestigt wie richtige, deshalb begleitet die *Bewegungskorrektur* nicht nur den motorischen Lern-, sondern auch den Übungsprozess.

Meusel (1968) zählt fünf Variationsformen des Übens auf: Üben unter vereinfachten, normalen, veränderten, erschwerten Bedingungen und das Üben unter Wettkampfbedingungen.

Diese fünf Arten der Übungsvariation ergänzt Hotz (1986, 14/15) noch um die Möglichkeiten des Übens unter Zeitdruck, der variablen Informationsaufnahme und des Übens nach Vorbelastung. Im Schulsport kommt es ganz besonders auf das Üben unter wechselnden Bedingungen und nicht auf das gleichmäßige Wiederholen des Gelernten an, weil es weder um die Automatisierung der Bewegung noch um die beständige Leistungssteigerung geht. Die Übungsbereitschaft des Schülers bleibt auf längere Zeit nur über die Übungsvariation erhalten.

Das Üben unter vereinfachten Bedingungen (Geländehilfe, Partnereinsatz, Geräte usw.) ist ein Grundprinzip der methodischen Übungsreihe. Eine Unterscheidung zum motorischen Lernen ist hier besonders schwierig, weil Übungsreihen im wesentlichen methodische Maßnahmen zum Erlernen einer Bewegungsfertigkeit sind. Die Bewegungsstabilisierung und -ökonomisierung ordnet MEUSEL (1968) der zweiten Übungsform zu. Die Bewegungsfertigkeit ist in der Grobform über motorische Lernprozesse erworben und wird nun durch gleichbleibende Wiederholung im Ablauf verfeinert. KOCH (1976) hält die Bezeichnung „Einlernen" für zutreffender, weil die aus dem Lernprozess hervorgegangene Bewegungsfertigkeit bei unveränderten äußeren Übungsbedingungen durch wiederholte Ausführung stabilisiert wird. Nach einer bestimmten Anzahl gleichbleibender Wiederholungen wird die Qualität einer Bewegungsfertigkeit nur unter veränderten Ausführungsbedingungen erhöht. Auf die motivierende Wirkung der Übungsveränderung wurde bereits hingewiesen. Erschwerende Bedingungen dürfen allerdings die Stabilität nicht gefährden, deshalb ist die Übungsvariation dieser Art erst zu empfehlen, wenn die Bewegungsfertigkeit nur noch der Feinformung bedarf. Erschwerende Durchführungsbedingungen für eine Bewegungsfertigkeit sind Übungsverbindungen, Geräteveränderung, Gerätekombination und das Üben im vorgegebenen Rhythmus (MEUSEL 1968). In deutlicher Ausrichtung auf die Primarstufe formuliert SEYBOLD (1972, 23) ein weiteres Prinzip des Übens: *Das Prinzip des aktiven Übens* ist gewährleistet, wenn beim Üben Bewegungsaufgaben den Bewegungsanweisungen vorgezogen werden. Die Aufklärung über Sinn und Zweck des Übens ist ebenso ein Bestandteil des aktiven Übens wie die Herstellung eines erkennbaren Bezuges zu den Anwendungsformen Spiel, Wettkampf und Gestaltung. Wenn der Schüler einsieht, dass die ihn oftmals langweilenden Übungen eine notwendige Voraussetzung für das Spielen, Tanzen, Wettkämpfen sind, wird er eine größere Übungsbereitschaft entwickeln. Ebenso ist die Erfolgssicherung von Übungsschritt zu Übungsschritt ein Beitrag zum aktiven Üben. „Dieser Erfolg muß anschaulich sein, vom Schüler selbst erkannt und festgestellt werden" (SEYBOLD 1972, 30). Zum aktiven Üben gehört demnach die Feststellung des Übungsergebnisses durch den Lehrer oder den Schüler unbedingt dazu. Die Rückmeldung des Übungserfolges kann mit zunehmendem Alter der Schüler von der Übung selbst zeitlich weiter entfernt sein, während jüngere Schüler die unmittelbare Erfolgsbestätigung nach jedem Übungsschritt brauchen. Jeder Übungsvorgang steht in Beziehung zu einem Lernziel, und die Information über das Übungsziel ist ein Schritt zur Mitbestimmung des Schülers im Unterricht. Eine weitere Folgerung aus dem didaktischen Prinzip des aktiven Übens ist die Selbstbestimmung. „Die Chance des aktiven Übens wird im selbstbestimmten Üben höher als im fremdbestimmten" (SEYBOLD 1972, 33). Die Beteiligung der Schüler an der Unterrichtsplanung und -durchführung ist allerdings abhängig von dessen Alter und Sachverstand, der Situation, dem Klassenklima und den vorangegangenen, auf die Partizipation zielenden Erziehungsprozessen, so dass eine allgemeine Aussage über den höheren Wert des selbstbestimmten Übens nicht zu halten sein dürfte. Die Mitbestimmung hat ihre Voraussetzungen und will gelernt sein, damit nicht Scheindemokratie oder fruchtlose Diskussion den Sportunterricht prägen.

Das *Trainieren* ist eine Sonderform des Übens, die im Leistungssport der Vereine, in Leistungszentren der Sportverbände, in Sonderformen der Schule (Sportgymnasium, Leistungsfach Sport) oder in den freiwilligen Leistungs- und Neigungsgruppen des Schulsports angewendet wird. Es spricht einiges dafür, den Trainingsbegriff für den Schulsport auszusparen, damit dieser durch ein falsches Etikett nicht mit fremden und unzulässigen Verpflichtungen versehen wird. Denn die Talentförderung kann nicht die Aufgabe des Schulsports sein. FETZ (1996, 53) versteht unter Training ein „planmäßiges und intensives, vom Streben nach optimaler Leistungssteigerung bestimmtes Üben". Der hauptsächliche Unterschied zum Üben besteht darin, dass das Trainieren die Verbesserung der motorischen Eigenschaften bewusst und systematisch mit einbezieht. Die beständige Erhöhung der sportlichen Leistungsfähigkeit ist an die Steigerung der motorischen Eigenschaften Kraft, Schnelligkeit, Ausdauer, Koordination und an die systematische Konditionsarbeit gebunden. Der Schulsport aber setzt dem sportlichen Training enge Grenzen, denn zum Training gehören ein festgeschriebener Trainingsplan mit Angaben über Technik- und Taktikschulung, ebenso wie Vorschriften zur Lebensführung und Ernährung.

Es gibt durchaus Bestrebungen, Training als sportpädagogischen Begriff auszuweisen und mit sportdidaktischen Absichten in Verbindung zu setzen (KURZ 1978, KAYSER 1978, FREY 1978, HILDENBRANDT 1980). So meint KURZ (1978, 136 ff.), dass trainingswissenschaftliche Sachverhalte in sportdidaktische Überlegungen zum Aufbau einer Unterrichtsstunde, zur Jahresplanung, zur inneren und äußeren Differenzierung des Sportunterrichts sowie zur Präzisierung und jahrgangsmäßigen Verteilung der Lehrplanziele einfließen müssten. Er legt dieser Behauptung allerdings einen biologisch-medizinischen Trainingsbegriff zugrunde, bei dem die Verbesserung der motorischen und physischen Leistungsgrundlagen (Kraft, Ausdauer, Beweglichkeit) im Mittelpunkt steht, so dass die Frage berechtigt ist, worin sich Trainieren dann vom Üben unterscheidet. Da Training für den Hochleistungssport neben diesen medizinischen Aspekten auch psychologische und bewegungstheoretische Fragestellungen einschließt und neben der Konditionsverbesserung auch Technik- und Taktikschulung umfasst, sollte Training weiterhin eine Angelegenheit des außerschulischen Hochleistungssports bleiben. Die von KURZ mit Recht erwähnten sportdidaktischen Gesichtspunkte sind mit dem Übungsbegriff abzudecken. Durch das planmäßige Üben kommt es auch im Schulsport zu einer Verbesserung des motorischen Könnens auf mittlerem Niveau, durch das Üben werden auch präventive und rehabilitative Wirkungen erzielt, so dass die Aufwertung des schulischen Sportunterrichts durch den Trainingsbegriff des Elitesports gar nicht notwendig und erforderlich erscheint.

KAYSER (1978) fasst Training weiter, bezieht Lernen und Üben mit ein und spricht ebenfalls der Übernahme des Trainingsbegriffes in den Schulsport das Wort. Obwohl er selbst auf wesentliche Unterschiede zwischen Sportunterricht und sportlichem Training verweist und auch die ungünstigen institutionellen Rahmenbedingungen des Schulsports kennt, nimmt er das Wort Training dann doch für manches in Anspruch, was im Schulsport geschieht, z.B. Gesundheits- und Fitnesstraining. Sind die Kriterien der Planmäßigkeit und Sachorientierung erfüllt, darf nach Ansicht KAYSERS auch vom Training gesprochen werden. Er zählt Trainingsziele im Sportunterricht allerdings nur im Hinblick auf die Förderung der körperlichen Leistungsfähigkeit auf und schließt den Trainingsbegriff bei der Verbesserung sportmotorischer Eigenschaften aus. Selbstverständlich gehört es zu den Aufgaben des Schulsports, Kraft, Ausdauer, Schnelligkeit zu verbessern, fraglich ist nur, ob man für die dabei angewandten Verfahren den Begriff Training in Anspruch nehmen soll. HILDENBRANDT (1980) bringt das Training vornehmlich mit präventiven und rehabilitativen Absichten in Verbindung, zählt allerdings auch die Optimierung des motorischen Leistungsniveaus hinzu und sieht in allen drei Dimensionen sportpädagogische Aufträge an den Schulsport. Zwischen Üben und Trainieren trifft er eine Unterscheidung, insofern „Übung vorwiegend als Mittel zur Verbesserung der Bewegungsstruktur, Training dagegen vorwiegend als Mittel zur Verbesserung der physischen Leistungsfaktoren Kraft, Schnelligkeit, Ausdauer und Beweglichkeit“ (1980, 351) anzusehen sind, wobei für das Training noch gefordert wird, daß erkennbare morphologische Veränderungen auftreten müssen. Mit dieser Begriffsbestimmung werden dem Training im Schulsport aber institutionell die Grenzen gezogen. Nur im Sportgymnasium und Leistungsfach Sport werden vom Sportlehrer in den Schwerpunktsportarten Trainerqualifikationen verlangt; dem „gewöhnlichen" Sportlehrer fehlt hingegen diese Kompetenz, ohne dass ihm daraus ein Vorwurf zu machen wäre.

4.1.2 Soziales Lernen und Handeln

Die erhöhte und erweiterte Verpflichtung einer Erziehung zum prosozialen Handeln durch die Schule im Allgemeinen und den Unterrichtsgegenstand Sport leitet sich auch von den veränderten Bedingungen des Aufwachsens der Kinder in der postmodernen Gesellschaft ab. Dazu zählen folgende Merkmale:

1. Die Verkleinerung der Familie (Einzelkinder, Alleinerzieher, Scheidungswaisen) und die dadurch zwar vertieften, aber auch verringerten Sozialkontakte zu anderen, alters- und geschlechtsheterogenen Personen.
2. Die Urbanisierung des Wohnumfeldes verbunden mit dem Verschwinden natürlicher und naturnaher Bewegungs- und Spielräume und damit die Einschränkung sozialer Erfahrungen in den „peer groups".
3. Die zunehmende Tendenz (bzw. Notwendigkeit) der Kontrolle und Leitung der kindlichen Spiel- und Bewegungstätigkeiten durch die Eltern aufgrund der Gefährlichkeit der Spielorte (Verkehr, Gewalt, Sexualität usw.).
4. Die Verhäuslichung und Vereinsamung der Spieltätigkeiten der Kinder durch die verführerische Macht der elektronischen Spielzeuge.

Diese unübersehbaren und wirkungsvollen Merkmale in der Lebenswelt heutiger Kinder schaffen defizitäre Bedingungen des sozialen Lernens und damit eine verminderte soziale Handlungsfähigkeit, die durch schulische Sozialisationsangebote und soziale Lerngelegenheiten ausgeglichen werden sollten. Diese Aufgabenzuschreibung legitimiert das soziale Handlungsfeld Schulsport in besonderer Weise.

Sie verändert die Lehrerrolle in die Richtung der Vorbildhaftigkeit, akzentuiert die Schultheorie zum erziehenden Unterricht, betont die unterrichtliche Mitgestaltung der Schüler und gestaltet die Schulpraxis insgesamt mehr zum Lebensort als zur Lernanstalt. Wenn die Lebensprobleme der Schüler größer als ihre Lernprobleme sind - wie es Hartmut von HENTIG vermutet - wird die Erziehung zur sozialen Handlungsfähigkeit zum gewichtigen Auftrag an die Schule.

Das Bewegungshandeln in den Situationen des sportlichen Wettkampfes, des erlebnishaften Spielens, der ästhetischen Gestaltung und des gesundheitsbedachten Übens, sei es allein oder mit einem Partner, in Mannschaften unterschiedlicher Struktur und Personenzahl, in losen Formationen bis hin zu den Massengruppierungen, dieses Bewegungshandeln ist stets von sozialen Tätigkeiten und Einstellungen geprägt und geleitet. Die soziale Handlungsfähigkeit des Einzelnen entscheidet mit über das Gelingen oder Misslingen, über Freude und Verdruss, über Erfolg oder Niederlage einer Bewegungshandlung. Das macht das soziale Lernen und seine Ergebnisse so bedeutsam im Schulsport. Soziale Handlungsfähigkeit ist aber nicht nur die Bedingung des Bewegungshandelns, sondern auch ihr Ziel.

Als pädagogische Einrichtung findet der Sportunterricht seine Begründung und Rechtfertigung auch in den vermuteten und bestätigten Wirkungen des Sporttreibens auf die Sozialisation des heranwachsenden Menschen. Es sind Erfahrungen, die in der Ausübung der sportlichen Tätigkeiten gemacht werden können und denen prägende Wirkungen nachgesagt werden. Die Unschärfe und Vieldeutigkeit des Sozialisationsbegriffes bringt es allerdings mit sich, dass eine Vielzahl der Lernziele des Schulsports darauf Bezug nimmt. In früheren Lehrplänen wurden Hilfsbereitschaft, Verantwortungsgefühl, Gemeinschaftsbewusstsein als Bildungsabsichten den Stoffplänen vorangestellt. In ihnen offenbart sich sowohl eine hohe Erwartungshaltung als auch ein unkritisches Transferdenken gegenüber den sozialisierenden Wirkungen des Sports. Erfolgskontrollen finden in diesem Lernbereich ohnehin nicht statt und wären auch mit bedeutenden methodologischen Schwierigkeiten verbunden, denn die Problematik der Überprüfung sozialaffektiver Lernziele des Sportunterrichts ist aus der Curriculumforschung hinlänglich bekannt. Dass im Sportunterricht soziales Lernen stattfindet, wird vorausgesetzt und mit dem Hinweis begründet, dass Sport ein geselliges Tun sei und darin soziale Erfahrungen in vielfältiger Art gemacht werden. Sport ist ein Feld, in dem sich beständig gruppendynamische Prozesse ereignen, die wiederum Haltungen und Einstellungen bewirken können, die auch in anderen Lebenssituationen zur Anwendung gelangen werden. Die Schwierigkeit, soziale Lernprozesse zu planen und deren Ergebnisse im Sportunterricht nachzuweisen, liegt zum Ersten in der Unschärfe des Sozialisationsbegriffes. Doch ungeachtet dessen ist das soziale Lernen ein Auftrag an den Schulsport. Unrealistisch aber wäre die Vorstellung, dass der Anteil des Sportunterrichts an der Sozialisation eines heranwachsenden Menschen genau bestimmt werden könnte. Brodtmann (1973, 132 ff.) hat zu Recht darauf verwiesen, dass die Schule ein Faktor der sekundären Sozialisation sei und mit großer Wahrscheinlichkeit bereits die ersten sechs Lebensjahre (primäre Sozialisation) die wichtigen Muster des sozialen Handelns und Bewusstseins festlegen. Zum anderen sind die prägenden Einflüsse auch in der zweiten Sozialisationsphase so verschiedenartig (Schule, Familie, Freundeskreis, Verein usw.), dass es undenkbar erscheint, den sozialisierenden Einfluß eines einzelnen Unterrichtsgegenstandes gesondert auszumachen. Wenn das soziale Lernen im Sportunterricht auch nicht jenen Grad der Beschreibbarkeit und des Nachweises erreichen kann, wie dies beim motorischen Lernen der Fall ist, gerät deshalb der Sozialisationsauftrag doch nicht zum bloßen Bekenntnis und zur Alibifunktion in der Legitimation des Unterrichtsfaches. Als eine der Leitideen des Bewegungsunterrichts hat das soziale Lernen und Handeln durchaus Festlegungen, die Lerninhalte, Unterrichtsverfahren und Organisationsformen des Schulsports betreffen. Darin erhalten die Mannschaftsspiele den Vorrang von Individualsportarten, die sozialintegrative Unterrichtsführung wird der lehrerdominativen vorgezogen, kleine Gruppenformen dem Klassenverband, Neigungsgruppen und heterogen zusammengesetzte Übungsgruppen gewinnen einen erhöhten Stellenwert. Im Sinne des interdependenten Didaktikmodells hat das soziale Lernen intentionale, thematische und methodisch-organisatorische Aspekte. Es ist zu fragen, an welchen Zielvorstellungen, Lerninhalten und Unterrichtsformen soziales Lernen im Sportunterricht besonders angebunden erscheint, welche Erwartungen sich mit welchen Aktionen und Themen verbinden und welche fachübergreifenden Formen sozialen Handelns sich aus dem Schulsport ergeben könnten.

Die Betonung des sozialen Lernens im Sportunterricht hat den allgemeinpädagogischen Hintergrund, dass in Konsequenz der Zielvorstellungen und Leitideen von Mündigkeit und Demokratisierung die Forderung des sozialen Lernens verstärkt an die Schule und den Unterricht gestellt wurden und dadurch jedes einzelne Unterrichtsfach in seiner didaktischen Konzeption und seiner praktischen Gestaltung davon beeinflusst worden ist. Die sozialbildende Funktion der Leibesübungen hat auch die Theorie der Leibeserziehung bedacht, beließ es allerdings weitgehend bei Absichtserklärungen und zog keine konkreten unterrichtlichen Konsequenzen aus dieser Zielperspektive. Genau das aber nahmen sportdidaktische Konzepte am Anfang der siebziger Jahre zum Anlass, aus Leitbegriffen wie Emanzipation oder Kooperation Unterrichtsmodelle zu entwickeln und sie einer Erprobung in der Praxis zu unterwerfen (Engel/Küpper 1975, Bauer/Kleindienst 1976, Odey 1976, Petersen 1975, Kugelmann 1980; u.a.).

Solchen Unterrichtsprojekten dienten die Begriffe Emanzipation, Kommunikation, Kooperation, Interaktion, Integration und Koedukation als Zielvorgaben, aus denen häufig die Sportspiele als Unterrichtsinhalte und sozialintegrative Verfahren als methodische Festlegungen abgeleitet wurden. Da der vordergründige und zwangsläufige Transferglaube der bildungstheoretischen Theorie der Leibeserziehung nicht mehr geteilt wurde, waren die Absichten des sozialen Lernens im Schulsport weitgehend sportspezifisch formuliert worden. Emanzipation als Distanz zu den Normen des Sports, Kooperation als die Handlungsbefähigung innerhalb der Sportgruppen, mit Kommunikation waren die Formen des sportspezifischen Informationsaustausches gemeint und bei Koedukation stand das Miteinander beider Geschlechter in sportlichen Tätigkeiten im Vordergrund. Durch die solcherart vorgenommene Einschränkung auf sportliche Handlungsbereiche waren ausgreifende Wirkungen des sozialen Lernens auf andere Lebenssituationen zwar nicht ausgeschlossen, aber auch nicht ausdrücklich angesprochen worden. Das soziale Lernen innerhalb des sportlichen Handlungsfeldes stand im Vordergrund des sportdidaktischen und -praktischen Bemühens. Mit der Akzentverschiebung vom motorischen zum sozialen Lernen rückte der Problemschüler, der leistungsschwache, ängstliche oder verhaltensgestörte Jugendliche stärker in den Blickpunkt didaktischer Überlegungen, wobei anfänglich die einseitigen Bewertungen und Aufgabenzuschreibungen nicht ausblieben, die dem Sportunterricht dadurch zu sehr die Rolle eines Förderunterrichts für schwache Schüler aufdrängten.

Obschon es auch einige Unterrichtsprojekte zum sozialen Lernen in Individualsportarten (Skilauf, Gymnastik, Schwimmen) gegeben hat, bilden diese doch nur die Ausnahme, weil die soziale Handlungsbefähigung im Schulsport vor allem durch die Sportspiele erreicht werden sollte. Dabei spielen die Veränderung der Regeln, der Spielgeräte und der gewohnten Spielsituationen, die offenen Unterrichtsverfahren und die nichtdirektive Interaktion des sozialintegrativen Unterrichtsstils eine herausragende Rolle.

Ansätze und Anlässe des sozialen Lernens im Sportunterricht

Den Sportunterricht kennzeichnet eine Vielfalt der Gruppenformen und -beziehungen, worin er die breitgefächerte Möglichkeit schafft, in Gruppen zu handeln und soziale Erfahrungen zu sammeln. Gegenüber dem weitgehend statischen Klassenunterricht in den Lernfächern prägen den Sportunterricht die dynamische Kleingruppe, die offenen Lern-, Übungs- und Handlungssituationen und die variablen Gruppenbeziehungen. Das Gruppenhandeln im Schulsport folgt vereinbarten Regeln, die den Handlungen der Beteiligten Richtungen angeben und Wege weisen. Es sind dies die Spiel- und Ablaufregeln der Sportarten ebenso wie die zwischen Lehrer und Schülern vereinbarten Tätigkeiten und sozialen Interaktionen oder die konstitutiven Normen der Schule und des Unterrichtsfaches Sport. Regeln zu übernehmen, zu akzeptieren, zu verändern oder abzulehnen ist ein wesentlicher Bestandteil der sozialen Entwicklung jedes Individuums, weil viele Arten der Interaktion und Kommunikation zwischen Menschen und Menschengruppen regelgeleitet sind. Für Erfahrungen dieser Art und für die Ausbildung eines Regelbewusstseins ist der Sportunterricht ein geeignetes Lern- und Übungsfeld, wobei es zunächst offen bleiben soll, ob die im Sport gemachten sozialen Erfahrungen auf andere Lebensbereiche übertragen werden. Selbst für die Situation Sport gilt aber, dass ein Regelbewusstsein nicht einfach durch die Befolgung von Spielregeln erworben wird, sondern der Bewusstmachung, der Einsicht und der Erkenntnis über Sinn und Widersinn sportlicher Regeln bedarf. Damit ist das kognitive Lernen im Sportunterricht angesprochen.

Landau/Dietrich (1979) formulierten didaktische Prinzipien, die ein Regelbewusstsein und eine Regelkompetenz in den Lernsituationen des Schulsports gewährleisten könnten. Sie verstehen unter Regelkompetenz die Fähigkeit und Bereitschaft zur Anerkennung, Veränderung und Neuentwicklung von Regeln des sportlichen Handelns.

Konkret werden folgende Forderungen für den Erwerb eines Regelbewusstseins in sportlichen Handlungen aufgestellt (1979, 12–14):

1. Die Vielfältigkeit sozialer Erfahrungen, die der Sport bietet, soll im Schulsport erhalten bleiben; d.h. es darf der Sport als soziales Gebilde nicht degenerieren, wenn er zum Unterrichtsfach der Schule wird.
2. Regeln sind Absprachen, d.h. sprachliche Gebilde, die wiederum durch Sprache aufgehoben oder geändert werden können. Dies setzt Sprachkompetenz der Schüler voraus, doch schult der häufig sprachlose Sportunterricht den Schüler am wenigsten darin.
3. Eine subjektive und die individuellen Gegebenheiten berücksichtigende Leistungsbewertung im Schulsport vermeidet ungerechte Differenzierung der Schüler in gute und schlechte „Sportler".
4. Die Erweiterung der Schülerrolle im Sportunterricht um jene Tätigkeiten, die in der Regel dem Lehrer vorbehalten sind, nämlich Sport zu organisieren, zu lehren, Unterricht zu gestalten, Schiedsrichtertätigkeit auszuüben u.a. erweitert auch den sozialen Handlungsraum und die soziale Kompetenz des Schülers.
5. Zum sozialen Lernen gehört die Bewältigung von Konflikten, die aufgrund unterschiedlicher Erwartungen der Beteiligten auftreten können. Die Art der Konfliktaustragung im Sportunterricht ist mitentscheidend für die sozialen Lernerfahrungen, die Schüler in diesem Handlungsfeld machen können.

Solche Anforderungen an das soziale Lernen im Schulsport werden aus unterschiedlichen theoretischen Ansätzen entwickelt und gestellt: Rollentheorien, Sozialisationstheorien, symbolischer Interaktionismus, kritische Theorie und Kommunikationstheorien bilden und bieten theoretische Anregungen für didaktische Entwürfe und praktische Gestaltungen des sozialen Lernens im Sportunterricht.

Einen derartigen Ansatz für das soziale Lernen im Sportunterricht sehen Singer/Ungerer-Röhrich (1984) in der Entwicklung und Förderung sozialer Kognitionen im Zusammenhang mit den Aspekten der interaktionistischen Rollentheorie. Sie zeigen am Beispiel der Rollenübernahme, d.h. der Fähigkeit, sich in die Rolle eines anderen zu versetzen, welche Möglichkeiten im Sportunterricht gegeben sind, „soziale Perspektivenübernahme" in Situationen des Sports zu lernen und zu üben. Auf weitere Themen des „symbolischen Interaktionismus", nämlich Rollendistanz, Ambiguitätstoleranz und Identitätsdarstellung gehen die beiden Verfasser nicht mehr ein. Gerade an diesem Ansatz des sozialen Lernens übt Klein (1984) Kritik, indem er diese Zielsetzungen als Heilserwartungen an den Sportunterricht darstellt. Weder in kognitiven Ansätzen noch in vorgegebenen Zielsetzungen des sozialen Lernens sieht Klein (1984) die echten Chancen im Schulsport, weil beides auf ein entsubjektiviertes Verhältnis zum Sport hinausläuft. Klein macht die Sozialisation im Schulsport vom Sportkonzept abhängig und spricht dem herkömmlichen Sport die subjektiven Erfahrungsmöglichkeiten ab.

„Dort, wo soziales Lernen mit der Identitätsentwicklung des Menschen in Verbindung stehen soll, sind bestimmte Voraussetzungen unabdingbar. Die Identitätsentwicklung des Menschen erfordert exploratives Verhalten, den handelnden und erprobenden Umgang mit Dingen und sozialen Gefügen" (Klein 1984, 82). Es mag zutreffen, dass früher das soziale Lernen einseitig sportbezogen gedacht war, und Regelakzeptanz und Normübernahme im Vordergrund standen. Sozialisation aber nur mehr jenseits des herkömmlichen Sports und nur mehr im erprobenden Bewegungshandeln anzusiedeln, ist Einseitigkeit in der anderen Richtung. Normiertes Bewegungsverhalten und subjektive Bewegungserfahrungen können keine Alternativen für das soziale Lernen im Schulsport sein, wie es Klein (1984) darstellt, weil beides zu seinen pädagogischen Verpflichtungen zählt, beide Formen des Bewegungsverhaltens Bestandteil der Bewegungskultur sind und in beiden Bereichen wünschenswerte soziale Lernziele enthalten sind.

Fassen wir die Erwartungsfelder für soziales Lernen und soziale Erfahrungen im Schulsport zusammen, dann sind es deren sechs (vgl. dazu auch Balz 1989):

1. Regelbewusstsein (fair play)
2. Empathie
3. Konfliktbewältigung (Gewalt)
4. Rollenwechsel, Rollenübernahme
5. Verarbeitung von Gefühlen in Gruppensituationen
6. Solidarität statt Egoismus

Das Ergebnis des sozialen Lernens im Sportunterricht sollte die soziale Handlungsfähigkeit des jungen Menschen in den Situationen des Schulsports, des außerschulischen Freizeit- und Breitensports, aber auch im Kontext des alltäglichen Lebens in der Schule, Familie, Gleichaltrigengruppe und in den zahlreichen heterogenen Gruppen des Alltags sein. Diese Zielformel darf aber nicht so ausgelegt sein, wie es in der Theorie der Leibeserziehung häufig der Fall war: harmonistisch, geglättet, ausschließlich mit positiven Werten besetzt.

Die Lernwege zur sozialen Handlungsfähigkeit führen durch die unterschiedlichen Landschaften der Kooperation wie der Konkurrenz, der Übereinstimmung wie des Widerspruches, der wortlosen Kommunikation wie der wortreichen Debatte.

Der Bereich des sozialen Lernens im Sportunterricht ist nach wie vor ein problematischer in den Ansprüchen und ein fragwürdiger in seinen Ergebnissen. Pühse (1996) nennt drei Beweisstücke für die Skepsis gegenüber dem sozialen Lernanspruch im Schulsport: Instrumentalisierung, Transfer und wissenschaftliche Beweisnot.

Die Instrumentalisierungsdebatte begleitet den Schulsport seit der Einführung in der Mitte des vorigen Jahrhunderts und pendelt zwischen den extremen Polen der völligen Inanspruchnahme für Erziehungsabsichten und des ausschließlichen Eigenwertes des Sports. Beide Extrempositionen sollten keine Zustimmung finden. Die Inanspruchnahme des Sportunterrichts in der Schule für sozialerzieherische (oder auch gesundheitserzieherische) Absichten aber ist gerechtfertigt. Der Schulsport ist nicht um des Sports oder des Spaßes willen eingerichtet, sondern folgt einem pädagogischen Auftrag, wie jeder andere Gegenstand der Schule auch. Ob sozialisierende Wirkungen, die in Bewegungshandlungen erworben, verändert oder fester gefügt werden, in andere Handlungssituationen übernommen werden ist ungesichert, aber als Vermutung nach beiden Seiten, zum Ja und zum Nein, hin offen. Da dem so ist, ist die Transferfrage nicht problematisch, sondern derzeit nur nicht zufriedenstellend beantwortet. Und die wissenschaftliche Beweisnot für sozialisierende Wirkungen des Schulsports innerhalb des vielfältigen Faktorenbündels der menschlichen Sozialisation wird mit jeder neuen und qualitätvollen Untersuchung geringer.

Eine weitere theoretische Fundierung des sozialen Lernens und Handelns im Sport und Schulsport und durch Sport und Schulsport leistet PÜHSE durch seine Veröffentlichungen (1990, 1994), in denen nicht nur der schulische Auftrag zur Sozialerziehung mehrfach begründet, sondern auch am Beispiel des Sportunterrichts konkretisiert wird. Im Zentrum der theoretischen und fachdidaktischen Erörterungen PÜHSES steht die auf MEAD und PIAGET gründende Theorie der Perspektivenübernahme verbunden mit dem Stufenmodell der kognitiv-moralischen Entwicklung von KOHLBERG. Dieser sozial-kognitive Ansatz der Perspektivenübernahme wird im Bereich des Schulsports (und insbesondere am Beispiel der regelgeleiteten Sportspiele) als Fünfstufenmodell der Entwicklung sozialer Handlungsfähigkeit dargestellt.

4.1.3 Kognitives Lernen

Kognitives Lernen im Sinne der Aufnahme, Verarbeitung und Aneignung von Wissensbeständen, die mit dem gesellschaftlichen und sozialen Phänomen Sport und mit sportlichem Tätigsein in Beziehung stehen, erfolgt nicht nur im Leistungsfach Sport oder in Schulen mit sportlichen Schwerpunkten. Das kognitive Lernen im Sportunterricht hat insgesamt einen höheren Stellenwert erhalten, verfehlt aber seinen pädagogischen Auftrag, wenn es auf die Aufnahme sportwissenschaftlicher Einzelbefunde beschränkt bleibt. Das kognitive Lernen hat in praxisnahen Situationen zu erfolgen, damit theoretisches Wissen und praktisches Können eine Einheit bilden können. Das Lernen im Sportunterricht erfolgt in Zusammenhängen und in Beziehung zu Praxisfeldern des Sports und der Bewegungskultur.

Die Aneignung sporttheoretischer Kenntnisse bezweckt als erstes die Optimierung des sportlichen Handelns. Sportbiologische, bewegungstheoretische und trainingswissenschaftliche Erkenntnisse werden dabei für die Gestaltung des Lernens und Übens der Bewegungstätigkeiten herangezogen. Die Sporttheorie wird zum Bestandteil der Sportpraxis, die ohne Einbezug theoretischer Elemente ohnedies nicht stattfinden kann. Regeln, taktische Kenntnisse, biomechanische Gesetzmäßigkeiten, trainingstheoretische Erkenntnisse, biologisch-medizinische Tatbestände sind Elemente des kognitiven Lernens im Praxisfeld Sport, die zur Verbesserung des Lernens, Übens und Ausführens sportlicher Handlungen beitragen. Dabei handelt es sich um das regelgeleitete Sporttreiben, das für den Schüler eine bedeutsame Alltagserfahrung darstellt, wobei die Medienvermittlung noch einen verstärkenden Einfluss bei der Ausbildung der Erwartungshaltung gegenüber dem Schulsport ausübt. Der Schüler erwartet, die Alltagswelt des Sports im Sportunterricht wiederzufinden und sportliche Fertigkeiten und Fähigkeiten lernend zu erwerben und zu verbessern. Dies erfordert neben dem motorischen und dem sozialen eben auch das kognitive Lernen im Sportunterricht.

Für den Schulsport kann dies aber nicht die einzige Art der Sportpraxis sein. Situatives sportliches Handeln, das Entdecken und Erfinden nichtgenormter Bewegungshandlungen und die Veränderung vorgegebener Handlungsabläufe sind weitere Ziele des Sportunterrichts und erfordern Einsichten und Erkenntnisse als Ergebnisse kognitiver Lernprozesse. Gruppenpädagogische und -dynamische, sozialpsychologische, spieltheoretische und organisatorische Tatbestände und Theorien sind Wissensbereiche, die zur Gestaltung solcher offener Bewegungssituationen einen Beitrag leisten.

Der Schulsport enthält eben mehr als eine Anzahl genormter Sportarten. Damit Schüler dies begreifen, müssen sie erleben und erfahren, dass der geregelte Sport nicht in allen Situationen und mit allen Beteiligten gelingen kann, und dass es Zustände oder personelle Zusammensetzungen (Familie, Mädchen und Jungen, verschiedene Altersstufen, unterschiedliches motorisches Können) geben kann, die zum Abweichen von den Regeln und gewohnten Handlungen zwingen, damit Bewegungshandlungen gelingen, die möglichst vielen Beteiligten ein zufriedenstellendes Tätigsein ermöglichen. Solche Einsichten sind durch kognitive Lernprozesse anzubahnen und zu verstärken.

BRODTMANN/TREBELS (1979, 15/16) schlagen dafür einen durch vier Stationen markierten Weg vor: Ausgangspunkt ist die sportliche Alltagserfahrung der Schüler, die in der Regel im Rahmen des genormten Sports verbleibt. Sie wird zum Problem gemacht und in Frage gestellt durch sportliche Situationen, bei denen durch geplante Arrangements das bisher Selbstverständliche nicht mehr gelingt und dadurch zum Anlass von Betroffenheit wird. Dies bewirkt als dritten Schritt das Nachdenken über die Bedingungen und Ziele sportlicher Handlungen, über deren Sinn und über die Geschichtlichkeit der bestehenden Sportarten. Damit ist die Voraussetzung für das Finden von Alternativen geschaffen (4. Schritt). „Aufklärung und Kritik verfestigten sportlichen Routinehandelns ermöglichen neue Deutungen und neue Strukturierungen sportlichen Handelns und bilden die Grundlage für neue gemeinsame sportliche Handlungsversuche" (BRODTMANN/TREBELS 1979, 16).

Es muss zwar einschränkend vermerkt werden, dass Einsichten nicht immer ein ihnen entsprechendes Handeln nach sich ziehen, doch soll diese Tatsache den Wert des kognitiven Lernens im Sportunterricht nicht schmälern. Das Wissen über alternative sportliche Tätigkeiten führt zwar nicht immer zu deren praktischer Verwirklichung, die fehlende Einsicht aber verhindert die alternative Handlung mit Sicherheit. Ein kognitives Lernen im Sport-unterricht, das an der Sportpraxis des Schülers ansetzt und den Zusammenhang zwischen Sportkunde und Sportkönnen deutlich werden lässt und Wege aufzeigt, die über die gewohnte Sportpraxis hinausweisen, wird die Bereitschaft der Schüler wecken, motorisches Neuland zu betreten.

Der Sport ist als kulturelles und gesellschaftliches Phänomen auch ein wissenschaftliches Problemfeld mit zahlreichen Aspekten der kognitiven Vermittlung. Ihn in seinen internen Machtstrukturen, seiner politischen Inanspruchnahme und wirtschaftlichen Verflechtung, seinen sozialen Strukturen und erzieherischen Wirkungen zu begreifen, bedeutet, ein wesentliches Element der gegenwärtigen Gesellschaft zu verstehen. Kognitives Lernen im Sportunterricht hat deshalb auch jenes Wissen zu vermitteln, das nicht unmittelbar auf die praktische Umsetzung im sportlichen Handeln ausgerichtet ist. Die Informationen über den Sport eröffnen einem Zugang zu einem Gesellschaftsphänomen, das eine große öffentliche Anteilnahme genießt und widersprüchliche Ansichten und Einstellungen ihm gegenüber hervorbringt. Neben dem Handlungswissen ist demnach das Aufklärungswissen ein weiterer Bereich des kognitiven Lernens im Schulsport. Den Sport zu begreifen ist ein Stück Welterkenntnis und darin ein Stück Befreiung, weil das Nichtdurchschauen stets Abhängigkeit bedeutet: Abhängigkeit von den Meinungsmachern der Massenmedien, den politischen Verwertern des Sports, den Absichten der Sportartikelindustrie und den Manipulationen des Freizeitkommerzes.

Den Sport als epochale Bewegungskultur zu begreifen, durch die andere, d.h. nicht sportliche Bewegungsmöglichkeiten in den Hintergrund gedrängt und andere Bewegungsinteressen nicht berücksichtigt werden, ist ebenfalls ein Wissensbestand, der im Sportunterricht zu vermitteln ist. Es ist der erste Schritt zur selbstständigen Veränderung des eigenen Sporttreibens und zur Anpassung der Bewegungskultur an die eigenen Möglichkeiten und Bedürfnisse, den ein Schüler tun kann, wenn er dies erst einmal begriffen hat.

Für das Unterrichtsfach Sport ist auch die *Wissenschaftspropädeutik* ein Anliegen, das sich aus der allgemeinen Studierfähigkeit als Bildungsauftrag des höheren Schulwesens ableitet.

Dies fordert die Auseinandersetzung mit Ergebnissen und Verfahren sportwissenschaftlicher Disziplinen und ordnet dem kognitiven Lernen im Sportunterricht ein drittes Lernfeld zu. Dabei geht es weniger um die Vermittlung ausgewählter sportwissenschaftlicher Fakten und mehr um die Einführung in das wissenschaftliche Arbeiten durch die Einsicht in Verfahren der wissenschaftlichen Erkenntnisgewinnung, das Kennenlernen wissenschaftlicher Methoden und das Aufzeigen der Widersprüchlichkeit sportwissenschaftlicher Theorien.

Kognitives Lernen als Bestandteil der Optimierung des sportlichen Könnens, als Voraussetzung der Planung und Durchführung eigenen und fremden sportlichen Handelns und als Weg der Erschließung der gesellschaftlichen Realität des Sports ist eine Verpflichtung, die der Sportunterricht zu erfüllen hat. Der Sporttheorie kommt dabei kein Selbstzweck zu, sondern die Aufgabe, Sport zu ermöglichen, zu verbessern und zu begreifen.

Für das kognitive Lernen im Sportunterricht sind mehrere Wege und Inhalte denkbar. Es kann von einer Sportart als Lerninhalt ausgegangen oder ein Unterrichtsziel (z.B. das Thema Gesundheit) zum Anlass sporttheoretischer Erörterung genommen werden. Entscheidend dabei ist, dass die Erkenntnisse mehrerer sportwissenschaftlicher Disziplinen für die Wissensvermittlung aufgeboten werden. Sportwissenschaftliche Einzelaspekte geben die sportliche Wirklichkeit nur unzulänglich wieder, denn Einzelwissenschaften beschäftigen sich stets nur mit Ausschnitten einer jeweiligen Wirklichkeit. Das kognitive Lernen im Schulsport hingegen sollte an komplexen sportlichen Wirklichkeiten orientiert sein und erfordert aus diesem Grunde auch ein multi-disziplinäres Gefüge sportwissenschaftlicher Erkenntnisse bei der Vermittlung eines Themas. Dies gilt für die Sportarten ebenso wie für die Themen Leistung, Gesundheit, Freizeit oder Bewegung.

Die sportwissenschaftliche Theorie wäre demnach für den Sportunterricht mehrperspektivisch aufzubereiten, damit die Aufgaben der Leistungsverbesserung und der Wirklichkeitserkenntnis im Lernprozess gelingen können. Die Anbindung der Sporttheorie an die praktische Erfahrung des Schülers und die themenbezogene statt disziplinorientierte Darbietung des Wissens über das kulturelle und gesellschaftliche Phänomen Sport, stellen keine geringen theoretischen und didaktischen Anforderungen an den Sportlehrer. Das kognitive Lernen hat sich unterschiedlicher Verfahren der Wissensvermittlung zu bedienen und die Vielfalt der Unterrichtsmethoden auszuschöpfen. Es kann auf den Lehrervortrag und die herkömmliche Wissensübermittlung nicht verzichten, soll darauf aber keineswegs beschränkt bleiben. Das Unterrichtsgespräch, der Einsatz audiovisueller Medien, die Diskussion, Schülerreferate, Projektunterricht und Exkursionen sind weitere Maßnahmen des kognitiven Lernens im Sportunterricht. Dazu werden Materialien benötigt, anhand derer Schüler sich Wissen aneignen können: Filme, Bilder, Bücher, Zeitungen, Sportgeräte, Kassetten und dergleichen mehr.

Die Wissensaneignung durch kognitives Lernen im Schulsport ist ein integrativer Bestandteil des Lernens und mit dem motorischen und sozialen Lernen unlöslich verknüpft. Das Handlungs- und Aufklärungswissen zielt auf die Einheit von Handeln und Denken im Sport und auf die Befähigung zum Begreifen der Bewegungskultur in ihren zahlreichen Facetten.

Welche Bereiche des Wissens werden also zusammenfassend in kognitiven Lernarrangements angesprochen:

1. *Bewegungs- und trainingswissenschaftliche, psychologische und pädagogische Tatbestände des Sporttreibens und Bewegungshandelns* (Handlungswissen).
   Das sind in unvollständiger Auflistung: Spielregeln, Ausführungstechniken, Taktik, Sportgerätekunde, Sicherheitsvorkehrungen usw.

2. *Organisatorische, inhaltliche und methodische Aspekte sportlichen Geschehens* (Verfahrenswissen).
   Das bedeutet im Einzelnen: Übungsprogramme, Lernverfahren, Ergebniskontrollen (Tests), Trainingspläne, Spielleitung usw.
3. *Informationen über gesellschaftliche Abhängigkeiten und Einflussnahmen des Sports* (Aufklärungswissen).
   Zum Beispiel Sportpolitik, Werbung im Sport, wirtschaftliche Aspekte, historische Entwicklung der Bewegungskultur, Sport und Umwelt usw.
4. *Wissensbestände über Wirkungen des Bewegungshandelns bzw. der Bewegungsarmut auf den Organismus und den ganzen Menschen* (Wirkungswissen):
   Sport und organische Gesundheit, soziales und emotionales Wohlbefinden, Freizeitgestaltung, Aktive Erholung, motorische Streßbewältigungsstrategien, Sportdiäten usw.
5. *Philosophisch-anthropologische Aspekte menschlicher Bewegung* (Wertwissen):
   Körperlichkeit, Sinnhaftigkeit der Bewegung, Sportethik usw.

Die separierende Aufzählung der Wissensgebiete soll nicht die Einsicht verhindern, dass ihre Vermittlung im Sportunterricht integrativ zu erfolgen hat und die Anschaulichkeit dann gegeben ist, wenn das Wissen mit der Erfahrung, die Theorie mit der erlebbaren Praxis Verbindungen eingehen.

4.2 Bewegungshandeln

Die Bereiche und Themen des motorischen und kognitiven Lernens im Sportunterricht können mit dem Zielbegriff der sportlichen Handlungsfähigkeit begründet werden, die Forderung des sozialen Lernens aber greift über diese Zielvorstellung hinaus und ist nur mit der Verpflichtung zur Erziehung und Bildung des ganzen Menschen zu rechtfertigen.

Das Bewegungshandeln wird also mit einem über die sportliche Handlungsfähigkeit hinaus reichenden Zielbegriff verknüpft, in dem die ganzheitliche Befähigung zum Menschsein intendiert ist, der die Bildung der ganzen Persönlichkeit erstrebt und dessen komplexe Inhaltlichkeit deshalb auch nicht allein aus dem sportlichen Handeln in die Lebenswirklichkeit zu erschließen ist. So wird der Sportunterricht zum Bewegungsunterricht, dessen Gestaltung von didaktischen Überlegungen zum sportlichen, spielerischen, gestalterischen und gesundheitsbedachten Bewegungshandeln abhängig ist. Das vorangegangene Kapitel (4.1) über die Arten und Strukturen des Bewegungslernens hat die Komplexität der zu erlernenden Bewegungstätigkeiten schon in Andeutung erkennen lassen. Nun soll, unter der didaktischen Perspektive der Unterrichtsplanung und -ausführung, die Differenzierung der Bewegungshandlungen vorgenommen werden. Sie ergibt die Gliederung in spielerische, sportlich-wettkampfmäßige, gestalterisch-gymnastische und gesundheitlich-ausgleichende motorische Tätigkeiten, die aus didaktischer Sicht zwar einige Gemeinsamkeiten, aber auch manche unterschiedliche Aspekte der Handlungsausführung in sich tragen.

4.2.1 Spielen und Erkunden

Die erste Forderung an die didaktische Gestaltung des Bewegungsspiels im Unterricht betrifft die Wahrung der beiden wichtigsten Merkmale des Spiels: die Entscheidungsfreiheit innerhalb vorgegebener Spielregeln und die Ungewissheit des Ergebnisses. Wenn zwei Spielgruppen in ihrer Zusammensetzung eine derart unterschiedliche Spielstärke haben, dass der Sieger schon von Beginn an feststeht, ist das nachfolgende Geschehen bestenfalls eine körperliche Übung, aber kein Spiel. Die Zusammensetzung der Spielgruppen ist deshalb eine ernsthafte Angelegenheit und darf nicht den Schülern allein überlassen bleiben. Mit dem Wesen des Spiels ist eine genaue Festlegung der Spielhandlungen, die dem Spieler keine Handlungsfreiheit gewährt, nicht vereinbar. Diese Forderung verneint keineswegs das Erlernen und den Einsatz spieltaktischer Handlungen im schulischen Bewegungsunterricht, lässt aber dirigierende Trainerstrategien nicht zu, wie sie im Vereinssport gebräuchlich sind.

Die Handlungsfreiheit des Schülers im Spiel ist allerdings etwas anderes als die Entscheidungsfreiheit zum Spiel, denn es geht an der Realität des Schulsports als obligatorische Unterrichtsveranstaltung vorbei, wenn die Entscheidungen über die Art der Spiele und den Zeitpunkt des Spielens ausschließlich dem Schüler anheimgestellt ist. Wenn Schüler der Oberstufe aus dem Angebot mehrerer Sportspiele auswählen dürfen, kann eine begründbare Entscheidung nur dann getroffen werden, wenn sie in der Unter- und Mittelstufe mehrere Bewegungsspiele kennengelernt und erlernt haben, auch wenn nicht immer ein spontanes Interesse dafür vorhanden war. Jedem Sportlehrer ist bekannt, dass Jungen bei freier Spielwahl nur Fußball spielen wollen. Das verordnete Spiel und die Verpflichtung zum Erlernen mehrerer Bewegungsspiele heben die Freiheit im Spiel keineswegs und von vornherein auf.

Die Didaktik der Spielerziehung besteht nicht nur aus der lehrenden Vermittlung der Spieltechnik und -taktik und der Sicherung eines Spielrahmens, der dem Wesen des Spiels gerecht wird. Auch Anregungen zum Nachdenken über das Spiel, die Erläuterung der Gründe eines Spielabbruches, die Verdeutlichung der Verstöße gegen eine bestimmte Spielidee und gegen den Geist des Spielens sind pädagogische Aufträge an den Bewegungsunterricht. Das Spielvermögen ist ein so bedeutsames Lernziel und Erziehungsanliegen, für dessen Verwirklichung mehr erforderlich ist als ein technisches und taktisches Spielkönnen, so wichtig Letzteres auch sein mag. Eine Spielhaltung ohne ein Spielkönnen ist ebenso eine Halbheit wie ein Spielvermögen ohne die richtige Einstellung zum Spiel. Die Einstellung zum Spiel aber hängt auch mit der Entwicklung des Regelbewusstseins zusammen. Wenn man beobachtet, wie wenig dieses Bewusstsein bei acht- bis zehnjährigen Kindern ausgebildet ist, erkennt man die Schwierigkeit und Langwierigkeit dieser Erziehungsaufgabe. Die Entwicklung des Regelbewusstseins ist ein langdauerndes, didaktisch anspruchsvolles und niemals aussetzendes Unterfangen vom ersten Schuljahr an. Zwischen dem Regelbewusstsein im Spiel und der sozialen Einpassung und Entfaltung des heranwachsenden Menschen werden zurecht enge Bezüge und Wechselwirkungen vermutet, weshalb die Erziehung zur Anerkennung der Spielregeln ein wichtiger Beitrag zum sozialen Lernen sein kann. Auf einzelne Stadien in der Entwicklung des Regelbewußtseins beim Kind weist Seybold in Anlehnung an Piaget (1972, 67) hin. Ein wesentliches Ziel der schulischen Spielerziehung ist demnach darin zu sehen, dass Kinder jene Ausformung des Regelbewusstseins erreichen, in der sie Regeln nicht mehr ungefragt übernehmen, sondern selbst setzen und sich dadurch ihre Spielwelt eigenverantwortlich ordnen. Deshalb ist nicht die blinde, sondern die kritische Anerkennung und nicht nur die Übernahme, sondern auch die Neugestaltung der Spielregeln das Ziel der Spielerziehung im Schulsport. Den Vorwurf, dass Regeländerungen im Schulsport, wenn überhaupt vorgenommen, zumeist nur vom Lehrer verfügt werden und die Schüler dadurch im Zustand der „mystischen Achtung vor der Regel" belassen werden, äußert Seybold (1972, 68) sicherlich zu Recht.

Es kann bei spielenden Kindern beobachtet werden, dass sie vom 11. Lebensjahr an fähiger darin werden, Regeln zu verändern und momentanen Spielsituationen anzupassen. Im freien

Spielleben geschieht dies deshalb, weil die Kinder beim Spielen auf sich gestellt sind, wohingegen sie in der Schule gewohnt sind, dass der Lehrer ihr Tun regelt und steuert. Regelveränderungen sind aber in Grenzen zu halten, denn Schüler haben den Wunsch, die großen Sportspiele regelgerecht zu beherrschen. Aus pädagogischen Erwägungen oder aus besonderem Anlaß mag im Lernprozess die Abänderung der Spielregeln berechtigt sein, in jedem Fall aber eigene Schulregeln für Fußball, Handball, Volleyball oder Basketball, für Tennis oder Badminton zu entwickeln, ist nicht sinnvoll. Damit schafft man künstliche Gräben zwischen Schulsport und Freizeitsport und vermindert die Wirkung des Schulsports über die Schulzeit hinaus.

Die methodischen Schritte zum Erwerb der allgemeinen Spielfähigkeit heben sich von der unterrichtlichen Vermittlung der sportartspezifischen Spielfähigkeit insofern ab, als die Maßnahmen der methodischen Übungs- und Spielreihen als deduktive Lehrverfahren dafür nicht geeignet erscheinen. Dietrich (1984) schlägt für die unterrichtliche Vermittlung der allgemeinen Spielfähigkeit ein „genetisches Spielkonzept" vor, das induktiv vorgeht und seinen Anfang bei der Spielaufgabe nimmt. Die Schüler gestalten das Werden eines Spieles nach ihren Vorstellungen und Bedürfnissen im Sinne des erprobenden Lernens und des vereinbarenden Handelns. Das genetische Lernen kann sowohl in die Richtung der Konstruktion eines Spieles als auch der Rekonstruktion eines schon erlernten Spieles im Hinblick auf seine historischen Vorläufer erfolgen.

4.2.2 Wettkämpfen und Leisten

Das Wettkämpfen und das Streben nach Leistungssteigerung und -verbesserung hängen eng zusammen und sind die Hauptmerkmale des sportlichen Bewegungshandelns.

Die Einstellung zum Wetteifer als allgemeines unterrichtliches Verfahren charakterisiert eine pädagogische Epoche, weil die Ablehnung oder die Zustimmung zum wetteifernden Lernen pagädogische Grundüberzeugungen zum Ausdruck bringen. Es wird in den folgenden Überlegungen keinem übertriebenen Wettkampf das Wort gesprochen, aber es soll der Erziehung auch darum gehen, den Wetteifer als Triebkraft menschlichen Handelns zu kultivieren und ihm Betätigungsfelder zu eröffnen, in denen ein geregelter Wettkampf stattfinden kann. Agonales Verhalten ist nicht mit Aggression gleichzusetzen.

Der Wettkampf ist ein Wesenselement des Sports, und die durch Regeln vereinbarte sportliche Auseinandersetzung einzelner Personen oder Gruppen ist als soziales Geschehen im Schulsport ebenso zu billigen wie im Vereinssport. Das Wetteifern im Schulsport ist sicherlich zwiespältig in seiner erzieherischen Wirkung: bedeutet es dem einen Schüler Erfolgserlebnis, Bestätigung, Lohn für die Mühe des Übens und Lernens, kann es dem anderen Beschämung, Enttäuschung, Hohn und andere negative Erlebnisse bescheren. Denn das Wettkämpfen kennt Sieger und Verlierer, weckt Aggressionen und fördert den Egoismus. Die Gefahren des übertriebenen Wetteifers, des beständigen Konkurrierens, der fehlenden Solidarität sind nicht von der Hand zu weisen, sind aber zu vermeiden oder zu vermindern, wenn der sportliche Wettkampf didaktisch sorgsam aufbereitet wird.

Der Sportlehrer hat zu beachten, dass der Wettkampf nicht zur beherrschenden Tätigkeit im Schulsport wird. Eine Differenzierung des Einsatzes nach Altersstufen und Geschlecht ist ebenfalls angebracht. Männliche Jugendliche zeigen vor und während der Pubertät (11.–14. Lebensjahr) eine ausgeprägte Neigung zum Wettkämpfen und suchen im Sport ein Betätigungsfeld für ihre agonalen Strebungen.

Der sportliche Wettkampf darf die motorisch schwächeren Schüler nicht zu früh aus dem Geschehen nehmen und sie dadurch unterfordern, noch zur Überforderung der Könner führen. Die häufig vorkommenden Ausscheidungskämpfe bringen aber gerade dies mit sich, weshalb pädagogisch gerechtfertigte Wettkämpfe so zu gestalten sind, dass eine ausreichende Bewegungsmöglichkeit für alle Beteiligten gesichert ist. Dies geht nicht immer ohne Eingriffe des Sportlehrers in das Wettkampfgeschehen ab und wird von Schülern oftmals als störend empfunden. Die Aufklärung über die Absichten des Lehrers kann zum Verständnis für diese Maßnahmen auf Schülerseite beitragen.

Die Wettkämpfe im Schulsport müssen keineswegs der Wettkampfsituation des freien Sports voll entsprechen, weil hier und dort die damit verbundenen Zielsetzungen unterschiedlich sind. Im außerschulischen Sport steht die Leistung im Vordergrund und ist der Wettkampf ein Mittel des Leistungsvergleiches und der Leistungssteigerung. Im Schulsport sind diese Aspekte nicht unwesentlich, aber nachrangig gegenüber der Entwicklung und Entfaltung der menschlichen Person, wodurch der Wettkampf einen anderen Stellenwert erhält. Deshalb hat der Schulsport pädagogische Wettkampfformen einzusetzen, in denen das konkurrierende Handeln entschärft wird durch die bewusste und geplante Verteilung von Sieg und Niederlage. Das Ziel ist das wechselnde Siegen und die Beteiligung am Sieg auch der motorisch und konditionell schwächeren Schüler. Solche Wettkämpfe werden nicht nach dem Ausleseprinzip organisiert, sondern mit der Absicht durchgeführt, möglichst vielen Schülern ein Erfolgserlebnis zu gewähren. Die Wettkampfgestaltung und die Mannschaftsaufstellung erfolgen dabei nicht nach objektiven Leistungskriterien, sondern aus pädagogischen Erwägungen heraus. Dadurch scheiden im Schulsport die gebräuchliche Art der Teambildung durch die besten Sportler, langzeitliche Mannschaftszusammensetzungen oder das Prinzip der Vorentscheidungen als unterrichtliche Maßnahmen weitgehend aus. Solche didaktischen Überlegungen schließen allerdings die Bildung leistungshomogener Wettkampfgruppen nicht grundsätzlich aus, werden aber für den verpflichtenden Sportunterricht eher die Ausnahme bilden. In den spannungsgeladenen Situationen des Wettkämpfens wird der Bewegungsausführung wenig Beachtung geschenkt. Bewegungstätigkeiten, die noch nicht die Stufe der Stabilisierung erreicht haben, eignen sich deshalb weniger für die Wettkampfsituation, weil das bis dahin erzielte Bewegungsvermögen wieder verloren gehen kann. Der Wettkampf gehört deshalb nur ausnahmsweise in die Lern- und Übungsphase motorischer Tätigkeiten.

Der Wettkampf weckt auch leichter aggressive Bestrebungen, weil die dabei aufkommenden Erregungen und Spannungen in verbale oder handgreifliche Gewalthandlungen umschlagen können. Sie sollten durch den Sportlehrer als solche kenntlich gemacht, mit den Schülern ausverhandelt aber auch nicht überbewertet werden, weil sie eher Ausdruck der spannungsgeladenen Wettkampfsituation und nicht Äußerung einer destruktiven Haltung der Schüler sein dürften.

Somit ist gegen den wohlbedachten und nicht übertriebenen Gebrauch des Wettkampfes im Schulsport nichts einzuwenden. Ihn aus pädagogischen, sozialen oder solidarischen Bedenken daraus zu entfernen, wäre gegenüber der Sache und dem erzieherischen Anliegen nicht zu rechtfertigen. Das Auszeichnungsverlangen des Menschen hat einen ebenso legitimen Anspruch wie das Solidaritätsbewusstsein. Sind die Bedenken gegen den Wetteifer und Wettkampf beim Sportlehrer zu stark ausgeprägt, kommt es zu künstlichen Verfälschungen der sportlichen Situationen im Schulsport, die bei den betroffenen Schülern nicht auf Verständnis stoßen werden. Wenn es weder Sieger noch Verlierer oder nur Sieger gibt, wenn alle Leistungen relativiert, wenn Gruppen nur nach heterogener Leistungsfähigkeit gebildet und die Könner mit pädagogischen Tricks klein und die Nichtkönner ebenso unnatürlich hoch gehalten werden, dann baut der Sportunterricht eine pädagogische Provinz auf, in der andere Gesetze gelten als im Leben ringsherum. Dann gerät der Schulsport unter die pädagogische Glasglocke, die ihn weit von der gesellschaftlichen Wirklichkeit entfernt, auf die hin sein erzieherisches Bemühen auch angelegt sein muss.

Die Anwendungsbereiche des sportlichen Leistens im Schulsport sind besonders jene Übungsformen, die messbare oder einigermaßen objektiv wertbare Leistungsfeststellungen erlauben. Während das Spielkönnen oder die Leistung, die einer Bewegungsgestaltung zugrunde liegt, sowohl vom Lehrer als auch vom Schüler schwierig zu beurteilen sind, sind die mess- und wertbaren Leistungen in einigen Übungsbereichen allgemein verständlich, leicht zu klassifizieren und als sofortiges Ergebnis der Anstrengung zu registrieren. Die Subjektivierung der Leistung im Schulsport, wie sie aus pädagogischen Erwägungen manchmal gefordert wird, hat ihre Grenzen. Freilich kommt es auf individuelle körperliche Leistungskomponenten (Größe, Gewicht, Konstitution) sehr entscheidend an, und die Leistung des Schwächeren ist tatsächlich nicht immer die schwächere Leistung (SEYBOLD 1972, 73), dennoch hat es auch objektive Maßstäbe für die Leistungsbewertung im Schulsport zu geben. Individuelle Voraussetzungen differenzieren die Leistungsstärke auch in den Sprachen, in der Mathematik, in naturwissenschaftlichen Fächern, im Zeichnen und im Musikunterricht, ohne dass diese Fächer bereit wären, eine ähnliche Relativierung der Leistung vorzunehmen, wie es der Schulsport tut oder wie es von ihm verlangt wird. Nicht jede Altersstufe bringt außerdem ein Verständnis für die Beurteilung der subjektiven Leistungsbereitschaft anstelle der objektiven Leistungsfähigkeit auf. Für die unterrichtliche Planung und Durchführung des sportlichen Leistens und Wettkämpfen der Schüler haben nachfolgende didaktische Spielregeln einen Anspruch auf Beachtung durch den Sportlehrer und Bewegungserzieher:

1. Jede Entwicklungsphase hat spezifische Leistungsvoraussetzungen und erfordert jeweils eigene Leistungsaufgaben. Eine entwicklungsgemäße Leistungsanforderung richtet sich allerdings nicht nur nach den Entwicklungsmerkmalen, sondern beeinflusst auch ihrerseits die Entwicklungsvorgänge im gewünschten Sinn.
2. Das Leistungsvermögen im Schulsport ist nicht ausschließlich an den Leistungsvergleich im Wettkampf mit den anderen gebunden, sondern behält auch außerhalb der Konkurrenz seinen Wert und Anreiz.
3. Dem Schüler ist die Vielseitigkeit der Bewegungsleistung begreiflich zu machen, wobei die Unterschiede nicht nur quantitativ, sondern auch qualitativ gegeben sind. Im Schulsport kommt es auf das Zustandekommen der Leistung ebenso an wie auf diese selbst.
4. Die Feststellung des Leistungsvermögens, des Leistungszustandes und des Leistungszuwachses und die zumeist damit einhergehenden Erfolgserlebnisse verstärken die Bereitschaft zum Lernen und festigen die positive Einstellung zur sportlichen Aktivität. Die Leistungsfähigkeit ist ein wichtiger Faktor der Motivationsentwicklung. Ein Sportunterricht, der aber einseitig die Leistungssteigerung als Gütemaßstab herausstellt, den häufigen Leistungsvergleich forciert und die objektiven Arten der Leistungsmessung einseitig bevorzugt, motiviert den Leistungsstarken und -fähigen, enttäuscht aber die aus vielerlei Ursachen Leistungsschwachen und stempelt sie zu Mittelmäßigen und Schlechten ab. Es wird damit nicht der Unverbindlichkeit der sportlichen Leistung das Wort geredet, weil es in der personalen Entfaltung des Kindes und Jugendlichen eine notwendige und förderliche Einsicht darstellt, einzusehen und anzuerkennen, dass ein anderer weiter springt und schneller läuft. Wenn ein vielseitiger Bewegungsunterricht in der Schule und ein breites Angebot an sportlichen Lern- und Tätigkeitsgelegenheiten für den Ausgleich sorgen und

dem schlechteren Turner die Erfolgserlebnisse im Schwimmen eröffnen, der leistungsschwächere Leichtathlet zum guten Volleyballer aufsteigt usw., werden solche unvermeidbaren Grenzerfahrungen in einem sportlichen Leistungsbereich keine schädigenden Auswirkungen im Entwicklungsgang eines jungen Menschen zeitigen.

5. Die Leistungsbereitschaft benötigt von Zeit zu Zeit die Auffrischung durch die Erfolgswahrscheinlichkeit und den Erfolg selbst. Wenn HECKHAUSEN auch die Furcht vor dem Misserfolg zu einem Faktor der Leistungsmotivation zählt, wird die Leistungsfähigkeit im Schulsport auf Dauer doch stärker von der Hoffnung auf Erfolg abhängig sein. Der Erfolg liegt allerdings nicht für alle Schüler auf derselben Ebene, deshalb dürfen es die Leistungsanforderungen in den Sportarten auch nicht sein. Der Leistungsvergleich sollte deshalb innerhalb eines vergleichbaren Leistungsniveaus durchgeführt werden.
6. Das sportliche Leistungsvermögen des Schülers wird nicht allein durch Stoppuhr, Maßband und Wertungstabelle zum Ausdruck und zur Bewertung gebracht. Führungsaufgaben im Spiel, Einfälle bei der Bewegungsgestaltung, Regelkenntnisse, Schiedsrichterleistungen u.a. sind weitere Merkmale der sportlichen Leistungsfähigkeit des Schülers und Kriterien, die in die Leistungsfeststellung und -bewertung einzubeziehen sind.
7. Die Leistung in der Ausführung der Bewegungshandlung bedarf der Vorbereitung durch Lern- und Übungsprozesse. Die erbrachte sportliche Leistung des Schülers ist die Summe aus der Lehrleistung des Lehrers auf der einen Seite und der Lernfähigkeit, der Lernbereitschaft, der Übungsmöglichkeiten sowie der räumlichen und situativen Lernbedingungen auf der anderen Seite des Geschehens.
8. Die sportliche Leistung kommt im Schulsport als Gruppen- und Einzelleistung vor und sollte in beiden Ausprägungen und Erscheinungen zur Beurteilung und Benotung herangezogen werden. Aggression, Egoismus, Überheblichkeit oder Enttäuschung als Begleiterscheinungen des sportlichen Leistungsvermögens werden auch im Gruppenhandeln nicht immer verhindert werden können. Aus pädagogischen Erwägungen heraus ist es angebracht, die eigene Leistungsfähigkeit der Gruppe zur Verfügung zu stellen oder persönliche Leistungsschwäche durch Gruppenleistungen auszugleichen. Gruppenleistungen in Spielsituationen bieten auch jenen Schülern noch Erfolgserlebnisse, die in ihrer Einzelleistung nicht dazu kämen. Das führt zur didaktischen Frage der Gruppenzusammensetzung (leistungshomogen oder leistungsheterogen), der Gruppenstärke und des Gruppenbestandes, die im nächsten Abschnitt dieses Kapitels erörtert und beantwortet werden wird.

4.2.3 Gestalten und Darstellen

Mit den Begriffen Bewegungsgestaltung und -darstellung ist in stärkerer Weise die musische, künstlerische und ästhetische Komponente der menschlichen Bewegung und des schulischen Bewegungsunterrichtes angesprochen und berührt.

Durch die Auslösung und Entfaltung der Bewegungsphantasie wird die Bewegungsgestaltung zu einem schöpferischen Akt. Dafür bietet nicht jede Bewegungshandlung den geeigneten Anreiz, weil die Möglichkeit zur Bewegungsgestaltung bei Bewegungen mit objektiver Stimmigkeit, bei Bewegungshandlungen, die vom Prinzip der Ökonomie beherrscht sind und schließlich bei tradierten Sportformen einschränkende Bedingungen vorfindet, die soweit gehen können, dass der Anreiz zur gestaltenden Bewegungsausführung gänzlich aufhört und die nachahmende und nachmachende Bewegungsausführung als einzig sinnvolle Alternative erscheint. Solche Bewegungsfertigkeiten lassen zwar Stilunterschiede und individuelle Besonderheiten in der Ausführung zu, bieten aber einen sehr geringen Ansatz für die schöpferische Bewegungsgestaltung. Die Bewegungsgestaltung setzt ein hohes Maß an Bewegungsbeherrschung voraus und hat einen langen Lern- und Übungsweg vorgeschaltet. Die zeitliche Beanspruchung ist deshalb ein weiterer Grund für die eingeschränkten Möglichkeiten innerhalb des zeitlich begrenzten Rahmens, der dem schulischen Bewegungsunterricht gesetzt ist.

Expressive und gestaltete Bewegungshandlungen sind in ihrer unterrichtlichen Vermittlung im Rahmen der Schule von individuellen, institutionellen und räumlich-zeitlichen Bedingungen abhängig und beeinflusst.

Die Bereitwilligkeit und Neigung zur Bewegungsgestaltung und Darstellung des eigenen Körpers in tänzerischen, gymnastischen oder pantomimischen Bewegungshandlungen ist nicht bei allen jungen Menschen oder beim selben Menschen in allen Altersphasen der Kinder- und Jugendzeit in derselben Stärke ausgebildet und vorhanden.

Zudem ist die Bereitschaft zum kreativ-gestaltenden Umgang mit der Bewegung des eigenen Körpers und die Beantwortung entsprechender Bewegungsreize vom Aufforderungscharakter der räumlichen und personellen Umwelt und von vorbereitenden und unterstützenden Lern- und Erziehungsmaßnahmen abhängig. Seybold (1972) weist darauf hin, dass es beim gestaltenden und darstellenden Umgang des Kindes mit den Bewegungsmöglichkeiten des Körpers mehr auf die subjektive Stimmigkeit als auf die objektive Richtigkeit der Bewegungsausführung ankomme. Eine zu frühe Festlegung auf die normierte und richtige Bewegung lässt den Gestaltungsdrang der Heranwachsenden unter Umständen rasch versiegen und in seiner Ausdrucksfähigkeit verkümmern. Die expressive Bewegungskultur findet in verschiedenen Altersphasen des Kindes und Jugendlichen unterschiedliche Zustimmung und Ausprägung des Könnens. Günstige Bedingungen hinsichtlich der Zuwendung und der Ausführung sind im frühen Kindesalter durch eine gleichsam naturgegebene Bewegungsphantasie und hohe Ansprechbarkeit auf motorische Anreize gegeben. Diese Phase des naiv-geglückten Gestaltens geht um das 10. Lebensjahr über in den Drang nach Perfektionierung der Bewegungsabläufe verbunden mit einem aufkommenden Bestreben zur Nachahmung vorgegebener Bewegungsmuster. Mit der wachsenden Selbstkritik und der motorischen Verunsicherung in der pubertären Phase werden nicht geringe Hindernisse für die Bewegungsgestaltung aufgerichtet. Bewusstes und kritisches Gestalten, das jetzt möglich wäre, bleibt allerdings den begabteren Schülern vorbehalten. Es gibt auch eine geschlechtsspezifisch unterschiedliche Bereitschaft zur Bewegungsgestaltung, wobei offen bleiben soll, ob diese wesensgemäß oder bewusstseinsgebildet, den Anlagen oder den sozialkulturellen Einflußnahmen entstammt, oder, wie es wohl am wahrscheinlichsten sein dürfte, aus dem wechselwirkenden Zusammenspiel gesellschaftlichen Bewusstseins und individueller Veranlagung sich herausbilden dürfte. Nach wie vor und trotz gegenläufiger Bemühungen in der Gymnastik und im Tanz ist die Bewegungsgestaltung eine Vorliebe der Mädchen und Frauen.

Dem Schulsport hat Seybold (1972, 101–124) folgende didaktische Konsequenzen für die Bewegungsgestaltung und -darstellung aufgezeigt:

Gymnastik und Tanz sind die eigentlichen Anwendungsbereiche des Gestaltens. Darüber hinaus finden sich Gestaltungsmöglichkeiten im Turnen, beim Schwimmen und in jenen Sportarten, in denen es auf den rhythmischen Bewegungsablauf besonders ankommt (z.B. Eislauf, Skilauf). Bewegung, Rhythmus, Ausdruck und Form sind die Strukturelemente der Gestaltung und bilden den Ausgangspunkt für die didaktische Überlegungen zur Bewegungsgestaltung. Die Bewegungsgestaltung benötigt Zeit und entsteht aus dem Suchen nach Bewegungsantworten auf musikalische, rhythmische, gegenständliche und räumliche Anregungen. Die Bewegungsgestaltung kommt bei der berechtigten Forderung nach Spontaneität ohne Vorbereitung, Planung und Vorgaben durch den Lehrer nicht aus. Raumformen müssen bekannt sein, damit innerhalb ihres Musters Bewegungsantworten gefunden werden. Trotz der Zurückhaltung im Lehrervorbild, die von SEYBOLD gefordert wird, werden viele Schüler ohne Vorgaben nicht weit kommen, weil die kindliche Kreativität im Umgang mit Bewegung nicht überschätzt werden darf.

Rhythmus ist ein vieldeutiges Wort und mehrdeutiges Phänomen und hat mit Bewegungsgestaltung viel zu tun. Vom Rhythmus behauptet SEYBOLD (1972, 116–117), dass er den körperlichen Krafteinsatz ökonomisiert, die geistigen Kräfte konzentriert, zur Bewegung aktiviert, zum gemeinsamen Bewegen anregt und den Menschen in seinem Gesamthabitus belebt und erfrischt. Bei Gymnastik und Tanz und in allen anderen Formen der Bewegungsgestaltung ist der Rhythmus die wirksamste Lernhilfe und die unentbehrliche Begleitung bei der Anwendung des Gelernten.

Der *Ausdruck* in Gymnastik und Tanz ist die „Übereinstimmung des Bewegungsausdrucks mit dem Bewegungsimpuls bzw. der Bewegungsabsicht“ (SEYBOLD 1972, 108). Für die Bewegungsgestaltung im Unterricht ist die Unterscheidung nach emotionalem und intentionalem Ausdruck belangvoll (SEYBOLD 1972, 109). Im emotionalen Ausdruck werden Gefühle, im intentionalen Ausdruck wird ein Sachverhalt dargestellt. Für den Sportunterricht ist die intentionale Bewegungsgestaltung der emotionalen vorzuziehen, weil die Darstellung von Gefühlen in der Bewegung künstlerische Fähigkeiten voraussetzt. Im Schulsport entgleitet der emotionelle Ausdruck leicht zur Pose. Der intentionale Bewegungsausdruck dagegen ist dann echt, wenn die Bewegungsimpulse aus der Erfahrungs- und Erlebniswelt des jeweiligen Lebensalters entlehnt sind. Bei nicht anschaulichen Impulsen gerät die Gestaltung entweder überhaupt nicht oder in falsche Bahnen.

Bewegungsimpulse, die Schritt für Schritt in Bewegungsantworten umgesetzt werden, ergeben eine *Bewegungsform,* für deren Erlernung und Einübung die induktive Methode angemessener als jede andere ist, auch wenn sie eine erhöhte Lernzeit in Anspruch nimmt. Die Bewegungsgestaltung verlangt Bewegungsphantasie, Formbewusstsein, rhythmisches Vermögen und hat Berührung mit der Kunst. Deshalb soll es auch deduktive Lehrverfahren geben, bei denen der Lehrer die gewünschte Form vorgibt und die Schüler sie nachvollziehen. Die Form kann Vorgabe und Aufgabe sein, das Erarbeiten einer vorgegebenen Bewegungshandlung ist nicht unbedingt geringer zu bewerten als die Neuschöpfung. Die freie Bewegungsgestaltung ist eine hohe Anforderung an den Schulsport, die, wenn sie zu nachhaltig erhoben wird, die Sache an sich gefährdet. Damit die Bewegungsgestaltung einen gebührenden Anteil am Unterrichtsgeschehen erhalten kann, müssen die Ziele bescheidener ausfallen. Die von SEYBOLD (1972, 115) erhobene Forderung, „die Form des Tanzes soll das Ergebnis der Gestaltungsaktivität der Schüler und nicht der des Tanzes sein“, ist deshalb in dieser Ausschließlichkeit nicht haltbar und gefährdet die Bewegungsgestaltung und -darstellung durch die Überforderung der Schüler.

4.2.4 Erholen und Wohlbefinden

Jene Übungen und Bewegungstätigkeiten, die nicht in Wettkämpfen zur Ausführung gelangen und die beständige Leistungssteigerung anstreben, in denen die spielerische Absicht höchstens nebenbei auftritt und die so einfach in ihrer Ausführung sind, dass von einer Bewegungsgestaltung nichts zu bemerken ist, bilden eine vierte Gruppe von Bewegungshandlungen, deren Zielrichtung die Erholung von mentaler Beanspruchung, der Ausgleich gegenüber einseitigen oder unzureichenden körperlichen Belastungen im Alltag und Arbeitsleben, das momentane oder überdauernde Wohlbefinden in ganzheitlicher Sicht, kurz: das Gesundsein und die Gesundheit ist. Über die Aufgabe zur Gesundheitserziehung durch Bewegungserziehung ist an früherer Stelle (3.1.1) einiges gesagt worden. Jetzt geht es um die didaktischen Überlegungen zur unterrichtlichen Planung und Gestaltung dieser gesundheitsorientierten Bewegungshandlungen, die, im Gegensatz zu den sportlichen, spielerischen und auch gestalterisch-darstellenden motorischen Tätigkeiten im Kindes- und Jugendalter keinen großen Aufforderungscharakter besitzen. Diese vierte Kategorie von Bewegungstätigkeiten ist durch Begriffe wie Erholen, Ausgleichen, Wohlbefinden zu bilden und beinhaltet Bewegungshandlungen, die in einem nahen Bezug zur Aufgabe der Gesundheitsförderung und -erziehung stehen.

In der unterrichtlichen Vermittlung erweist sich diese Gruppe motorischer Tätigkeiten insofern als sperrig und schwierig, weil die Einsicht in die Notwendigkeit gesundheitsbezogener Übungen im Kindes- und Jugendalter nicht vorhanden oder zumindest nur schwach entwickelt ist. Zum Wettkämpfen und Darstellen und erst recht zum Spielen verführen und verlocken gleichsam angeborene Bereitschaften und ausgeprägte kindliche Neigungen. Für das Sporttreiben aus gesundheitlichen Gründen fehlen aber zumeist die Beweggründe, solange sich der Mensch ohnedies gesund fühlt. Deshalb benötigt diese Kategorie des Bewegungshandelns die besonderen Überlegungen für ihre unterrichtliche Vermittlung in der Schulzeit. Ich zentriere sie auf folgende didaktisch belangvolle Begriffe: Einkleidung, Einblick, Einsicht und Einstellung. Zuvor aber noch eine wichtige Vorbemerkung: Die zeitlichen, personalen und räumlichen Gegebenheiten und Möglichkeiten des Schulsports eröffnen lediglich präventive und pädagogische Zielsetzungen der Gesundheitsförderung und verwehren die unmittelbaren Wirkungen der Gesundheitserhaltung oder -wiederherstellung durch Ausdauersport oder Fitnessübungen. Ins Visier schulischer Gesundheitsförderung durch körperliche Übungen geraten deshalb nur die erholsamen, ausgleichenden, entspannenden, dehnenden und muskelkräftigenden Übungsformen und Bewegungstätigkeiten.

Je jünger die Schüler sind, umso mehr bedarf es einer *Einkleidung* der gesundheitsorientierten Übungen in Spiel-, Gestaltungs- und Wettkampftätigkeiten. Die präventive Absicht des Lehrers verbirgt sich gleichsam hinter der Spielfreude des Kindes. Wenn die Bereitschaft zur gesundheitsorientierten Bewegungstätigkeit über *Einblicke* in Wissensbestände und Einsichten in Zusammenhänge zwischen Bewegung und Gesundsein soweit geweckt ist, dass die Einkleidung im Unterricht nicht mehr notwendig ist, setzt die *Einübung* der Praktiken des Gesundheitssports ein. Schüler sollten einen Vorrat an Dehnungs- und Kräftigungsübungen für den Eigen- und Heimgebrauch erwerben, Muskelfunktionsprüfungen an sich selbst vornehmen können, meditative Übungen erlernen und Entspannungsübungen für den Stressabbau zum Einsatz bringen können.

Die Schule ist ein Ort der Wissensübertragung zwischen den Generationen. Der Sportunterricht findet seine hauptsächliche Legitimation zwar nicht im Wissenstransfer, kann und soll aber auf diese gesellschaftliche und personale Funktion nicht gänzlich verzichten und wird besonders im Bereich der Gesundheitsförderung und -erziehung aus der Verbindung von Erfahrung und Erkenntnis, von Bewegung und Wissen die Grundlegung des Unterrichtserfolges beziehen. Einblicke und Informationen über die gesundheitlichen Wirkungen des Sports, über den negativen Zusammenhang von Bewegungsmangel und Zivilisationskrankheiten, über Unfallgefahren und -verhütung beim Sporttreiben usw. sind an den Schüler heranzutragen, auch wenn die Bereitschaft zur Aufnahme solcher Wissensbestände noch gering entwickelt ist. Dabei kommt es sicherlich auf den fruchtbaren Augenblick an, auf Situationen im Unterricht, bei Sportwochen oder Wandertagen, die das Gespräch über Gesundheitsthemen geradezu herausfordern. Die gegenwärtig weitverbreitete Tendenz der Gesundheitsaufklärung hat auch jüngere Menschen erfasst und für Informationen dieser Art zugänglich gemacht. Erleichtert wird dem Sportlehrer die Umsetzung dieses unterrichtlichen Auftrages noch durch die Tatsache, dass die moderne Lebensweise die gesundheitlichen Beschwerden in Form von Haltungsfehlern, Muskeldysbalancen, nervösen Störungen und vegetativen Beeinträchtigungen bereits den Kindern zu Erfahrungen am eigenen Körper oder Beobachtungen an Mitschülern und Geschwistern gemacht hat.

Der gesundheitsorientierten Wissensvermittlung im Zusammenhang mit Bewegungserfahrungen und sportlicher Aktivität steht ein umfangreicher Stoff- und Themenkatalog zu Gebote, aus dem der Sportlehrer je nach unterrichtlicher Situation, Lerninhalt, Alter der Schüler und Lernumfeld auswählen kann und muss: biologisch-physiologische Grundlagen, Faktoren der Organleistung, soziale und emotionale Kriterien des Gesundseins, usw.

Aus Wissen und Erkenntnis, gepaart mit Handeln und Erfahrung erwächst die *Einstellung* und Haltung. Gesundheit im weiten und integrativen Sinn wird zum Lebensstil, zum bewussten Handeln in der Lebenswirklichkeit des Individuums. Diese Verfassung erst erlaubt die Benennung Gesundheitskultur als individuelle Befindlichkeit. Je größer die Zahl solcher Befindlichkeiten, desto ausgeprägter zeigt sich die gesellschaftliche Gesundheitskultur eines Volkes. Die Wege zur individuellen Gesundheitskultur bahnt die Bewegungserziehung in der Schule in wesentlichen Punkten mit und in dieser Gestaltung wiederum spielt die Vorbildwirkung des Sportlehrers eine wichtige Rolle. Wissen, Einsicht und Einstellung des Schülers festigen und verdichten sich zur Lebensführung, wenn der Lehrer nicht nur als Informant, sondern auch als personaler Garant seiner Informationen in Erscheinung tritt.

4.3 Organisationsstrukturen und Gruppenformen des Schulsports

Der Sportunterricht in der Schule ist im Verständnis des unterrichtstheoretischen Didaktikkonzeptes in den intentionalen, inhaltlichen und methodischen Entscheidungen von institutionellen Gegebenheiten und Bedingungen abhängig. Die Organisationsstruktur des Schulsports und des Sportunterrichts stellt somit ein bedeutsames sportdidaktisches Themen- und Theoriefeld dar. Gesundheitsorientierte Erziehungsbereiche, projektartige Lehrziele, die Aufnahme freizeitwertiger, bisher unüblicher Schulsportarten in den Lehrplan, veränderte Formen der Lehrer-Schüler-Interaktion, der Einsatz von Lehrmedien usw. bestimmen die Organisationsstruktur des Schulsports und werden ihrerseits von dieser bestimmt. Deshalb sind die Organisationsfragen des Schulsports auch in ihrer Wechselwirkung zu den übrigen Unterrichtselementen zu sehen und zu beschreiben.

Die Schule ist in Bewegung geraten und entwickelt als zunehmend dynamisch gewordenes Gebilde variable Formen der Unterrichtsgestaltung (z.B. Projektunterricht, fächerverbindenden Unterricht) und der außerunterrichtlichen Lern- und Lebensformen für Schüler und Lehrer. Dazu gehören auch der Bewegungsunterricht und die bewegungs-, spiel- und sportorientierten außerunterrichtlichen Veranstaltungen des Schullebens (vgl. dazu Kretschmer 2000). Die „Bewegte Schule“ unterbreitet derzeit folgende Angebotsskala:

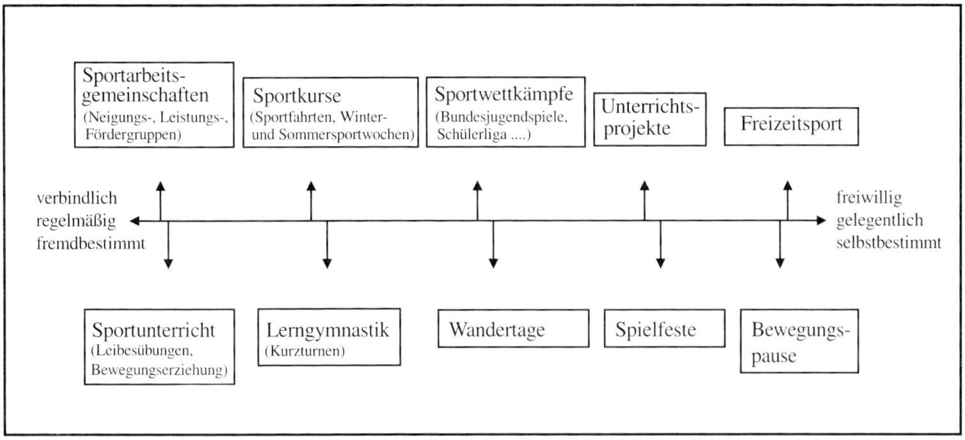

Abb. 19: Organisationsformen der bewegten Schule.

Diese Übersicht verdeutlicht die Vielfalt in der Organisationsstruktur einer bewegten und in Bewegung geratenen Schulkultur. Zum herkömmlichen Sportunterricht mit seinen zwei, drei oder vier Wochenstunden kommen somit eine Vielzahl außerunterrichtlicher Sport- und Spielveranstaltungen sowie Bewegungsprogramme und -angebote hinzu. Neben den herkömmlichen Schulen mit dem üblichen Umfang des Sportunterrichts haben sich zudem weitere Schultypen mit motorischen Sonderangeboten entwickelt: Leistungskurs Sport, Sportgymnasien und -hauptschulen, Schulen mit leistungssportlichen Schwerpunkten usw.

4.3.1 Außerunterrichtlicher Schulsport

Die Veranstaltungen des außerunterrichtlichen Schulsports werden häufig mit dem Schlagwort „Entschulung" versehen, was sich meiner Ansicht nach weder mit historischen noch mit gegenwärtigen Theorien der Schule verträgt. HERBART schrieb vom „Erziehenden Unterricht"; die reformpädagogische Schultheorie forderte diese Lebensformen der Schule geradezu ein, in den Konzeptionen der neuen Schule sind diese außerunterrichtlichen Aktivitäten ein fester Bestandteil. Der Unterricht bildet niemals das Ganze der Schule, deshalb sind diese außerunterrichtlichen Veranstaltungen eben nicht Ausdruck der „Entschulung", sondern Wesentliches der Schule.

Der verbindliche Sportunterricht und die zusätzlich eingerichteten freiwilligen Sportgruppen werden durch Sportveranstaltungen (Sportwochen, Skikurse, Wandertage, Wettkämpfe, Spiel- und Sportfeste) in wertvoller Weise ergänzt. Unterrichtsversuche haben bestätigt, dass *Sportwochen* zum Erlernen von Skilauf, Tennis, Rudern oder Segeln nicht nur auf ein großes Interesse bei Schülern gestoßen sind, sondern auch erfolgreich als Lehrgänge beim Erwerb neuer Sportarten gewirkt haben. Ein einwöchiger Sportkurs vermittelt jene Grundkenntnisse, die ausreichen, um auch technisch schwierige Disziplinen soweit zu erlernen und interessensmäßig zu verfestigen, dass die Gewähr für die Weiterführung außerhalb der Schule gegeben ist. Skikurse (Wintersportwochen) sind ergänzende Veranstaltungen zum Sportunterricht mit sportmotorischen, sozialaffektiven und kognitiven Aufgaben und Zielen. Informationen über

Ausrüstung, Lawinenkunde, Erste Hilfe, Sicherheitsverhalten usw. durch Lehrervorträge und Medien sind unterrichtliche Bestandteile des Skikurses. Bei Schulen in der unmittelbaren Nähe eines Skigebietes sollten auch Spielnachmittage im Winter für den Skilauf verwendet werden.

Wandertage sind Veranstaltungen in der Schule, an denen alle Klassenlehrer beteiligt sind und die deshalb nicht in die unmittelbare Kompetenz des Schulsports gehören. Sie werden in verschiedenen Formen durchgeführt, wobei die Skala der Möglichkeiten vom Museumsbesuch und der Besichtigungsreise mit Bahn oder Bus bis zu tatsächlichen Wanderungen mit Einschluß weiterer sportlicher Ereignisse (z.B. Ball- oder Geländespiele, Bademöglichkeiten usw.) reicht.

Der Sport drängt zum Leistungsvergleich im *Wettkampf*. Die Interessen und Bedürfnisse von Jugendlichen verstärken diese Tendenz zur wettkampfmäßigen Anwendung der erlernten sportmotorischen Fertigkeiten. Deshalb spielen Vergleichskämpfe zwischen Klassen und Schulen im einfachen oder festlichen Rahmen eine wichtige Rolle in der Jahresarbeit des Schulsports. Es ist aber zu verhindern, dass der Sportunterricht ausschließlich der Vorbereitung von Bundesjugendspielen und Schulwettkämpfen dient. Der Wetteifer ist ein bedeutender Antrieb für die sportliche Aktivität, soll aber andere Motive nicht einseitig überlagern. Deshalb ist der Wettkampf eine wichtige, aber nicht die einzige Tätigkeit im Schulsport. Im rechten Ausmaß eingesetzt, bereichern Wettkämpfe und Sportfeste den Sportunterricht, verstärken die Bewegungsbereitschaft und sind brauchbare Anwendungsfelder des Gelernten sowie nützliche Erfolgskontrollen für den Sportlehrer und den Schüler. Sie bedürfen einer gründlichen Vorbereitung und geplanten Durchführung. Einzel- und Mannschaftswertungen sowie Einzel- und Mehrkämpfe sind Wettbewerbsformen für den schulischen Bereich. Dabei kann von den im außerschulischen Sport üblichen Mehrkampfarten abgewichen werden. Der Sportlehrer soll nicht davor zurückschrecken, die Bahn der genormten Wettkämpfe zu verlassen und für den Schulgebrauch alternative Wettkampfformen einzusetzen. Aus pädagogischen Erwägungen sind Mannschaftswertungen den Einzelwertungen (die deshalb nicht fehlen müssen) vorzuziehen. Ebenso ist bei der Mannschaftsaufstellung dort, wo es möglich ist und geboten erscheint, darauf zu achten, dass auch sportschwache Schüler Wettkampferfahrungen machen können. Wettkämpfe und Wettspiele, die über den Bereich der eigenen Schule hinausgehen, sowie alle Arten von Sportfesten sind mit einem größeren zeitlichen und finanziellen Aufwand verbunden. Die Beschränkung auf wenige Veranstaltungen ist deshalb ein zwingendes Gebot für den Schulsport. Da die Vorbereitung und Durchführung solcher Veranstaltungen den einzelnen Sportlehrer oftmals überfordern, ist die Zusammenarbeit mit Sportvereinen eine manchmal unumgängliche Bedingung. Die organisatorischen Schwierigkeiten und der Arbeitsaufwand sollten Wettkämpfe und Sportfeste aber nicht aus dem sportlichen Schulalltag ausschließen. Entscheidend ist, dass sportliche Veranstaltungen vielen Schülern die Erfolgserlebnisse gewähren und nicht nur den schulbesten und ohnedies erfolgsgewohnten Jugendlichen.

Die Bewahrung und Weitergabe der abendländischen Spielkultur zählt auch zum Aufgabenbereich des schulischen Bewegungsunterrichts und erhält eine verstärkte Legitimation angesichts der Tatsache, dass das regionale Spielgut vom internationalen Sportspiel immer mehr verdrängt und aus dem gelebten Alltag oder Feiertag in die folkloristische Verwendung abgeschoben wird. Schulische *Spielfeste* und die geplante Vermittlung der einheimischen Bewegungsspiele im Unterricht wären die Gegenbewegung zum Verschwinden der lokalen Spielkultur. Wenngleich die Spontaneität und Ungeplantheit ein besonderes Merkmal des Spielens sind, erfordert die Durchführung eines schulischen Spielfestes doch einen erheblichen Aufwand an Vorbereitung und Organisation. Denn die Spielgeräte müssen sowohl als herkömmliche wie auch neue und umfunktionierte Spielgegenstände in ausreichender Anzahl bereitgestellt werden: Schwungtuch, Sommerski, große Gummibälle, Stelzen, Frisbee, Wasserbett usw. Ein Spielfest eignet sich in besonderer Weise als Veranstaltung für die gesamte Schule, für Schüler, Lehrer und Eltern. Heterogene Gruppen nach Alter, Geschlecht, körperlicher Fitness und Gewandtheit bilden kein Hindernis für das Spielen.

Zuletzt sei noch auf die zahlreichen Bewegungs- und Spielmöglichkeiten für die *Pausenzeit* aufmerksam gemacht. Die Ausgestaltung der ohnedies meist öden Pausenhöfe der Schulen zu „Sport- und Spielanlagen“ schafft ein zusätzliches Bewegungsangebot für die Schüler. Dieser Bewegungsfreiraum wirft aber auch Probleme auf, die im Bereich der Aufsichtspflicht und der Unfallverhütung liegen. Die Ausstattung der Pausenhöfe mit Sport- und Spielgeräten hat auf die damit verbundene Unfallgefahr in besonderer Weise Rücksicht zu nehmen und nur solche Geräte einzubeziehen, deren Verwendung die Verletzungsgefahr niedrig hält: Tischtennis, Holzbrettennis, Federballschläger, Indiaca, Softbälle, Sprungseile usw. Außerdem braucht der „Pausensport“ die Vorbereitung durch den Sportunterricht, wo die Schüler lernen müssen, Sportarten und Bewegungstätigkeiten selber zu organisieren und eigenverantwortlich auszuführen. Dann kann die Pause zur aktiven Erholung werden, was angesichts der langen Sitztätigkeit im Unterricht auch aus gesundheitlichen Gründen erwünscht sein muß. In sportdidaktischer Hinsicht kann vom Sport im Pausenhof erwartet werden, dass Kinder sich mehr bewegen, motorische Fertigkeiten selbständig erlernen oder üben, sich gegenseitig beim Sporttreiben und -lernen helfen und zu längerdauernden Sportgruppen zusammenfinden. Neben dem Pausenhof im Freien sind auch überdachte Räume in der Schule bei schlechten Witterungsbedingungen für kleine Bewegungsspiele zur Verfügung zu stellen.

Bewegte Pausen kann es auch während des Sitzunterrichts geben, wenn lerngymnastische Übungen im Sinne der Edukinestetik den Unterricht unterbrechen, ein Kurzturnen praktiziert wird oder andere Formen der Ausgleichsgymnastik zum Einsatz kommen.

Alle diese Maßnahmen innerhalb und außerhalb des Bewegungsunterrichts lassen aus der Sitzanstalt Schule die bewegte Schule werden. Mit dem Wissen über den Wirkungszusammenhang von Bewegungshandeln und kognitiver Entwicklung, sozialer Entfaltung und emotionaler Prägung ausgestattet, sollten alle Verantwortlichen für das Schulleben bestrebt sein, der Bewegung im Schulalltag mehr Bedeutung, Zeit und Raum zu geben.

4.3.2 Unterrichts- und Gruppenformen

Die organisatorischen Tätigkeiten des Lehrers und die daraus resultierenden Handlungen der Schüler im Unterricht bilden einen weiteren Bereich sportdidaktischer Reflexion, in dem die verschiedenen Gruppenformen, Ordnungs- und Disziplinkriterien und Lern- und Übungstätigkeiten zur Erörterung anstehen. Die nachfolgenden Überlegungen betreffen sowohl die äußere wie auch die innere Differenzierung des Sportunterrichts.

Beim *Frontalunterricht* steht der Lehrer vor der gesamten Klasse und richtet die verbalen oder visuellen Bewegungsanweisungen an alle Schüler. Diese Unterrichtsform bildet am Stundenbeginn einen effektiven Weg des Aufwärmens oder der Konditionsschulung, ist aber für den Stundenhauptteil weniger geeignet, weil den meisten Inhalten des Schulsports nicht angemessen. Das Gegenteil ist der *Einzelunterricht*, den die schulische Situation nur in Ausnahmefällen zulässt, der aber bei ängstlichen oder unmotivierten Schülern angebracht und wirksam wäre. Das didaktische Prinzip der Individualisierung fordert vor allem den *Gruppen-*

unterricht, der zudem der Sach- und der Organisationsstruktur des Sportunterrichts am besten entspricht.

In der Sportdidaktik (Söll 1973, 1996; Brodtmann 1979) wird nach innerer und äußerer Differenzierung unterschieden, wobei Erstere die Gruppeneinteilung innerhalb des regulären Sportunterrichts und des Klassenverbandes, Letztere die Bildung von längerdauernden Gruppen im freiwilligen Schulsport (Neigungs-, Leistungs- und Fördergruppen) betrifft. Brodtmann (1979, 211) stellt berechtigt fest, dass die Grenzen zwischen innerer und äußerer Differenzierung fließend sind und in Neigungsgruppen (äußere Differenzierung) auch Formen der inneren Differenzierung vorkommen sollen.

Die offenen Gruppenbildungen, klassenübergreifender Unterricht, die Wahl der Sportarten und die Einführung des koeduktiven Sportunterrichts sind einige der Folgerungen, die sich aus dem didaktischen Prinzip der organisatorischen Differenzierung ergeben. Die Effektivität der gruppenhaften Lern- oder Übungsprozesse hängt davon ab, ob die Schüler befähigt wurden und fähig sind, selbstständig Gruppen zu bilden und Gruppenarbeit zu leisten. Gruppenunterricht im Schulsport ist in allen Schulstufen dann möglich, wenn vorangegangene Lernprozesse die Voraussetzungen dafür geschaffen haben. Aus pädagogischen Gründen sollten Gruppen häufiger in der Zusammensetzung verändert werden und leistungsheterogen zusammengestellt sein.

Bei Fetz (1996) und Burger/Groll (1971) werden Gruppenformen unter dem Aspekt des Ordnungsrahmens behandelt und in ihrer erzieherischen Bedeutung über die sachbedingten Notwendigkeiten gestellt. Ohne den erzieherischen Anspruch abzuweisen, erscheint es angemessener, die Gruppenbildung aus den sachlichen Notwendigkeiten beim Lernen, Üben und Anwenden der Bewegungstätigkeiten zu begründen. Unter diesem Aspekt bekommen die gebundenen Aufstellungsformen, wie sie von Fetz (1996, 258) ausführlich beschrieben werden (Stirnreihen, Flankenreihen, Kreisformen, Paare usw.) den Nachrang gegenüber den freien Gruppierungen, die sich aus Aufgabenstellung, Lerninhalten und Unterrichtsverfahren ableiten. Die pädagogische Absicht fordert weniger die starren Ordnungsformen als die offenen und sozialdynamischen Gruppenbildungen. Freilich hat jede pädagogische Epoche eine eigenständige Auslegung des Ordnungsbegriffes in der Unterrichtsgestaltung. In der gegenwärtigen Schul- und Erziehungstheorie und -praxis überwiegt die Einstellung, dass Ordnungsformen der sachlichen Begründung bedürfen und freie und spontane Gruppierungen den gebundenen vorgezogen sowie militärische Aufstellungsformen im Schulsport abgelehnt werden. Da die Ordnungsformen die Aufstellung der Schüler und Schülergruppen im Unterrichtsgeschehen zu regeln haben, ist es angebrachter von Aufstellungsformen zu reden (vgl. Fetz 1996, 257). Aufstellungsformen und Gruppenbildungen sind überdies bewegungsspezifisch geprägt. Das Gerätturnen hat andere Aufstellungsformen entwickelt als die Leichtathletik, die Konditionsschulung nach dem Stationsbetrieb erfordert einen anderen Ordnungsrahmen als das Mannschaftsspiel. Deshalb sind die für einzelne Sportarten eigentümlichen Ordnungs- (Riege, Mannschaft, Team, Abteilung) und Unterrichtsformen (Einzelunterricht, Gruppe, Stationsbetrieb, Riegenunterricht, Frontalunterricht) anzuwenden.

Innere Differenzierung: Der Gruppenunterricht aber ist die sachbedingte und lerngerechte Betriebsform im Schulsport und die Vorteile liegen im Ertrag des motorischen wie des sozialen Lernens. Seybold (1972, 51) unterscheidet zwischen Gruppenunterricht und Gruppenarbeit. Wenn mehrere Schülergruppen an verschiedenen Geräten im Parallel- oder Wechselbetrieb üben, ist es Gruppenunterricht. Eine Großgruppe (Klasse) wird in Teileinheiten gegliedert, wobei die bessere Gerätenutzung, die längere Übungszeit für jeden Schüler und die Raumausnützung die wichtigsten Gründe für diese organisatorische Maßnahme sein werden.

Beziehungen zwischen den Gruppen bilden sich wenig heraus und die Zusammenarbeit innerhalb der Gruppe bleibt begrenzt. Diesen Zustand ändert die Gruppenarbeit, bei der die Gruppe Aufgaben erhält, die nur gemeinschaftlich gelöst werden können. Ob es nun kurzfristige oder längerdauernde Vorhaben sind, entscheidend dabei ist, dass die Mitarbeit und Leistung jedes Mitglieds gefordert ist. Die Beziehungen zwischen den Gruppen stellen sich dadurch her, dass die Leistungsergebnisse der einen mit der einer anderen verglichen werden. Diese Gruppenarbeit im Sportunterricht kann mit leistungsgleichen oder leistungsheterogenen Gruppen durchgeführt werden. SEYBOLD (1972) führt sozialerzieherische Gründe für den Vorrang der heterogenen Gruppe (Lebensgruppe) an. In der Gruppenarbeit bleibt die Gruppe über längere Zeiträume in ihrer einmal festgelegten Zusammensetzung bestehen. Solche längerwährende Gruppenbildungen entwickeln eine Struktur und Funktionsteilung. Führungsaufgaben und -qualitäten schaffen zwar hierarchische Strukturen und Machtverhältnisse innerhalb der Gruppe, die sich in manchen Fällen nachteilig auf einzelne Schüler oder auf die Gruppenaktivität auswirken können. Ohne dass der Sportlehrer beständig in die innere Struktur einer Gruppe einzugreifen hätte, sollte er auf solche Erscheinungen Bedacht nehmen und wenn erforderlich, auch Aufgabenzuteilungen vornehmen. Die Gruppenarbeit verlangt, dass eine Schülergruppe nicht nur im Spiel, beim Wettkampf oder Tanz, also in den Anwendungssituationen des Sports beisammen ist, sondern die Bewegungstätigkeiten auch gemeinschaftlich erlernt und übt. Freilich gibt es gegen langzeitliche Gruppen im Schulsport auch ernsthafte Einwände: Konsistente Sportgruppen bewirken und fördern die Cliquenbildung im Klassenverband und lassen Abhängigkeiten innerhalb der Gruppe entstehen. Dass jede Gruppenarbeit und jede Gruppenbildung und -umbildung Konflikte auslösen können, sollte ebenfalls bedacht werden.

Während und nach der Pubertät differenziert und verengt sich zumeist das sportliche Interesse der Jugendlichen, was für den Sportunterricht zur Folge hat, dass es immer schwieriger wird, die bisherige Breite und Vielfalt der Bewegungstätigkeiten im Unterricht zu vermitteln. Damit wird nicht der verbindliche Charakter des Faches, sondern nur die Verbindlichkeit des Lernangebotes eingeschränkt. Dem Schüler sollte vermehrt zugestanden werden, innerhalb mehrerer Bewegungsangebote zu wählen und innerhalb festgelegter Zeiten sich mit wenigeren Sportarten zu beschäftigen. Dieses Zugeständnis einer Wahlpflicht schafft organisatorische Probleme, die leichter zu bewältigen sind, wenn nicht am Klassenverband im Sportunterricht festgehalten wird. Es könnten altersheterogene Gruppen aus mehreren Klassen gebildet werden, in denen nicht mehr die Klassenzugehörigkeit, sondern das Interesse für eine Sportart die Jugendlichen zusammenführt. Im verbindlichen Sportunterricht sollte diese Form der Neigungsdifferenzierung allerdings nicht zur dauerhaften Einrichtung werden, weil selbst in der Oberstufe dadurch das inhaltliche Angebot zu einseitig ausfiele. Ein Neigungsunterricht kann aber über kürzere Zeiträume den herkömmlichen Sportunterricht unterbrechen. Die Bildung homogener Leistungsgruppen in der Oberstufe schlägt SÖLL (1973, 145) als organisatorische Maßnahme der Differenzierung vor und belegt die Vorteile durch die Ergebnisse eines Unterrichtsversuches. Wenn es mindestens zwei Parallelklassen an der Schule gibt, können die Sportstunden beider Klassen zum selben Zeitpunkt festgesetzt und aus den Schülern je nach Leistungsstand zwei Gruppen gebildet werden. Das Kriterium für die Zugehörigkeit zu einer der beiden Gruppen ist das sportliche Leistungsvermögen, das entweder durch die Sportnoten der vorangegangenen Klasse, durch einen Eignungstest oder durch Selbstbeurteilung der Schüler festgestellt wird. Die Einteilung nach einer leistungsstärkeren und einer schwächeren Gruppe bleibt über das gesamte Schuljahr erhalten. Ein Leistungsgruppenversuch mit zwei Oberstufenklassen, über den SÖLL (1973, 172) berichtet, bewies eine allgemeine Intensitätssteigerung im Unterricht: leistungshomogene Gruppen sind methodisch leichter zu unterrichten und intensiver zu beschäftigen. Von den Schülern wurde die Aufteilung in Leistungsgruppen uneingeschränkt angenommen. Diese Art der organisatorischen Differenzierung nach dem Leistungsprinzip wirft allerdings einige Fragen auf:

Verzichtet der Sportunterricht durch die Teilung in gute und schlechte Sportler innerhalb einer Klassengemeinschaft nicht dadurch auf seine sozialintegrativen Wirkungsmöglichkeiten? Sind Leistungssteigerung, Übungsintensität und methodische Vereinfachung unbedingt den sozialbildenden Wirkungen vorzuziehen, die sich in leistungsheterogenen Gruppen einstellen? Verstärkt der Sportunterricht damit nicht jene Tendenzen, die sich durch Niveaugruppen ergeben und auf eine Diffamierung der leistungsschwächeren Schüler hinauslaufen? Es wird genau zu prüfen sein, welche Altersstufen für eine organisatorische Maßnahme dieser Art zugänglich sind und welche nicht. Heterogene Gruppen nach Leistung, Neigung, Alter und Geschlecht sind im Schulsport denkbar, aus pädagogischen und lernpsychologischen Gründen wünschenswert, wegen ihrer sozialisierenden Wirkungen anzustreben und sollten deshalb aus der Bedachtnahme auf die sportliche Leistungssteigerung nicht verhindert werden.

Die vorgebrachten Einwände gegen leistungshomogene Gruppenzusammensetzungen werden auch von Brodtmann (1979) geteilt. Er verweist auf den Zusammenhang zwischen Gruppenformen und Lernzielen und erklärt, dass verschiedene Absichten, die mit dem Sportunterricht verfolgt werden, einzelne Gruppenformen auch unterschiedlich bewerten. In leistungshomogenen Gruppen steht die Förderung der körperlichen und motorischen Leistungsfähigkeit des Schülers im Vordergrund, während das soziale Lernen eher in leistungsheterogenen Gruppen gelingt. Da beide Zielsetzungen ihre Berechtigung haben, sind sowohl leistungshomogene wie auch -heterogene Gruppenformen im Sportunterricht angebracht. Die innere Differenzierung unter dem Anspruch des sozialen Lernens im Sportunterricht wird von Seybold (1972) und Brodtmann (1979) ausführlich behandelt.

Äußere Differenzierung: Neigung, Leistung und Förderung sind die Anlässe für die äußere Differenzierung und die Bildung langdauernder freiwilliger Sportgruppen. Brodtmann (1979, 211) führt die sportliche Leistungsfähigkeit, die Motivation zur sportlichen Betätigung und die Erweiterung des Lehrplanangebots als Begründung für die äußere Differenzierung des Schulsports an und bezeichnet damit die wesentlichen Sachverhalte. Eine Differenzierung dieser Art erweitert das inhaltliche Angebot des Sportunterrichts, verbessert die sportliche Handlungsfähigkeit durch die zusätzliche Übungszeit und ermöglicht die Spezialisierung in einer sportlichen Disziplin. Neben der organisatorischen Maßnahme zur Interessensdifferenzierung im regulären Sportunterricht gibt es die *Neigungsgruppe* als zusätzliches und freiwilliges Sportangebot innerhalb der Schule. Die unterschiedlichen Bezeichnungen dafür lauten Arbeitsgemeinschaft, unverbindliche Übung oder Schulsportgemeinschaft. Diese Neigungsgruppen werden zu Beginn eines Schuljahres ausgeschrieben und mit dem Erreichen der vorgeschriebenen Mindestzahl an Teilnehmern für ein gesamtes Schuljahr eingerichtet. Eine Unterscheidung kann in zweifacher Weise vorgenommen werden: Es werden Neigungsgruppen zur Verbesserung des Leistungsvermögens in einer Sportart oder Neigungsgruppen zum Erlernen einer neuen Sportart angeboten.

Der erste Typus einer Neigungsgruppe verbindet das Interesse an einer Sportart mit einem bereits erreichten höheren Leistungsniveau. Für die Leistungssteigerung erweist es sich als vorteilhaft, wenn die Leistungsfähigkeit der Teilnehmer nicht zu unterschiedlich ausfällt. Die Leistungssteigerung durch Training und Wettkampfbeteiligung ist das vorherrschende Motiv, ohne dass es sich hier bereits um Leistungsgruppen im Sinne der Talentförderung handelt. In den freiwilligen Sportgruppen dieser Art wird in der Regel während des ganzen Schuljahres nur eine Sportart geübt und in Wettkämpfen realisiert. Die Neigungsgruppe umfasst mehrere

Klassen, schließt Koedukation nicht aus und wird häufig altersheterogen zusammengesetzt sein.

Für die zweite Form der Neigungsgruppe sprechen mehrere Gründe. Einige Sportarten sind im normalen Sportunterricht aus organisatorischen Gründen nicht oder nur schwer zu vermitteln, dazu gehören Rudern, Bergsteigen, Tennis, Segeln, Reiten u.a. Das Interesse für diese Sportarten ist bei Jugendlichen meist sehr ausgeprägt, die Ausübung aber außerhalb der Schule auch aus finanziellen Gründen erschwert. Wenn die Voraussetzungen an der Schule und in der Person des Sportlehrers gegeben sind, sollten Neigungsgruppen dieser Art vermehrt eingerichtet werden. Denn das Erlernen einer im Kanon der Schulsportarten nicht enthaltenen Sportart und die Verbesserung des Könnens wird die nach- und außerschulische Betätigung in dieser Sportart mit größerer Wahrscheinlichkeit nach sich ziehen. Die Vorteile dieser unterschiedlichen Arten von Neigungsgruppen liegen auf der Hand: die sportlichen Interessen der Schüler können im obligatorischen Sportunterricht nur zu einem kleinen Teil berücksichtigt werden, ebenso wie dem Üben und Trainieren in leistungsheterogenen Gruppen und dem Erlernen jener Sportarten, die einen größeren organisatorischen Aufwand benötigen, enge Grenzen gesetzt sind. Diese institutionellen Hemmnisse fallen in Neigungsgruppen entweder ganz weg oder bilden keine unüberwindbare Barriere für die Durchführung des Unterrichts.

Die bisherigen Erfahrungen mit Neigungsgruppen haben aber auch Nachteile aufgedeckt. Die Schülerinteressen sind schwankend und die Freiwilligkeit der Teilnehmer wird häufig mit der Beliebigkeit des Erscheinens gleichgesetzt. Deshalb kann der Lernertrag in Neigungsgruppen durch wechselnde Zusammensetzung, hohe Fluktuation der Teilnehmer und sinkende Anteilnahme im Laufe des Schuljahres sehr beeinträchtigt werden. Aber auch die Sportlehrer weichen gelegentlich in die Unverbindlichkeit des freiwilligen Schulsports aus und unterlassen die sorgfältige Planung und Kontrolle des Neigungsgruppenunterrichts. Die oftmals beschworene Gefahr der frühzeitigen Spezialisierung in der sportlichen Tätigkeit ist weniger zu befürchten, weil die Neigungsgruppen den regulären Sportunterricht nicht ersetzen, sondern ergänzen und erweitern.

Die organisatorischen Maßnahmen zur Förderung sportlicher Talente unter den Schülern außerhalb des regulären Sportunterrichts sind mit dem Begriff *Leistungsgruppe* benannt worden. Die Leistungsgruppen des freiwilligen Schulsports haben die hohe sportspezifische Leistungsfähigkeit zum Ziel und Inhalt des zusätzlichen Unterrichts erkoren. Der Schulsport existiert eben nicht in einer pädagogischen Provinz, sondern in vielfältiger Verbundenheit mit gesellschaftlichen Institutionen und Absichten. Er übernimmt legitime Aufträge aus dem Vereinssport, hat aber auch ungerechtfertigte Ansprüche abzuweisen. Die Talentsuche ist wohl ein berechtigtes Anliegen an den Schulsport und konkretisiert sich im Auftrag, sportliche Talente durch gezielte schuleigene Maßnahmen in Leistungsgruppen an den außerschulischen Leistungs- und Wettkampfsport heranzuführen. Mit der Anerkennung oder Ablehnung dieses gesellschaftlichen Auftrages steht oder fällt die Einrichtung der Leistungsgruppe.

Es muss allerdings mit aller Deutlichkeit gesagt sein, dass die schulische Verpflichtung nur der Talentsuche gilt und die Talentförderung den Sportvereinen überantwortet bleibt. Der Sportunterricht würde in der Tat seinen erzieherischen und gesellschaftlichen Auftrag missverstehen, wollte er sich der Talentförderung verschreiben. Dem Schulsport fehlen außerdem zumeist die personalen, räumlichen und zeitlichen Voraussetzungen für die Einrichtung sportartspezifischer Leistungsgruppen. Es ist sicherlich nicht die vorrangige Aufgabe des schulischen Sportunterrichts, den Sportvereinen in der Sichtung und Förderung sportlicher Talente in die Hände zu arbeiten und ein besonderes Augenmerk auf die Förderung des Leistungssports zu legen. Ein derartiger gesellschaftlicher Auftrag ist weder durch die Theorie der Schule legitimiert noch durch die Institution Schule zu verwirklichen. Das hindert allerdings Politiker und Sportfunktionäre nicht daran, Ansprüche dieser Art an die Schule zu stellen und bei Nichterfüllung derselben, Schuldzuweisungen vorzunehmen.

Ob die Sportlehrer der Schulen als Leiter solcher Leistungsgruppen die notwendigen Trainerqualitäten mitbringen und in welcher Weise Wettkämpfe organisiert werden sollen, sind offene Fragen und Probleme.

BRODTMANN (1979, 212 ff.) meldet gegen leistungshomogene Gruppen im Schulsport grundsätzliche pädagogische Bedenken an, beurteilt die Leistungsgruppe allerdings zu einseitig aus der Sicht des leistungsschwachen Schülers. Auch das Sporttalent hat das Recht auf die Förderung seiner Fähigkeiten durch den Schulsport, ohne dass letzterer damit gleich zum Gehilfen des Vereinssports werden muss. Aus dieser Verpflichtung heraus sollte die Einrichtung der Leistungsgruppen in der Schule bedacht und bewertet werden.

Die *Fördergruppe* als Organisationsform des freiwilligen Schulsports ist nach RÖTHIG (1992, 430) der freiwillige Zusammenschluß von Schülern, „deren motorische Leistungsfähigkeit durch psychophysische Schwächen eingeschränkt ist". Im Sportunterricht ist der motorische und konditionelle Leistungsstand einer Klasse sehr unterschiedlich ausgeprägt und Leistungshomogenität nur durch besondere Maßnahmen der äußeren oder inneren Differenzierung vorübergehend herzustellen. Die Heterogenität des Leistungsvermögens der Schüler hat verschiedene Ursachen (Begabung, Bewegungsintelligenz, Interesse, Konstitution, Umwelt, Sozialstand, Kondition, Familieneinfluß usw.) und erschwert das unterrichtliche Handeln, weil der Sportlehrer seine unterrichtlichen Maßnahmen stets auf verschiedene Leistungsniveaus der Schüler abzustimmen hat. Die Annäherung an das durchschnittliche Leistungsniveau und der Ausgleich der Leistungsunterschiede erfolgt durch freiwilligen und zusätzlichen Sportunterricht in der Fördergruppe. Gewiss wird durch solche Maßnahmen nicht jede Art von Benachteiligung und Beeinträchtigung des motorisch schwachen Schülers aufgehoben. Konstitution, Familie und Umwelt sind kaum oder nicht beeinflussbare Faktoren des motorischen Leistungsprofils, während Kondition und Koordination als entscheidende Faktoren der sportlichen Leistungsfähigkeit einer Förderung durch gezielte Maßnahmen durchaus zugänglich sind.

Eine Förderungsgruppe ist gleichsam ein Liftkurs für konditionsschwache, bewegungsgehemmte und anderswie motorisch benachteiligte Schüler. Das inhaltliche Angebot reicht von konditionsfördernden Übungen bis zu speziellen Schulsportarten, für die eine zusätzliche Übungszeit bereitgestellt wird. Durch einen gezielten und auf den jeweiligen Schüler abgestimmten Übungseinsatz, einen planvollen Aufbau und eine individuelle Betreuung und Beratung kann dem schwachen Schüler der Anschluss an das Klassenniveau gelingen (vgl. RUSCH 1979). Eine überzeugende Legitimation für die Einrichtung von Fördergruppen im Rahmen des Schulsports ist die beständige Zunahme der Haltungsschwächen und -schäden und der Koordinations- und Organleistungsmängel bei Kindern und Jugendlichen. Vom früheren orthopädischen Turnen wie auch vom Konzept des Schulsonderturnens hebt sich der Sportförderunterricht durch die stärkere Einbeziehung psychologischer und pädagogischer Maßnahmen ab. Ein erfolgreicher Sportförderunterricht verlangt allerdings die Zusammenarbeit des Sportlehrers mit den Eltern und dem Schularzt. Kleine Schülergruppen, häufiger Einzelunterricht und eine entsprechende Geräteausstattung sowie die institutionalisierte Ausbildung von Lehrern für den Sportförderunterricht sind Forderungen, die von RUSCH (1979) erhoben und begründet werden.

Ein besonders und nur den Sportunterricht betreffendes Problem stellt der *koeduktive Unterricht* dar, weil zwar nicht überall, aber doch in vielen Ländern Deutschlands und generell in Österreich von der 5. Schulstufe an eine Trennung der Geschlechter in diesem Unterrichtsfach erfolgt. Die organisatorischen Schwierigkeiten sind dabei mehr das Ergebnis der äußeren Rahmenbedingungen als der inneren Struktur des Sportunterrichts. Den Schulsportanlagen fehlen getrennte Umkleide- und Waschräume und die Aufsichtspflicht des Lehrers ist gesetzlich so geregelt, dass sie nur auf gleichgeschlechtliche Schüler angewandt werden kann. Aus pädagogischer Sicht gibt es Argumente für und gegen den koedukativen Sportunterricht. Das stärkste Argument für einen koedukativen Schulsport liegt in der Tatsache, dass sowohl die Familien- als auch die Freizeitgruppen gemischtgeschlechtlich zusammengesetzt sind und in diesen Gruppen ebenfalls Sport betrieben wird. Der Schulsport hingegen bringt sich durch die Geschlechtshomogenität in eine Ausnahmestellung. Es verfestigt zugleich die geschlechtsspezifische Rollenverteilung im Sport und tradiert die Vorstellungen über die „männlichen" und „weiblichen" Sportarten. Ein koedukativ geführter Schulsport stellt zwar höhere Ansprüche an das soziale Handeln im Unterricht, schafft aber zugleich ein breiteres Band sozialer Erfahrungen.

Gegen den koedukativen Sportunterricht wird ins Feld geführt, dass die sportliche Leistungsentwicklung wegen der unterschiedlichen Leistungsvoraussetzungen bei männlichen und weiblichen Jugendlichen keine ausreichende Förderung erhält. Rollenspezifische Sportarten fallen entweder aus dem Angebot heraus oder werden nur mit erheblicher organisatorischer Mehrbelastung bewältigt. Es wird weiters befürchtet, dass typisch weibliche Sportinteressen ins Hintertreffen geraten gegenüber den sportlichen Neigungen der Jungen. Zuletzt wird die Ablehnung noch mit moralischen und lernpsychologischen Gründen gestützt. Die ungewohnte Situation könnte zu Konzentrationssschwächen und Ablenkungen beim Lernen führen, und gegen die unvermeidbaren Körperkontakte beim Sichern, Helfen, Üben und Spielen werden gelegentlich Bedenken vorgebracht.

Die Argumente für und gegen den koedukativen Sportunterricht halten sich die Waage. Erprobung und wissenschaftliche Untersuchungen sollten die organisatorischen Maßnahmen hinsichtlich des koedukativen Sportunterrichts in Zukunft bestimmen und nicht Annahmen und Mutmaßungen. Zu hohe Erwartungen dürfen an den koedukativen Sportunterricht allerdings nicht herangetragen werden. Durch primäre und sekundäre Sozialisationseinflüsse erzeugte und gefestigte Rollenklischees werden durch den koedukativen Sportunterricht nicht mühelos abgebaut, auf längere Sicht vielleicht gemildert und teilweise verändert. Damit erzieherische Intentionen revidiert und negative Folgen des koedukativen Sportunterrichts vermieden werden, sollten einige didaktische Hinweise beachtet werden, wie sie KUGELMANN (1980, 144 ff.) formuliert hat:

1. Das gemeinsame Sporttreiben von Jungen und Mädchen und die dabei auftretenden Konflikte und Probleme thematisieren und zum Inhalt von Unterrichtsgesprächen machen.
2. Häufige Kleingruppenarbeit unter sportlichen *und* gruppendynamischen Aspekten im Unterricht realisieren.
3. Geselligkeitsorientiertes sportliches Handeln dem konkurrenzorientierten vorziehen und Wettkampfsituationen erst in einer späteren Phase der Integration schaffen.
4. Die Unterscheidung nach Jungen- und Mädchensportarten und -sportgeräten aufgeben, um Geschlechtsrollen nicht von vornherein zu verfestigen. „Eingeschlechtliche Sportarten" eher vermeiden und Sportarten, die gewohnheitsmäßig von beiden Geschlechtern betrieben werden, bevorzugen.
5. Spielfeste den schulischen Wettkampfveranstaltungen vorziehen, weil sie mit ihrem Geselligkeitsaspekt koedukatives Sporttreiben begünstigen.

Vielfältige Auswirkungen auf die Unterrichtsführung und Gruppenbildung im Schulsport haben auch die für die neugedachte Schule charakteristischen Forderungen nach dem fächerverbindenden und projektorientierten Unterricht. Der fachüberschreitende Unterricht ist in mehrere Arten zu differenzieren: STADLER (1998) unterscheidet (in Anlehnung an GUDJONS) nach fachüberschreitenden, fächerverbindenden, fächerkoordinierenden und fächerübergreifenden Unterricht. KRETSCHMER zählt den fächerübergreifenden Sportunterricht zu den Formen des Projektunterrichts und bezeichnet ihn als schwächste Form dieses Unterrichts. Ausgeprägtere Arten des Projektunterrichts sind für KRETSCHMER (2000, 66 ff.) das Erkundungsprojekt und das Herstellungsprojekt, wobei er letzteres wiederum im Bau-, Organisations- und Aufführungsprojekte unterscheidet.

Entscheidend für das Gelingen dieser Art von Sportunterricht ist die Mitwirkung der Schüler bei der Planung, Ausführung und Auswertung des Unterrichtsprojektes, die richtige Auswahl des Projektthemas und die Bereitschaft zur Mitwirkung der Lehrer anderer Fächer.

4.3.3 Sonderformen des Schulsports

Die gymnasiale Oberstufe bildet als Kollegstufe den Übergang vom höheren Schulwesen zur Hochschule, umfasst die Schulstufen 11 bis 13 und führt den Sport als Grund- und als Leistungskurs. Im *Grundkurs* ist der Schulsport die Fortsetzung der Unterrichtspraxis aus der Sekundarstufe I. Die Lerninhalte bilden weiterhin die herkömmlichen Schulsportarten, aus denen der Schüler in jedem Kurshalbjahr ein Angebot auswählt. Der Unterschied zu früheren Schulstufen liegt in der größeren Wahlfreiheit und der kleineren Zahl der im Unterricht betriebenen Sportarten. Die Wahl des Unterrichtsfaches Sport als *Leistungskurs* in den Schulstufen 12 und 13 ist in der Regel an Eignungsbedingungen geknüpft. Eine gute Note im Sport in der 11. Klasse, ein mehrstündiger Einführungskurs im zweiten Halbjahr der 11. Klasse und die gesundheitliche Eignung berechtigen zur Teilnahme. Der Kurs wird in sechs Wochenstunden pro Halbjahr durchgeführt, wobei vier Stunden für die Sportpraxis einschließlich Theorie der Sportarten und zwei Stunden für die Sporttheorie vorgesehen sind. Aus dem Angebot der Sportarten wählt der Schüler eine Schwerpunktsportart, die er über vier Halbjahre beibehält und drei Ergänzungssportarten. Aufgrund dieses Auswahlsystems beschäftigt sich der Kollegiat in vier Halbjahren insgesamt mit vier Sportarten, wobei eine Disziplin durchgängig (Schwerpunktsportart) und eine weitere über zwei Halbjahre geführt wird, während zwei Sportarten je ein Semester angesetzt sind. Bei vier Praxisstunden in der Woche werden zwei für die Schwerpunktsportart und zwei für die jeweilige Ergänzungssportart aufgewendet.

Die Sporttheorie wird überwiegend disziplinorientiert vermittelt und stammt aus den Wissenschaftsbereichen Sportbiologie, Trainingslehre, Bewegungslehre und Sportpsychologie/-soziologie.

Die Lernzielkontrollen sind Leistungstests in der Schwerpunktsportart und in den Ergänzungsdisziplinen, ein Fitnesstest in den ersten drei Kurshalbjahren und zwei Klausuren über Themen der Sporttheorie in jedem Studienhalbjahr. Die Reifeprüfung wird als spezielle Theorie und Praxis in der Schwerpunkt- und der zweisemestrigen Ergänzungssportart abgelegt und besteht zusätzlich in einer dreistündigen schriftlichen Prüfung aus den Bereichen der Sporttheorie.

Neben verschiedenartigen Organisationsmodellen des Leistungskurses Sport ist auch die inhaltliche Struktur in den einzelnen Ländern Deutschlands unterschiedlich, obwohl die Zielsetzungen einen breiten Konsens aufweisen. Das Leistungsfach Sport zielt nicht auf den Leistungssport, sondern hat wie jeder andere Leistungskurs die Verpflichtung, die Studierfähigkeit

und allgemeine Hochschulreife zu gewährleisten. Die wissenschaftspropädeutische Aufgabe steht im Vordergrund, auch wenn die Erwartungen der Schüler in andere Richtungen gehen und der Leistungskurs häufig als zusätzliche Trainingsgelegenheit angesehen wird. Der Leistungskurs Sport hat darüber hinaus fachimmanente Aufgaben zu erfüllen, die ihn in den Verbund mit dem Sportunterricht in den früheren Schulstufen stellen.
Es sind dies:

- die momentane Befriedigung des Bewegungsbedürfnisses der Schüler, das die Schule durch die in ihr vorherrschende Sitzhaltung hervorruft;
- die projektive Bedürfnisbefriedigung durch die Schaffung der Voraussetzungen für das Bewegungshandeln nach der Unterrichtszeit und über die Schulzeit hinaus;
- die Vermittlung eines Handlungswissens, das ermöglicht, Sport in formellen (Verein) und informellen (Freizeitgruppen) Gesellungsformen zu betreiben, zu organisieren oder zu leiten;
- die Aufklärung über den Sport als kulturelles, soziales, wirtschaftliches und politisches Phänomen;
- die Anbahnung einer reflektierten Sportpraxis als Freizeitaktivität und die Befähigung zur richtigen Einschätzung der Wirkungen der Bewegungstätigkeiten auf die eigene Person und die Mitwelt.

Der Angelpunkt und Problemschwerpunkt des Leistungskurses Sport ist die Integration von Theorie und Praxis des sportlichen Handelns, damit aus „gedankenloser“ Aktivität im Sport über die Auseinandersetzung mit der Sporttheorie eine reflektierte und distanzierte praktische Tätigkeit werden kann.

Eine gymnasiale Sonderform des Schulsports ist das *Sportgymnasium*, das sportlich interessierten und begabten Jugendlichen sowohl den Abiturabschluss als auch intensive Trainingsmöglichkeiten anbietet. Entstanden aus zweierlei Absicht ist es daher auch in zweierlei Form vorhanden. In Nachahmung der Jugendsportschulen der ehemaligen DDR sollte die Nachwuchsförderung im Sport mit der Hochschulreife des Sportlers durch die Einrichtung des Sportgymnasiums oder eines Sportzugs an einem normalen Gymnasium gewährleistet sein. Aus dieser Absicht entstand das leistungssportorientierte Gymnasium mit Blockunterricht und Spezialisierung auf eine Sportart (z.B. Skigymnasium Stams in Österreich; DVS-Schule Max Ritter, Saarbrücken). Aus pädagogischer Sicht werden einige Einwände gegen diese Medaillenschmiede vorgebracht, ohne dass die Notwendigkeit, den sportlich und intellektuell begabten Jugendlichen Training und Abitur zu ermöglichen, dadurch geleugnet wird. Mit derselben Bezeichnung, aber mit anderen Zielsetzungen ausgestattet, entwickelte sich eine zweite Form des Sportgymnasiums, in der weniger die Leistungssteigerung in einer Sportart als vielmehr die gründliche theoretische und praktische Auseinandersetzung mit dem Sport im Mittelpunkt steht.

4.4 Zusammenfassung

1. Das Lernen und Üben sowie das Ausführen der Bewegungstätigkeiten im Spiel, Leistungsvergleich, Wettkampf und in der Bewegungsgestaltung sind Handlungsformen des Schulsports.
2. Der motorische Lernprozess wird häufig als Phasenverlauf beschrieben und durch die drei Lernstufen Grobformung, Feinformung und Stabilisierung gekennzeichnet. Einige Autoren ordnen den Lernstufen entsprechende Lehrstufen zu. Eine funktionelle Bewegungsanalyse mit pädagogischer Zielsetzung stellt die Grundlage des motorischen Lernkonzepts von Göhner dar. Den Ausgangspunkt bilden die Bewegungsziele durch welche die Bewegungsausführung in Haupt- und Hilfsfunktionsphasen unterteilt wird.
3. Motorische Lerntheorien bilden die Grundlage für eine sportdidaktische Analyse des Lernprozesses im Sportunterricht. Der Phasenaufbau, die Lernbereitschaft, das Lerntempo und die Bewegungsintelligenz sind eine Auswahl bedeutsamer Faktoren, deren Analyse, Beschreibung und Erklärung den theoretischen Ansatz für das Lehren und Lernen im Schulsport abgeben.
4. Beim motorischen Lernen spielt auch die Lernübertragung eine wichtige Rolle. Nach Egger sind die Aufgabenstellung, das Lehrverfahren und die Bewegungsstruktur die externen und internen Transferbedingungen, die für die verschiedenen Arten der Lernübertragung (bilateraler, vertikaler und lateraler Transfer) maßgebend sind.
5. Neben dem motorischen ist das soziale Lernen eine nachdrückliche Forderung an den Schulsport mit didaktischen Konsequenzen bei der Auswahl der Lerninhalte und der Anwendung der Lehrverfahren und Unterrichtsformen. Wichtige Ziele des sozialen Lernens im Sportunterricht sind Regelbewusstsein und Kooperationsfähigkeit, bevorzugte Inhalte die Mannschaftsspiele und im Verfahrensbereich werden der induktiven Methode und dem sozial-integrativen Unterrichtsstil des Lehrers eine besondere Bedeutung zugeschrieben.
6. Kognitives Lernen im Schulsport geht nicht von sportwissenschaftlichen Einzeldisziplinen aus, sondern ist auf komplexe Lernbereiche gerichtet und verfolgt das Ziel, zum reflektierten Sporttreiben anzuleiten.
7. Eine Didaktik der Spielerziehung hat zu gewährleisten, dass die Wesenselemente des Spiels (Entscheidungs- und Handlungsfreiheit, Ungewissheit des Ausgangs, Regelhaftigkeit) im Sportunterricht erhalten bleiben, die sozialbildenden Funktionen zum Tragen kommen und über effektive Verfahren (z.B. Spielreihen) eine ausreichende Anzahl von Spielen erlernt wird.
8. Didaktische Forderungen für das Leisten im Schulsport sind der zurückhaltende Einsatz des Leistungsvergleiches, die Stellung entwicklungsgemäßer Leistungsaufgaben, die Leistungsmessung als Lernverstärkung, die Anerkennung mehrerer Ebenen der Leistungsfähigkeit, die Verbindung von Einzel- und Gruppenleistung, die Differenzierung der sportlichen Leistung und die planmäßige Vorbereitung durch Lernen und Üben.

9. Die Organisation der Wettkämpfe im Sportunterricht erfolgt unter pädagogischen Vorzeichen, wodurch die im außerschulischen Sport angewandten Wettkampfformen verändert werden. Ein entschärftes Konkurrenzverhalten, die vorausgeplante Verteilung von Sieg und Niederlage und leistungsheterogene Gruppen sind in der Lage, den Wetteifer als menschliche Antriebskraft zu kultivieren und negative Begleiterscheinungen weitgehend auszuschalten.
10. Bewegung, Rhythmus, Ausdruck und Form sind die Strukturelemente der Bewegungsgestaltung. In der Gestaltung und Darstellung nimmt die durch den Rhythmus unterstützte Bewegung Form an und wird zum Ausdruck emotioneller und intentionaler Deutungen.
11. Eine vierte Kategorie von Bewegungshandlungen ist durch die Begriffe und Sachverhalte der Erholung, des Ausgleichs und des Wohlbefindens charakterisiert. Der unterrichtlichen Vermittlung bereiten diese gesundheitsorientierten Bewegungstätigkeiten im Kindes- und Jugendalter einige Schwierigkeiten, weshalb sie besser zunächst in eingekleideter Weise angeboten werden sollen. Einblick, Einsicht und Einstellung als Phänomene eines gesundheitsbewussten Lebensstils sind die Zielsetzungen dieses Unterrichtsbereiches.
12. Die Organisationsstruktur des Schulsports bildet ein didaktisches Problemfeld, das mit den anderen Bereichen des Sportunterrichts in einem wechselwirkenden Verhältnis steht. Sie ist getragen vom verbindlichen und freiwilligen Sportunterricht und von außerunterrichtlichen Sportveranstaltungen wie Kursen, Spielfesten und Wettkampfveranstaltungen.
13. Unterrichtsformen sind aufgrund innerer und äußerer Differenzierung die Leistungs-, Neigungs- und Fördergruppen. Durch die Leistungsdifferenzierung werden die heterogenen Gruppen in leistungshomogene umgewandelt. Neigungsgruppen sind ein zweifaches Angebot der Leistungsverbesserung in einer Sportart oder des Erlernens einer sportlichen Disziplin, die nicht im Kanon der Schulsportarten enthalten ist. Um aktuelle und habituelle motorische Defizite sowie konstitutionelle oder biographische Benachteiligungen einzelner Schüler auszugleichen, können Förderkurse im Sinne des Sportförderunterrichts eingerichtet werden.
14. Die gegenwärtig viel diskutierten Formen des fächerverbindenden und projektorientierten Sportunterrichts sind organisatorisch und methodisch interessante Herausforderungen für den Schulsport.

4.5 Anregungen zum weiterführenden Studium

1. Bennennen Sie die verschiedenen sportmotorischen Lerntheorien und stellen Sie die wichtigsten Sachverhalte der einzelnen Theorien heraus.
   Motorisches Lernen aus verschiedenen wissenschaftstheoretischen Positonen wird dargestellt in:

Cratty, B.J.: Motorisches Lernen und Bewegungsverhalten. Frankfurt 1979².

Daugs, R.: Programmierte Instruktion und Lerntechnologie im Sportunterricht. München 1979.

EGGER, K.: Lernübertragungen in der Sportpädagogik. Wissenschaftliche Schriftenreihe des Forschungsinstituts der ETS-Magglingen. Basel 1975.

GÖHNER, V.: Bewegungsanalyse im Sport. Schorndorf 1979.

HOTZ, A.: Qualitatives Bewegungslernen. Zumikon 1986.

MEINEL, K.: Bewegungslehre. Berlin (Ost) 1971[3].

PROHL, R./SEEWALD, J. (Hrsg.): Bewegung verstehen. Facetten und Perspektiven einer qualitativen Bewegungslehre. Schorndorf 1995.

UNGERER, D.: Zur Theorie des sensomotorischen Lernens. Schorndorf 1973[2].

2. Welche Möglichkeiten eröffnen sich dem sozialen Lernen im Schulsport und wo liegen die institutionellen und erzieherischen Grenzen?

BECKER, P.: Sport und Sozialisation. Reinbek 1982.

KLEIN, M.: Soziales Lernen im Unterricht – Normiertes Bewegungsverhalten oder subjektive Bewegungserfahrung? In: ALLMER, H. (Hrsg.): Reinbek 1984, S. 75.

LANDAU, G./ DIETRICH, K.: Soziales Lernen und Lehren. In: Sportpädagogik 1979/1/8.

PÜHSE, U.: Soziales Lernen im Sport. Ein Beitrag zur sportpädagogischen Lernzieldiskussion. Bad Heilbrunn 1990.

PÜHSE, U. (Hrsg.): Soziales Handeln im Sport und Sportunterricht. Schorndorf 1994.

UNGERER-RÖHRICH, U. u.a.: Praxis sozialen Lernens im Sportunterricht. Dortmund 1990.

3. Ordnen Sie das kognitive Lernen im Sportunterricht einzelnen Lernbereichen zu.

BRODTMANN, D./ TREBELS, A. H. (Hrsg.): Sport begreifen, erfahren und verändern. Reinbek 1983.

4. Welche didaktischen Grundsätze gelten für die Spielerziehung, für Wettkampf und Leistung, die Bewegungsgestaltung und die gesundheitsorientierten Bewegungstätigkeiten?

ADL (Hrsg.): Das Spiel. Frankfurt 1959.

ADL (Hrsg.): Die Leistung (Kongreßbericht). Schorndorf 1964.

ALLMER, H./ SCHULZ, N. (Hrsg.): Gesundheitserziehung – Wege und Irrwege. In: Brennpunkte der Sportwissenschaft 1987/1/9–12.

BANNMÜLLER, E./ RÖTHIG, P. (Hrsg.): Grundlagen und Perspektive ästhetischer und rhythmischer Bewegungserziehung. Stuttgart 1990.

BRODTMANN, D.: Gesundheitserziehung im Schulsport. In: sportpädagogik 15 (1991) 5, S. 16–22.

EICHBERG, H.: Zur historisch-kulturellen Relativität des Leistens im Spiel und Sport. In: Sportwissenschaft 1976/1/9.

FUNKE, J.: Sich bewegen und gesund sein – Pädagogische Überlegungen. In: HOMFELDT, H. G. (Hrsg.): Erziehung und Gesundheit. Weinheim 1988, S. 145–166.

GRUPE, O.: Die Leistung und ihre Prinzipien. In: Sport, Leistung, Gesellschaft (DSB-Dokumentation). München 1975.

HILMER, J.: Grundzüge einer pädagogischen Theorie der Bewegungsspiele. Ein Beitrag zur Didaktik der Leibeserziehung. Hannover 1969.

RÖTHIG, P.: Rhythmus und Bewegung. Schorndorf 1970[2].

SCHALLER, H. J.: Spielerziehung. Schorndorf 1975.

THIELE, J. (Hrsg.): Gesundheit und Bewegung. Didaktische Perspektiven und praktische Umsetzung. Köln 1991/56–74.

5. Welche Unterrichts- und Gruppenformen gibt es im Sportunterricht, nach welchen Kriterien werden sie gebildet und worin unterscheiden sie sich voneinander?

ENGEL, R./ KÜPPER, D.: Koedukation im Sportunterricht. In: Sportunterricht 1975/8/257.

KLEINDIENST-CACHAY, Ch.: Gruppenarbeit im Sport. In: Sportunterricht 1980/5/165.

KUGELMANN, C.: Koedukation im Sportunterricht. Bad Homburg 1980.

Petersen, U.: Geschlechtsrollen im Sport – ein Unterrichtsversuch. In: Sportunterricht 1975/8/272.
Rusch, H.: Sportförderunterricht – Schulsonderturnen. Schorndorf 1979.

6. Wie stellt sich der Zusammenhang zwischen Sportunterricht und Schulsportveranstaltungen dar und wo liegen die Möglichkeiten und speziellen Probleme der Wettkämpfe, Kurse, Spielfeste usw.?

Kretschmer, J.: Entschulter Schulsport. in: Wolters, P.: Neue Didaktik des Schulsports, Schorndorf 2000. S. 61-89.

7. Wie sieht die Organisationsstuktur des Leistungskurses Sport aus und welche Neuerungen gibt es gegenüber dem herkömmlichen Sportunterricht?

Gessmann, R.: Einführung in das Leistungsfach Sport. Düsseldorf 1975.
Quanz, D. R. (u.a.): Thema Sport. Materialien für den Sportunterricht in der Sekundarstufe II. Düsseldorf 1975 ff.
Röthig, P.: Zur Problematik der Sporttheorie im Leistungsfach Sport der Sekundarstufe II. In: Praxis der Leibesübungen 1974/5/86.
Röthig, P./ Grössing, S. (Hrsg.): Kursbücher für die Sporttheorie in der Schule, Band 1: Sportbiologie; Band 2: Trainingslehre; Band 3: Bewegungslehre; Band 4: Sportliches Handeln. Wiesbaden 1995 f.

4.6 Spezielle Literatur

Becker, P.: Sport und Sozialisation. Reinbek 1982.
Brodtmann, D./Trebels, A. H. (Hrsg.): Sport begreifen, erfahren und verändern. Reinbek 1983.
Brodtmann, D.: Sportunterricht und Schulsport. Bad Heilbrunn 1984².
Cratty, J. B.: Motorisches Lernen und Bewegungsverhalten. Frankfurt am Main 1979².
Daugs, R.: Programmierte Instruktion und Lerntechnologie im Sportunterricht. München 1979.
Egger, K.: Lernübertragungen in der Sportpädagogik. Wissenschaftliche Schriftenreihe des Forschungsinstituts der ETS-Magglingen. Basel 1975.
Göhner, U.: Bewegungsanalyse im Sport. Schorndorf 1979.
Heinz, B./Laging, R. (Hrsg.): Bewegungslernen in Erziehung und Bildung. Hamburg 1999.
Hotz, A.: Qualitatives Bewegungslernen. Zumikon 1986.
Kretschmer, J.: Entschulter Schulsport. In: Wolters, P. u.a.: Didaktik des Schulsports. Schorndorf 2000. S. 61-89.
Kurz, D.: Zur Bedeutung der Trainingswissenschaft für den Sport in der Schule. In: Sportwissenschaft 1978/2–3/125.
Landau, G./ Dietrich, K.: Soziales Lernen und Lehren. In: Sportpädagogik 1979/1/8.
Leist, K.-H.: Transfer im Sport. Schorndorf 1979.
Leist, K.-H.: Sensomotorisches Lernen oder funktionales Lernen. In: Sportwissenschaft 1977/2/209.
Martin, D.: Grundlagen der Trainingslehre. Band I, 1979², Band II 1980. Schorndorf.
Martin, D.: Zur sportlichen Leistungsfähigkeit von Kindern. In: Sportwissenschaft 1982/3/255.
Prohl, R./Seewald, J. (Hrsg.): Bewegung verstehen. Facetten und Perspektiven einer qualitativen Bewegungslehre. Schorndorf 1995.
Pühse, U.: Soziales Lernen im Sport. Ein Beitrag zur sportpädagogischen Lernzieldiskussion. Bad Heilbrunn 1990.
Pühse, U. (Hrsg.): Soziales Handeln im Sport und Sportunterricht. Schorndorf 1994.
Quanz, D. R.: Fußball sozialgeschichtlich begriffen. In: Sportpädagogik 1979/4/20.
Scherer, H.G.: Lernen und Lehren von Bewegung. In: Heinz, B./Laging, R. (Hrsg.): Bewegungslernen in Erziehung und Bildung. Hamburg 1999.
Schmitz, J. N.: Lernen in den Leibesübungen. Schorndorf 1973.
Seybold, A.: Didaktische Prinzipien der Leibeserziehung. Schorndorf 1972.
Söll, W.: Differenzierung im Sportunterricht. Schorndorf 1973.
Söll, W.: Sportunterricht - Sport unterrichten. Schorndorf 1996.
Söll, W./Kern, K.: Alltagsprobleme des Sportunterrichts. Schorndorf 1999.
Stadler, R.: Sachunterricht und fachüberschreitendes Lernen. In: Bewegungserziehung 1998/4/3-8.

SUTTON-SMITH, B.: Die Dialektik des Spiels. Schorndorf 1978.

UNGERER, D.: Zur Theorie des sensomotorischen Lernens. Schorndorf 1973².

UNGERER-RÖHRICH, U. u.a.: Praxis sozialen Lernens im Sportunterricht. Dortmund 1990.

WIEMANN, K.: Strukturanalyse und Funktionsanalyse sportmotorischer Fertigkeiten. In: Sportwissenschaft 1977/3/230.

WOLTERS, P. u.a.: Didaktik des Schulsports. Schorndorf 2000.

WURZEL, B.: Zum Problem der verbalen und visuellen Information beim sensomotorischen Lernprozess. Ahrensburg 1975.

ZISCHANG, K.: Zur zeitlichen Gestaltung von Lernprozessen im Sport. In: Sportwissenschaft 1977/372.

5 Allgemeine Methodik des Sportunterrichts

Einführung

In der umfangreichen Fachliteratur zur Methodik des Sportunterrichts gibt es keine Themen und Sachverhalte des Lehrens und Lernens von Bewegungstätigkeiten, die nicht gründlich aufbereitet und beschrieben wären; was aber bislang wenig beachtet wurde, ist die Verknüpfung der methodischen Fragestellungen mit den intentionalen, inhaltlichen und interaktionalen Aspekten des Schulsports.

„Indem Unterrichtsmethoden der Auseinandersetzung mit Inhalten eine bestimmte Richtung geben, stiften sie z.B. unvermeidlich bestimmte soziale Beziehungen, regen Formen der sozialen Interaktion an, eröffnen, begrenzen und begünstigen bestimmte soziale und materiale Erfahrungen, beeinflussen, in welcher Weise der Schüler im Lernprozeß seinen Körper erlebt usw. Angesichts dieses unbestreitbaren Sachverhalts erscheint es mir unvertretbar, zwar Ziele und Inhalte der kritischen didaktischen Reflexion zu unterwerfen, nicht aber das Repertoire an Methoden, das dem Sportlehrer in der methodischen Fachliteratur angeboten wird" (Brodtmann 1987, 72).

Das vom Lehrer geplante und durchgeführte Lehren im Sportunterricht ist ein Balanceakt zwischen starrer Methodisierung und weicher Beratung. Der Absturzgefahr in eine der beiden Einseitigkeiten entgeht der Sportlehrer dann, wenn er seine Unterrichtsgestaltung beständig an seinen Unterrichtszielen misst und sein Lehrerhandeln den Lernsituationen und Lernvoraussetzungen seiner Schüler angleicht. Dann nämlich kann er sich nicht damit begnügen, Lerngelegenheiten für seine Schüler zu schaffen und Betreuungsdienste im Unterricht zu leisten, ebenso wenig er in den Fehler verfallen wird, ein einziges Erfahrungskonzept der Unterrichtsführung unkritisch für jede Lehr- und Lernsituation anzuwenden.

Die Vielzahl der methodischen Maßnahmen und Verfahren im Schulsport ist deshalb notwendig, weil es eine Vielfalt der Ziele und Inhalte gibt. Mehr offene und mehr geschlossene, mehr induktive und mehr deduktive, mehr ganzheitliche und mehr analytische Vermittlungswege im Sportunterricht sind deshalb keine Gegensätze und schließen einander auch nicht aus. Die unterschiedlichen Lernsituationen, die verschiedenen Lerninhalte, die mehrfachen Lernziele und erzieherischen Absichten, Alters- und Geschlechtsunterschiede sowie verschiedenartige Lernvoraussetzungen der Schüler und die verschiedenen Organisationsformen des Schulsports verbieten die einseitigen und rechtfertigen die vielseitigen Unterrichtsverfahren. Es kann keine allgemeine und allgemeingültige Frage sein, ob der Schüler auf selbstständigen oder geleiteten, erprobenden oder nachmachenden, suchenden oder vorgefundenen unterrichtlichen Wegen zum Können und Wissen, zu Bewegungstätigkeiten und -fähigkeiten, zu Einsichten und Gewohnheiten, Körperbewusstsein und Spielfähigkeit gelangt. Die jeweilige Unterrichtssituation bedingt die jeweilige Methode der Stoffvermittlung.

Unleugbar ist ein Zusammenhang zwischen dem Einsatz der Methoden und dem Konzept des Sportunterrichts gegeben, das der Lehrer bewusst oder unbewusst vertritt. Das Sportartenkonzept legt andere Vermittlungsverfahren nahe als das Konzept der offenen Bewegungshandlungen und von beiden hebt sich auch in der Methode das didaktische Modell der Körpererfahrung ab. Aber ebenso wie diese unterschiedlichen Zielrichtungen des Sportunterrichts einander nicht ausschließen, sondern Ausdruck verschiedener Absichten und Aufgaben sind, die zusammen erst das Ganze des Schulsports ausmachen, ebenso wenig sind offene oder geschlossene Unterrichtsverfahren und -maßnahmen einander ausschließende Alternativen im Vermittlungsprozess.

Das Konzept der integrativ unterrichtstheoretischen Sportdidaktik ordnet die Methoden des Unterrichts in das Gesamtgefüge didaktischer Aspekte und Beziehungen ein, weshalb die nachfolgenden Ausführungen zur allgemeinen Methodik des Sportunterrichts die Bezüge zu anderen Unterrichtselementen betont herausstellen, weil die gesonderte Betrachtung der Unterrichtsverfahren der Komplexität des Sportunterrichts und der beständigen Wechselwirkung aller Elemente nicht gerecht wird. Die Unterrichtspraxis ist eben keine Frage der Methodik allein, weil alle methodischen Verfahren und Maßnahmen ihre Bezugspunkte bei den Lernzielen und Lerninhalten ebenso wie bei den Organisationsformen des Schulsports haben. Die allgemeine Methodik des Sportunterrichts bildet zwar die Grundlage für die Unterrichtsverfahren in den Sportspielen, der Leichtathletik, des Skilaufs, Schwimmens oder Turnens, allerdings nicht in der Art und Weise, dass die spezielle Methodik nur das Anwendungsfeld für die Erkenntnisse der allgemeinen Methodik wäre. Methodische Erfahrungen und Erkenntnisse werden zwar konkret bei der Vermittlung des Turnens, der Leichtathletik, der Spiele, der Konditionsschulung gewonnen; dabei werden aber Aspekte sichtbar, die über die spezielle Disziplin hinausweisen. So sind etwa die Bewegungskorrektur oder die Bewegungsaufgabe methodische Maßnahmen, die in der Leichtathletik ebenso Anwendung finden wie beim Turnen oder Volleyballspiel; dadurch werden sie zu Themen der allgemeinen Methodik des Sportunterrichts. Wie die spezielle Methodik nicht einfach Anwendungsgebiet der allgemeinen, ist die allgemeine Methodik nicht nur das Sammelbecken der Erkenntnisse aus den Bereichen der speziellen Methodik. Die Zusammenschau in der allgemeinen Methodik bringt neue Unterrichtsverfahren hervor, die dann in der praktischen Anwendung in den einzelnen Bewegungstätigkeiten des Schulsports erprobt werden können. So stellt sich das Verhältnis von allgemeiner zu spezieller Methodik als ein wechselwirkendes und beide Seiten befruchtendes Geschehen dar.

Die methodischen Überlegungen sind mit den Aufgaben und Zielsetzungen des Sportunterrichts in Beziehung und Einklang zu bringen und auf dessen Inhalte abzustimmen. Das verhindert ihre einseitige Ausrichtung auf die Absicht und den Erfolg des motorischen Lernens allein. Wenn der Sportunterricht als Lehr- und Lernprozess betrachtet wird, in dem durch den Einsatz vielfältiger Bewegungsformen und Sportarten, kognitives, motorisches und soziales Lernen und Üben stattfindet und in Spiel-, Leistungs-, Gestaltungs- und Wettkampfformen zur Anwendung gelangt, dann verbietet sich der Einsatz weniger und stets gleichbleibender Vermittlungsverfahren. Den mehrfältigen Lerninhalten und mehrdimensionalen Zielen des Sportunterrichts wird nur ein vielfältiges Angebot an Unterrichtsverfahren gerecht.

Die methodischen Maßnahmen des Vormachens, der Bewegungsbeschreibung und der Bewegungskorrektur sind die kleinsten Einheiten der Lehrer-Schüler-Interaktion in einem planvollen und zielgerichteten Sportunterricht. Das Lehrer-Schüler-Handeln im Sportunterricht in den Situationen des Lehrens und Lernens ist geprägt von diesen methodischen Maßnahmen, mit denen der Lehrer den Lern- und Übungsprozeß steuert und die Anwendungsformen gestaltet. Diese unterrichtlichen Maßnahmen können nach bestimmten Kategorien zu übergeordneten Lehr- und Unterrichtsverfahren gefügt werden.

Die methodischen Maßnahmen als kleinste methodische Einheiten werden in den Werken zur allgemeinen Methodik des Sportunterrichts (Fetz 1996, Stiehler 1973, Koch/Mielke 1972, Burger/Groll 1971) ausführlich behandelt, unterschiedlich bezeichnet und heißen bei FETZ „Methodische Hilfsmittel“, bei BURGER/GROLL „Lehr- und Lernhilfen“, bei KOCH/ MIELKE werden Maßnahmen und Verfahren unter dem Begriff „Lehr- und Lernweisen“ zusammengefasst. Wenig Einigkeit herrscht bei den genannten Autoren darüber, was im Einzelnen zu den Maßnahmen zu zählen sei und wie die Abgrenzung zu den methodischen Verfahren vorgenommen werden soll.

Die Vielzahl methodischer Maßnahmen im Sportunterricht verführt zur Systematisierung und Ordnung nach übergreifenden Gesichtspunkten.
SÖLL (1996, 170) teilt ein nach:

1. verbalen Maßnahmen der Anweisung, Erklärung und Anregung;
2. visuellen Maßnahmen der Demonstration und Darstellung;
3. praktischen Maßnahmen der Bewegungshilfe und Bewegungssicherung.

HANEBUTH (1964) stellt den Bezug zwischen Lehrer und Schüler in den Mittelpunkt und unterscheidet:

Formale Lehr- und Übungswege	Freie Lehr- und Übungswege
1. Vormachen – Nachmachen	1. Aufgeben – Finden
2. Beschreiben – Nachvollziehen	2. Auswählen – Entwickeln
3. Begleiten – Mitmachen	3. Anregen – Erfinden
4. Belasten – Anpassen	4. Selbstsuchen – Selbstgestalten

Die Systematik der methodischen Grundformen von FETZ (1996, 85) sieht nachfolgend aus:

Grundformen des Lehrens	Grundformen des Lernens
DARBIETEN Vorzeigen, Vormachen, Vorführen (mit techn. Hilfsmitteln), Beschreiben (mündlich, schriftlich mit Symbolen)	NACHVOLLZIEHEN Beobachten, Aufnehmen des Vorgezeigten und/oder Beschriebenen und Nachmachen, Ausführen, Aneignen
ANLEITEN – ANREGEN Hinweis, Vergleich, Diskussion Hinführen, Erklären Aufgaben (Bewegungsaufgabe, Hausaufgabe, Beobachtungsaufgabe, Gestaltungsaufgabe, Zusatzaufgabe, …)	ERPROBEN Lösungsversuche, Üben, Probieren, Experimentieren Verbessern, Vergleichen, Anpassen Festigen, Anwenden, Generalisieren
Erheben Lern- und Erfolgskontrolle Leistungserhebung, Leistungsbeurteilung, Messen, Testen, Bewerten	Leisten Motivationsbedinge Leistungssteigerung, Leistungsvergleich, Wettkämpfen, Bewähren

Jost (1979) gliedert die Methoden des Sportunterrichts in die drei Ebenen der Elemente, Konzepte und Systeme. Erstere sind die kleinsten Einheiten des Lehrer- und Schülerverhaltens im Unterricht (z.B. Vormachen), Konzepte sind komplexere Verfahren (z.B. Übungsreihen) und Systeme schließlich bilden die Makro-Ebene der komplexen Vermittlungsstrategien, wozu Jost z.B. die Spielreihe zählt.

Jürgen Kretschmer (2000, 126 ff.) unterscheidet auf der konzeptionellen Ebene nach den Vermittlungshandlungen des Betreuens und denen des Unterweisens. Dem Vermittlungskonzept Betreuen ordnet er entwickelnde und ganzheitliche Verfahren und dem der Unterweisung anleitende und elementenhafte Verfahren zu. In der dritten methodischen Ebene werden dann die zwei unterschiedlichen Vermittlungskonzepte mit konkreten Maßnahmen in Verbindung gesetzt: Betreuen bedeutet dann: Assistieren (Helfen), Anregen (Bewegungsaufgaben), Anbieten, Vor- und Mitmachen. Mit Unterweisen sind die Maßnahmen Anweisen, Anleiten, Vorführen, Erklären, Auftragen, Korrigieren verknüpft.

Und auch Jürgen Funke-Wieneke (1995) hat dem Vermitteln, also dem methodischen Thema in seinem „ökologisch" benannten Unterrichtskonzept viel Raum gegeben. Er unterscheidet (im Gegensatz zu anderen Autoren, bei denen Lehren und Vermitteln beliebig austauschbar erscheinen) zwischen dem „durchgreifenden" Lehren im Sinne des lehrerbestimmten unterrichtlichen Handelns und dem Vermitteln als Lernhilfe, das auf drei Prämissen aufbaut:

1. Der Schüler ist ein „zielsetzendes und problemlösendes Subjekt seiner eigenen Entwicklung" (Funke 1995, 14).
2. In der Lehrer-Schüler-Interaktion ist der Lehrer lediglich ein „Mitinterpret der sachlichen wie emotionalen Lage" (Ebenda).
3. Die Lerninhalte sind nicht Teilfertigkeiten sondern „Sinnganzheiten des Sich-Bewegens".

Vermitteln in diesem Sinne und als Gegenstück zum herkömmlichen Lehren ist die methodische Konsequenz aus dem ökologisch geprägten Unterrichtskonzept, das Funke vertritt, in allen seinen didaktisch belangvollen Sachverhalten aber noch nicht zur Darstellung gebracht hat. Es wird aber in zahlreichen Veröffentlichungen zur Körpererfahrung, Thematisierung der Leiblichkeit, Gesundheitserziehung usw. in seinen Umrissen und Strukturen immer deutlicher sicht- und erkennbar.

Über die logische Stimmigkeit und sachliche Vollständigkeit dieser Systemversuche kann man geteilter Meinung sein, ihr Wert liegt auch mehr im theoretischen Bereich. Entscheidend ist weniger die Frage, ob das System stimmt, sondern ob der Sportlehrer die einzelnen methodischen Maßnahmen kennt und situationsgemäß einsetzt, denn die Kenntnis und der Einsatz jeder Maßnahme ist für den Unterricht bedeutsam und nicht die Zuordnung zu einem System. Jede einzelne Maßnahme hat ihren Bezug zu Lernzielen, Inhalten, Organisationsformen, zu Phasen des Lernprozesses, zu Handlungs- und Interaktionsformen des Schulsports, zur Altersstufe, zum Leistungsniveau und zur Entwicklungsphase des Lernenden. Die didaktische Reflexion über methodische Maßnahmen ist eingebunden in das Ganze des Sportunterrichts und nur wenn sie integrativ erfolgt, wird das methodische Handeln des Sportlehrers der Komplexität des Sportunterrichts gerecht.

Welche Funktion hat die Methodik für sich und im Gefüge der anderen didaktischen Fragestellungen? In ergebnisorientierten Unterrichtskonzepten (Fetz 1996, Stiehler 1973) wird ihr die Aufgabe zugeschrieben, effektive, zeitsparende, ertragreiche und erfolgssichere Wege in der Vermittlung von Lerninhalten zu finden, zu erproben und anzuwenden. Demgegenüber sieht das prozessorientierte Methodikmodell von Jost (1979) in der Sacherschließung des

Sports durch das Übernehmen genormter Sportarten, vor allem aber durch das Variieren, Verändern und Erfinden von Bewegungshandlungen die eigentliche Funktion der Unterrichtsmethoden und diese außerdem im engsten Zusammenhang mit der Interaktion und der jeweils bestimmten Unterrichtssituation. Beiden Ansätzen muss eine Einseitigkeit vorgehalten werden, die der komplexen Aufgabenstellung des Schulsports nicht gerecht wird, weil Effektivität und Offenheit, Übernahme und Erfindung, vorgegebene Wege zum genormten Sport und Suchen nach neuen Bewegungshandlungen allesamt konstituierende Merkmale einer Methodik des Sportunterrichts sind.

Der Begriff Methodik wird im Zusammenhang dieses Buches eng gefasst und in das größere Ganze der Didaktik eingefügt als das eigentliche Vermittlungsgeschehen im Unterricht. Die Lehrhandlungen des Lehrers und die Lernhandlungen der Schüler aufeinander bezogen und voneinander abhängig, bilden die Themen und Sachverhalte der Methodik. Sie sind im Konzept der unterrichtstheoretischen Fachdidaktik selbstverständlich in Beziehung zu den intentionellen, inhaltlichen und organisatorischen Entscheidungen, diese aber zählen nicht zu den Fragestellungen der Methodik.

5.1 Methodische Maßnahmen als Vermittlungsformen

5.1.1 Verbal-akustische Maßnahmen

Die *Bewegungsbeschreibung* und *-erklärung* als verbale Instruktionen sind nicht immer deutlich voneinander zu unterscheiden, wenngleich jede der beiden methodischen Maßnahmen ihre spezifische Form und ihre eigenständige Aufgabe im Lernprozess hat.

Die Beschreibung liefert eine geschriebene oder gesprochene Darstellung der Bewegungstätigkeit, die Benennung der einzelnen Teilbewegungen und die sprachliche Verdeutlichung des räumlichen Ablaufs sowie der zeitlichen Dynamik einer Bewegungshandlung. Die Beschreibung geht vom Bewegungskern aus und erfolgt geordnet, verständlich, möglichst kurz und anschaulich. Die Anschaulichkeit in der verbalen Information ist allerdings eine Frage der Altersstufe und der vorausgegangenen Bewegungserfahrungen. LEIRICH (1973) hat festgestellt, dass bei der Beschreibung von Bewegungsabläufen in Lernprozessen die räumliche Komponente wichtiger als die dynamische wäre. Bei Bewegungsbeschreibungen kommt es außerdem weniger auf die Vollständigkeit an als auf das Herausstellen der lernrelevanten Einzelheiten, denn vollständige Beschreibungen fallen zu lange aus und behindern das motorische Lernen durch die Informationsfülle. Die Bewegungsanalysen bringen Bewegungsakzente zum Vorschein, die dem Lernenden im Beschreibungstext übermittelt werden sollen. Beschrieben werden im Sportunterricht neben den Bewegungsabläufen aber auch Spielzüge oder die Interaktionsverläufe im Bewegungshandeln.

Die *Bewegungserklärung* ist entweder die Ergänzung zur Beschreibung oder eine verbale Zusatzinformation zum Vormachen und Vorzeigen einer Bewegung. Dabei werden die mechanischen, morphologischen und physiologischen Gesetzmäßigkeiten der menschlichen Bewegung erläutert, ursächlich erklärt und darin die Begründung für das Gelingen oder Misslingen einer Bewegungshandlung geliefert. Da die Bewegungserklärung Kenntnisse und Fähigkeiten (z.B. das Erkennen von Ursache und Wirkung) voraussetzt, ist sie als methodische Maßnahme nicht auf allen Schulstufen uneingeschränkt verwendbar. Eine gründliche Vertrautheit mit der allgemeinen und speziellen Bewegungslehre beim Lehrenden und Bewegungserfahrungen, Abstraktionsfähigkeit und einige Kenntnisse aus Mechanik und Anatomie beim Lernenden sind die Voraussetzungen für die praktische Wirksamkeit dieser methodischen Maßnahme. Der Einsatz der Bewegungserklärung ist außerdem abhängig von der jeweiligen Lernphase: Er ist für die Feinformung unerlässlich, kann hingegen beim ersten Sammeln von Bewegungserfahrungen unterbleiben.

Zur *Bewegungsansage* und *-aufgabe* gehören die direktive und gebundene Bewegungsanweisung und die offene, auf selbstständige Lösungen zielende, Bewegungsaufgabe.

KOCH/MIELKE (1972, 35) definieren die Bewegungsanweisung folgend: „Den Lernenden unter Beachtung festgelegter und formulierter Bewegungsmerkmale eine Bewegungshandlung vollziehen zu lassen." Diese methodische Maßnahme, bei der die Lernökonomie eindeutig im Vordergrund steht, bildet das Gegenstück zur Bewegungsaufgabe. Mit dem zeitsparenden Weg zur Erreichung des gesetzten Lernzieles werden die Normierung des Bewegungsablaufs, die Einschränkung der Bewegungsphantasie und die Kanalisierung der Problemlösung bewusst in Kauf genommen. FETZ (1996, 49) unterscheidet zwischen Bewegungsanordnung und Bewegungsvorschrift. Mit dem Wort Anweisung ist aber deutlich genug ausgesagt, dass es sich um eine exakte Angabe des Lehrers handelt, in der durch verbale Instruktionen jeder einzelne Lernschritt den geraden und schnellen Weg zum Lernziel bahnt. Soll diese Maßnahme dem Schüler eine wirkliche Lernhilfe sein, ist vom Lehrer gefordert, dass seine Anweisung auf einer fundierten Kenntnis des Bewegungsablaufes aufbaut. Die Bewegungsanweisungen sind verständlich, anschaulich und dem altersgemäßen Sprach- und Abstraktionsvermögen entsprechend zu formulieren. Für den Unterrichtserfolg ist daher der Text einer Bewegungsanweisung von entscheidender Bedeutung. Wie für jede andere methodische Maßnahme im Sportunterricht gilt die Forderung nach der Beachtung der altersspezifischen Bewegungserfahrungen des Lernenden auch hier.

Die Begriffsverwirrung bei dieser methodischen Maßnahme ist vielleicht am besten so zu lösen, dass die neutrale Bezeichnung „Bewegungsansage" gewählt wird. Diese Wortverbindung lässt offen, ob dem Schüler die genaue Bewegungsabfolge vorgeschrieben, angewiesen oder eben nur angesagt wird. Es handelt sich immer um eine gesprochene oder geschriebene Information über den Ablauf einer Bewegung, die dem Schüler die Eigenentscheidung und das Finden eigener Lösungen nur begrenzt gewährt.

Die *Bewegungsaufgabe* hingegen ist eine zeitaufwendige methodische Maßnahme, bei der Umwege und Versuch-Irrtum-Phasen aus pädagogischen Gründen nicht nur anerkannt, sondern auch absichtsvoll eingeplant sind. Der rasche und zielsichere Weg zum Lernergebnis wird zugunsten erhoffter Wirkungen in den Bereichen des sozialen Lernens, der Entfaltung der Bewegungsphantasie, des kreativen motorischen Gestaltens und der kognitiven Durchdringung des Bewegungshandelns hintangestellt. Durch ihr Angebot an den Lernenden, ein Bewegungsthema selbstständig bewältigen zu können, liefert die Bewegungsaufgabe einen Beitrag zum kreativen und problemlösenden Lernen im Schulsport. Dem Schüler wird zwar eine Bewegungshandlung als Lernziel vor Augen gestellt, d.h. verbal dargeboten; aber dabei belässt es der Lehrer und überlässt dem Schüler den Weg dahin eigenständig zu finden und zu beschreiten. Es handelt sich dabei um ein erprobendes und suchendes Lernen im Feld der Bewegungskultur, das Anforderungen an die Bewegungsphantasie des Schülers stellt und diese zugleich herausfordert und schult. Da es für die jeweilige Bewegungsaufgabe meist mehrere Lösungen gibt, der Sportlehrer aber das Ergebnis in einer begrenzten Zeit erzielt haben möchte, werden die Lösungswege durch zusätzliche Informationen gebahnt. In diesem Fall spricht man von gebundenen Bewegungsaufgaben. Wenn der Weg zum Ziel völlig offen bleibt und die Lösung der Aufgabe wirklich selbständig gesucht und gefunden werden kann, hat man es mit der freien Bewegungsaufgabe zu tun. Je freier die Bewegungsaufgabe ist, desto breiter ist der Spielraum für die Bewegungsphantasie und Eigentätigkeit des Lernenden, desto größer aber auch der Zeitaufwand im Lerngeschehen.

Die Anwendung dieser methodischen Maßnahmen ist abhängig von der Altersstufe der Lernenden und der jeweiligen Phase im Lernprozess. Die Bewegungsaufgabe ist beim Sammeln von Bewegungserfahrungen im Kindesalter angemessen, aber unangebracht bei der Feinformung einer normierten Sporttechnik bei 15- bis 18jährigen. Wenn das Überwinden eines Sprungkastens in der dritten Schulstufe gefordert wird, wäre die Bewegungsaufgabe die richtige Methode, nicht aber bei der Feinformung des Flop in der 12. Schulstufe. Je mehr es im Lernprozess um den Erwerb genormter sportmotorischer Tätigkeiten geht, umso unbrauchbarer erweist sich die Bewegungsaufgabe. Die Bewegungsphantasie sollte dort gefördert werden, wo sie in der Struktur der Bewegungshandlung angelegt ist. Deshalb eignen sich die Gymnastik und das Turnen besser für diese methodische Maßnahme als ein Kurzstreckenlauf oder ähnlich genormte sportmotorische Bewegungen in der Leichtathletik, beim Schwimmen oder im Skilauf.

Über Bewegungsansagen, -erklärungen und anderen meist kurzen verbalen Instruktionen des Sportlehrers im Lern- und Übungsgeschehen des Schulsports hinausgehend, erweist sich auch die Führung eines längeren *Unterrichtsgesprächs* als gelegentlich notwendig und nutzbringend im Sportunterricht. Ein Gespräch zwischen Lehrer und Schülern kann ein günstiges Lernklima erzeugen, die Lernbereitschaft verstärken, gesundheitliche Einstellungen entwickeln, kritische Haltungen zum Sport bewirken und damit Handlungs- und Aufklärungswissen aus dem Bereich der menschlichen Bewegungskultur an den Schüler herantragen. Erkenntnisse über die Bedingungen des motorischen Lernens und Übens, über den Einfluss der sportlichen Aktivität auf die personale Entwicklung, über die Zusammenhänge zwischen Sport und gesellschaftlichen Gruppen, Bewegungshandlungen und Kultur, über die Abhängigkeiten des Sporttreibens von Politik und Wirtschaft usw. sind Themenkreise eines Unterrichtsgespräches. Der unmittelbare Anlass sollte stets aus einer besonderen Situation der Unterrichtspraxis kommen, weil dadurch dem Schüler die Verbundenheit zwischen dem eigenen sportlichen Tun und theoretisch-ideologischen Aspekten des Sports leichter verständlich und einsichtig gemacht werden kann. Das Unterrichtsgespräch als geplante methodische Maßnahme darf allerdings die Bewegungszeiten für die Schüler nicht über Gebühr einschränken. Der stumme Sportlehrer entspricht ebenso wenig einem zeitgemäßen Sportunterricht wie der ständig redende, informierende und diskutierende Lehrer. Auf die Ausgewogenheit von Information, Diskussion und Bewegungstätigkeit kommt es im Unterricht an und nicht auf das Übergewicht einer dieser Unterrichtshandlungen.

Nach herkömmlichen Vorstellungen ist das Sprechen kein besonders wichtiger Bestandteil des Sportunterrichts. Der Sportlehrer begnügt sich mit wenigen und kurzen Bewegungsansagen, bespricht technische und taktische Einzelheiten, gibt organisatorische und disziplinierende Hinweise und begnügt sich mit wenigen aufmunternden, lobenden oder tadelnden sprachlichen Äußerungen. Der Schüler schweigt, schreit vielleicht hin und wieder in Spiel- und Wettkampfsituationen und tauscht nonverbale Informationen aus, aber auch er redet nicht viel im Sportunterricht. Dennoch rechtfertigen die Lernziele und erzieherischen Aufgaben des Sportunterrichts durchaus das gelegentliche Sprechen der Schüler. Bewegungslernen in Kleingruppen macht Sprechhandlungen der Schüler notwendig, weil ein Gruppenmitglied häufig die Rolle des Instruktors übernimmt. Bei der Gruppenarbeit, bei der eine Bewegungsaufgabe gemeinsam bewältigt werden soll, und zwar von allen Mitgliedern der Gruppe, ist die sprachliche Verständigung über Ziele, Wege und Mittel sogar unbedingt erforderlich. Die soziale Interaktion in Gruppen verlangt die sprachliche Kommunikation der Schüler und sollte vom Sportlehrer bewußt gefördert werden. Die Lernziele sozialer Natur können über Sprachhandlungen leichter verwirklicht werden als in sprachlosen Handlungssituationen. Das kognitive Lernen zuletzt ist ohne Sprechen nicht denkbar, und betrachtet man die Vielfalt der dort ausgewiesenen Themen, bekommt das Sprechen und die Diskussion sogar einen beachtenswerten Stellenwert als Methode des Sportunterrichts. Die Handlungsform Sprechen im Sportunterricht ist allerdings ein besonders organisatorisches Problem auch insofern, als der Schulsport darin auf keine Tradition zurückgreifen kann und die Sportlehrer in der Ausbildung darin selten ausdrücklich geschult werden.

Dem Sportlehrer stehen im Unterricht auch einige *akustische Mittel* für das Bewegungslehren und bei der Bewegungskorrektur zur Verfügung. Die Musik spielt in der Gymnastik und im Tanz eine bedeutsame Rolle, Rhythmus und Takt mittels Klanggeräten sind brauchbare Lernverstärker bei vielen Bewegungstätigkeiten, und auch die Stimme des Lehrers kann dem Schüler durch verschiedene Laute und Lautfolgen eine bedeutsame Hilfe beim motorischen Lernen und Üben sein. Ausführlich geht FETZ (1996, 133 ff.) auf Rhythmus und Akustik als Hilfsmittel im Prozeß des Bewegungslernens ein. Als Einzelmaßnahmen führt er an: Zählen, Trommeln, Klatschen, Musikbegleitung und rhythmisierende Silben. Beim Zählen, Trommeln und Klatschen handelt es sich um eine taktmäßige Begleitung bei einfachen Bewegungen, die gemeinsam durchgeführt werden sollen (Laufen, Gehen, Sprünge). Aber auch bei Bewegungen, die Schüler einzeln vollführen, können solche akustischen Maßnahmen von Vorteil sein (z.B. Anlauf beim Hochsprung). Durch rhythmisierende Silben und kurze Worte kann der Lernende auf Schlüsselstellen in der Bewegungsausführung aufmerksam gemacht werden.

So einfach diese methodischen Maßnahmen aussehen mögen, erfordern sie vom Sportlehrer dennoch einen genauen Einblick in die Bewegungsstruktur und die Übung im Umgang mit Klanginstrumenten und der eigenen Stimme. Der Musik wird sowohl eine fördernde als auch eine hemmende Funktion beim Lernen von Bewegungen zugeschrieben. Als Begleitung in der Konditionsgymnastik (z.B. Skigymnastik) hat sie aber unbedingt einen motivierenden und aufmunternden Charakter und sollte wohl generell im Schulsport bei Jungen und Mädchen viel mehr eingesetzt werden.

5.1.2 Visuelle Maßnahmen

Beim *Vormachen* geht die Information von einer Person aus: Entweder ist es der Lehrer, der eine Bewegung vorführt, oder ein Schüler der dafür geeignet ist, weil er als Vereinssportler ein spezielles und besonderes Können aufzuweisen hat. Das Vormachen regt das Imitations- oder Modelllernen an und zeigt dem Lernenden meist eine Bewegungsausführung, die im Bereich seiner eigenen motorischen Möglichkeiten gelegen ist. Die Lehrer- und Schülerleistungen weichen vom Bewegungskönnen, den Lernfähigkeiten und den motorisch-körperlichen Voraussetzungen der Lernenden nicht so weit ab, wie es die in Lehrfilmen gezeigten Bewegungsdarstellungen von Spitzenkönnern in der Regel sein werden. Im Vormachen wird die Bewegungsnorm an den Anfang des Lernprozesses gestellt, das Lernen des Schülers verläuft effektiv und geleitet durch die Normvorgabe, wodurch die Eigenständigkeit des Lernenden eingeschränkt wird und die Gefahr, dass Bewegungsschablonen und individuelle Besonderheiten des Demonstrators übernommen werden, nicht von der Hand zu weisen ist. Andererseits aber sind vom Vormachen einer Bewegungstätigkeit dann vor allem motivierende Wirkungen beim Lernenden zu erwarten, wenn der Demonstrator als Modell für das eigene Handeln akzeptiert wird. Da auch das motorische Lernen vom sozialen Umfeld beeinflusst ist und beim Vormachen der soziale Bezug stärker wirksam ist als beim Vorzeigen einer gefilmten Bewegung, dürfte auch dieser Tatbestand die Lerneffektivität dieser methodischen Maßnahme erhöhen. Gegenüber dem Vorzeigen hat das Vormachen aber auch Nachteile; die Wiederholungsmöglichkeiten sind begrenzt, die Zeitdehnung nicht möglich, begleitende verbale Informationen durch den Lehrer schwer anzubringen. Dominiert diese Maßnahme im Sportunterricht und beginnt jeder Lernprozeß mit dem Vormachen der Zielübung durch den Lehrer, wird der Unterricht für den Schüler eintönig im Ablauf und einseitig in der sozialen Interaktion. Das Vormachen zielt auf das Nachmachen, letzteres ist umso mehr erfolgreich, je gefühlsmäßiger die Bindung zwischen dem Vor- und dem Nachmacher ist. Das bringt die Rolle des Vorbildes ins Spiel des methodischen Geschehens.

„In Wirklichkeit ist die Fähigkeit, etwas Vorgemachtes selbst nachmachen zu können, eine geniale Leistung des Menschen, die sich im Alltag millionenfach bewährt hat und immer wieder bewährt", schreibt Volger (1995, 171). Vielleicht ist das Wort genial in dem Zusammenhang übertrieben, was aber haften bleibt an diesem Satz ist die Überzeugung, daß das Nachmachen im Lernprozess eine produktive Leistung des Lernenden und kein bloßes gedankenloses Nachvollziehen ist und mit Wahrnehmungs- und Gefühlsfähigkeiten verknüpft ist.

Jede methodische Maßnahme ist hinsichtlich ihres Einsatzes und ihrer Wirkung von mehreren Sachverhalten und Sozialfaktoren des Unterrichts abhängig; das Lebensalter der Lernenden, ihr motorischer Leistungsstand, die Art des Lerninhalts, die Phase des Lernprozesses usw. sind Bestimmungsgrößen für die Auswahl einer methodischen Maßnahme. Das Vormachen ist bei genormten sportmotorischen Tätigkeiten eher angebracht als bei einer Bewegungsgestaltung, es eignet sich besser, eine Zielübung in der Feinformung zu erreichen und weniger beim Sammeln erster Bewegungserfahrungen in einer bestimmten Bewegungshandlung. Bei jüngeren Schülern, denen der Sportlehrer noch ein Vorbild ist, soll diese Maßnahme häufiger zum Einsatz kommen als bei älteren Schülern, bei denen motivierende Effekte damit kaum noch zu erreichen sind.

Die Schüler lernen von Mitschülern auch dann, wenn Letztere nicht ausdrücklich vom Lehrer zum Demonstratoren ausgewählt werden. Sie schauen einander beim Lernen und Üben zu und haben ihre Bewegungsvorbilder, die sie nachahmen in den verschiedenen Sportarten. Aus diesem Grunde ist gegen das Vormachen durch Schüler grundsätzlich nichts einzuwenden. Die Aufforderung zum Vormachen sollte allerdings nicht immer an denselben Schüler gerichtet werden, damit dieser nicht aus der Gemeinschaft herausfällt, weil er zum Hilfslehrer geworden ist.

Zur Fehlerdemonstration sollten Schüler nur in Ausnahmefällen und -situationen herangezogen werden, weil das Vormachen für den, der den Fehler gemacht hat und ihn auch noch den anderen vorzuführen hat, mit Verlegenheit, Lächerlichkeit oder Beschämung verbunden sein kann. Andererseits lernt man aber aus Fehlern, und der Sportlehrer kommt nicht umhin, fehlerhafte Bewegungsabläufe aufzuzeigen, sollte aber dabei stets selber als Demonstrator auftreten. Brodtmann (1979, 171) weist mit Recht darauf hin, dass das Vormachen einen inhaltlichen und einen Beziehungsaspekt hat und es im Sportunterricht auf beide ankommt, sie aber nicht scharf voneinander zu trennen sind. Gegen das Vormachen beim Erlernen von Bewegungshandlungen ist nichts einzuwenden, wenn dieser Maßnahme nicht der Vorrang vor allen anderen eingeräumt wird. Kinder lernen auch außerhalb des Schulsports Bewegungstätigkeiten, indem sie zuschauen und nachvollziehen; das Modelllernen ist eine der häufigsten Formen des Bewegungslernens im frühkindlichen Alter. Die Effektivität dieser Methode kann noch verbessert werden, wenn Schüler im Sportunterricht zum Bewegungssehen systematisch angeleitet werden. Einige Bedenken meldet BRODTMANN (1979, 172) gegen das Vormachen an, wenn es unter dem Beziehungsaspekt betrachtet wird. Wenn es nämlich zur Demonstration der Überlegenheit des Lehrers wird oder die Vorbildhaftigkeit zu aufdringlich herausgestellt ist und besonders jüngere Schüler in Beziehungsfallen lockt, dann verliert diese Methoden den Charakter einer sachlichen visuellen Information und wird zum Anlass einer nicht wünschenswerten sozialen Beeinflussung. Da Lehrer bei jenen Sportarten, die sie persönlich schätzen und deshalb in der Regel auch gut beherrschen, zum Vormachen tendieren, wird dem jüngeren und für das Modellernen empfänglichen Schüler eine sportliche Disziplin besonders nahegebracht. Andere Bewegungstätigkeiten geraten dadurch in die Gefahr, aus dem Interessenspektrum ausgeschlossen zu werden, so dass sportliche Einseitigkeiten des Sportlehrers auf den Schüler übertragen werden. Beiden Sachverhalten stellt BRODTMANN die eigentliche Aufgabe des Schulsports entgegen: Der Sinn von Erziehung besteht darin, dass sich der Erzieher schrittweise überflüssig macht und das Lernen seinen Abschluß in der Befähigung zum eigenständigen und eigenverantwortlichen Wissens- und Könnenserwerb findet. Dieses Ziel könnte verfehlt werden, wenn der Sportlehrer durch die einseitige Bevorzugung des Vormachens die eigene Person zu nachhaltig und dauerhaft mit den Lernprozessen der Schüler verknüpft. „Ebenso ist die extreme Betonung des Emotionalen in den Beziehungen zu Personen und Inhalten unvereinbar mit dem Ziel, die Schüler zur rationalen Bewältigung des Handlungsfeldes Sport zu befähigen" (1979, 173).

Beim *Vorzeigen* erfolgt die Instruktion mittels unterschiedlicher visueller Medien: Markierungen in den Sportanlagen, Zeichnungen, Bildern, Bildreihen und Filmen. Unter den visuellen Lehrmedien sind die Bewegungsskizzen (Strichmännchen) die einfachsten Lernhilfen. Sie fordern vom Lehrer die einigermaßen entwickelte Befähigung des Zeichnens, die durch Übung erworben werden kann. Mit wenigen Strichen können Bewegungsabfolgen verdeutlicht und Schlüsselstellen einer motorischen Tätigkeit herausgehoben werden. In den speziellen Didaktiken der Sportarten finden sich viele Beispiele für die Darstellung der Bewegungstätigkeiten durch einfache Strichmännchen oder Ganzkörperdarstellungen. Als Zeichenflächen bieten sich mehrere Arten von Tafeln an: Wandtafeln, fahrbare Tafeln und Magnettafeln sollten zum didaktischen Inventar jeder Sportanlage gehören, in der gelehrt und gelernt wird. Da die Einzelbilder keinen höheren Informationsgehalt haben als Zeichnungen, der technische Aufwand durch die Projektion im verdunkelten Raum aber sehr groß ist, hat sich dieses visuelle Medium im Sportunterricht nicht durchgesetzt. Eine größere Effektivität wird den Bildreihen nachgesagt, bei denen eine Bewegungsabfolge im Serienbild dargestellt ist, die zudem mit verbalen Zusatzinformationen versehen ist und häufig gleichzeitig in falscher wie in richtiger Ausführung gezeigt wird. Bildreihen veranschaulichen eine Bewegung in ihrem räumlichen und zeitlichen Ablauf und können Schlüsselstellen besonders deutlich herausheben. Solche Lehrbildreihen sind entweder auf Tafeln gezogen oder aus Büchern projiziert und werden mittels eines Tageslichtprojektors vorgeführt. Die Overheadprojektion hat mehrere Vorteile gegenüber den anderen Verfahren, weil sie billig in der Anschaffung und leicht transportierbar ist sowie die Verwendung fertiger Folien ebenso wie das momentane Zeichnen oder Beschriften der Folien zuläßt. Damit erfüllt sie auch die Funktion der Tafeln und Bewegungsskizzen. Für alle Schulsportarten wurden Lehrfilme in größerer Zahl produziert; sie werden häufig von Sportlehrern eingesetzt. Die meisten dieser Filme sind Kurzdarstellungen eines einzigen Bewegungsablaufes mit beliebiger und technisch einfacher Wiederholbarkeit. Die Vorteile dieser Filme liegen in der praktischen Anwendung und ihrer didaktischen Vielfalt: Sie bieten den Bildstillstand, die Zeitdehnung, Vor- und Rücklauf, Trick und Graphiken. Die Laufzeit beträgt in der Regel zwischen drei und sieben Minuten. Diese Filme enthalten Zielübungen, methodische Reihen und bei mehrteiligen Serien die technischen Elemente eines Sportspiels. Inzwischen werden auch didaktisch anspruchsvollere Lehrfilme hergestellt, die Interaktionsbeziehungen und soziale Prozesse im Lerngeschehen stärker berücksichtigen und über Sprechblasen auch zum kognitiven Erfassen motorischer Lernvorgänge anregen.

Ohne Zweifel sind Filme dieser Art effektive Lehr- und Lernmedien, weil sie Bewegungen verlangsamen, ohne sie in ihrer Dynamik zu zerstören und damit Schlüsselstellen und Funktionsphasen besser sichtbar machen können. Sie erlauben die beliebige Wiederholung der Bewegungsausführung in gleichbleibender Güte und ermöglichen dem Lehrer, die visuelle Instruktion durch verbale Informationen zu ergänzen und damit zu erweitern. Sie zentrieren die Aufmerksamkeit auf die räumlichen Merkmale des Bewegungsablaufes, weshalb die Hinweise auf zeitliche Phänomene und dynamische Strukturen der Bewegungsausführung vom Lehrer ergänzend angebracht werden müssen. Die Zeitwahrnehmung des Schülers ist in besonderer Weise an den Rhythmus gebunden.

Zu den visuellen Unterrichtsmedien kann auch das *Sportlehrbuch* gezählt werden. Es ist dies ein mit verbalen und visuellen Informationen und Anleitungen versehenes Arbeitsmaterial für die Hand des Schülers und enthält die Lerninhalte des Schulsports für eine bestimmte Schulart oder eine Schulstufe.
Im Einzelnen sind dies:

1. Anleitungen zum selbstständigen Erlernen jener Sportarten und Bewegungshandlungen, die im Unterricht angeboten werden, wie auch jener, die aus organisatorischen Gründen nicht in den Kanon der Schulsportarten aufgenommen werden können;
2. Anleitungen über den systematischen Erwerb und die Verbesserung der motorischen und körperlichen Fähigkeiten;
3. Hinweise auf Spielregeln, Sporttechniken und sporttaktische Zusammenhänge;
4. Anweisungen und Ratschläge hygienischer und gesundheitlicher Art;
5. eine gezielte Motivationsverstärkung und Interessenförderung im Sport;
6. Angaben über soziale und ethische Erziehungsabsichten im Zusammenhang mit dem Sporttreiben und Bewegungshandeln;
7. Informationen über sporttheoretische Aspekte und Zusammenhänge.

Die Vorläufer der in einigen Ländern (USA, Deutschland, Frankreich, Belgien) in Verwendung stehenden Schulbücher für den Sportunterricht waren skriptenartige Lehrbehelfe. Die mehrjährige Versuchsphase mit Manuskripten dieser Art und gezielte Begleituntersuchungen erbrachten den Nachweis einer zweifachen Auswirkung auf den Schulsport: Das Schulbuch beeinflusst günstig die Sportinteressen der Schüler und intensiviert den Unterricht. Die derzeit vorliegenden Unterrichtsmaterialien dieser Art haben jeweils besondere Schwerpunkte. In Deutschland gibt es die Schulbücher „Turnen Spiel Sport“ von DIECKERT/KREISS/MEUSEL (1973) und „ Sport 1“ von ZISCHANG/WUTZ (1983), die, als Ergänzung zum Schulsport der 10- bis 14jährigen gedacht, die motorischen Lernziele in den Vordergrund stellen. Für die Sporttheorie im Leistungsfach Sport der reformierten gymnasialen Oberstufe gibt es Schulbücher von KOCH (1973, 1976^{2}), RÖTHIG/GRÖSSING (1979 ff.) und eine mehrteilige Serie von QUANZ u.a. „Thema Sport“ (1975).

Meusel (1971), der nicht nur Mitarbeiter an einem Schulbuch war, sondern sich auch theoretisch mit diesem Lehrmittel auseinandergesetzt hat, stellt folgenden Forderungskatalog als Anspruch an ein Schulbuch auf:

1. Ein Schulbuch hat den Schüler sachlich, inhaltlich richtig und auf dem neuesten Stand der Unterrichtsmethodik aufbauend über Lernziele und Lerninhalte des Schulsports zu informieren.
2. Der Aufbau hat den Strukturen des motorischen Lernens zu entsprechen, soweit es um die Vermittlung sportmotorischer Tätigkeiten geht.
3. Es muss anschaulich und altersgemäß in seinen optischen und verbalen Informationen sein.
4. Es hat die Selbstständigkeit und Selbsttätigkeit des Schülers im Lernprozess anzuregen und zu verstärken.
5. Die Erfolgskontrollen durch den Lernenden und Übenden sind durch die Bereitstellung entsprechender Unterlagen (Leistungstabellen, Tests usw.) zu ermöglichen.
6. Ein Sportbuch soll die Lehrarbeit des Sportlehrers ergänzen, Lernprozesse im Unterricht vorbereiten und nachfolgend durch Übungsanweisungen verfestigen.

5.1.3 Audiovisuelle Maßnahmen

Filmische Bewegungsdarstellungen enthalten die Kombination von verbalen und visuellen Informationen an den Lernenden. Mit ihnen verbindet sich auch die landläufige Vorstellung von Mediendidaktik im Schulsport, wobei übersehen wird, dass es einfachere, aber keineswegs unwirksame Lehrmedien gibt, deren Einsatz leichter und zeitsparender möglich ist. Im Medienzeitalter werden die meisten Informationen durch hochentwickelte technische Medien übermittelt. Die Informationsaufnahme und -verarbeitung sind entscheidende Faktoren des menschlichen Lernens und die Informationseingabe erfolgt außerhalb der Schule vorrangig durch Medien wie Fernsehen, Rundfunk, Internet. Es ist nahe liegend, dass auch in der Schule der Lehrer als Informationsträger durch technische Lehrmedien unterstützt wird, wenngleich niemals ersetzt werden kann.

Die Unterrichtstechnologie hat aber viel an Bedeutung eingebüßt, weil nach den hochgesteckten Erwartungen der Anfangszeit die mehrjährige Erfahrung mit der Realität des technikgesteuerten Unterrichts eine Ernüchterung gebracht hat. Dieser Zustand schafft eine günstige Basis für vernünftige Überlegungen über Wert, Möglichkeiten und Grenzen der Unterrichtstechnologie. Auch im Sportunterricht stellt sich die Frage nach dem Stellenwert technischer Medien und der didaktischen Wertigkeit neuer Unterrichtsmaterialien. Die anfänglich hohen Erwartungen an die Unterrichtstechnologie haben den Lehrer verunsichert und eine unkritische Abwehrreaktion ausgelöst. Die gegenwärtige Krise der Mediendidaktik hat sein Bewusstsein wieder gestärkt und den Boden für eine sachliche Auseinandersetzung mit dem Anspruch technischer Lehrmedien bereitet. Ohne Zweifel erfährt die Lehrerrolle einen Bedeutungswandel, wenn technische Medien im Unterricht in Konkurrenz oder Kooperation mit dem Lehrer treten. Welche Konsequenzen dies für die Ausbildung und Weiterbildung, für die Unterrichtsplanung und Unterrichtspraxis haben kann, wird nachfolgend erörtert. Soviel steht aber fest: Das ausgeklügelste Lehrsystem ersetzt den Lehrer nicht, sondern ergänzt seine Lehrarbeit und setzt ihn frei für individuelle Beratung und Erziehung. Audiovisuelle Medien übernehmen spezielle Lehraufgaben und entlasten den Lehrer in diesem Tätigkeitsbereich.

Der vernünftige Einsatz der Unterrichtsmedien im Sportunterricht hängt von den Kenntnissen des Sportlehrers über vorhandene Angebote, seiner Fähigkeit zur technischen Handhabung der Medien und seinen kritischen Überlegungen über ihren didaktischen Wert ab. Die erst in Ansätzen entwickelte Mediendidaktik im Bereich des Sportunterrichts erleichtert dem Lehrer den praktischen Einsatz keineswegs. Didaktischen Entscheidungen liegen stets Unterrichtstheorien zugrunde. Die Wertschätzung oder Ablehnung der Unterrichtstechnologie im Schulsport ist beeinflusst von Lernzielen und ihrer Rangordnung, von inhaltlichen Festlegungen, die mehr in Richtung der genormten Sportarten oder offenen Bewegungshandlungen, der Körpererfahrungen oder des Bewegungserlebens, der sportlichen Einseitigkeit oder bewegungskulturellen Vielfalt ausfallen können, von Lehrverfahren und Unterrichtsstilen und den bevorzugten Gruppenformen des Unterrichts. Ein für den Sportunterricht belangvolles audiovisuelles Medium bildet der Film als Lern- und Übungshilfe, für die Vermittlung der Sporttheorie und als methodisches Mittel für die Lehreraus- und -fortbildung.

Bei Videofilmen sind die Zeitdehnung und der Bildstillstand bei geringfügiger Beeinträchtigung der Bildschärfe gegeben, ebenso der Vor- und Rücklauf. Die Geräte sind relativ einfach in der Bedienung, lichtunabhängig in Aufnahme und Wiedergabe und durch das oftmalige Überspielen der Kassetten nicht teuer in der Verwendung. Der Videorecorder erweist sich somit als brauchbares Lehrmedium im Sportunterricht, hat aber noch lange nicht die seinen Vorzügen adäquate Verwendung darin gefunden.

Die Vielzahl der technischen Unterrichtsmedien, ihre vielfältigen Funktionen im Unterricht und ihre Vorteile als Lehrhilfen legen es jeder Schule nahe, eine Mediothek einzurichten. Sie hätte eine Grundausstattung an technischen Geräten: Projektoren für Standbilder und Filme, Overhead, Videoanlage, PCs und einem ständig zu erweiternden Bestand an Kassetten, Diaserien, Bildreihen, Filmen, CD-ROMs sowie einen Internet-Anschluss aufzuweisen. Das Lehren und Lernen im technischen Zeitalter fordert die Mediothek in der Schule und wird sie bald ebenso selbstverständlich erscheinen lassen wie gegenwärtig die Bibliothek.

Jedes Medium hat seine Vor- und Nachteile, seine Stärken und Schwächen. Verschiedenartige Lernziele, unterschiedliche Lerninhalte, einzelne Handlungsformen, das jeweilige Alter der Lernenden, die Fähigkeiten des Lehrenden im Umgang mit Unterrichtsmedien, die motorischen Lernphasen u.a.m. sind Kriterien für den differenzierten Einsatz der Lehr- und Lernmedien als Unterrichtshilfen. Die Entscheidung kann nicht generell für das eine und gegen das andere Medium ausfallen, sondern erfolgt in der Anpassung an die jeweilige Unterrichtssituation.

Die Einsatzmöglichkeiten reichen vom Einzelmedium bis zur Medienkombination. Die Verwendungsart beeinflusst die Tätigkeit des Lehrers während des Unterrichts und bestimmt die Anteile seiner Teilfunktionen Lehren, Beraten, Betreuen und Erziehen. Das Einzelmedium setzt der Lehrer in jeder Phase des Lern-, Übungs- und Anwendungsprozesses ein. Es dient zur Unterstützung des Lehrens und Lernens, indem es Bewegungsabläufe verdeutlicht, zum Üben motiviert oder die akustische Begleitung für die Bewegungsgestaltung bildet. Wenn der Sportlehrer mehrere Medien nach eigenen Vorstellungen zusammenstellt und auf einzelne Phasen des Lernprozesses verteilt, spricht man von einer Medienkombination. Die Reihenfolge der Medien ist jederzeit veränderbar und jedes Einzelmedium beliebig austauschbar.

Die weitgespannten Erwartungen an die Unterrichtstechnologie beruhen auf Ergebnissen der lernpsychologischen Forschung. Es ist in der Sportpädagogik umso mehr berechtigt, vorderhand nur von Erwartungen zu sprechen, weil die Forschung im Bereich des motorischen

Lernens nicht annähernd den Stand der Lernforschung im kognitiven Bereich aufweist und Effektivitätsuntersuchungen über mediengesteuertes Lernen nicht in ausreichendem Ausmaß durchgeführt wurden. Uneinheitlich ist die Meinung in Fachkreisen, ob die visuellen Informationen durch das Vormachen dem Vorzeigen der Bewegung mittels entsprechender Medien vorzuziehen seien. Im kognitiven Bereich haben lernpsychologische Experimente die Effektivität der audiovisuellen Informationen nachgewiesen. Auch das Bewegungslernen ist in hohem Maße von der Anschaulichkeit der Instruktion abhängig, weil nur anschauliche Informationen zu Bewegungsentwürfen verarbeitet werden. Dies betrifft die Bewegungsansagen (verbale Information) ebenso wie die Vorführung einer Bewegung durch den Lehrer oder durch Bildreihen und Filme (visuelle Information). Es hat sich beim motorischen Lernen als vorteilhaft erwiesen, dass die Kombination von verbaler und visueller Information von großer Anschaulichkeit ist und deshalb einen günstigen Einfluss auf den Lernprozess hat. Die Bewegungsdarstellung durch Filme ist hinsichtlich der Anschaulichkeit dem Vorzeigen durch Personen (Lehrer, Mitschüler) vorzuziehen, weil im Film eine Verlangsamung der Bewegung unter Beibehaltung von Akzent und Rhythmus und eine qualitativ gleichbleibende und beliebige Wiederholung gewährleistet sind. Die Anschaulichkeit ist ein methodischer und medialer Grundsatz, enthält aber auch Aspekte, welche die Auswahl der Lerninhalte betreffen. Die Anschaulichkeit wird häufig mit der Vorstellung der Wirklichkeitsnähe gekoppelt und sportliche Bewegungen werden dann als anschaulich bezeichnet, wenn sie der Lernende nicht allein wahrzunehmen, sondern sich auch vorzustellen vermag, weil sie in seiner tatsächlichen Umwelt vorkommen.

Die Anschaulichkeit der Information beim Bewegungslernen ist durch folgende Faktoren bedingt:

- die Bewegung soll fehlerfrei sein;
- die Bewegung soll beobachtbar sein, was bei rascher Ausführung und komplexer Struktur nur über die Zeitdehnung ermöglicht wird;
- die Schlüsselstellen sind besonders herauszustellen;
- die Bewegung soll beliebig wiederholbar sein und in den Einzelheiten des Ablaufs gleich bleiben.

Mehrere dieser Forderungen einer anschaulichen Informationseingabe sprechen für die mediale Vermittlung, weil dem Vormachen durch Personen in allen vier genannten Punkten engere Grenzen gesetzt sind. Die Zeitdehnung und die gleichbleibenden Wiederholungen sind allein dem technischen Medium vorbehalten.

Welche Möglichkeiten eröffnen sich nun dem Einsatz der audiovisuellen Medien im Sportunterricht und welche Erwartungen sind daran geknüpft?

Der Film hat sich als motivationsverstärkendes Medium im Bereich des Sportunterrichts erwiesen. Dokumentarfilme über herausragende sportliche Ereignisse, Werbestreifen für den Freizeitsport und Unterhaltungsfilme mit sportlicher Thematik vermögen Einstellungen zum Sport zu wecken oder zu festigen, Interessen in gewünschte Richtungen zu leiten und eine Lernbereitschaft anzubahnen. Der Lehrer sollte bei der Verwendung der Unterrichtsmedien im Schulsport auch solche Verwendungsmöglichkeiten nicht außer acht lassen. Ein Videogerät, mit dem die Bewegungsausführungen der Schüler aufgenommen und sogleich zur Ansicht gebracht werden, kann ebenfalls ein bedeutsamer Lernverstärker sein. Meisterhafte Bewegungsdarstellungen im Film regen zur Nachahmung und zum Nacheifern an. Die große Diskrepanz zwischen der gezeigten Ausführung einer Übung und dem eigenen Leistungsvermögen verführt allerdings manche Schüler zur Resignation und erreicht das genaue Gegenteil von Motivation und Lernverstärkung.

Die eigentliche Aufgabe der Unterrichtsmedien besteht in der Optimierung des Lern- und Übungsprozesses im Bewegungshandeln. Als Mittel der Lernhilfe ist die Wirkungsmöglichkeit der Lernmedien breit gestreut: der Videorecorder zeichnet Lernresultate auf und gibt sie rasch wieder zur Betrachtung frei. Die zeitliche Nähe der kinästhetischen Erfahrung durch die eigene Bewegungsausführung zur visuellen Information begünstigt das motorische Lernen. Bewegungshilfen und Bewegungskorrekturen bedürfen keiner langen Beschreibung, die visuelle Sofortinformation nach der Bewegungsausführung verdeutlicht durch das rasche Nacheinander von kinästhetischer und visueller Information die Fehler in der Ausführung. Zeitdehnung und Standbildprojektion schulen die Beobachtungsfähigkeit und das Vermögen der Bewegungsanalyse; beides sind wichtige Merkmale der motorischen Lernfähigkeit. Das wiederholte Betrachten eines Bewegungsablaufs verbessert und erleichtert die Herstellung eines Bewegungsentwurfes oder die Korrektur desselben. Die Vorbildlichkeit der im Film dargestellten Bewegungsausführung, die Anschaulichkeit und beliebige Wiederholbarkeit spielen in der Feinformung einer motorischen Tätigkeit eine wichtige Rolle und sind in schulischen Leistungsgruppen ein unentbehrlicher Bestandteil des Lern- und Übungsprozesses.

Visuelle und audiovisuelle Lehrmedien sind also Lernhilfen mit vielfältigem Wirkungsgrad und erfüllen diese Aufgabe in allen Phasen des Bewegungslernens. Die bildliche Darstellung von Spielzügen und anderen taktischen Sachverhalten im Film kann besonders durch die Farbfilmtechnik zu einem anschauliches Lehrbehelf und einer effektiven Lernhilfe in der Spielerziehung werden. Sportliche Bewegungshandlungen sind von der Vermittlung sporttheoretischer Kenntnisse aus den Bereichen der Trainings- und Bewegungslehre abhängig. Aber auch gesellschaftliche Aspekte des Sports, Zusammenhänge zwischen Sport und Persönlichkeit, hygienische und medizinische Fragen kann der Film einprägsam übermitteln. Die Kenntnisvermittlung und die Weckung eines Problembewusstseins im Hinblick auf Sport sind Aufgaben, die der Sportlehrer mittels Film, Fernsehen und Bilddarstellung leichter realisiert als ohne diese Medien. Unterrichtsmedien ergänzen nicht nur die Tätigkeit des Lehrers, sondern nehmen ihm auch einen Teil der Lehrarbeit ab und setzen ihn dadurch für erzieherische und beratende Aufgaben frei. Der Umgang mit Lernmedien fördert die Selbstständigkeit der Schüler und ihre Bereitschaft, Lernprozesse eigenverantwortlich zu gestalten. Die zeitweilige Entlastung vom Lehren könnte der Lehrer besonders für die intensive Betreuung der leistungsschwachen Schüler ausnützen.

Film und Videorecorder sind aber auch Mittel des Einübens von Lehrhandlungen in der Aus- und Fortbildung des Sportlehrers. Methodikfilme informieren über den neuesten Stand der Unterrichtsverfahren, mit dem Recorder kann der Lehrer den eigenen Unterricht aufzeichnen und der Nachbereitung dienstbar machen. Angesichts der ständigen Weiterentwicklung und Veränderung der Unterrichtsmethodik in den einzelnen Sportarten, der Aufnahme neuer Disziplinen in den Schulsport (Tennis, Skilanglauf, Rudern), der Vermittlung der Sporttheorie usw. erweisen sich Lehrübung und permanente Fortbildung als unumgänglich. Die Ausbildung allein schafft nicht mehr die benötigten Grundlagen für eine lebenslange Lehrtätigkeit. Unter diesem Aspekt erhalten Lehrmedien für Schüler zusätzlich die Funktion von Lernmedien für den Lehrer.

Die Wirksamkeit und Lehreffektivität der Unterrichtsmedien wird durch sorgfältige Planung und didaktische Überlegung abgesichert. Technische Unterrichtsmedien beanspruchen einen größeren zeitlichen Aufwand bereits vor ihrer Inbetriebnahme (Filme einlegen, Aufbau der Projektionsflächen, Verkabelung usw.). Dieser Aufwand an Zeit und Apparatur soll in einem vertretbaren Verhältnis zum Lernergebnis stehen, denn der Geräteaufbau darf die Bewegungszeit im Unterricht nur geringfügig verringern. Für die Bedienung der Medien sind die Schüler heranzuziehen, vor allem diejenigen, die aus gesundheitlichen Gründen in den jeweiligen Stunden vom Sport befreit sind. Es kann bei allen Altersstufen ein Interesse am Umgang mit Film und Fernsehen vorausgesetzt werden, so dass die Schüler rasch die technischen Fertigkeiten und Kenntnisse erwerben, die für die Handhabung benötigt werden. Die Unterrichtsmedien sind Lernhilfen und Lernverstärker und ihr Einsatz rechtfertigt sich ausschließlich unter diesem Aspekt. Sie sind weder um ihrer selbst willen da noch als Demonstrationsobjekte für die Methodenvirtuosiät des Lehrers. Als Lernhilfen entfalten sie ihre größte Wirkung bei vorheriger Planung und überlegtem Einsatz. So wäre es unsinnig, die gesamte Videoanlage aufzubauen, wenn einige an der Wandtafel gezeichnete Bewegungsskizzen als Lernhilfen ausreichend sind. Der Einsatz solcher Unterrichtsmedien ist situationsabhängig und nach Lernprozeßphasen und Handlungsformen zu variieren. Bilder oder Filme haben in verschiedenen Phasen des motorischen Lernens unterschiedliche Aufgaben und Wirkungen. Bei geringen Bewegungserfahrungen in einer sportlichen Disziplin kann die filmische Darstellung zur ersten Begegnung mit einem Lerninhalt führen. Die Bildung eines Bewegungsentwurfes wird dadurch sicherlich erleichtert, sinnvoll ist diese Lernhilfe aber nur bei einfachen Bewegungsabläufen. Sequenzreiche sportmotorische Tätigkeiten werden ohne eigene Bewegungserfahrungen als visuelle Informationen nicht entschlüsselt und deshalb auch nicht weiter zu Bewegungsvorstellungen verarbeitet. Wirkungsvoller ist der Einsatz visueller und audiovisueller Informationen in der Grobformung einer motorischen Tätigkeit, der eine Phase des Sammelns von Bewegungserfahrungen vorangegangen ist. Filme, Einzelbilder und Bildserien über Bewegungsabläufe verdeutlichen das Lernziel, entwickeln und korrigieren Bewegungsvorstellungen, regen zum selbständigen Üben an, motivieren zum Lernen und bauen eventuelle Lernhemmungen ab. In den Phasen der Feinformung und Stabilisierung einer Bewegung sind Lehrmedien ein Mittel des observativen und mentalen Übens.

5.1.4 Instrumentell-taktile Maßnahmen

In Lern- und Übungsprozessen des Schulsports werden Geländeformen und Geräte als Lernhilfen, -sicherungen und Mittel der Bewegungskorrektur eingesetzt. Dazu kommen noch die taktilen Maßnahmen des Lehrers und einzelner Schüler, womit die Palette der visuellen, verbalen und audiovisuellen Lernhilfen noch um die instrumentellen und taktilen Maßnahmen erweitert werden kann. Wenn das Erlernen einer Bewegungshandlung auch gleichsam phasenartig vom Sammeln der ersten Bewegungserfahrungen über die Grobformung und Feinformung zur Stabilisierung erfolgt, sollten offenkundige Fehler in der Bewegungsausführung in keiner Phase geduldet werden. Deshalb sind in jeder Phase des motorischen Lernprozesses korrigierende Lernhilfen erforderlich und angebracht. Durch Übung und Wiederholung werden nicht nur richtige, sondern auch falsche Bewegungsausführungen verfestigt, und ein einmal automatisierter Bewegungsverlauf falscher Art ist nur sehr schwer oder überhaupt nicht korrigierbar. Deshalb ist die *Bewegungskorrektur* eine methodische Maßnahme in allen Phasen des Bewegungslernens und bedient sich verbaler, visueller, akustischer, taktiler und gegenständlicher Hilfsmittel. Die Voraussetzung für die Wirksamkeit verbaler Bewegungskorrekturen sind die entwickelte Abstraktionsfähigkeit beim Schüler, ein Umsetzungsvermögen von Sprache in Bewegung und die Fähigkeit des Lernenden zur Selbstbeobachtung. Die Bewegungskorrekturen visueller Art sprechen das Nachahmungslernen an und sind für jüngere Schüler gut geeignet. Geräte, Geländeformen und abgeänderte Aufgabenstellungen sind weitere Einsatzmöglichkeiten und Mittel der Bewegungskorrektur.

Für diese methodische Maßnahme sind einige didaktische Prinzipien von Belang:

Die Korrektur einer falschen Bewegungsausführung geht leichter vonstatten, wenn nicht nur die Fehler in der Bewegung aufgezeigt und vorgeführt, sondern auch die Ursachen erläutert und erklärt werden. Eine Übertreibung bei der Demonstration fehlerhafter Bewegungen kann aus lernpsychologischen Gründen angebracht sein, aus pädagogischen Erwägungen darf es aber zu keiner Verspottung desjenigen kommen, der diesen Fehler gemacht hat. Die richtige Bewegungsform ist möglichst rasch nachfolgend der fehlerhaften anzufügen, weil auch falsche Bewegungen als Informationen aufgenommen und zu einem Bewegungsentwurf verarbeitet werden können. Fehlerhafte Teilbewegungen innerhalb komplexer Bewegungshandlungen können herausgelöst und gesondert korrigiert werden. Roth (1983) schlägt vor, mit der Bewegungskorrektur erst fünf bis zehn Sekunden nach Abschluss der Bewegungshandlung einzusetzen, um das innere Feedback des Schülers nicht zu stören, d.h. die kinästhetischen Empfindungen ausklingen zu lassen, bevor die externe Rückkoppelung durch Lehrerinformationen einsetzt.

Die *Bewegungshilfe* ist eine gezielte Lernhilfe beim Erwerb motorischer Tätigkeiten, die der Lernende im Sportunterricht durch Personen, Gegenstände und Geländeformen erhält. Das Bewegungslernen ist wie jede Art von Lernen auf Hilfen angewiesen, die im Sportunterricht durch Personen oder Gegenstände beim Erwerb (Lernen) und beim Verfestigen (Üben) von Bewegungstätigkeiten erteilt werden.

Die personalen Bewegungshilfen können in Zug-, Schub-, Dreh- und Gleichgewichtshilfen eingeteilt werden, sind aber angewandt meist Mischformen daraus. Als „aktive Bewegungshilfe" (Söll 1972) greift diese methodische Maßnahme direkt in den Bewegungsablauf ein und bedeutet für den Lernenden einen hohen Grad der Fremdbestimmung. Deshalb ist es von Wichtigkeit, dass derjenige, der die Bewegungshilfe anwendet, den Verlauf und die Struktur der jeweiligen motorischen Handlung genau kennt und die Momente der Gefährdung des Übenden und des Helfers einzuschätzen vermag. Ein Eingriff in den Bewegungsablauf, welcher der Übungsstruktur nicht entspricht, verzögert den Lernfortschritt oder verhindert den Lernerfolg. Darin liegt auch die Problematik der Bewegungshilfen durch Schüler, bei denen die erforderliche Einsicht in die Bewegungsstruktur selten vorhanden sein dürfte. Unsachgemäße Bewegungshilfen sind aber schlechter als gar keine, wobei Sicherungsmaßnahmen davon nicht berührt sind und die Bewegungshilfen ausschließlich als Lernhilfen gemeint sind. Weil im Sportunterricht auf die Lernhilfe durch Schüler nicht verzichtet werden kann, ist die genaue Anordnung der Bewegungshilfen durch den Sportlehrer von ausschlaggebender Bedeutung. In indirekter Weise sind der Zuruf im entscheidenden Übungsmoment und die Rhythmisierung durch Klanginstrumente ebenfalls aktive Bewegungshilfen durch Personen. Die zweite Art der Bewegungshilfen als Unterstützung des motorischen Lernens erfolgt durch den Einsatz von Geräten und Geländeformen und ist ein Helfen ohne direkte Partnereinwirkung. Als Geräte dienen Sprungbretter, Minitrampolin, Kastenteile, Schwimmreifen usw. Die Einbeziehung des Geländes als Lernhilfe bietet sich besonders beim Skilauf an, wo die benötigten Geländeformen zum Teil vorhanden, zum Teil leicht herzustellen sind.

Für die Anwendung der direkten Bewegungshilfe durch Personen und den Einsatz von Geräten und Geländeformen im motorischen Lernprozess gelten folgende didaktische Grundsätze:

Einige Bewegungsfertigkeiten (z.B. Turnen) erfordern mehr und andere (z.B. Ballspiele) weniger Bewegungshilfen. Diese methodische Maßnahme ist demnach auf die jeweiligen Lerninhalte und Bewegungsthemen abzustimmen.

Die Bewegungshilfen sind in Einklang zu bringen mit der Struktur jener Bewegungstätigkeiten, bei deren Aneignung sie zum Einsatz kommen. Unter diesem Aspekt sind manche Hilfestellungen zu überprüfen, die im Gerätturnen üblich sind. Eine Bewegungshilfe, welche der Bewegungsstruktur nicht angemessen ist oder im falschen Moment einsetzt, verbessert den Lernvorgang nicht, sondern behindert ihn. Beim Erlernen neuer Bewegungstätigkeiten ist in der Regel die direkte und durch Personen erteilte Bewegungshilfe vorzuziehen, für die Feinformung eignen sich die Geräte- oder Geländehilfe. Dieser Grundsatz gilt nicht generell und kann bei einzelnen Sportarten auch ins Gegenteil verkehrt werden. Die Bewegungshilfen unterliegen einer ständigen Reduktion im Voranschreiten des Lernprozesses, denn die Grobformung einer Bewegungshandlung wird mehr methodische Maßnahmen dieser Art erforderlich machen als die Feinformung. Bewegungshilfen sollen praktikabel sein, d.h. der Zeitaufwand muss in einem vertretbaren Verhältnis zum Lernergebnis stehen. Die Geländeform sollte möglichst vorhanden sein, die Geräteaufstellung nicht zu viel Zeit erfordern und der Einsatz der personalen Hilfen nicht mit ausführlichen Beschreibungen und langen Erklärungen verbunden sein. Es ist immer zu prüfen, ob nicht beim Lernen einer Bewegungstätigkeit auch ohne Bewegungshilfe auszukommen ist. Die gebräuchlichen Bewegungshilfen variieren in der Art und Anwendung nach der Altersstufe der Lernenden, ihrem Bewegungskönnen und ihren Bewegungserfahrungen und zuletzt nach den vielfältigen Situationen, die im Sportunterricht vorkommen werden.

Eine besondere Form der Lernhilfe beim motorischen Lehren und Lernen stellt das mentale Üben dar, das im schulischen Sportunterricht als Adaption der mentalen Trainingsmethoden des Elitesports gelegentlich in Verwendung sein kann. Mentales Training nennt man den wiederholten gedanklichen Nachvollzug einer einfachen oder komplexen Bewegungshandlung in der Dynamik und den ihr innewohnenden räumlichen und zeitlichen Momenten, ohne dass gleichzeitig ein tatsächliches Üben damit verbunden wird. Die Absicht der mehrfachen gedanklichen Realisierung einer Bewegungstätigkeit ist die Verbesserung des Lernergebnisses und die Verkürzung der Lernzeit. Die Herstellung eines Bewegungsentwurfes im Bewusstsein des Übenden ist insofern noch kein mentales Training, weil davon erst bei einer konzentrierten Wiederholung der Bewegungsvorstellung gesprochen werden kann. Es ist erkannt worden, dass der gedankliche Nachvollzug einer Bewegungshandlung ausreicht, um neurophysiologische Reaktionen in der Muskulatur (Carpenter-Effekt) hervorzurufen. Der gedankliche Nachvollzug der Bewegung innerviert zwar die entsprechenden Muskelpartien und ruft dort nachweisbare physiologische Veränderungen hervor, der Schwellenwert für die Kontraktion wird allerdings dadurch nicht erreicht bzw. überschritten. Damit ist auch der Nachweis erbracht worden, dass mentales Üben den motorischen Lernprozess beschleunigt und günstig beeinflusst. Bei einem vorangegangenen und den motorischen Lernprozess begleitenden mentalen Üben werden Bewegungstätigkeiten, die vor allem erhöhte Anforderungen an das Koordinationsvermögen stellen, rascher und zielsicherer gelernt. Mentales Üben setzt allerdings ein beträchtliches Maß an Bewegungserfahrung voraus und ist deshalb in seiner Wirksamkeit vom Lernalter abhängig. Die Verbesserung der motorischen Lernleistung durch mentale Begleitmaßnahmen nimmt mit zunehmendem Alter der Lernenden ständig zu. Vom 12. Lebensjahr an ist eine deutliche Steigerung der mentalen Befähigung festzustellen, während die Wirkung vor dem zehnten Lebensjahr als gering anzusehen ist. Es fehlt in dieser Altersphase sowohl die Bereitschaft als auch die Fähigkeit zum gedanklichen Nachvollzug von Bewegungshandlungen ohne deren gleichzeitige tatsächliche Ausführung. Das Bewegen steht im Mittelpunkt des Interesses der Kinder und nicht die mentale Beschäftigung mit ihr.

Im Schulsport ist dem Einsatz des mentalen Übens als methodischer Maßnahme ein enger Rahmen gesteckt, denn die dafür nötige Konzentrationsfähigkeit der Lernenden ist in den Großgruppen und im Lernklima des Sportunterrichts schwer zu erreichen. Die Wirksamkeit des mentalen Trainings im Elitesport ist abhängig von der Art der Sportart und vom Leistungsstand des Athleten. EGGER (1975, 83) schreibt zum ersten Punkt: „Je stärker eine motorische Fertigkeit durch perzeptiv-kognitive Komponenten bestimmt wird, um so erfolgversprechender ist der Einsatz von mentalen Trainingstechniken, je mehr die Leistung vom motorisch-technischen Geschick abhängig ist, um so mehr erfordert der Lernprozeß praktische Übungen." Die Wirksamkeit des mentalen Übens im Schulsport ist also nicht nur altersabhängig, sondern auch vom Grad der praktischen Bewegungserfahrungen mit der zu erlernenden Bewegungshandlung bestimmt. Ein Wechsel von mentalem und praktischem Üben dürfte erfolgversprechend im Sportunterricht sein. Mentales Üben weckt ein Realisierungsverlangen und die intensive gedankliche Beschäftigung mit einer Bewegungstätigkeit erhöht die Anpassungsfähigkeit während der Bewegungsausführung und gewährleistet dadurch auch mehr Sicherheit. Mentales Üben ist auch die gedankliche Auseinandersetzung mit dem Lernen einer Bewegungshandlung, und dieser geistige Vorgang dürfte nicht ohne Einfluss auf die Lernmotivation sein.

Mehrere Arten der Bewegungshilfe sind Lernhilfe und *Bewegungssicherung* in einem und betreffen hauptsächlich das Boden- und Geräteturnen. Das Schwimmen, der Skilauf und alle großen Ballspiele brauchen weniger die Maßnahmen zur Sicherung vor Unfallgefahren, was nicht heißt, dass bei diesen Disziplinen keine Unfälle vorkommen können. Das aber, was unter dem Begriffspaar Sichern und Helfen in der Methodikliteratur erörtert wird, bezieht sich zumeist auf das Gerätturnen. Die Bewegungssicherung erfolgt ebenfalls durch Personen und mittels Geräten. Es ist bewegungsbegleitendes und abwartendes Handeln, bei dem in den Ablauf der Bewegungsausführung zunächst nicht eingegriffen wird. Diese methodische Maßnahme ist indirekt auch eine Lernhilfe, weil das Gefühl der Sicherheit den Lernvorgang günstig beeinflusst. Eine durch die Angst vor Verletzungen oder Schmerzen verursachte psychische und muskuläre Verkrampfung hemmt ohne Zweifel das motorische Lerngeschehen und reduziert den Lernerfolg.

Der Sportlehrer ist angehalten, die Schüler systematisch zur Hilfeleistung und Sicherung im Sportunterricht anzuleiten. Die Bewegungssicherung durch Geräte wird durch Matten, Schaumstoffbeläge, Sicherheitsbindungen und durch die sorgfältige Überprüfung aller Sportgeräte vor der Inbetriebnahme durchgeführt. Die eigentliche Aufgabe der Bewegungshilfe und der Bewegungssicherung sind die Lernhilfe und Unfallverhütung. Wenn dabei durch die gegenseitige Hilfestellung und durch die Übernahme von Verantwortung soziale Lernziele verwirklicht werden können, ist dies eine wünschenswerte Begleiterscheinung. Die Bewegungssicherung ist der Kern der Unfallverhütung im Schulsport, aber nicht die alleinige Maßnahme, die dazu führen soll, die Unfallzahlen möglichst gering zu halten. Neben der sorgfältigen Beachtung aller bewegungssichernden Maßnahmen und der Beherrschung der Sicherheitsgriffe beim Boden- und Geräteturnen, sollte der Sportlehrer schon während der Ausbildung ein Sicherheitsbewusstsein entwickeln und Kenntnisse über Unfallschwerpunkte im Schulsport erwerben und über Präventivmaßnahmen informiert werden. Auch die Unterrichtsgespräche mit den Schülern könnten die Thematik der Unfallverhütung aufgreifen und dadurch im Schüler ein stärkeres Sicherheitsbewusstsein und weniger Risikobereitschaft erzeugen.

5.2 Unterrichtsverfahren

Werden verschiedene methodische Maßnahmen nach einem sie übergreifenden Gesichtspunkt zusammengefasst, ergibt dies ein methodisches Verfahren. Induktion oder Deduktion, Ganzheitlichkeit oder Elementarisierung sind Kriterien, nach denen methodische Maßnahmen ausgewählt und zu Verfahren der Unterrichtsführung zusammengefügt werden können. Verschiedene Epochen in der Schulsportgeschichte haben bestimmte methodische Verfahren abgelehnt oder bevorzugt, denn die jeweiligen pädagogischen Leitideen sind bis in die Auswahl der Unterrichtsverfahren zu verfolgen. Daher bilden die nachfolgend zu erörternden vier methodischen Verfahren jeweils zwei Gegensatzpaare mit einschließenden (<—>), ausschließenden (>—<) und geringfügigen (o—o) Bezügen zueinander.

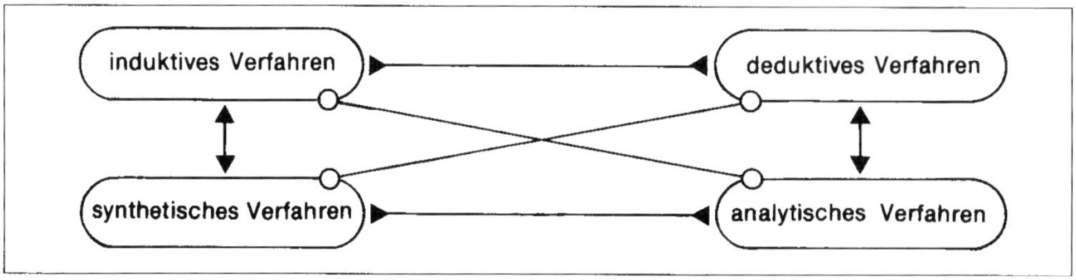

Abb. 20: Methodische Verfahren in ihren Bezügen zueinander.

Induktive Unterrichtsverfahren zeigen eine Tendenz zur synthetischen Methode, und ein gleiches Bezugsverhältnis ist zwischen dem deduktiven und dem analytischen Verfahren erkennbar. Induktion und Analyse sowie Deduktion und Synthese schließen einander zwar nicht aus, treten aber seltener miteinander in Verbindung.

Das *induktive Unterrichtsverfahren* stellt die Selbstständigkeit und Selbsttätigkeit des Schülers in den Vordergrund und nimmt dafür Umwege im Lerngeschehen in Kauf. Nach Fetz (1996) entspricht es der Arbeitsschulmethode, welche dem selbstständigen Erarbeiten eines Lerninhaltes durch den Lernenden den Vorzug gibt gegenüber dem Darbieten durch den Lehrenden. Es ist ein methodisches Verfahren, das die Aktivität des Lernenden herausfordert und dafür die Ökonomie des Lernprozesses hintanstellt, denn das induktive Vorgehen im Sportunterricht ist weder ein schneller noch ein sicherer Weg zur Zielübung. Die erzieherischen Wirkungen, die von diesem Unterrichtsverfahren erwartet werden, sind höher bewertet als die motorischen Lernziele, die im Lernprozess erreicht werden sollen. Das Lernen als Prozess wird für wertvoller befunden als das Lernergebnis, und die sozialen Lernziele des Schulsports werden den motorischen gleichgestellt, wenn nicht sogar vorgezogen. Das induktive Lehrverfahren ist der markante Ausdruck einer prozessorientierten Sportdidaktik.

Kretschmer (2000, 125) nennt dieses Unterrichtsverfahren entwicklend-ganzheitlich, bei dem ein Lernfeld und ein Lernthema so angeboten wird, dass es dem Schüler eigenständige Lösungen überlässt. Söll (1996, 162) kennzeichnet das induktive Verfahren mit dem Begriff

„normsuchend“ und beschreibt es als offenen Lehrweg, und für FUNKE-WIENEKE (1995) bildet es als Vermittlungsverfahren den methodischen Kernbereich seines ökologischen Didaktikmodells.

Für das induktive Verfahren ist die Bewegungsaufgabe die geeignete methodische Maßnahme, bei der die Bewegungstätigkeiten häufig ganzheitlich geübt werden. Das induktive Lehrverfahren kann in folgende Teilschritte unterteilt werden:

Bewegungsaufgabe
↓
Suchen und Erproben
↓
Herausstellen der besten Lösung
↓
Bewegungskorrektur
↓
Üben
↓
Variables Anwenden

Abb. 21: Teilschritte des induktiven Lehrverfahrens.

Das *deduktive Unterrichtsverfahren* wird häufig mit der Lernschulmethode gleichgesetzt und von Anhängern des Arbeitsschulgedankens abwertend beurteilt. Der ökonomische und effektive Weg zum Erreichen eines motorischen Lernzieles ist im deduktiven Verfahren markiert durch folgende methodische Maßnahmen:

Vormachen oder Vorzeigen der Zielübung
↓
Beschreiben und Erklären
↓
Bewegungsanweisung
↓
Bewegungshilfe
↓
Bewegungskorrektur
↓
Üben
↓
Variables Anwenden

Abb. 22: Teilschritte des deduktiven Lehrverfahrens.

Die Dominanz des Lehrers ist bei diesem Verfahren unbestritten und sein lenkendes Vorgehen lässt der Eigenentscheidung des Schülers einen geringen Spielraum, garantiert auf der anderen Seite aber die raschere Erreichung des Lernzieles.

Das Bewegungsziel ist am Anfang des Lernprozesses vorgegeben und durchzieht ihn als Norm in allen Phasen des Lehrens und Lernens. Abweichungen von der Norm rufen die methodische Maßnahme der Bewegungskorrektur und Bewegungshilfe hervor. Das deduktive Verfahren ist bemüht, die Bewegungsvorstellung dem motorischen Lernprozess sehr genau vorzugeben und das Bewegungsergebnis in kurzer Lernzeit der Eingabe anzunähern oder gleichzusetzen. Für die Normeingabe bedient sich dieses Verfahren der Bewegungsanweisung und der Bewegungsdarbietung durch Vormachen oder Vorzeigen. In der fachdidaktischen Literatur gibt es auch für dieses Unterrichtsverfahren die unterschiedlichen Bezeichnungen: Funke-Wienecke (1995) spricht vom „durchgreifenden Lehren", für Kretschmer (2000, 129) ist es ein „anleitendes Verfahren" im Sinne eines Lehrganges, und Söll (1996, 162) nennt es den normgeleiteten und strukturierten Lernweg.

Es wurde bereits darauf hingewiesen, dass beide Unterrichtsverfahren ihren allgemeinpädagogischen Hintergrund haben. Es ist demnach nicht gerechtfertigt, induktives und deduktives Verfahren als Alternativen gegeneinander auszuspielen. Die Abwertung der deduktiven Methode ist historisch erklärbar, weil die Reformpädagogik zu Beginn des 20. Jahrhunderts ihre Vorstellungen aus dem Gegensatz und in Abwehr zur Lernschule des 19. Jahrhunderts entwickelt hat. Induktive und ganzheitliche Unterrichtsmethoden sind ein Ergebnis dieser die kindliche Produktivität und Spontaneität überbewertenden pädagogischen Epoche. Die einseitige Pädagogik vom Kinde aus hat inzwischen die nötigen Korrekturen erfahren, und zugleich wurden die damals verfemten deduktiven und analytischen Methoden des Unterrichts rehabilitiert. Die Behauptung, dass ein deduktives Unterrichtsverfahren nicht kindgemäß sei, lässt sich nicht aufrechterhalten, weil ein lehrerzentrierter Unterricht und eine straffe Führung des Lernprozesses durchaus kindlichen Erwartungen entsprechen können. Die Spontaneität und Initiative der Lernenden werden in einem deduktiven Lehrverfahren nicht ausgeschaltet, es wird aber bedacht, dass der Eigenentscheidung des Lernenden die Grenzen durch die fehlende Einsicht in die Struktur des motorischen Lernvorgangs und in den Aufbau einer Bewegungsfertigkeit gesetzt sind. Auch beim deduktiven Lehrverfahren geht es nicht nur um die zu erlernenden Übungen, sondern durchaus um den Menschen, der durch gesicherte Lernwege zu einem verfügbaren Handlungsrepertoire an Bewegungsfertigkeiten und zu damit verbundenen Erfolgserlebnissen gelangen soll. Beim Erlernen der elementaren motorischen Tätigkeiten des Springens, Werfens, Fangens, Kletterns usw. bezeichnet Roth (1983) zwei deduktive Lehrverfahren „Nachhilfemethode" und „hierarchische Informationsmethode". Beim zuerst genannten Verfahren gibt der Lehrer die Informationen stückweise für jeden Lernschritt und überfordert den Schüler nicht durch die Informationsmenge. Auch beim „hierarchischen Informationslernen" handelt es sich um ein deduktives Verfahren, bei dem der Lehrer die Instruktion allerdings nicht nach dem zeitlichen Ablauf der Bewegung anordnet, sondern nach dem Grad der Allgemeinheit und der Funktion im Bewegungsablauf (vgl. Willimczik/Roth 1983, 153/154). Ein Reiz löst nicht nur einen nächsten Schritt in der motorischen Aktion, sondern die gesamte Handlung aus. Es sind im Wesentlichen neue und bisher unübliche Bezeichnungen für das deduktive Lernverfahren mit feinen Nuancen des Unterschiedes im didaktischen Vorgehen. Da es sich um einfache motorische Fertigkeiten handelt, wird das Kind die meisten Einzelteile der Bewegung beherrschen, wodurch das Lernen mehr auf die Kombination als auf den Neuerwerb von Tätigkeiten ausgerichtet ist. Auf die unterschiedlichen lerntheoretischen Annahmen für beide Verfahren (Kettentheorie, Programmtheorie; vgl. WILLIMCZIK/ROTH 1983) soll in diesem Zusammenhang nicht eingegangen werden.

Im Sportunterricht sind sowohl das induktive als auch das deduktive Lehrverfahren anwendbar; die Entscheidung für eines von beiden ist situations- und themenabhängig. Das Erlernen einer genormten sportmotorischen Tätigkeit verweist auf das deduktive Verfahren, die Verbesserung der Alltagsbewegung oder das Finden eines neuen Bewegungsmusters lässt die induktive Methode als die angemessenere erscheinen. Die Entscheidung für eines der beiden Unterrichtsverfahren ist außerdem bedingt durch die jeweilige Phase des motorischen Lernens, in der das Lehrverfahren zum Einsatz gelangt. Für das Sammeln von Bewegungserfahrungen und zum Teil noch für die Phase der Grobformung bietet sich das induktive Vorgehen an, wohingegen die Feinformung einer Bewegungshandlung die deduktive Methode einfordert. Beide Verfahren sind abhängig vom Alter der Lernenden und von vorausgegangen Bewegungserfahrungen. Für den auf Vielseitigkeit bedachten Sportunterricht der ersten Schuljahre eignet sich die induktive Methode besser, während der leistungsorientierte und inhaltlich einseitigere Oberstufenschulsport auf die deduktive Methode verweist.

Was über induktive und deduktive Verfahren im Sportunterricht gesagt wurde, gilt in demselben Ausmaß für die *Ganzheits-* und die *Elementarmethode*. SEYBOLD (1973, 94 ff.) unterscheidet beim pädagogischen Prinzip der Ganzheit einen anthropologischen, inhaltlichen und methodischen Aspekt. Im Lerngeschehen des Sportunterrichts sind die erzieherischen Absichten und Handlungen des Lehrers auf die ganzheitliche Person des Schülers gerichtet. Das hat im österreichischen Schulturnen (Natürliches Turnen) zur Aussage geführt, dass der Leib nur der Ansatz, das Ziel der Leibeserziehung aber der ganze Mensch sei. Auch das Wort Leibeserziehung hängt mit dem Ganzheitsdenken zusammen, weil Leib nicht als Körper, sondern als beseelter Körper interpretiert wurde. Jene Leibesübungen, von denen man annahm, dass sie den Menschen in seiner Ganzheit ansprechen, wurden anderen Übungen vorgezogen. SEYBOLD nennt sie „Lebensformen" (1973, 98) und stellt sie den minderbewerteten „Schulformen" gegenüber.

„Man jagt nicht, reitet nicht und segelt nicht, sondern ‚ist' Jäger, Reiter, Segler usw. Die Anpassung an diese ‚Lebensformen' beansprucht mehr Zeit als ein gelegentliches Tennis- oder Faustballspiel" (SEYBOLD 1973, 98).

Warum Segeln eine Lebenshaltung, Tennis aber nur ein gelegentliches sportliches Verhalten sein soll, ist allerdings schwer einzusehen. Dieser Auslegung des didaktischen Grundsatzes der Ganzheitlichkeit kann ebenso wenig wie der von SEYBOLD vorgenommenen Unterscheidung nach „natürlichen" und „künstlichen" Bewegungsganzheiten zugestimmt werden. Natürliche Bewegungen stimmen mit der Alltagserfahrung überein, „künstliche" liegen jenseits davon. Was ist die Alltagserfahrung eines Stadtkindes und wie sieht seine natürliche Umgebung aus? Ist der Sprung über einen Wiesenzaun oder der Flop, der vom Fernsehen vermittelt wird, eine Alltagserfahrung? Welche Übung ist dann die natürliche und welche die künstliche?

Das didaktische Prinzip der Ganzheit hat auch eine methodische Konsequenz. Die Bewegungstätigkeiten werden im Lernprozess nicht in ihre Elemente gegliedert und als Teilbewegungen gelernt, sondern in ihrer Ganzheitlichkeit belassen und als Ganzes gelernt. Ausgehend von der Ansicht, dass ein Ganzes immer mehr als die Summe seiner Teile sei, wird vom gesonderten Erlernen der Teilbewegungen nicht die Beherrschung der Gesamtbewegung erwartet. Die Wiederentdeckung des Prinzips Ganzheit in der Sportpädagogik hat neue Methoden des Bewegungslernens hervorgebracht. „Innertraining" (GALLWEY 1981, 1982) und „Qualitatives Bewegungslernen" (HOTZ 1986) sind neue methodische Verfahren ganzheitlichen Lernens. Innertraining oder Innergame ist eine Methode des Bewegungslernens bei einfachen oder komplexen Handlungszusammenhängen, die von der Theorie der unterschiedlichen Funktionen der beiden Hemisphären des Gehirns ausgehend, das motorische Lernen stärker mit der rechten Gehirnhälfte verknüpfen will. Im Gegensatz zur linken analysierenden Hemisphäre sind auf der rechten Seite Intuition, Kreativität, Ganzheit und Gefühl angesiedelt. Das Lernen an Aufgaben, ein spielerisches und erfahrungsgeleitetes Lernen, ein erlebnishaftes und entspanntes Lernen sind die didaktischen Absichten des Innertrainings. Das im Kapitel 4.1.1 beschriebene Modell des „qualitativen Bewegungslernens“ von HOTZ (1986) erfordert ebenfalls die ganzheitlichen Unterrichtsmethoden. Auf dieser Grundlage wird die Bewegungskorrektur zu einem „Dialog zwischen Lehrer und Schüler“ (1986, 48); und diese Vorstellung ist ohne Abstriche auf das gesamte Lehr- und Lernhandeln übertragbar. Methodische Maßnahmen sind auf den einzelnen Schüler abzustimmen, auf dessen Bewegungserfahrungen und -können, auf individuelle motorische, körperliche und seelische Befindlichkeiten. Ganzheitliches Lehren und Lernen ist ein zwischenmenschliches Geschehen von sehr individueller Prägung. Dieses Eingeständnis offenbart aber zugleich seine Begrenztheit innerhalb der Schule und des Sportunterrichts.

Das *analytische Unterrichtsverfahren* teilt eine Bewegungstätigkeit in sinnvolle Teilbewegungen und gelangt im Lernprozess über die Verknüpfung der Teile zur Gesamtbewegung. Es ist die unbedenkliche Zustimmung zu einem Verfahren und die Ablehnung des anderen nicht zulässig, denn der Einsatz des einen oder des anderen Lehrverfahrens ist situationsabhängig und bedingt durch das Lernalter und den Lerninhalt. Manche sportmotorische Tätigkeiten sind geeigneter für die ganzheitliche und andere für die analytische Lehrmethode. Die Kombination beider Verfahren zur Ganz-Teil-Ganz-Methode ist im motorischen Lernprozeß als besonders effektiv herausgestellt worden. Dabei wird die zu erlernende Bewegungsfertigkeit zunächst als Ganzheit vorgestellt und nachvollzogen und bis zur Grobform erlernt. Im zweiten Schritt setzt die Analyse und das Üben der entscheidenden Teilbewegungen ein, worauf als dritte Phase das neuerliche ganzheitliche Ausführen der Bewegungshandlung aufbaut. EGGER (1975, 92) schreibt diesem kombinierten Lehrverfahren die größte Lerneffektivität zu und verweist auf experimentelle Erfahrungen. Diese Methode steht in einem direkten Bezug zum Phasenaufbau des motorischen Lernens. Für das Sammeln der ersten Bewegungserfahrungen und das Aneignen der Grobform ist der ganzheitliche Nachvollzug der Bewegungsfertigkeit vorzuziehen. Feinformung erfolgt in den Bewegungsteilen und die Stabilisierung durch Anwendung belässt die Bewegung wiederum ganzheitlich, variiert aber die Ausführungsbedingungen.

Auch *methodische Reihen* sind Lehrverfahren, die mehrere methodische Maßnahmen in sich vereinen und mit dem Ziel erstellt werden, dem Schüler das Erlernen motorischer Tätigkeiten, ganzheitlicher Bewegungshandlungen, vor allem im Bereich der Bewegungsspiele, und die Verbesserung der motorischen Fähigkeiten auf geplanten Wegen zu ermöglichen. Sie sind direkte und erprobte Wege zum Erreichen einer Zielübung oder eines Zielspiels. Als methodische Maßnahme engt die methodische Reihe den Spielraum des Erprobens und Problemlösens ein und legt den Ablauf des Lernprozesses weitgehend fest. Unterschieden wird nach methodischen Übungs- und Spielreihen.

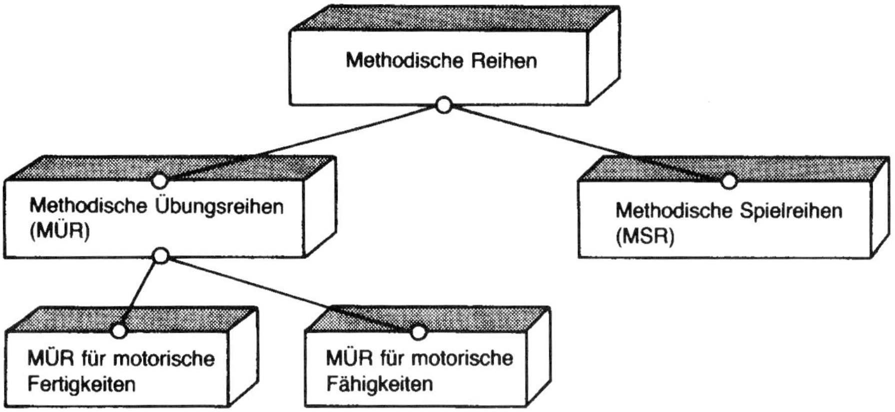

Abb. 23: Übersicht über methodische Reihen.

Der Beschreibung methodischer Übungs- und Spielreihen seien einige grundsätzliche Überlegungen über die Anwendung dieses methodischen Verfahrens im Sportunterricht vorangestellt:

1. Methodische Reihen haben keinen Selbstzweck, sondern stehen im Dienste einer Zielübung. Wenn dies ohne Vorübungen in angemessener Zeit und ohne körperliche Gefährdung des Schülers erlernt werden kann, ist die methodische Reihe überflüssig. Sie darf nicht zur methodischen Spielerei werden, durch die der Sportlehrer lediglich sein methodisches Geschick unter Beweis stellt.
2. Die sportdidaktische Literatur bietet dem Sportlehrer ein umfangreiches Angebot an methodischen Übungs- und Spielreihen für die hauptsächlichen Schulsportarten und Bewegungstätigkeiten an. Sie sind zwar in der Regel erprobt und mit Sachverstand erarbeitet, sollen den Sportlehrer aber nicht dazu verführen, sie als Rezepte anzusehen und unkritisch im eigenen Unterricht zu verwenden. Jede Übungsreihe bedarf der Abstimmung auf die jeweilige Lernsituation, die bei jeder Klasse in größerem oder kleinerem Ausmaß eine andere sein kann. Deshalb ist der Einsatz einer methodischen Reihe in jeder konkreten Lernsituationen neu zu überlegen und gegebenenfalls in Art und Reihenfolge der Übungen zu verändern. Der Sportlehrer sollte methodische Reihen für die Gestaltung seines Unterrichts auch selbst zusammenstellen können.
3. Bei der Zusammenstellung methodischer Reihen durch den Sportlehrer ist zu beachten, dass von bekannten Übungen ausgegangen wird und Vorübungen dem Schüler vertraut sein sollen und nicht bereits Lernanforderungen an ihn stellen. Die Abfolge der Vorübungen richtet sich entweder nach dem Grundsatz „Vom Einfachen zum Zusammengesetzten“ oder nach dem Prinzip „Vom Leichten zum Schweren“. Eine starre Übungsabfolge ist zu vermeiden und je nach Lernvoraussetzungen des Schülers ist der Durchgang durch eine Bewegungsreihe nach der Geschwindigkeit und der Anzahl der Übungen variabel zu halten. Das Auslassen von Übungen, die Verkürzung der Wiederholungszahlen oder das Auswählen alternativer Bewegungen sollten grundsätzlich möglich sein.

4. Die einzelnen Stufen der methodischen Reihe sind mit Lernverstärkern zu versehen. Erfolgserlebnisse durch die Übungen selbst oder Lob und Ermutigung durch den Lehrer sind notwendige Bestandteile dieses Lehrverfahrens.
5. Einwände gegen methodische Übungsreihen sind vielfach vorgebracht worden. Sie betreffen hauptsächlich zwei Fragen:
   a) Werden die Lernergebnisse einer Übung innerhalb der methodischen Übungsreihe zur nächsten wirklich mitgenommen?
   b) Werden komplexere Bewegungshandlungen nicht häufig schneller und besser gelernt als daraus abgeleitete Einzelbewegungen (ganzheitliches Lernen)?

Solche kritische Einwände gegen das Lernkonzept der „Methodischen Übungsreihen" sind sicherlich angebracht, hinter diesem sportdidaktischen Verfahren aber ein inakzeptables Menschenbild und unangemessenen Bildungs- und Bewegungsbegriff anzunehmen, halte ich für eine überzogene Interpretation dieses Lehr- und Lernverfahrens.

Methodische Übungsreihen (MÜR)

„Methodische Übungsreihen sind nach methodischen Grundsätzen geordnete Übungsfolgen, die zur Erlernung einer bestimmten motorischen Fertigkeit (Zielübung) oder Aneignung eines bestimmen Ausprägungsgrades motorischer Eigenschaften führen sollen" (Fetz 1996, 154). Der Zusatz methodisch zu Übungsreihe wäre bei dieser Definition tatsächlich entbehrlich, nur hat sich dieses Wortpaar so eingebürgert, dass es in den folgenden Ausführungen ebenfalls beibehalten wird.

Die Zusammenstellung der Übungsfolgen erfolgt nach dem Gesichtspunkt der Bewegungsverwandtschaft zur Zielübung. Eine Forderung, die allerdings nicht so einfach zu erfüllen ist, denn die Verwandtschaft beruht auf Gleichheit oder Ähnlichkeit in der Bewegungsstruktur. Göhner (1979) spricht von der funktionalen Äquivalenz. Wenngleich der Begriff „Bewegungsstruktur" keineswegs eindeutig verwendet wird, sind damit doch die räumlichen, zeitlichen und dynamischen Beziehungen gemeint, die zwischen den Bewegungselementen bestehen (vgl. Göhner 1979, Hotz 1986). Göhners Bewegungsanalyse ist strukturorientiert und geht von den Schlüsselbegriffen Funktion und Ziel aus. Die Funktions- und Zielähnlichkeiten fassen demnach die einzelnen Bewegungshandlungen zu verwandten Gruppen zusammen. Die Übungen einer methodischen Reihe müssen also ähnliche Bewegungstrukturen hinsichtlich Funktion und Ziel aufweisen, wenn die in sie gesteckten Lernerwartungen erfüllt werden sollen. Der Begriff der Bewegungsverwandtschaft ist für das motorische Lernen auch unter dem Aspekt der Lernübertragung (positiver Transfer) von großer Bedeutung. Entscheidend ist, daß die Strukturverwandtschaft nicht nur dem Lehrer verständlich ist, sondern auch dem Lernenden einsichtig gemacht wird. Bewusstes Lernen ist auch bei methodischen Reihen der erfolgswahrscheinlichere Weg zum Ziel. Eine MÜR ist ein Beitrag zur Effektivität der Unterrichtsführung und gewährleistet eine erhöhte Sicherung vor Unfallgefahren. Das Erlernen komplizierter und gefährlicher Übungen im Bereich des Boden- und Gerätturnens ist über Übungsreihen effektiver und sicherer zu bewerkstelligen. Die Wirksamkeit einer methodischen Übungsreihe erhöht sich, wenn dem Lernenden der Zusammenhang zwischen der Zielübung und dem methodischen Weg über verwandte Übungsfolgen einsichtig gemacht wird. Das Lernen und Üben soll nicht ins Ungewisse, sondern auf eine deutlich bezeichnete und beschriebene Zielübung hin erfolgen. MÜR sollten nicht über größere Zeiträume ausgedehnt werden, weil dem Schüler sonst die Zusammenhänge wieder aus dem Gedächtnis entschwinden. Wenn die Zielübung nicht besonders schwierig ist, kann die Übungsreihe in einer Unterrichtseinheit zum Erreichen der Zielübung führen. Eine methodische Übungsreihe besteht (nach Fetz 1996) aus vorbereitenden Übungen in Form einer gezielten Konditionsförderung im Hinblick auf die konditionellen Anforderungen der Zielübung, Vorübungen und der Zielübung. Die Vorübungen bilden eine Folge von strukturverwandten Bewegungstätigkeiten. Die Zielübung wiederum kann nach Geräten oder unterschiedlichen Aufgabenstellungen variiert werden.

Bei methodischen Übungsreihen zum Erlernen motorischer Fertigkeiten unterscheidet Fetz (1996, 160 ff.) drei Typen:

1. Prinzip der verminderten Lernhilfe

Dabei wird die Zielübung von Beginn der Übungsreihe an unverändert aber unter Einsatz mannigfacher Lernhilfen (Akustik, Geräte, Gelände, Personen) gelernt und geübt. Die Lernhilfen werden Stufe um Stufe abgebaut. Der Vorteil besteht darin, dass die Bewegungsform gleich bleibt, nachteilig hingegen wirkt sich der große Einsatz der personellen und gegenständlichen Lernhilfen aus. Das nachfolgende Beispiel stammt von Fetz (1996, 161 f.).

Beispiel: Nackenkippe (Fetz 1996, 161 f.)

Vorbereitende Übungen

Stärkung der Rückenmuskulatur
Stärkung der Armstrecker
Verbesserung der Rolle (Nacken zwischen den Händen)

Vorübungen: Lernhilfe: Kasten

1. Rolle vorwärts vom brusthohen Kasten
   Anleitung: komm in den Stand!
2. Abkippen vom Kasten (Liegestütz, Rolle vorwärts)
3. Nackenkippen vom Kasten (schrittweise niedriger stellen)

Zielübung

Nackenkippe aus dem Liegestütz
Variation: Senken aus dem Handstand, Nackenstand, usw.

2. Prinzip der graduellen Annäherung

Der Ausgangspunkt ist eine gekonnte Bewegungstätigkeit, mit einer eindeutigen Bewegungsverwandtschaft zur Zielübung. Durch die Änderung von Form und Belastung kommt es im Übungsverlauf zu einer stufenweisen Annäherung an die Zielübung.

Beispiel: Kreishocke (FETZ 1996, 164 f.)

Vorbereitende Übungen:

Übungen zur Verbesserung der Stützfestigkeit
Stützschwingen

Vorübungen

1. Überspreizen links aus dem Rückschwingen im Stütz am Barrenende zum Niedersprung vorwärts (leichte Rechtsdrehung)
2. Übung 1 mit umfangreicher Drehung rechts zum Außenseitstand rechtsseitlings
3. Beide Beine angehockt und geschlossen. Wende links gehockt über dem linken Holm in den Außenseitstand rechtsseitlings
4. Matte an der Niedersprungstelle nach rechts verschieben. Niedersprung in den Außenquerstand rechtsseitlings
5. Kreishocke am Barrenende

Zielübung

Kreishocke in der Barrenmitte

3. Prinzip der Aufgliederung in funktionelle Teileinheiten

Der Anwendungsbereich dieser MÜR sind die komplexeren Bewegungshandlungen im Bereich der Spiele. So wird bei FETZ (1996, 167 f.) etwa das Völkerballspiel in die Teileinheiten Werfen, Zielwerfen, Fangen, Werfen und Fangen in Spielformen unterteilt und zu einer methodischen Übungsabfolge zusammengestellt. Die aufgezählten Tätigkeiten sind Teileinheiten des Völkerballspiels und aus einer Strukturanalyse dieses Bewegungsspiels gewonnen worden.

Methodische Übungsreihen zur Verbesserung konditioneller und koordinativer Fähigkeiten:

Die Verbesserung der motorischen Fähigkeiten Ausdauer, Schnelligkeit, Kraft, Gelenkigkeit und Gleichgewicht ist ein weiteres Anwendungsgebiet für methodische Übungsreihen (FETZ 1996, 168 ff.). Jetzt ist nicht mehr eine Zielübung, sondern eine motorische Eigenschaft der Anlass für die Zusammenstellung einer Übungsfolge. Motorische Eigenschaften werden zwar nur im Vollzug der motorischen Tätigkeiten verbessert; in den Übungsreihen aber kommt es nicht vorrangig auf die Bewegungstätigkeit an. Sie ist Mittel zum Zweck der Verbesserung motorischer Fähigkeiten; und das Kriterium der Bewegungsfolge ist die zunehmende Belastung des Organismus im Hinblick auf die angestrebte motorische Eigenschaft. In Anlehnung an die Ausführung von FETZ (1996, 168 ff.) werden nachfolgend einige didaktische Hinweise für die Entwicklung methodischer Übungsreihen zur Verbesserung motorischer Eigenschaften gegeben.

Ausdauer:
Hollmann (1970, 210) unterscheidet die allgemeine Ausdauer, bei der ein Siebtel bis ein Sechstel der gesamten Skelettmuskulatur (z.B. beide Beine) beansprucht wird, von der lokalen Muskelausdauer, bei der die Beanspruchung unterhalb dieses Wertes liegt. Die aerobe (mehr als 50 % der maximalen Kreislaufleistungsfähigkeit über eine Zeitspanne von länger als zwei bis drei Minuten) und die anaerobe (Leistungsfähigkeit trotz Sauerstoffschuld bei statischer und dynamischer Arbeit = Schnelligkeitsdauer) allgemeine Ausdauer sind im besonderen Maße von der Leistungsfähigkeit des Herz-Kreislauf-Systems (Herzzeitvolumen) abhängig. Die Zusammenstellung von Übungsreihen zur Verbesserung der aeroben Ausdauer erfolgt nach dem Dauer-, Intervall- und Circuitprinzip. Alle Arten von Dauerläufen sowie Radfahren, Schwimmen, Rudern zählen dazu, ebenso das Intervalltraining durch Tempoläufe und das Circuittraining als komplexe Beanspruchung der Muskulatur. Hollmann (1970, 213) bezeichnet die Verbesserung der allgemeinen Ausdauer als das gesundheitlich wertvollste Training. Die aerobe allgemeine Ausdauer ist altersabhängig und weist vom 10. Lebensjahr an auch geschlechtspezifische Unterschiede auf. Der Höhepunkt der entwicklungsbedingten Dauerleistungsfähigkeit setzt bei Mädchen früher (15./16. Lebensjahr) als bei Jungen (18./19. Lebensjahr) ein. Die Arten der lokalen Muskelausdauer sind nach Hollmann (1970, 210) abhängig von der lokalen Durchblutungsfähigkeit. Kraft- und Schnelligkeitsausdauer im lokalen Muskelbereich weisen in allen Altersstufen eine gute Trainierbarkeit auf, die Übungen zählen allerdings zum Krafttraining. Fraglich bleibt aber, ob für das Ausdauertraining Übungsreihen notwendig sind und wieweit im Schulsport ein Ausdauertraining unter den gegebenen Bedingungen überhaupt möglich ist.

Schnelligkeit:
In den motorischen Tätigkeiten mit rhythmischen Bewegungsfolgen (Laufen, Schwimmen, Radfahren) wird nach Grundschnelligkeit und Schnelligkeitsausdauer (Hollmann 1970, 209) unterschieden. Die Übungen zur Schnelligkeitsausdauer sind Tempoläufe über Distanzen zwischen 400 und 1500 Meter. Methodische Übungsreihen sind dazu nicht erforderlich bzw. sinnvoll. Die Grundschnelligkeit ist die maximal erreichbare Bewegungsgeschwindigkeit (z.B. 50-Meter-Lauf), die von den Faktoren Grundkraft, Koordination, Kontraktionsgeschwindigkeit der Muskulatur, Viskosität der Muskelfasern, Extremitäten-Rumpf-Hebelverhältnisse und Reaktionsvermögen beim Start abhängig ist (Hollmann 1970, 210). Nicht alle Faktoren sind durch Übung zu beeinflussen. Trainierbar aber sind die Grundkraft und die koordinativen Fähigkeiten und in geringem Umfang auch die Reaktionsgeschwindigkeit. Die Grundschnelligkeit ist bis über das 20. Lebensjahr hinaus zu verbessern. Die Bewegungsausführung (Technik) muss beherrscht sein und auf die richtige Pausenzeit für die Erholung ist zu achten.

Kraft:
Grundkraft, Schnellkraft (als Verbindung von Grundkraft und Koordination) und Kraftausdauer sind die Erscheinungsweisen der Kraft. Der Kraftzuwachs wird durch die Querschnittsvergrößerung, die erhöhte Faserzahl und insgesamt durch die Strukturveränderung des Muskels bewirkt. Die Übungen zur Verbesserung der motorischen Kraft laufen auf statisches und dynamisches Muskeltraining hinaus, wobei aber im Schulsport das dynamische Muskeltraining den Vorzug genießt. Die optimalen Effekte werden bei einer Belastung von 75–90 % des maximalen Leistungsvermögens und bei einer vier- bis achtfachen Wiederholung der Übungen erreicht. Die Übungsreihen zum Krafttraining haben die ausgewogene Entwicklung der Gesamtmuskulatur zum Ziel; ein einseitiges Muskeltraining, wie es im Elitesport geradezu

zwangsläufig erfolgt, ist im Schulsport unbedingt zu vermeiden. Zwischen dem 7. und 8. Lebensjahr liegt eine Phase des großen Kraftzuwachses durch Reifung, wobei durch ein gezieltes Krafttraining noch günstigere Werte erreicht werden können. Das Krafttraining hat wenig Einfluss auf die inneren Organe (HOLLMANN 1970, 207), weshalb es im Schulsport nicht überbewertet werden sollte, denn dort geht es nicht um Bodybuilding, sondern um eine Verbesserung von Grundkraft und Schnellkraft im Dienste eines vielseitigen Bewegungskönnens.

Gelenkigkeit:
Die Übungen zur Verbesserung der Gelenkigkeit bewirken durch die Dehnung der Muskulatur eine Vergrößerung der Schwingungsweite in den Gelenken. Dehnungsübungen sind nach sorgfältiger Erwärmung in nicht ruckartiger und schmerzhafter Art als Schwing- und Federbewegungen in aktiver und passiver (mit Partner) Ausführung zu machen. Dehnungsübungen, die in die Nähe der Gelenksakrobatik kommen, sind im Schulsport nicht anzuwenden, denn die Gelenkigkeit hat keinen Selbstzweck und die Übungen, die zur Überdehnung der Gelenke führen, sind im Sportunterricht nicht zu verantworten. Häufig wird Gelenkigkeit und Beweglichkeit gleichbedeutend verwendet; Beweglichkeit ist aber nicht nur vom Umfang der Gelenksbewegung abhängig.

Gleichgewicht:
Das Gleichgewichtsvermögen ist eine labile motorische Fähigkeit, die durch beständiges Üben in hohem Grade verbessert, durch Nicht-Üben aber rasch wieder abgebaut werden kann. Unterschieden wird nach einem statischen (z.B. Handstand) und einem dynamischen (z.B. Gehen am Schwebebalken) Gleichgewicht. Für die Durchführung von Gleichgewichtsübungen ist der ausgeruhte Zustand des Übenden wiederum von großer Bedeutung, wie übrigens bei allen Übungen zur Verbesserung der Koordination. Es bietet sich an, Gleichgewichtsübungen jeweils so durchzuführen, dass ein Zusammenhang mit bestimmten Bewegungstätigkeiten auch dem Schüler einsichtig wird. Das ist dann gegeben, wenn solche Übungsfolgen zur Verbesserung der Gleichgewichtsfähigkeit beispielsweise mit Bällen durchgeführt werden und dadurch eine Beziehung zu den Sportspielen hergestellt werden kann. Der Zweck dieser Übungen und Übungsreihen ist die Verfeinerung des Gleichgewichtssinnes und die Ausbildung einer allgemeinen motorischen Geschicklichkeit.

Koordination:
Gelenkigkeit und Gleichgewicht sind Faktoren der Bewegungskoordination, zu der als weitere motorische Fähigkeiten noch Geschicklichkeit, Geschmeidigkeit und Gewandtheit zu zählen sind. Die Koordination als motorische Fähigkeit ist getragen vom Zusammenspiel des Zentralnervensystems und der Muskulatur im Vollzug einer motorischen Handlung. Die Verbesserung der Koordinationsfähigkeit ist eine durchgehende Aufgabe des Sportunterrichts in allen Jahrgangsstufen. Die verbesserte Koordination entsteht durch beständiges Üben und je öfter eine Bewegung wiederholt wird, desto störungsfreier ist das Zusammenspiel aller daran beteiligten Muskelgruppen. Die Vollendung der Bewegungskoordination ist die Automatisierung einer Bewegung. Koordinationsübungen sollen nach HOLLMANN (1970, 206) zwar nicht zu früh einsetzen, aber bis ins Erwachsenenalter kontinuierlich durchgeführt werden, weil die Koordinationsfähigkeit erst nach dem 20. Lebensjahr den Höhepunkt ihrer entwicklungsabhängigen Entfaltungsmöglichkeit erreicht. Während Geschmeidigkeit von Gelenkigkeit abhängig ist und Übungen zur Verbesserung der Gelenkigkeit auch die Geschmei-

digkeit steigern, hängen Geschicklichkeit und Gewandtheit enger mit der Koordinationsfähigkeit zusammen. Die Geschicklichkeit ist die Koordinationsleistung in wechselnden motorischen Situationen und deshalb wohl auch ein Gradmesser der Bewegungsintelligenz. Sie wird immer dann geschult, wenn der Schüler bei der Ausübung bereits erlernter Bewegungstätigkeiten vor neue Aufgaben, geänderte Bedingungen und neue Situationen gestellt wird.

Methodische Spielreihen

Die methodisch aufgebauten Spielreihen entsprechen dem Grundgedanken der Übungsreihe und sind eine Abfolge von Spielhandlungen mit einem deutlichen Bezug zu einem Zielspiel. Wieder ist wie bei den MÜR eine Dreistufigkeit gegeben:

spielerische Grundformen
einfache Spielformen
Zielspiel

Die spielerischen Grundformen enthalten die charakteristischen motorischen Tätigkeiten des Zielspiels in einfacherer technischer Ausführung (z.B. Werfen, Fangen, Stoppen). Die Spielformen der zweiten Stufe sind eigenständige kleine Spiele, die den Spielgedanken des Zielspiels in sich tragen. Die Spielreihe enthält demnach eine geordnete Folge von Spielen, welche in Technik und Taktik eine Verwandtschaft zum Zielspiel aufweisen. Die Spielidee des Zielspiels durchzieht wie ein Leitmotiv alle Stationen der Spielreihe. Geschult werden in Spielsituationen die Spielidee, die Spieltaktik und die Spieltätigkeiten. Schwierige motorische Übungen eines großen Ballspiels werden zusätzlich durch methodische Übungsreihen erlernt (z.B. Bagger beim Volleyballspiel). Das Erlernen der großen Ballspiele erfordert in der Regel den gleichzeitigen Einsatz von Spiel- und Übungsreihen. Ein Beispiel für die Kombination beider methodischer Reihen ist Abbildung 24 von Alberti/Rothenberg (1973).

Methodische Spielreihen werden ebenfalls nach unterschiedlichen Gesichtspunkten zusammengestellt, und zwar nach folgenden methodischen Prinzipien:

- von kleineren zu größeren Mannschaftsstärken,
- von verkleinerten zu regelrechten Spielfeldmaßen,
- durch schrittweises Verändern der Spielgeräte,
- vom einfachen zum komplizierten Regelwerk.

Die Spielmethodiken von Dietrich (1968), Dürrwächter (1967) und Stöcker (1966) für Fußball, Volleyball und Basketball beruhen alle auf dem Grundprinzip der methodischen Spielreihe unter Einbezug methodischer Übungsreihen für komplexe Spieltätigkeiten. In der Bewertung beider methodischer Reihen unterscheiden sich die drei Autoren voneinander: Stöcker stellt die Übungsreihe stärker heraus und misst der Technikschulung größere Bedeutung bei als Dietrich, der Fußball fast ausschließlich über Spielreihen vermittelt sehen möchte. Die Spielreihen kommen der Interessenstruktur der Schüler ohne Zweifel stark entgegen. Bei

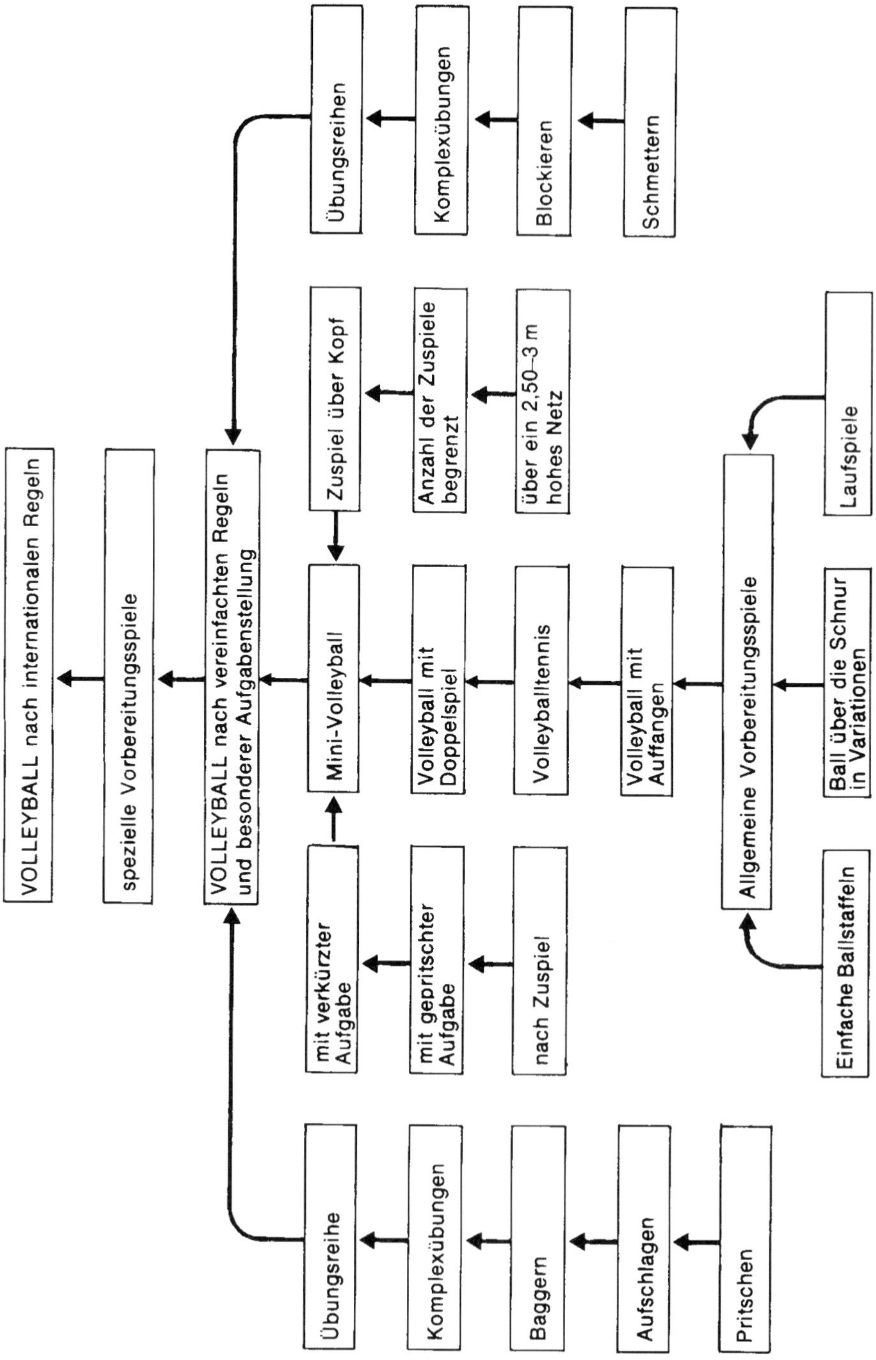

Abb. 24: Spielreihe Volleyball mit parallellaufenden Übungsreihen (aus: ALBERTI, H./ ROTHENBERG, L.: Spielreihen in der Spielschulung, Schorndorf 1973, S. 133).

technisch komplizierten Spielen (z.B. Volleyball) kann aber auf Technikschulung durch methodische Übungsreihen nicht verzichtet werden. Für das Erlernen der großen Ballspiele wird es daher auf eine ausgewogene aber von Spiel zu Spiel verschieden ausgewogene Mischung von Spiel- und Übungsreihen ankommen.

SÖLL (1996, 196) zählt die Spielreihen zu den Spielvermittlungsmodellen, bei denen er eine dreifache Differenzierung vornimmt: die Technik-Taktik-Methode als analytischer Lehrweg zum Erlernen eines Zielspiels, die Konfrontationsmethode als das ganzheitliche Gegenstück zur Ersteren und die spielgemäße Methode, die er mit den Spielreihen verbindet.

5.3 Unterrichtskonzepte aus methodischer Sicht

Verschiedenartige Konzeptionen des Sportunterrichts spiegeln sich auch in deutlicher Weise im Bereich der unterrichtlichen Maßnahmen und Verfahren wider. Wenn die hauptsächliche Absicht dieses Schulgegenstandes in der Vermittlung des Sports bzw. einzelner Sportarten liegt, werden die deduktiven Verfahren und die effektiven Maßnahmen das Lehrerhandeln beherrschen. Der Sportlehrer wird bestrebt sein, sein Unterrichten möglichst nahe an die Trainingsmethoden der Sportvereine heranzuführen, seine Lehrkompetenz vorrangig zum Einsatz bringen und die Schüler zu Rezipienten seiner Anweisungen zu machen. Schnelle Wege zu Leistungserfolgen, häufiges Wettkampfgeschehen, Leistungsmessung und Fortschrittskontrollen sind weitere Merkmale eines Sportlehrers, der seinen Auftrag in der Vermittlung von Sportarten erblickt. Die genau bestimmten Lerninhalte bilden den bevorzugten Lehrstoff des Unterrichts.

Ein anderes Methodenkonzept tritt uns in den Modellen des offenen Sportunterrichts oder der Körpererfahrung entgegen: statt Lerninhalten stehen Bewegungsthemen im Mittelpunkt der Planung, Durchführung und Auswertung des Unterrichts.

Offenheit ist ein vielschichtiges Unterrichtsprinzip und betrifft alle didaktischen Sachverhalte des Sportunterrichts: Offen kann der Unterricht in seinen Zielsetzungen, Inhalten und Themen und in seinen Methoden und Organisationsformen sein. An dieser Stelle fragen wir nach den Merkmalen der methodischen Offenheit in der Gestaltung des Sportunterrichts:

Da mit dem offenen Unterricht in der Regel nicht nur motorische Lernziele, sondern auch soziales Lernen, emotionales Erleben oder kreatives Gestalten, – und Letzteres sogar gewichtiger als die messbaren Bewegungsleistungen bewertet wird –, als Zielperspektiven verknüpft sind, ergeben sich aus dieser Vielfalt der Absichten auch vielseitigere methodische Konsequenzen, als es etwa die Zusammenstellung einer Methodischen Übungsreihe wäre. Noch einmal sei betont, dass ein methodisch offen geführter Bewegungsunterricht kein planloser und unvorbereiteter Unterricht ist. WURZEL (1994) weist zu Recht darauf hin, dass die Planung des offenen Sportunterrichts, wenngleich nicht ziellos, so doch nicht von klar definierten Lernzielen ausgehen kann, sondern Perspektiven folgt, die sich am Ende einer Unterrichtseinheit als Zielvorstellungen entpuppen können aber nicht müssen. Unterrichtsperspektiven aber legen die methodischen Wege des Unterrichts niemals so exakt fest, wie es die präzisen Lernziele eines geschlossenen Konzeptes tun.

Daraus ergibt sich die Konsequenz, dass im offenen Sportunterricht nicht die Bewegungsansagen, sondern die Bewegungsaufgaben, und nicht die nachahmenden, sondern die experimentierenden Unterrichtsverfahren zur Anwendung gelangen.

Ein offenes Unterrichtskonzept nimmt dem Sportlehrer die Unterrichtsführung nicht aus der Hand (ebenso wenig es ihm die Planung und Auswertung erspart), überträgt aber Entscheidungs- und Ausführungsteile an die Schüler und ruft die stärkere Mitwirkung des Lehrers dann wieder ab, wenn Störungen, Stockungen und Streitigkeiten der Schüler den Unterrichtsverlauf und die Unterrichtsergebnisse gefährden.

Auch im methodischen Bereich ist der offene Bewegungsunterricht planungs- und vorbereitungsintensiver als der sportartorientierte und geschlossene Unterricht, für den mehr Rezepte und Routinehandlungen zur Verfügung des Sportlehrers stehen. Weitergehende Planungsfragen zum offenen Sportunterricht werden im folgenden Kapitel behandelt.

Die beiden didaktischen Begriffe Inhalt und Thema sind nicht einfach voneinander abzuheben, werden aber sowohl in der allgemeinen wie in der fachdidaktischen Literatur auch nicht identisch gebraucht. Allerdings ist die Verwendung recht unterschiedlich und an der Unterscheidung KLAFKIS (1976), wonach Inhalte zielneutral und Themen zielgeleitet sind, hat BRETTSCHNEIDER (1981, 27) zu Recht Kritik geübt. Zu überlegen wäre es, die Lerninhalte als kleinere stoffliche Einheiten und die Themen als größere, inhaltsbezogene Lernbereiche zu definieren.

Die methodische Perspektive verändert sich, wenn nicht die Bewegungsinhalte, sondern die Bewegungsthemen zu Absichten der unterrichtlichen Vermittlung erklärt werden. Es werden dann aus Lerninhalten, für die methodische Maßnahmen des Erlernens und Übens und methodische Verfahren wie etwa die methodische Übungsreihe entwickelt und erprobt sind, Unterrichtsthemen, die durch ihre komplexe didaktische Struktur andere Unterrichtsarrangements nach sich ziehen. Die Unterrichtsthemen sind Bewegungsinhalte, die durch besondere Zielsetzungen, erzieherische Absichten oder Bewegungssituationen zu größeren Unterrichtseinheiten oder komplexeren Gebilden des Lehrens und Lernens zusammengefasst werden.

Die Unterrichtsthemen und ihre methodischen Arrangements hinterlassen oftmals den Eindruck der Feiertagsdidaktik, weil der Schulalltag die umfangreiche Planung und zeitaufwendige Durchführung solcher Vorhaben nicht zuzulassen scheint. Deshalb werden manche Unterrichtsthemen auch als Projekte konzipiert und vorgestellt und mit anderen Fächern in Beziehung gesetzt: Bewegungsraum Wasser, Stelzen bauen und laufen, Zirkus Gymnag, Dschungelturnhalle, Sportfest, Bewegungsbaustelle, Jonglieren und gauklerische Bewegungskünste sind solche Unterrichtsthemen, die geradezu auf den Projektunterricht verweisen, weil ihre Planung und Ausführung über den alltäglichen Unterricht hinausweisen. Unterrichtsthemen als Lehr- und Lerngelegenheiten im Schulsport können aber auch bescheidener ausfallen und dadurch in den Alltag des Unterrichts eingebracht werden. Die Verwendung des Seils, Schwingen und Schaukeln, Balancieren, Karneval, Bewegungskarussell, Wasserfahrzeuge usw. sind Bewegungsthemen, die in einer Unterrichtseinheit zu bewältigen sind und nicht über das gewohnte Maß alltäglicher Planung hinausreichen. Projektartige Unterrichtsthemen fordern die gemeinsame Planung von Schülern und Lehrer, die Bedachtnahme auf die Vernetzung der kognitiven, sozial-affektiven und motorischen Lernebenen, die Überschreitung der Fachgrenzen und die gesicherte Verknüpfung von Theorie und Praxis.

Unterrichtsthemen und Projektunterricht haben eine besondere Nähe und Beziehung zu Methoden der offenen Unterrichtsführung. Es kennzeichnet den offenen Sportunterricht zumindest in seinen Absichten, dass Bewegungsaufgaben und -probleme und nicht fertige Bewegungsmuster als unterrichtlicher Anlass gelten, und es mehr auf die Erfindung und Erprobung von Bewegungsideen und nicht auf den Nachvollzug genormter Bewegungsformen ankommt. Offener Sportunterricht ist nicht planlos, aber auch nicht verplant, nicht führungslos, aber auch nicht dirigistisch und lässt Schülereinfälle und -wünsche ebenso gelten wie Lehrplanvorgaben und Lehrerabsichten. Themenorientiertes Lernen im Sportunterricht verlangt offene Unterrichtsverfahren, weil die Auseinandersetzung mit Bewegungsproblemen und die Lösungsversuche bei Bewegungsaufgaben offene Lernsituationen zur Vorbedingung haben. Ein offener Sportunterricht lässt Lerngelegenheiten aus spontanen Situationen und Interaktionen sich selbst entwickeln. Kurz (1979) spricht von der Inszenierung des Sportunterrichts und stellt sie der Programmierung als gleichwertige didaktische und unterrichtspraktische Entscheidung gegenüber. Die Legitimation für die Inszenierung führt er (1979, 187 ff.) zunächst mit Aussagen über Absichten und Situationen, die über den geschlossenen Unterricht schwer zu erreichen sind:

- Erfahrungen und Erlebnisse, die mit den Begriffen Lust, Wohlbefinden, Überwinden gekennzeichnet sind;
- Einstellungen und Motivationen sportspezifischer Natur;
- komplexe sportliche Handlungssituationen, für die viele Alternativen gültig und zulässig sind, und die deshalb als prinzipiell offen und nicht bis in letzte Einzelheiten planbar bezeichnet werden müssen;
- Handlungsbereiche, in denen das richtige Verhalten nicht vorher geregelt, sondern in der Situation von den Beteiligten entschieden werden muss;
- sportliche Handlungen, in denen Bewegungen nicht nachvollzogen, sondern gestaltet werden (Gymnastik, Tanz), wo Bewegungshandlung zur Bewegungskunst wird;
- Lernsituationen, in denen Schüler einen möglichst breiten Handlungs- und Entscheidungsspielraum erhalten sollen, um das Lernen selbstständig, eigenverantwortlich und experimentierend zu vollziehen (z.B. bei Bewegungsaufgaben oder beim induktiven Lehrverfahren).

Diese Zielsetzungen des Lehrenden und Erfahrungen der Lernenden gehören vorwiegend in den Bereich des sozialen und emotionalen Lernens, sind nicht im Einzelnen planbar und damit auch keinen objektiven Erfolgskontrollen zugänglich. Es sind damit unterrichtliche Situationen angesprochen, in denen spontane Entscheidungen, alternative Handlungen und gestalterische Momente bei der Bewegungsausführung eine bedeutsame Rolle spielen. Weil es im Sportunterricht solche Ziele und Situationen gibt, betont Kurz (1979) die Notwendigkeit des offenen Unterrichts. Die Handlungsfähigkeit im Sport als Zielsetzung des Sportunterrichts ist nur über geplante Lernprozesse nicht vollständig zu erreichen. Während Kurz (1979) die Argumente und Rahmenbedingungen für einen improvisierten Sportunterricht vorträgt und als Formen der Situation, die Szene und die Lerngelegenheit knapp beschreibt, aber auch die Grenzen der offenen Unterrichtsführung im Schulsport aufdeckt, auf praktische und praktizierbare Beispiele hingegen verzichtet, bietet Ehni (1977, 140 ff.) mehrere Unterrichtsmodelle für situativ-offenen Schulsport: Bloom-Spiele, Waldsportpfad, Skilauf und Skibasar, ZDF-Torwand und Sportclown. Es geht dabei um das unterrichtliche Arrangieren komplexer sportlicher Wirklichkeiten, die dem Schüler vom außerschulischen Sport her vertraut sind und in denen er im Unterricht in mehr oder weniger offenen Situationen Bewegungshandlungen entwickeln und vollziehen kann. Zugleich werden damit dem Schulsport neue Inhalte angeboten. Offenheit und Geschlossenheit des Unterrichts, Programm und Szene werden jedenfalls an diesen Beispielen von Ehni (1977) als Ergänzungen und nicht als sportdidaktische Alternativen verdeutlicht und bestätigt.

Didaktische Überlegungen und praktische Beispiele für den offenen Sportunterricht bieten auch HILDEBRANDT/LAGING (1981) und die FRANKFURTER ARBEITSGRUPPE (1982). Es zeigt sich in beiden Veröffentlichungen die deutliche Tendenz einer Abkehr von den Sportarten vor allem im Unterricht der Primarstufe an. Viele der angeführten Praxisbeispiele eignen sich eben nur für Schüler vor dem Pubertätsalter. Es bleibt zu fragen, ob der offene Sportunterricht nicht auch für Sportarten als Lerninhalte und für Oberstufenschüler zu arrangieren sei? Das Programm des offenen Sportunterrichts (vgl. FRANKFURTER ARBEITSGRUPPE 1982) liest sich verheißungsvoll, verliert aber etwas von seiner Überzeugungskraft, wenn man es mit dem unterrichtlichen Alltag und schulischen Auftrag in Beziehung setzt. Das themenbezogene, schülerorientierte, erfahrungsoffene und methodenvariable Lernen im Sportunterricht lässt sich mit dem Pflichtgegenstand Sport, den Lehrplänen, dem Kollektivunterricht, der Lehrerverantwortung und den divergierenden Schülerinteressen schwer in Einklang bringen, wenn offener Sportunterricht die Alternative zum herkömmlichen, als geschlossen bezeichneten Sportunterricht sein muss. Die Zustimmung zu diesem sportdidaktischen Konzept fällt leichter, wenn es als Ergänzung betrachtet wird, weil die Vielfalt der Lernziele der schulischen Bewegungserziehung auch offene Lernsituationen braucht und fordert. Die Vermittlung der Sportarten in einem vom Lehrer geplanten Unterricht nach Zielvorstellungen des Lehrplans geht jedenfalls nicht generell an den Schülerinteressen vorbei, ebenso wenig das Gegenstück des offenen Sportunterrichts diesen unter allen Umständen entspricht. Unterschiedliche Altersstufen, Erziehungsabsichten, Unterrichtssituationen und Lerninhalte legen eine differenzierende Bewertung alternativer Unterrichtsverfahren nahe und verbieten die simplifizierende Gegenüberstellung und Charakterisierung.

Jürgen FUNKE (1987) hat die Idee des offenen Sportunterrichts methodisch konkretisiert im Verfahren der Differenzierten Erfahrungssituation (DES), das er der Methodischen Übungsreihe (MÜR) gegenüberstellt. Gemeinsam ist beiden Verfahren das geplante Vorgehen beim Erwerb eines Bewegungskönnens, nur lässt die DES im Sinne der induktiven Methode dem Lernenden die Auswahl des Weges und der Übungen frei. Das zielt auf eine „differenzierte Auseinandersetzung mit dem gegebenen Bewegungsthema" (FUNKE 1987, 23) und vermeidet ein starres Befolgen vorgegebener Bewegungsformen. Die Bewegungssituation ist erfahrungsreicher, umweltbezogener und letztlich ganzheitlicher als die Übungsreihe, die den ökonomischen Weg zu einer bestimmten motorischen Tätigkeit festlegt. Im Gegensatz zur Übungsreihe ist die Erfahrungssituation eine „open-end-Situation", ist der Weg schon das Ziel und das Ereignis offensichtlich wichtiger als das Ergebnis.

Hinter diesen und weiteren Ausführungen FUNKES zum Vermitteln als methodischer Sachverhalt steckt ein Unterrichtskonzept, das der Autor als ökologisch bezeichnet und in dem der Schüler kein lernendes System darstellt, sondern ein „hoffender und fürchtender, phantasievoller und Beziehungen suchender, selbständiger und neugieriger, denkender und experimentierender, sinnsuchender und kritischer" (1995, 11) junger Mensch ist. Dieses Menschenbild provoziert ein Unterrichtskonzept, in dem Vermitteln mehr und anderes ist als Lehren und Lernen.

Auch KRETSCHMER (2000, 126 ff.) gibt in seinen Ausführungen zum methodischen Thema des Betreuens und Unterweisens und in seiner deutlichen Präferenz der Vermittlungsverfahren und -maßnahmen des Betreuens ein Unterrichtskonzept zu erkennen, das Lernen durch Erfahrung, die Selbsttätigkeit und Selbstbestimmung des Schülers (Menschenbild), die vielseitigen Bewegungstätigkeiten und nicht die einseitigen Sportarten (Gegenstandsverständnis) und das Anregen mehr als das Anweisen (Interaktionsstruktur) bevorzugt.

Und wiederum andere methodische Konsequenzen ergeben sich aus einem bewegungskulturell geprägten Unterricht in der Schule. Die größere Vielfalt des inhaltlichen Angebots, die Absicht, spielerische, gestalterische und gesundheitsorientierte Bewegungshandlungen gleichwertig den sportlich-wettkampforientierten zur Seite zu stellen, erfordert die Vielseitigkeit des Methodeneinsatzes im Unterricht. Zielbedachte und umwegige Verfahren, die erprobenden und die nachahmenden Strategien, analytische und ganzheitliche methodische Wege werden je nach Lernstoff und intentionaler Absicht zum Einsatz gebracht.

Dahinter steht die Erkenntnis, dass scheinbar Gegensätzliches, – nämlich Induktion und Deduktion oder Analyse oder Synthese, Ganz- oder Teilmethode, – vereinbar ist im Verständnis einer antinomischen Pädagogik (vgl. ZEUNER 1995). Deshalb hebt sich in einem bewegungskulturellen Konzept schulischen Unterrichts auch der Gegensatz zwischen sach- oder schülerorientierter Unterrichtsmethodik auf, wie es ebenfalls ZEUNER (1995) schon zum Ausdruck gebracht hat. Bisherige Schulsportkonzepte haben die jeweilige methodische, bzw. gesamtdidaktische Ausrichtung geradezu herausgestellt; sportartenorientierte Konzeptionen haben besonders im Bereich der Unterrichtsverfahren die Orientierung an der Sache, am Sport, betont herausgestellt und die Konzepte der Körpererfahrung und des Offenen Sportunterrichts hielten die Schülerorientierung als Banner für das methodische Vorgehen hoch. Dass jeglicher Unterricht aus dem Spannungsgefüge von Stoff und Person von Sache und Schüler seine Lebendigkeit und Wirksamkeit erhält, wurde offenbar übersehen.

Natürlich ist der Nutzen einer methodischen Maßnahme im Schulsport auch am Zeitfaktor zu messen: in je kürzerer Zeit je mehr Schüler zu höherem Bewegungskönnen und damit im Gefolge zu Erfolgserlebnissen gelangen, umso effektiver wird der dazu führende methodische Weg beurteilt. Das geringe wöchentliche Stundenausmaß des Schulsports und das umfangreiche Lehrplanerfordernis legen dem Sportlehrer dieses zeitbedachte Handeln nahe. Die Vielzahl der Lerninhalte in Form der Umfänglichkeit des Bewegungskönnens, der vielseitigen Verbesserung der konditionellen und koordinativen Bewegungsgrundlagen, des Bewegungswissens und der sozialen Fähigkeiten, darf aber nicht generell und in allen Lernsituationen den Sportlehrer zum effektiven, d.h. in diesem Fall zeitsparenden Einsatz seiner unterrichtlichen Maßnahmen verführen. Die Bewegungsqualität braucht Zeit, die Bewegungsgestaltung Umwege, die Bewegungserfahrung benötigt Muße und das dauerhafte Bewegungskönnen die Vertiefung und Wiederholung.

Die Wiederentdeckung der Langsamkeit, der bedächtigen Lernwege, des Zeithabens im Handeln wäre eine pädagogisch wertvolle Gegensatzerfahrung, die dem Schüler in der hektischen Lebenswelt von heute gelegentlich angeboten werden sollte (vgl. dazu ZEUNER 1995, 21/22).

Das diesem Buch zugrunde gelegte Unterrichtskonzept ist ein integratives und die Verschiedenartigkeit der Aufgaben und Ziele der schulischen Bewegungserziehung berücksichtigendes didaktisches Modell. Es ist im ersten Kapitel ausführlich dargestellt. Dieses ganzheitliche Anliegen drückt sich auch im Vermittlungskonzept aus, wie es in den vorangegangenen Seiten dieses Kapitels zur Darstellung gelangt ist. Es wird nicht parteiisch für ein Verfahren plädiert und ein anderes abgewertet, weil das ihm zugrunde liegende Menschenbild den Schüler weder nur für den außerschulischen Sport qualifizieren will, noch nur als lustsuchendes, kreatives und ständig Selbstbestimmung wollendes Lebewesen betrachtet. Das Konzept sieht den Gegenstand der schulischen Bewegungserziehung so different, dass es lenkende, unterweisende, entwickelnde, betreuende Unterrichtsmethoden gleichwertig und gleichnotwendig bezeichnet, und es lässt in den Interaktionsformen nicht alle aber mehrere Arten des Umganges zwischen Lehrern und Schülern zu.

5.4 Zusammenfassung

1. Die allgemeine Methodik des Sportunterrichts und die spezielle Methodik der einzelnen Schulsportarten stehen zueinander im Verhältnis der Wechselwirkung und gegenseitigen Beeinflussung. Methodische Erfahrungen werden in der Unterrichtspraxis in der Vermittlung der Bewegungstätigkeiten gemacht und unter allgemeinen Aspekten systematisiert.
2. Die Methoden des Unterrichts im Schulsport werden nicht nur im Hinblick auf das Ergebnis des Lernvorganges ausgewählt, sondern berücksichtigen auch den Prozesscharakter des schulischen Körper- und Bewegungsunterrichts.
3. Die Gestaltung des Lern- und Übungsprozesses ist an methodische Maßnahmen gebunden, zu denen das Vormachen, Vorzeigen, Beschreiben und Erklären einer Bewegungshandlung ebenso gehören, wie die Bewegungsaufgabe, die Bewegungsanweisung, Bewegungshilfe, Bewegungskorrektur und die Führung eines Unterrichtsgesprächs.
4. Der Anteil der Lehrtätigkeit des Lehrers wird geringer und sein zeitlicher Aufwand für die individuelle Betreuung und Beratung größer, wenn Unterrichtsmaterialien als Einzelmedien oder im Medienverbund zum Einsatz kommen.
5. Die Anschaulichkeit einer Bewegungsstruktion, die wesentlich den Bewegungsentwurf und die Bewegungsausführung des Lernenden beeinflusst, ist durch die Faktoren Fehlerfreiheit, Wiederholbarkeit, Akzentuierung (Schlüsselstellen) und Zeitdehnung bestimmt. A-V-Medien eignen sich deshalb in besonderer Weise für die Informationseingabe im motorischen Lernprozess.
6. Die Möglichkeiten und die didaktischen Erwartungen hinsichtlich der Unterrichtsmedien im Schulsport liegen im Bereich der Motivation zum Sport, der Lernverstärkung, Lernunterstützung, Wissensvermittlung, Entlastung des Lehrers von der eigentlichen Lehrarbeit und Freisetzung für Aufgaben der Erziehung und individuellen Beratung sowie des Einübens der Lehrerhandlungen in der Aus- und Weiterbildung.
7. Methodische Maßnahmen werden durch sie übergreifende Kriterien zu Lehrverfahren geordnet, die nach induktiven, deduktiven, analytischen und synthetischen Verfahren unterschieden werden können. Diese vier methodischen Verfahren sind jeweils zwei Gegensatzpaare mit einschließenden, ausschließenden und geringfügigen Bezügen zueinander. Im Bewegungsunterricht ist die Anwendung eines dieser Verfahren von didaktischen Erwägungen im Lernziel- und Inhaltsbereich sowie von situations- und anthropologisch bedingten Faktoren abhängig. Es ist sinnvoll, die gesamte Breite der Lehrverfahren dem Unterricht nutzbar zu machen.
8. Die Bewegungstätigkeiten des Boden- und Gerätturnens werden nicht direkt, sondern mittels einer nach methodischen Gesichtspunkten erstellten Übungsreihe erlernt. Dabei wird nach den Prinzipien der verminderten Lernhilfe, der graduellen Annäherung und der Aufgliederung in funktionelle Teileinheiten eine Zielübung über vorangestellte Stufen (vorbereitende Übungen und Vorübungen) erreicht. Beim Erlernen spielerischer Bewegungshandlungen werden Übungs- und Spielreihen miteinander verbunden. Eine Spielreihe enthält eine geordnete Folge von kleine-

ren Spielen, die in Technik und Taktik eine Verwandtschaft zum Zielspiel nachweisen. Für die Verbesserung der motorischen Eigenschaften Kraft, Ausdauer, Schnelligkeit, Gelenkigkeit, Gleichgewicht und Koordinationsfähigkeit können ebenfalls methodische Übungsreihen in Betracht gezogen werden.

9. Unterrichtsthemen bilden die zielorientierte Aufbereitung der Lerninhalte des Sportunterrichts. Der hohe Aufwand an Zeit und Organisation verweist auf den Projektunterricht, doch sind einfachere Unterrichtsthemen auch im Alltag des Sportunterrichts unterzubringen. Sie ermöglichen in der Planung und Durchführung die Mitbestimmung und Mitarbeit des Schülers in höherem Ausmaß.
10. Themenorientiertes Lernen eignet sich besonders gut für die offenen Formen des Sportunterrichts, ermöglicht die Orientierung der didaktischen Entscheidungen am Schüler, die Abkehr von den genormten Sportarten und die Bevorzugung der induktiven und ganzheitlichen Lehrverfahren.

5.5 Anregungen zum weiterführenden Studium

1. Welche Beziehungen gibt es zwischen allgemeiner Unterrichtsmethodik, der Methodik des Sportunterrichts und der speziellen Methodik der Sportarten? Welche methodischen Maßnahmen steuern das Lernen im Sportunterricht? Mit welchen Maßnahmen kann der Lehrer Bewegungen korrigieren, Hilfen beim Lernen und Üben geben und Unfallverhütung betreiben?

   BIELEFELDER SPORTPÄDAGOGEN: Methoden im Sportunterricht. Schorndorf 1993.
   FETZ, F.: Allgemeine Methodik der Leibesübungen. Wien 1996[10].

2. Welche visuellen und audiovisuellen Lehrmedien können im Sportunterricht eingesetzt werden, inwieweit verändern sie die Lehrerrolle und welche Rahmenbedingungen gelten für die Unterrichtstechnologie innerhalb der Schule? Welche didaktischen Überlegungen sind hinsichtlich Zeitaufwand, Variation und Vorbereitung beim Einsatz technischer Unterrichtsmedien anzustellen?

3. Worin unterscheiden sich das induktive, analytische und synthetische Lehrverfahren voneinander und wie sehen die Beziehungen aller Verfahren zueinander aus?

4. Wie sieht der Aufbau einer Methodischen Reihe aus und nach welchen Prinzipien können Methodische Übungs- und Spielreihen zusammengestellt werden?

   FETZ, F.: Allgemeine Methodik der Leibesübungen. Wien 1996[10].
   SÖLL, W.: Sportunterricht – Sport unterrichten. Schorndorf 1996.

5. Aus welchen pädagogischen und didaktischen Erwägungen kann für die offene Unterrichtsführung eingetreten werden, welche Lernziele werden damit hauptsächlich verfolgt und welche Methoden sind diesem Unterrichtsprinzip angemessen?

EHNI, H. W.: Sport und Schulsport. Schorndorf 1977.
FRANKFURTER ARBEITSGRUPPE: Offener Sportunterricht – analysieren und planen. Reinbek 1982.
FUNKE, J.: Von der methodischen Übungsreihe zur differenzierten Erfahrungssituation. In: Sportpädagogik 1987/5/22
FUNKE, J.: Unterricht öffnen – offener unterrichten. In: Sportpädagogik 15/2/12-18.
HILDEBRANDT, R./ LAGING, W.: Offene Konzepte im Sportunterricht. Bad Homburg 1981.

6. Welche unterrichtlichen Maßnahmen und Verfahren sind einem vielseitigen bewegungskulturellen Unterricht zuzuschreiben?

GRÖSSING, S.: Bewegungskultur und Bewegungserziehung. Schorndorf 1993.

5.6 Spezielle Literatur

ALBERTI, H./ ROTHENBERG, L.: Spielreihen in der Spielschulung. Schorndorf 1973.
BIELEFELDER SPORTPÄDAGOGEN: Methoden im Sportunterricht. Schorndorf 1993.
BRETTSCHNEIDER, W.-D.: Sportunterricht 5–10. München 1981.
BRODTMANN, D.: Unterrichtsmethoden – das vernachlässigte Thema der Sportpädagogik. In: PEPER, D./ CHRISTMANN, E.: 1987, S. 68.
DIETRICH, K.: Fußball, spielgemäß lernen – spielgemäß üben. Schriftenreihe zur Praxis der Leibeserziehung und des Sports. Band 22. Schorndorf 1968.
DÜRRWÄCHTER, G.: Volleyball. Spielend lernen – spielend üben. Schriftenreihe zur Praxis der Leibeserziehung und des Sports, Band 14. Schorndorf 1967.
EGGER, K.: Lernübertragungen in der Sportpädagogik. Wissenschaftliche Schriftenreihe des Forschungsinstituts der ETS-Magglingen. Basel 1975.
HOLLMANN, W.: Medizinische Grundlagen der Leibesübungen. In: Grupe, O. (Hrsg.): Einführung in die Theorie der Leibeserziehung. Schorndorf 1970[2]. S. 200 ff.
FETZ, F.: Allgemeine Methodik der Leibesübungen. Wien 1996[10].
FUNKE, J.: Unterricht öffnen – offener unterrichten. In: Sportpädagogik 15/2, 12–18.
FUNKE-WIENEKE, J.: Vermitteln – Schritte zu einem „ökologischen" Unterrichtskonzept. In: Sportpädagogik 19/5, 10-17.
JOST, E.: Methodenprobleme des Sportunterrichts. In: Sportpädagogik 1979/5/12.
KRETSCHMER, J: Betreuen und Unterweisen. In: WOLTERS, P. u.a.: Didaktik des Schulsports, Schorndorf 2000. S. 121-143.
MEUSEL, H.: Konzeption visueller Unterrichtsmedien in der Leibeserziehung. In: Leibeserziehung 1971/4/3.
RUDOLF, A./ WARWITZ, S.: Projekte. In: Sportpädagogik 1982/6/16.
SCHERLER, K./ SCHIERZ, M.: Sport unterrichten. Schorndorf 1993.
SÖLL, W.: Sportunterricht – Sport unterrichten. Schorndorf 1996.
STIEHLER, G. (Hrsg.): Methodik des Sportunterrichts. Berlin (Ost) 1973.
STÖCKER, G.: Schulspiel Basketball. Vom Spielen zum Spiel. Schorndorf 1966.
WILLIMCZIK, K./ ROTH, K.: Bewegungslehre. Reinbek 1983.
WURZEL, B.: Offenheit und Planung. In: Sportunterricht 43/3, S. 99–106.
ZEUNER, A.: Die Einheit der Gegensätze – ein dialektisches Verständnis von Unterrichtsmethode. In: Sport unterrichten – Anspruch und Wirklichkeit. Kongreßbericht Leipzig 1995, St. Augustin 1995.
ZISCHANG, K./ WUTZ, E.: Sport 1. München 1983.

6 Planung und Auswertung des Sportunterrichts

Planung und Auswertung sind zwei Bereiche des Unterrichts, die beständig aufeinander verweisen und sich wechselseitig beeinflussen. Die Unterrichtsergebnisse bestätigen oder verwerfen die Unterrichtsplanung, es wäre aber ein Fehlschluss oder zumindest eine voreilige Gedankenfolge, würde man die Nichterreichung der gewünschten Unterrichtsziele nur einer Fehlplanung zuschreiben, weil in der Unterrichtsdurchführung auch Störungsfaktoren liegen, die eine gründliche Planung zunichte machen können. Ein so komplexes Phänomen, wie es der Sportunterricht nun einmal ist, entzieht sich einer Planung in letzte Einzelheiten, weil unvorhergesehene Ereignisse sich häufig einstellen. Dennoch hat die Überprüfung des Unterrichtsertrages eine Rückwirkung auf die Planung und Vorbereitung. Umgekehrt wird die sorgfältige Unterrichtsplanung die Auswertung bereits mit einbeziehen, so dass sich das Verhältnis von Lernplanung und Ergebniskontrolle als ein wechselwirkendes Geschehen darstellt. Und zwischen der Planung und der Auswertung liegt das dritte Handlungsfeld der Durchführung des Sportunterrichts, wobei sich diese drei Handlungsbereiche des Sportlehrers lediglich in der didaktischen Analyse trennen lassen. In der Praxis werden Erfolgskontrollen auch im Unterricht vorgenommen, ebenso wie der Sportlehrer während des Unterrichtens Planungsvorgaben zu revidieren und Unterrichtseinheiten neu zu entwerfen hat.

6.1 Unterrichtsplanung

6.1.1 Planungskonzepte und Grundsätze der Unterrichtsplanung

Die Unterrichtsplanung ist die gedankliche und schriftliche Vorwegnahme des Sportunterrichts im Jahresverlauf, in Abschnitten zeitlicher oder inhaltlicher Art sowie im Stundenablauf und bezieht sich auf Handlungen, Lehr- und Lerninhalte sowie Organisationsstrukturen der Unterrichtsgestaltung. Ob das absichtsvolle Geschehen des schulischen Sportunterrichts eine Planung und Vorbereitung benötigt, ist heute keine Streitfrage mehr in der fachdidaktischen Theorie.

„System oder Leben“ lautete die Devise der schulischen Körpererziehung im ersten Drittel dieses Jahrhunderts. Unter dem Einfluss der Lebensphilosophie und der Reformpädaogik wurden die Improvisation und die schöpferische Intuition des Lehrers höher bewertet und wichtiger eingestuft als die systematische Vorbereitung und gründliche Planung der unterrichtlichen Tätigkeit. Die Vorstellung vom idealen Lehrer verwies auf den Künstler und nicht auf den geschulten Handwerker; Phantasie, Offenheit und Spontaneität galten mehr als Methode, System und Planung. Die zweite Hälfte dieses Jahrhunderts verschrieb sich in der Pädagogik und der Schultheorie der gegenteiligen Ansicht und bevorzugte die rationale und technologische Unterrichtsplanung und die systematische Auswertung der Lehr- und Lernergebnisse. Auch in der Sportdidaktik herrscht bis in die Gegenwart ein ausgeprägter Trend zur Systematisierung und Planbarkeit des Unterrichtsgeschehens im Sport. Das Bemühen um eine Revision der Lehrpläne, die verstärkte Hinwendung zur empirischen Unterrichtsforschung, die Diskussion um neue Lehrmedien und -verfahren und die gegenwärtig sehr zurückgenommene Forderung nach der Operationalisierung der Lernziele sind einige Kennzeichen dieser didaktischen Epoche. Erst in allerjüngster Zeit macht sich eine Tendenzumkehr bemerkbar, eine Wiederentdekkung reformpädagogischer Ideen, die Abkehr von der Unterrichtstechnologie und die Neubesinnung auf eine Lehrerrolle, in der Kreativität, Vorbildhaftigkeit und lebendige Improvisation wieder über Planung, Lehrertraining und solides Handwerk gestellt werden. Zurück zum Prinzip „Leben statt System"? Die für die Schulpraxis zutreffende Antwort der Sportdidaktik kann aber meiner Ansicht nur lauten: System und Leben.

Eine systematische Planung und Vorbereitung ist eine unabdingbare Forderung an den Sportlehrer, soll und darf aber die Lebendigkeit jeder Unterrichtssituation nicht durch starre Vorgaben behindern. Erst die gründliche Planung sichert die Freiheit der Improvisation und die situative Offenheit des Unterrichtsablaufes. System und Leben, Planung und Offenheit sind die notwendigen Pole des Spannungsfeldes, in dem sich ein gedeihlicher Sportunterricht ereignen kann. Die sportdidaktische Fachliteratur der Gegenwart stellt dieses dialektische Verhältnis von Planung und Improvisation deutlich heraus (Söll 1996). In der allgemein- wie der fachdidaktischen Literatur wird gelegentlich zwischen Unterrichtsplanung und Unterrichtsvorbereitung unterschieden (z.B. Söll 1996, 97). Unterrichtsvorbereitung ist der weitere Begriff, weil er außer der Unterrichtsplanung auch noch jene Maßnahmen umfasst, die für die Durchführung des konkreten Sportunterrichts belangvoll sind: Einsatz von Dias oder Filmen, Bereitstellung von Sportgeräten, Skizzierung von Bewegungsstationen, Leistungskarten zur Selbstbeurteilung, Grundlagen für Videoaufzeichnung usw.

Zu einem wichtigen Auftrag an die Sportdidaktik zählt deshalb auch die Verpflichtung, Planungsgrundsätze zu entwickeln und Mittel der Unterrichtsplanung bereitzustellen, mit denen der Sportlehrer seine Jahres-, Abschnitts- und Stundenvorbereitung durchführt. Die Unterrichtsplanung auf der fachdidaktischen Ebene ist deshalb eine Handreichung für den Lehrer. Sie verkennt allerdings ihren Auftrag und verkehrt die Wirkung ins Gegenteil, wenn sie dem Sportlehrer die eigenen didaktischen Überlegungen abnimmt. Die fachdidaktische Unterrichtsplanung darf nicht zum starren Korsett für die Praxis werden. So sinnvoll es ist, die Unterrichtseinheiten gründlich vorzubereiten, so unsinnig kann es sein, jede Unterrichtsstunde genau nach Plan ablaufen zu lassen. Weder die Spontaneität des Lehrers noch die des Schülers dürfen durch Unterrichtsplanung unterdrückt werden. Die gründliche Planung soll nicht verhindern, dass der Sportlehrer improvisiert oder den Plan verwirft und spontan einen neuen entwickelt, wenn es die Situation erforderlich macht. Eine Voraussetzung für die Unterrichtsplanung auf fachdidaktischer Ebene ist die Fähigkeit zur Beobachtung des tatsächlich ablaufenden Sportunterrichts. Da Unterricht aber ein komplexes und vieldeutiges Phänomen ist, stellen sich der exakten Beobachtung bedeutende Hindernisse in den Weg. Die Unterrichtsplanung setzt deshalb bei Anfängern im Lehrberuf voraus, dass über die Unterrichtsbeobachtung die Befähigung zur Unterrichtsanalyse bereits in der Ausbildung erworben wurde.

Aus der Beobachtung ist nur dann die Unterrichtsanalyse zu gewinnen, wenn ihr eine Theorie zugrunde gelegt wird, denn der Zugang zur Praxis des Sportunterrichts führt über die Unterrichtstheorie. Die Theorie der Unterrichtsplanung ist wiederum von Konzeptionen des Sportunterrichts abhängig. Sportarten, Bewegungshandlungen oder Körpererfahrungen als Leitziele unterschiedlicher Konzepte des Sportunterrichts bedingen deshalb auch abweichende Planungstheorien und Praktiken der Unterrichtsvorbereitung. Auf den herkömmlichen Sportunterricht abgestimmt sind die Planungstheorien von Heymen/Leue (1979), Söll (1996) und Hecker (1979), die sowohl von den Sportarten ausgehen, als auch den Lehrer als Gestalter des Unterrichts betrachten. Diese Aussage sei an zwei Beispielen der Unterrichtsplanung, wie sie HECKER (1979) und SÖLL (1996) entwickelt haben, verdeutlicht (vgl. Abb. 25 und 26):

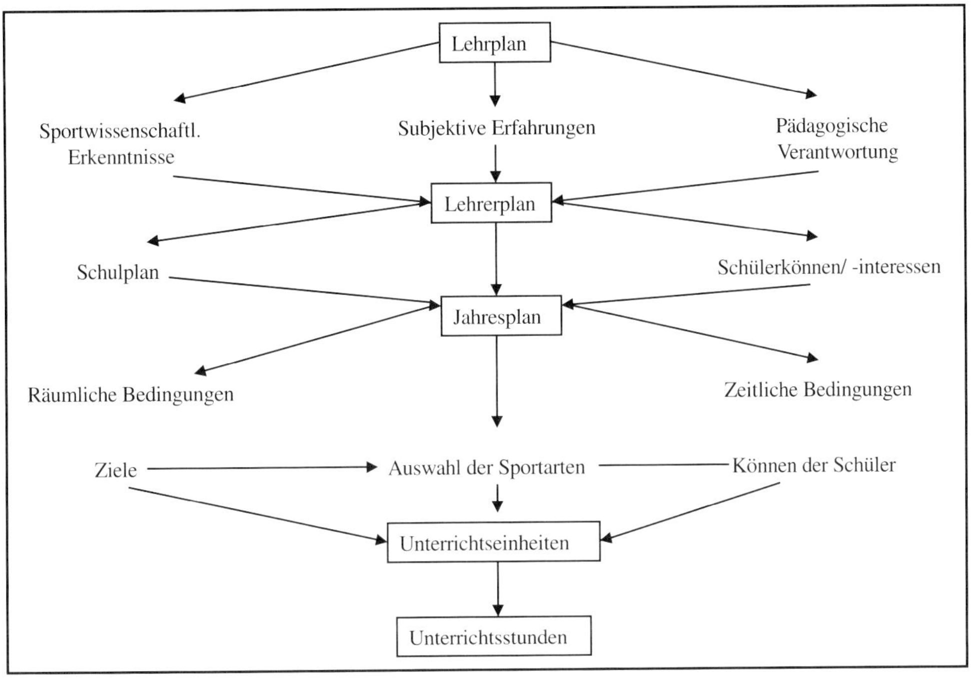

Abb. 25: Planung des Sportunterrichts (HECKER 1979).

In beiden Konzepten steht die Inhaltsplanung im Vordergrund, der Jahresplan enthält die Sportarten als Unterrichtseinheiten, der Bezug zu Zielen und Schülerinteressen ist deutlich erkennbar gegeben. In mehreren Planungsschritten wird aus den Inhalten des Lehrplans die Struktur der einzelnen Unterrichtsstunde entwickelt, wobei der Leitgedanke der Vorbereitung von den Sportarten als den zentralen Lerninhalten seinen Ausgang nimmt.

Deshalb von einem geschlossenen Unterrichtskonzept zu sprechen, wäre allerdings falsch, weil es die Sachlage nicht trifft. Richtig hingegen ist, dass bei diesem Unterrichtskonzept und den dazugehörenden Planungstheorien dem Sportlehrer die Handlungs- und Entscheidungskompetenz zufällt und im Mittelpunkt von Unterricht und Planung die genormten Sportarten stehen.

Von diesen sportorientierten Konzepten der Unterrichtsvorbereitung heben sich die Planungsschritte des offenen Sportunterrichts so deutlich ab, weil dahinter gut erkennbar ein anderes Unterrichtskonzept steht. Die für diese Auffassung von Sportunterricht charakteristischen Merkmale Offenheit, Schülerorientierung und Themenbezug finden sich auch in der Planungstheorie wieder.

Die Offenheit verweist auf inhaltliche und methodische Aspekte, und die Unterrichtsplanung legt sich weder auf bestimmte Lehrinhalte (z.B. Sportarten) noch auf Vermittlungsverfahren fest. Bewegungsprobleme, Handlungsperspektiven, Bewegungsideen und Projekte sind Anlässe und Grundlagen für die einzelnen Planungsschritte. Offener Sportunterricht und Körper-

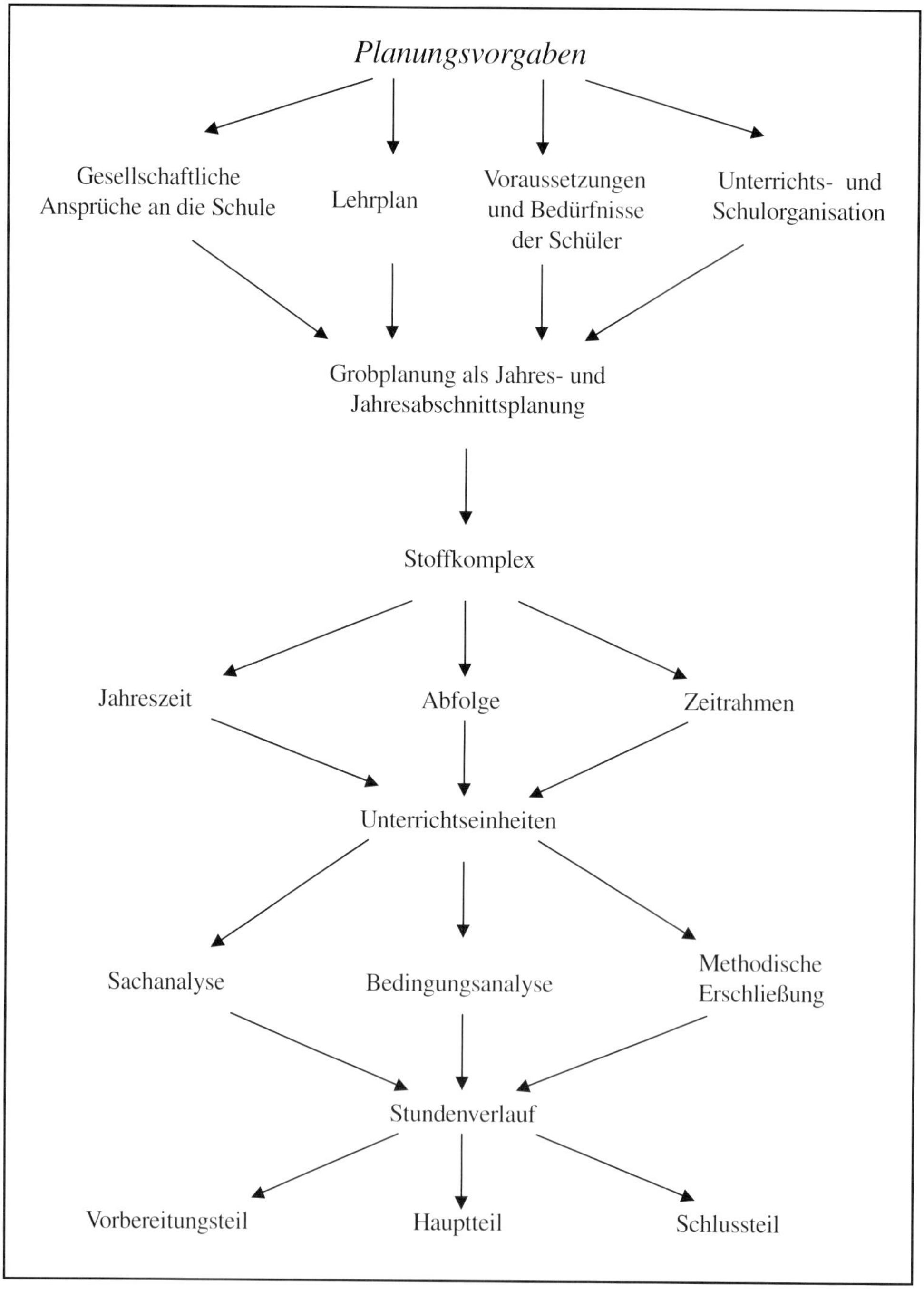

Abb. 26: Planungskonzept nach SÖLL.

erfahrung als Unterrichtskonzepte sind zwar nicht planlos, allerdings auch nicht in Einzelheiten planbar; weil in ihnen stets Handlungs- und Entscheidungsspielräume für den Lehrer und die Schüler gegeben sein müssen. Ein offener Bewegungsunterricht ist schwieriger und langwieriger in der Vorbereitung als der sportartenorientierte Schulsport, andererseits lässt sich das Etikett „offen" auch bestens für den Schwindel des nicht geplanten Unterrichts verwenden.

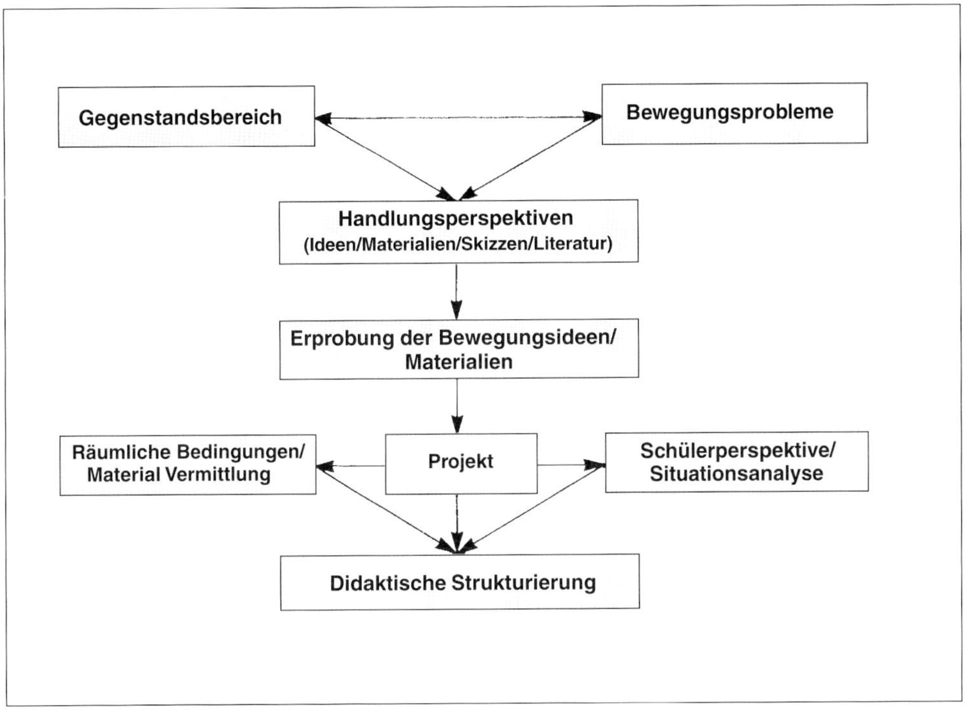

Abb. 27: Planungsschritte für offenen Sportunterricht (nach FRANKFURTER ARBEITSGRUPPE 1994[2]).

Eine Planungsstrategie für offenen Sportunterricht hat auch Bettina WURZEL (1994) entwikkelt und dargelegt. Offenheit als Unterrichtsprinzip definiert sie als Beteiligung des Schülers bei der Durchführung des Sportunterrichts, die von der Mitwirkung bis zur Eigenentscheidung bei den Unterrichtshandlungen reichen kann. Das Planungskonzept für diese Art von Unterricht berücksichtigt nun die Breite der Partizipation der Schüler am Unterrichtsgeschehen und stellt deshalb für die Verlaufsplanung einer offenen Unterrichtsstunde zumindest zwei Vorschläge in Form von Flussdiagrammen zur Diskussion (vgl. Abb. 28 und 29).

Nicht die Lernziele und Lerninhalte bilden in diesen Konzepten den Mittel- und Angelpunkt der Planung, sondern Perspektiven und Themen, die sich möglicherweise erst im Verlauf der Stunde zu erkennbaren Zielen und Inhalten entfalten. Die Offenheit der Unterrichtsplanung erstreckt sich zuletzt auch auf die beabsichtigten Unterrichtsverfahren, die sich weniger in Wegbeschreibungen als in Bewegungsaufgaben darstellen. WURZEL (1994) bringt deutlich zum Ausdruck, dass die Lehrerrolle in der Planung und Durchführung des offenen Sportunterrichts nicht aus der Inszenierung herausfällt, aber auch nicht die alles Geschehen auf der

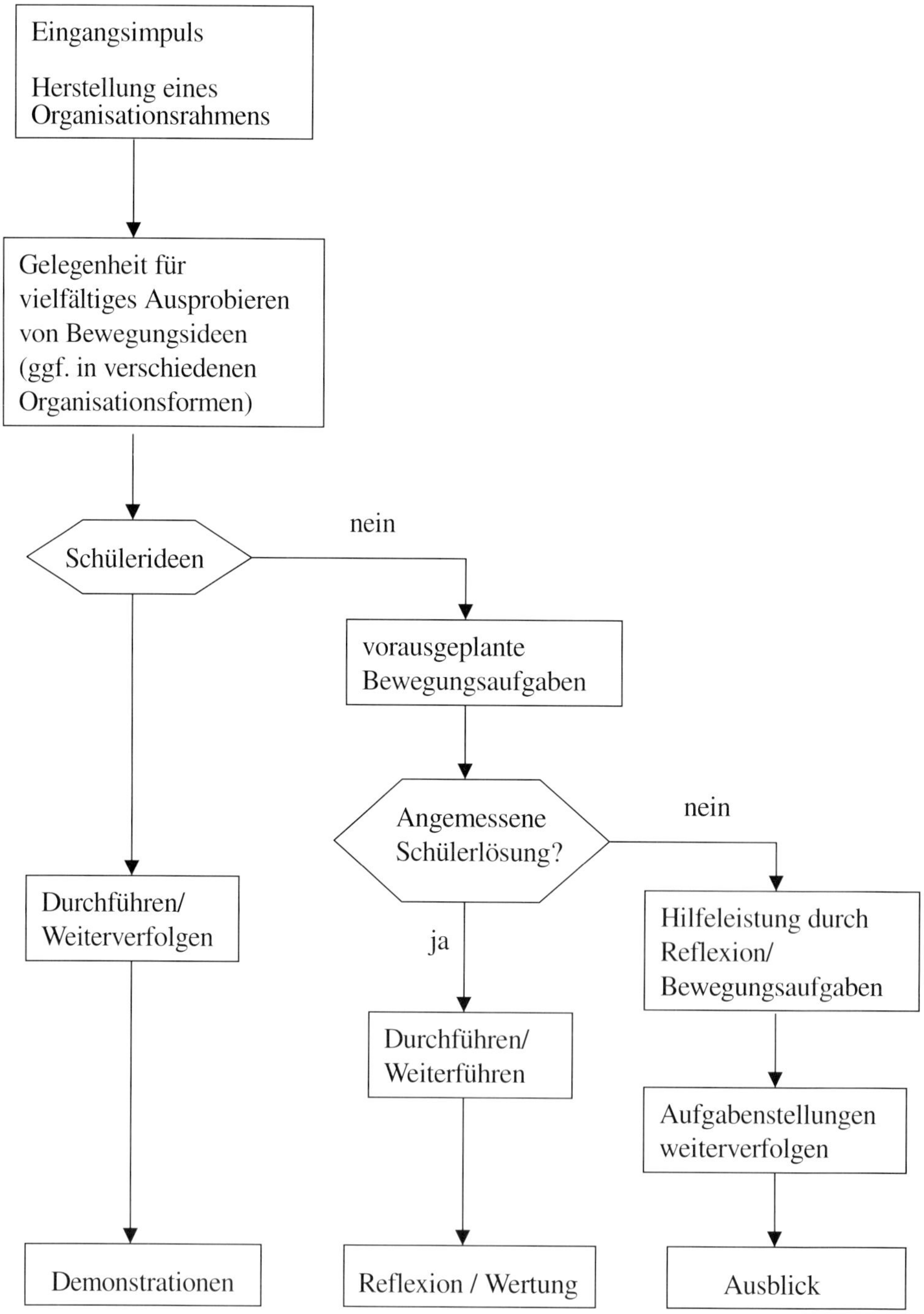

Abb. 28: Verlaufsplanung einer weit geöffneten Stunde (WURZEL 1994).

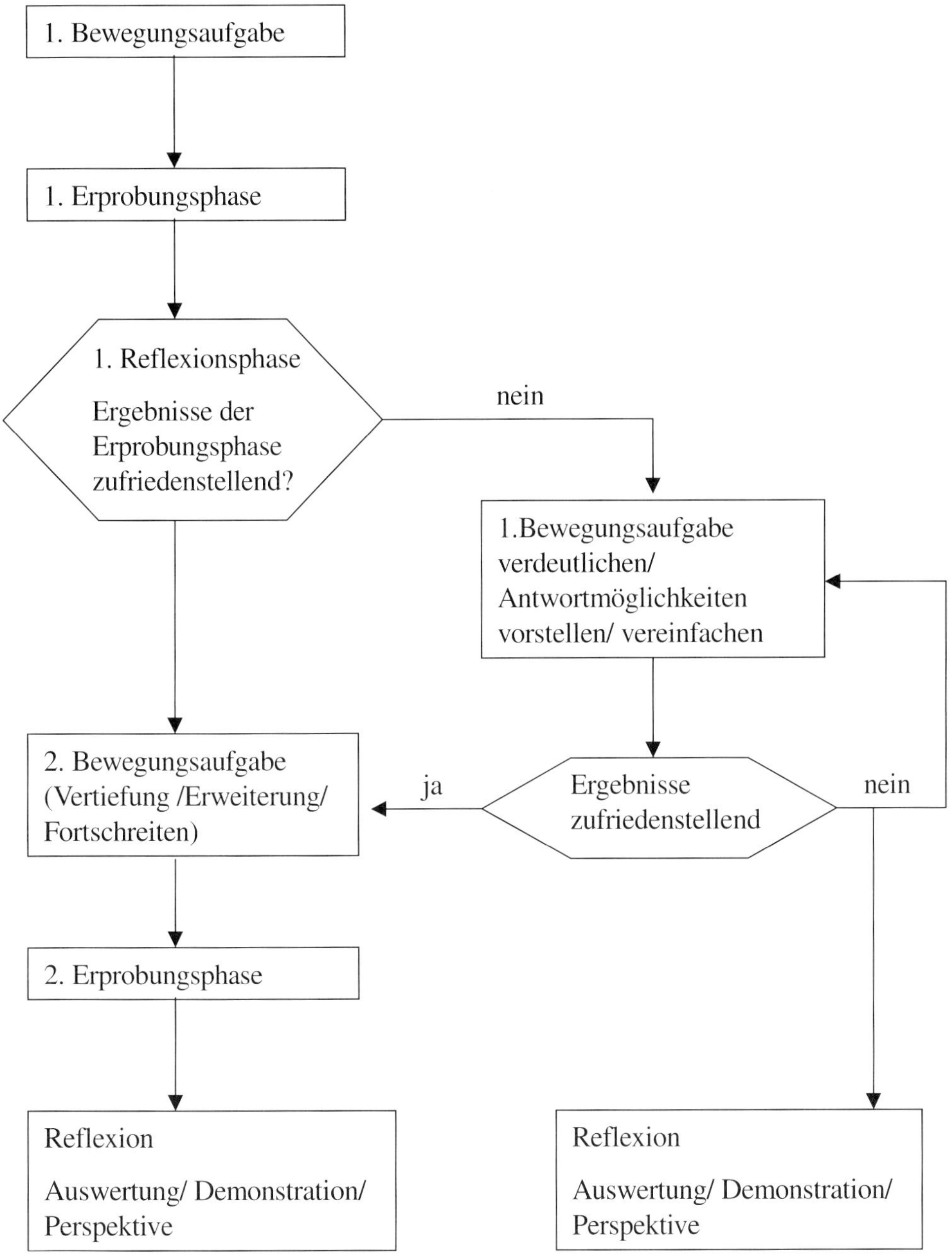

Abb. 29: Verlaufsplanung einer eingeschränkt offenen Stunde (Wurzel 1994).

Unterrichtsbühne dominierende Hauptrolle ist. In die Planung des Unterrichts fließen bereits Überlegungen des Eingreifens, der Themeneingrenzung, der Methodenvorschläge und der Orientierungshinweise durch den Lehrer mit ein, wenn Schülerhandlungen durch die Selbstbestimmung ins Stocken geraten oder offenkundig zu nicht vertretbaren Zielen führen. Diese Überlegungen kommen im 1. Flussdiagramm einer sehr offenen Stundengestaltung deutlich zum Vorschein, sind aber auch in der eingeschränkten Offenheit des 2. Planungskonzeptes noch gut zu erkennen.

Den Brückenschlag zwischen mehr geschlossenen und mehr offenen Planungskonzepten des Sportunterrichts bildet der Vorschlag des holländischen Sportpädagogen Bart CRUM (1982). Die Lerninhalte des Sportunterrichts, durch didaktische Auswahlverfahren aus Lehrplänen, Schülerinteressen und aktuellen außerschulischen Bewegungswelten gewonnen, werden als unterschiedliche Themen und über die methodische Offenheit als verschiedene Unterrichtsarrangements geplant und ausgeführt.

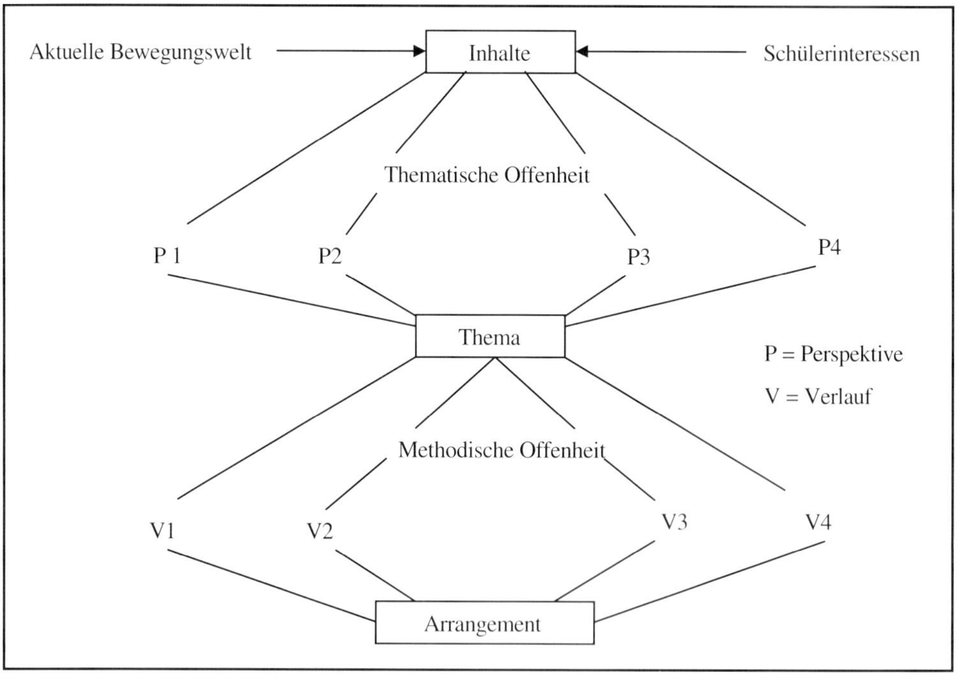

Abb. 30: Pragmatische Unterrichtsplanung im Sport nach CRUM (1982).

In dem in diesem Buch vertretenen Konzept der unterrichtstheoretischen Sportdidaktik sind Sportarten, offene Bewegungshandlungen und Körpererfahrung gleichwertige Zielsetzungen des Schulsports, so dass im Sinne der Wechselwirkung zwischen allen Ebenen und Elementen die verschiedenen Planungskonzepte keine Alternativen sein können. Der Sportlehrer hat Sportarten, Körpererfahrungsübungen und offene Bewegungshandlungen zu planen, zu unterrichten und in ihren Ergebnissen auszuwerten. Das didaktische Problem liegt deshalb nicht in der

Entscheidung für ein bestimmtes Planungskonzept verbunden mit der Ablehnung anderer, sondern in der berechtigten Frage, ob die Planungstheorie, welcher Art auch immer, überhaupt in der Praxis ankommt und angewendet wird. Die vorliegenden Untersuchungen über die Planungspraxis von Sportlehrern (LANGE 1981, WEBER 1982, KUGELMANN 1983, STEGEMAN 1986) bekunden eine tiefe Kluft zwischen Planungstheorie und -praxis und stellen allen Konzepten der Unterrichtsplanung ein schlechtes Zeugnis hinsichtlich der Praxiswirksamkeit aus. Das liegt sicherlich nicht nur an der Planungstheorie, die beim Sportartenkonzept den Lehrer mit zuviel Vorgaben überfordert und beim Körpererfahrungskonzept mit zuwenig konkreten Planungshilfen im Stich lässt. Es liegt auch am Praktiker, der auf Erfahrung und Meisterlehre mehr vertraut oder einfach den bequemen Weg des heimlichen Lehrplans der Schülerwünsche geht. Die Diskrepanzen zwischen Theorie und Praxis der Unterrichtsplanung sind so mannigfaltig und vielschichtig, dass sich der Eindruck geradezu aufdrängt, die beiden aufeinander angewiesenen Bereiche der theoretisch-didaktischen und der unterrichtlich-praktischen Planung des Sportunterrichts wären keine nahen Verwandten, sondern nur flüchtig Bekannte.

PLANUNGSTHEORIE		PLANUNGSPRAXIS
Ziele	*Ansatz*	*Inhalte*
langfristig/zeitverschieden	← Zeit →	kurzfristig/zeitgleich
komplex (Ziele, Inhalte, Methoden usw.)	← Ablauf →	reduziert (Inhalt, Geräte)
schriftlich (ausführlich, Jahresplan, Stundenplan usw.	← Festlegung →	gedanklich/schriftlich (kurze Notizen/Skizzen)
sportdidaktische Theorien	← Grundlagen →	Methodik- und Praxisbücher
Feiertagsdidaktik	← Charakteristik →	Alltagspraxis

Abb. 31: Diskrepanzen zwischen Planungstheorie und Planungspraxis im Sportunterricht.

Eine pragmatisch konstruierte Planungstheorie für den Sportunterricht, die seiner Aufgabenvielfalt gerecht wird und den Lehrer zeitlich nicht überfordert, hätte folgende Aspekte zu berücksichtigen (vgl. GRÖSSING 1987, 66/67):

1. Wichtige Bestandteile jeder Planungstheorie sind Routine, Rituale und Rezepte. Wenn sie fehlen, bleibt die Theorie der Unterrichtsplanung eine Feiertagsdidaktik ohne Wirkung im Alltag des Sportlehrers. Routinehandlungen müssen nicht geplant werden, Rezepte dürfen Anwendung finden und Rituale (z.B. bei Mannschaftsbildung, Gruppeneinteilung, Geräteauf- und -abbau usw.) entlasten die Vorbereitung und Durchführung des Sportunterrichts. Reflektierte Routine, vereinbarte Rituale und brauchbare Unterrichtsrezepte, die den Lehreralltag prägen, aber nicht beherrschen sollen, sind von der Planungstheorie aufzugreifen und mit anderen Planungsaspekten zu verknüpfen.
2. Ohne auf die übergreifenden Prinzipien der Unterrichtsvorbereitung verzichten zu müssen, kann es dennoch kein einheitliches Planungskonzept für alle Ziele, Inhalte und Situationen des Sportunterrichts geben. Die Vorbereitung des Sportunterrichts benötigt mehrere Planungsstrategien und deren situativ richtigen Einsatz.

3. Die Vorgaben, Einschränkungen und Zwänge der Unterrichtspraxis sind für die Planungstheorie Herausforderungen und nicht Ärgernis. Nur unter dieser Perspektive bleibt Theorie praxisnah und verbindlich.
4. Vollständige Planungsmodelle im Sinne der Feiertagsdidaktik haben als Anregung ihre Berechtigung, eignen sich aber nicht für die alltägliche Unterrichtsvorbereitung, die einfachere Strategien benötigt.
5. Damit die Unterrichtsplanung nicht zur Verplanung wird und eine dezente Hilfe bei der Unterrichtsgestaltung abgibt, muss genügend Raum für den Zufall und das Unvorhergesehene in ihr erhalten bleiben.

Didaktische Grundsätze der Unterrichtsplanung

Für die Planung des Sportunterrichts sind einige Prinzipien in Anwendung zu bringen, die auf den ersten Blick einander teilweise widersprechen, bei genauerer Betrachtung aber die notwendigen Pole eines Spannungsfeldes darstellen, in dem sich Planung und Ausführung erst sinnhaft ergeben. Deshalb werden sie nachfolgend auch in ihrer polaren Struktur beschrieben. Es sind dies die Grundsätze der:

- *Differenzierung und Integration*
  Wenngleich die sportdidaktische Planungstheorie eine Differenzierung nach Aktions-, Organisations- und Inhaltsplanung nahe legt, ist sie zugleich angehalten, dem planenden Lehrer Integrationshilfen anzubieten, weil die praktische Unterrichtsplanung die unterschiedlichen Bereiche wieder zusammenführt und in die Jahres-, Abschnitts- und Stundenplanung einfügt. Der durchaus sinnvollen gedanklichen Ausgliederung der einzelnen Planungs- und Handlungsbereiche des Sportlehrers ist aber die Erkenntnis zur Seite zu stellen, dass sich in der planenden Vorwegnahme und der praktischen Durchführung des Sportunterrichts die Lerninhalte, die methodischen Maßnahmen, die organisatorischen Gegebenheiten und die Intentionen des Lehrers und der Schüler ständig miteinander verzahnen und wechselseitig beeinflussen. Auch in der Planungstheorie gilt der aus der „Berliner Didaktik“ stammende wichtige Grundsatz der Interdependenz aller Unterrichtselemente.

- *Kontinuität und Offenheit*
  Die Unterrichtsplanung ist stets eine vorweggenommene Festlegung des Unterrichtsverlaufes und ein vorbedachtes Lernergebnis auf Seiten der Schüler. Insofern kanalisiert die Planung das Geschehen und zwängt es in geschlossene Lehr- und Lernbahnen. Das sichert aber andererseits die Kontinuität des Sportunterrichts in der konsequenten Verfolgung der einmal getroffenen Entscheidungen. Dabei kann man aber nicht Halt machen, weil der polare Grundsatz der Flexibilität und Offenheit ebenfalls seine Berechtigung aus der Planungstheorie bezieht. Die Unvorhersehbarkeit des alltäglichen Unterrichts und die vielen situativen Unwägbarkeiten der Praxis erfordern die gleichgewichtige Beachtung des Prinzips Offenheit und Improvisation in der Unterrichtsplanung. Es wird in der allgemein didaktischen Planungstheorie auch vom Grundsatz der Reversibilität (vgl. PETERSSEN 1998, 35) gesprochen und dasselbe damit gemeint: nämlich die Bereitschaft und Fähigkeit des Lehrers aufgrund situativer Gegebenheiten und neuentstandener Aspekte seine Planungsvorgaben in Frage zu stellen, zu revidieren oder gänzlich aufzugeben.

- *Vielseitigkeit und Akzentuierung*
  Von einigen Sonderformen des schulischen Sportunterrichts (Leistungsfach Sport in der Oberstufe, Sportgymnasium oder Hauptschulen mit leistungssportlichem Schwerpunkt) abgesehen, ist der Schulsport dem Prinzip der Vielseitigkeit im Inhaltsangebot verpflichtet und hat dieses in der Planung zu beachten. Damit inhaltliche Vielseitigkeit aber nicht zur oberflächlichen Schnupperei in der Bewegungskultur wird, braucht es einiger fundamentaler Anforderungen und Angebote, die etwa in den Bereichen des sportlichen Wettkampfes, des Spielens, der Bewegungsgestaltung und des gesundheitsorientierten Bewegungshandelns liegen könnten.

- *Zielgerichtetheit und Umwegigkeit*
  Die Unterrichtsplanung ist zwar stark mit den Lehr- und Lerninhalten beschäftigt, nimmt ihren Ausgang aber von den Zielsetzungen des Sportunterrichts, denn der Vorrang der Ziele vor allen anderen didaktisch bedeutsamen Elementen des Unterrichtsfaches ist eine unbestrittene Tatsache in der allgemein- wie fachdidaktischen Theorie. Zielgerichtetheit als Planungsprinzip hat aber noch eine weitere Bedeutung: Die Unterrichtsschritte sind so zu planen, dass der Schüler geradlinig zu den gewünschten Lernergebnissen gelangen kann. Und doch ist auch diesem Prinzip ein gegenläufiges an die Seite zu stellen: Umwege im Lernprozess räumen dem Schüler nicht nur mehr Mitentscheidung und -gestaltung bei demselben ein, sie ermöglichen auch durchaus unplanbare Erfahrungen beim experimentierenden Lernen.

Diese Planungsgrundsätze gelten für die Ebenen und Stufen der Unterrichtsplanung im Fach Sport, für die Aktions-, Organisations- und Inhaltsplanung auf der einen Seite und für die Stufen der Jahres-, Abschnitts- und Stundenplanung auf der anderen Seite.

6.1.2 Planungsbereiche

Die Unterrichtsplanung als Vorwegnahme des wirklichen Geschehens vollzieht sich in drei Ebenen, die in ständiger Verknüpfung zu denken sind. Die Planung trifft das Lernen, Üben und Ausführen der Bewegungstätigkeiten, die Organisationsstruktur und die Inhalte des Unterrichts; die Unterrichtsvorbereitung ist somit nach Aktions-, Organisations- und Inhaltsplanung zu unterteilen (vgl. Abb. 32).

Aktionsplanung

Im Zentrum der Überlegungen zur Aktionsplanung steht sicherlich die gedankliche Vorbereitung der Lehr- und Lernaktionen. Die Lernplanung hat die Bedingungen des motorischen, sozialen und kognitiven Lernens bei bestimmten Lerninhalten in unterschiedlichen Lernsituationen und für die verschiedenen Altersstufen der Lernenden zu analysieren, Gesetzmäßigkeiten und Phasen des Lernprozesses zu berücksichtigen, Lernhemmungen aufzufinden und vorausschauend zu beseitigen, Lernwege zu konzipieren und Instrumente bereitzustellen, welche eine Kontrolle des Lernerfolges gewährleisten. Die Darstellung aller Sachverhalte der Lehr- und Lernplanung wäre nicht mehr übersichtlich, hätte man die zahlreichen Bezüge der

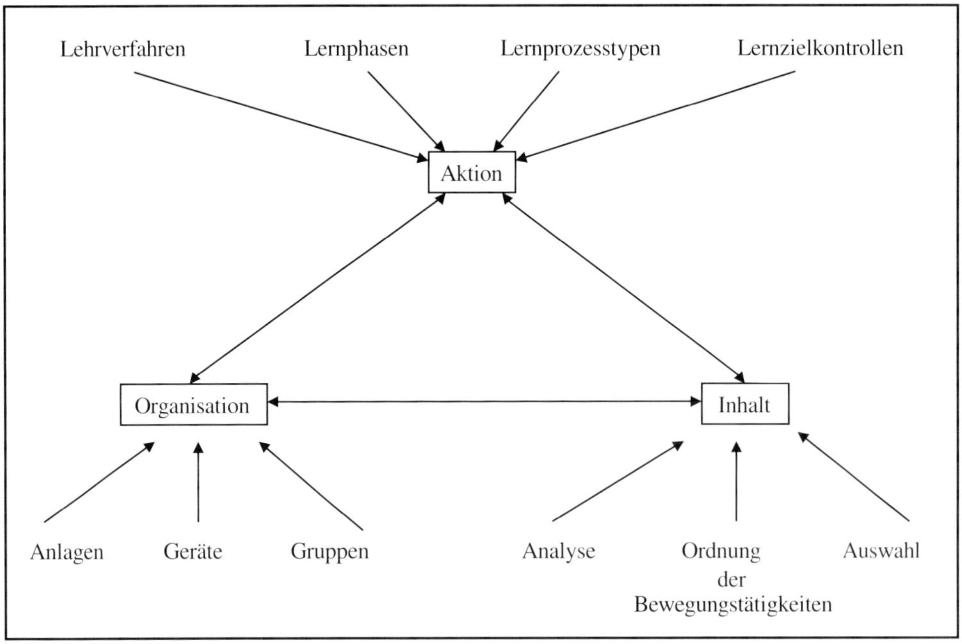

Abb. 32: Ebenen der Unterrichtsplanung im Sport.

Elemente zueinander ebenfalls eingetragen. In der Unterrichtsvorbereitung kommt es aber auf die Beziehungen genauso wie auf die Sachverhalte an (vgl. Abb. 33).

Organisationsplanung

Die Durchführung des Sportunterrichts ist an viele und verschiedenartige organisatorische Maßnahmen und Entscheidungen geknüpft. In anderen Unterrichtsfächern ist in der Regel eine geschlossene Gruppe (Klassenverband) vorhanden, der durch die Anordnung der Sitzplätze im Klassenzimmer ein äußerer Rahmen und eine innere Handlungsstruktur vorgegeben ist. Andersartige Gruppenbildungen sind die Ausnahme, im Sportunterricht hingegen die Regel. Er findet in den verschiedenartigsten Räumlichkeiten (Turnsaal, Sportplatz, Schwimmbad, Skihang usw.), in unterschiedlichen und beständig wechselnden Gruppenformationen und -stärken und im Umgang mit den verschiedensten Gerätschaften statt. Dies wirft beständig organisatorische Probleme auf und erfordert eine gründliche Planung des Ablaufgeschehens. Die wichtigsten Bestandteile dieser Planungsebene sind die Unterrichtsformen des Schulsports (vgl. Abb. 34).

Inhaltsplanung

Die Inhalte und Themen des Sportunterrichts sind Bewegungstätigkeiten in sportlich-leistungsbezogener (Sportarten), spielerischer, gestaltender oder gesundheitsorientierter Zielsetzung

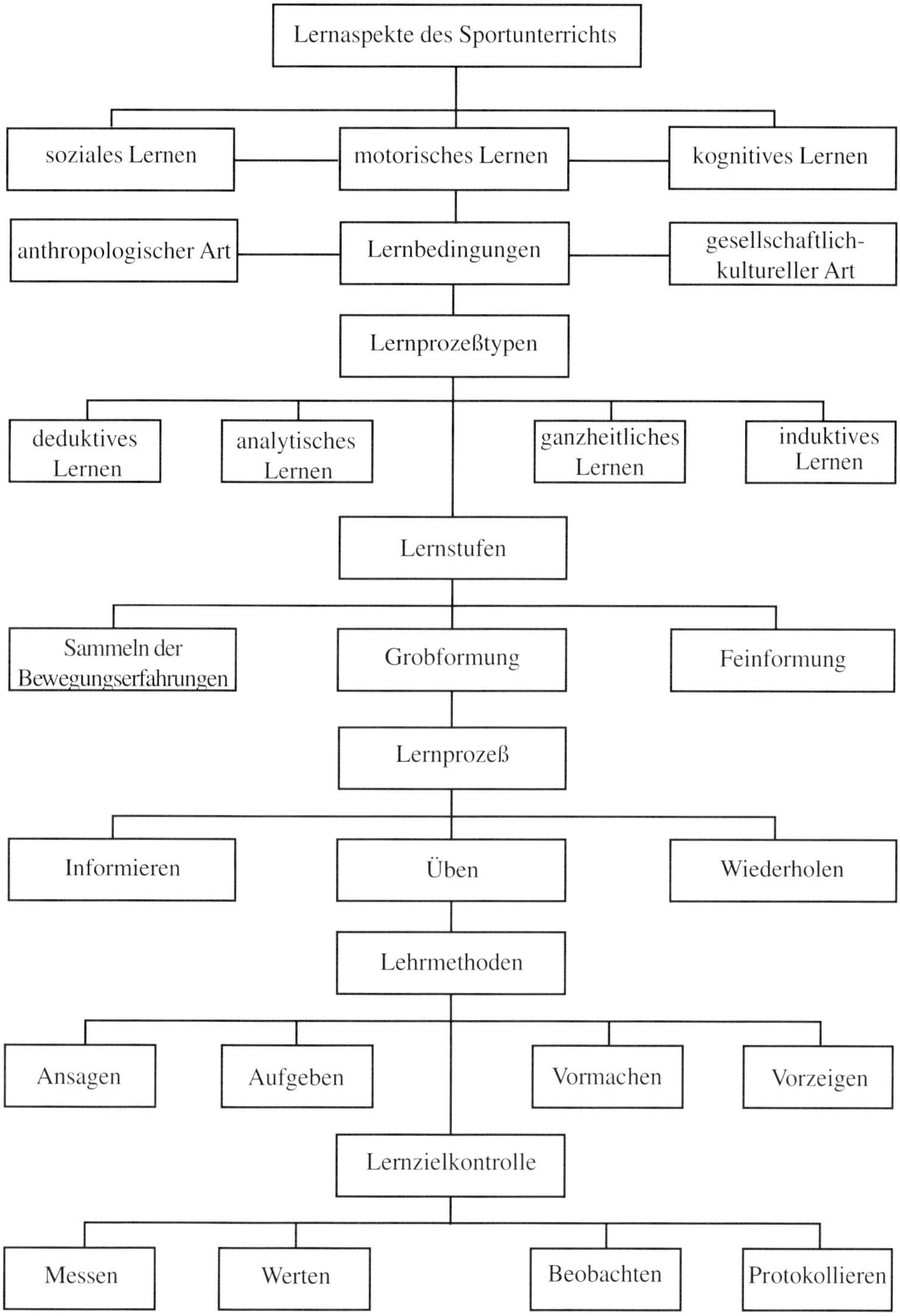

Abb. 33: Elemente der Aktionsplanung.

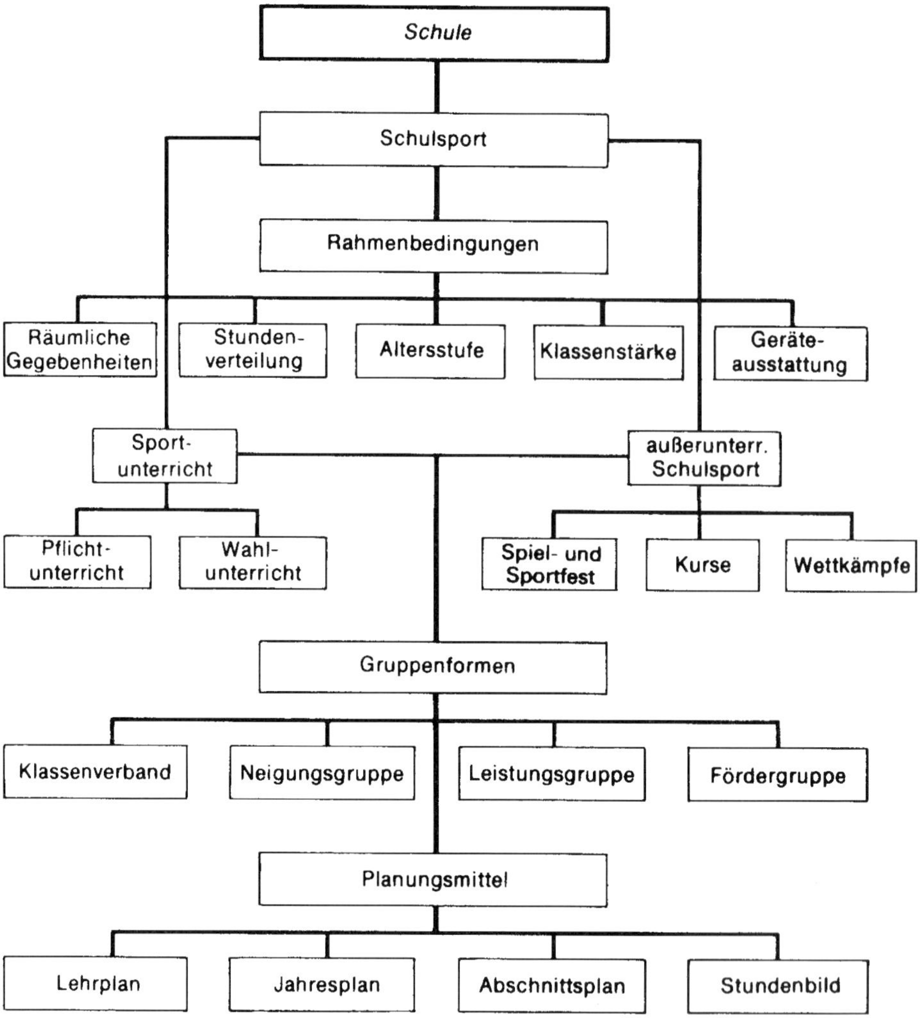

Abb. 34: Elemente der Organisationsplanung.

und Ausführungsweise in Verbindung mit körperlich-motorischen Fähigkeiten und Eigenschaften (Kondition, Koordination) und Wissensbeständen hinsichtlich der Aktionsbedingungen und individuellen wie gesellschaftlichen Auswirkungen des Bewegungshandelns und der Bewegungskultur. Die Inhaltsplanung ist zunächst die Strukturanalyse und -darstellung derjenigen motorischen Tätigkeiten, die aus didaktischen Erwägungen und traditionell-geographischen Gepflogenheiten als Schulsportarten ausgewiesen sind.

Da die Lerninhalte des Sportunterrichts von großer Mannigfaltigkeit und unterschiedlicher Struktur sind, kann es kein einheitliches Schema für die Strukturanalyse geben. Sie muss für jede Bewegungshandlung gesondert vorgenommen werden, wobei Ähnlichkeiten innerhalb einzelner Gruppen durchaus vorhanden sind. So wird eine Strukturanalyse für alle großen Ballspiele in der gleichen Weise vorgenommen werden können. Die Inhaltsanalyse führt zur

Identifizierung der bestimmenden Elemente und Beziehungen innerhalb einer bestimmten Bewegungshandlung. Die Sachverhalte der Inhaltsplanung stehen untereinander in wechselwirkender Verbindung und strukturieren gemeinsam die Ganzheit eines Lerninhaltes in Form einer komplexen Bewegungshandlung. Motorische Tätigkeiten sind von körperlichen Voraussetzungen und organisch-motorischen Fähigkeiten ebenso abhängig wie von kognitiven Einsichten und sozial-emotionalen Handlungsweisen. Die Analyse einer Bewegungshandlung als Lerninhalt des Schulsports bezieht sich deshalb auf die Vielzahl der Elemente und auf das vielfältige Beziehungsgeflecht, das zwischen ihnen aufgezogen ist.

Die Inhaltsanalyse nimmt ihren Ausgang von den aus den Lernzielen gewonnenen Lerninhalten und leitet daraus die Unterrichtseinheiten ab. Die Einsicht der Elementbeziehungen in einem Lernfeld ist für den Lernprozess oftmals entscheidender als das Wissen um die einzelnen Elemente. Die Sportdidaktik ist aufgefordert, solche Strukturanalysen für die Unterrichtsvorbereitung des Sportlehrers zu erstellen, der sie dann nach der jeweils besonderen Unterrichtssituation abwandelt (vgl. Abb. 35).

6.1.3 Planungsmittel

Die Planungstätigkeit des Sportlehrers bewegt sich also im Rahmen einer Planungstheorie und Unterrichtskonzeption, aus denen der Lehrer seine Planungs- und Unterrichtshilfen bezieht. Aus dem Zusammenspiel von fachdidaktischen Planungsgrundsätzen und -hilfen und der Eigentätigkeit des Lehrers setzt sich die konkrete Unterrichtsvorbereitung zusammen. Die Fachdidaktik stellt dafür Grundlagen, Prinzipien und Hilfsmittel der Unterrichtsplanung zur Verfügung des Lehrers. Den Ausgangspunkt der Unterrichtsplanung bildet der Lehrplan.

Lehrplan

Bis in die Mitte des 19. Jahrhunderts fehlen die körperlichen Übungen als Lehrgegenstand im abendländischen Lehrplan. Obschon PLATON das Gleichgewicht von körperlicher und musisch-literarischer Ausbildung betont hat und im enzyklischen Lehrplan der athenischen Hochklassik die Gymnastik als Unterrichtsgegenstand genannt wird, verschwindet sie bereits im Hellenismus daraus, wiewohl sie in der Unterrichtspraxis noch für einige Jahrhunderte erhalten bleibt. Dieser enzyklische Lehrplan der Griechen hat in seiner zweitausendjährigen Geschichte mit den „septem artes liberales“ römische und mittelalterliche Erziehung bis in das Zeitalter der Reformation geprägt. Zu keiner Zeit aber erscheint neben dem Trivium (Grammatik, Rhetorik, Dialektik) und dem Quadrivium (Arithmetik, Musik, Geometrie, Astronomie) die Gymnastik als Unterrichtsgegenstand. Im Renaissancehumanismus wird die Gymnastik zwar in die Schulordnung aufgenommen, mehr geduldet als gefördert, bleibt aber weiterhin vom Lehrplan (ordo docendi) ausgeschlossen. Daran ändert auch das Barock-Curriculum nichts (zum ersten Male taucht diese Bezeichnung für den Lehrplan auf), obwohl inzwischen eine grundlegende Umgestaltung der Lerninhalte vorgenommen wurde, weil den bisher vorherrschenden alten Sprachen die Realien zur Seite gestellt werden. Die Leibesübungen bleiben der Freizeit der Schüler überlassen, werden aber als Freizeitbeschäftigung zunehmend mehr geduldet. Das Zeitalter der Aufklärung entdeckt auch in den Leibesübungen ein pädagogisches Medium und veranlasst die Philanthropen sie an ihren Anstalten als Unterrichtsgegenstand einzuführen. Obschon von nun an sich Philosophen, Pädagogen und Dichter für die

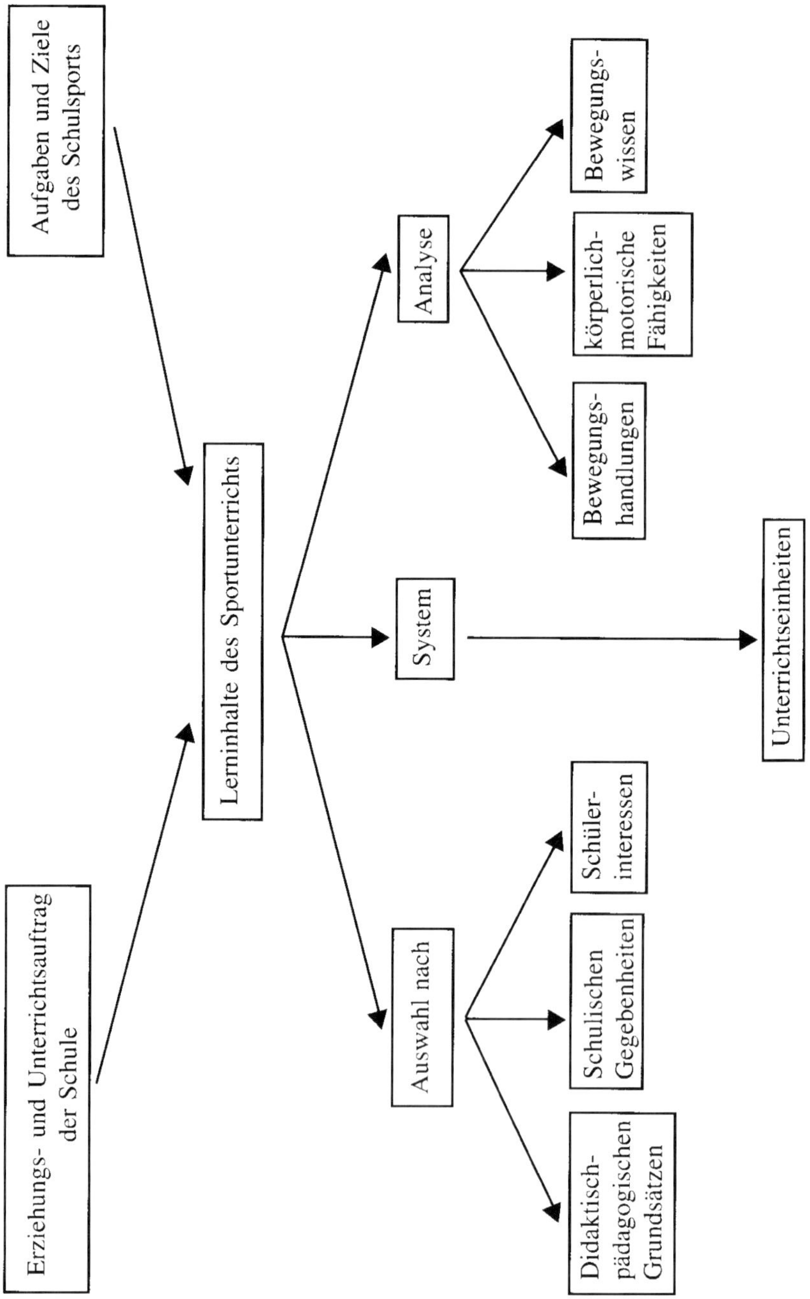

Abb. 35: Elemente der Inhaltsplanung.

körperliche Ausbildung aussprechen und in theoretischen und literarischen Beiträgen für sie eintreten, vergeht noch ein Jahrhundert bis zur gesetzlichen Einführung des Turnens als Unterrichtsfach in der Schule. Vom letzten Drittel des 19. Jahrhunderts an, zuerst mit bescheidenem Anspruch und Raum, dann sich ausbreitend, bekommen die Leibesübungen ihren Platz in den amtlichen Lehrplänen. Die Lehrpläne für Leibesübungen entwickeln sich von da an in Fortschreibung weiter und nehmen bei gleichbleibender Form und Zielsetzung neue Lerninhalte auf, tauschen Worte aus und stimmen die didaktischen Hinweise auf das pädagogische Denken der jeweiligen Epochen ab.

Dadurch blieben die Lehrpläne bis in die Gegenwart hinein Stoffpläne mit der Verteilung der Lerninhalte auf Klassen, einer Präambel unverbindlicher Bildungsziele und mit spärlichen methodischen Erläuterungen und Hinweisen versehen. Lehrplantheorie war in dieser Zeit kein didaktisches Anliegen. Dieser für die Unterrichtspraxis und wissenschaftliche Didaktik unbefriedigende Zustand wurde auch der unmittelbare Anlass einer Lehrplanreform in den siebziger Jahren, die durch folgende Momente charakterisiert ist: Das Sportcurriculum sollte nicht mehr ein Stoffplan, sondern ein lernzielorientiertes Programm sein, das die Lehr- und Lernziele in den Mittelpunkt stellt und alle weiteren didaktischen Entscheidungen über die Inhalte und Unterrichtsverfahren von dort aus trifft und begründet. Die Curricula sollten demnach vor allem mehr enthalten als die bisherigen Lehrpläne und darin für den Lehrer eine echte Hilfe bei der Planung und Durchführung des Unterrichts abgeben. Aus diesem Grunde werden die Zielangaben als Handlungsanweisungen formuliert, die Stoffpläne mit Bewertungstabellen und anderen Angaben zur Lernzielkontrolle versehen und die methodischen Hinweise ausführlich und mit Ausführungen über den Einsatz von Unterrichtsmedien verbunden angegeben.

Die Probleme der Bestimmung, Begründung und Entscheidung, vornehmlich die Frage der Lernzielentscheidung, wurden in der Curriculumliteratur ebenso ausführlich erörtert, wie die Aspekte der Curriculumentwicklung selbst. Die politischen Dimensionen der Lehrplanentscheidungen sind deutlich ausgesprochen worden; Objektivität, Transparenz und die Beteiligung aller von Lehrplanentscheidungen betroffenen Personen (Lehrer, Schüler, Eltern) wurden zumindest als Forderungen im Prozess der Curriculumentwicklung aufgestellt. Die Ansätze zur Entwicklung eines Sportcurriculums waren mannigfach: Unterschiedliche wissenschaftstheoretische, weltanschauliche und gesellschaftliche Positionen führten zu verschiedenen Vorentscheidungen und Ergebnissen über die wesentlichen Aufgaben des Sportunterrichts (Gesundheit, Freizeit, Sozialisation, Leistungssport usw.) und bedingten unterschiedliche Akzentuierungen in den Lehrplanentwürfen. Es gab Curricula mit der Betonung der motorischen Lernziele und andere, welche die sozialaffektiven Ziele des Sportunterrichts in den Vordergrund gerückt hatten. Es gab schulnahe Modelle und solche, die der Umsetzung in die Praxis bedeutende Schwierigkeiten bereiteten. Es wurden Curricula entworfen mit dem Gewicht auf den fachübergreifenden Aufgaben und Absichten und andere, die auf das Fach Sport bezogen blieben. Für die Entwicklung einer Theorie des Sportcurriculums sind diese teils einseitigen, teil unvollständigen Entwürfe und Modelle dennoch notwendig, weil nur auf der Basis solcher Unternehmen eine anwendbare Theorie entwickelt und die Konstruktion eines Sportcurriculums vorgenommen werden kann. Die Lernziele des Sportunterrichts aber und ihre Bestimmung, Begründung, Einteilung, Beschreibung, Überprüfung und Entscheidung sind die zentralen Themen der Curriculumtheorie und die Probleme der Entwicklung curricularer Lehrpläne für den Sportunterricht gewesen.

Alle Ansätze zu einem Sportcurriculum weisen darauf hin, dass in Zukunft der Lehrplan eine echte Planungshilfe für den Sportlehrer bedeuten könnte. Die präzisen Zielangaben, die methodischen Hinweise, die Lernzielkontrollen und die den Zielen entsprechenden Lerninhalte werden dem Sportlehrer die Unterrichtsvorbereitung in Zukunft sicherlich erleichtern. Die unverbindlichen Richtlinien von früher mit ihren hochgestellten Bildungszielen und dürftigen didaktischen Hinweisen hatten eine geringe Leitfunktion für die Unterrichtsplanung.

Neben dem Lehrplan stehen dem Sportlehrer auch weitere Unterrichtshilfen zur Verfügung: dazu zählen Bücher, Fachzeitschriften, Filme, Diareihen usw. Sie enthalten Lehrwege und methodische Reihen für alle Schulsportarten und bilden eine weitere und in der Praxis sehr wichtige Grundlage für die Unterrichtsplanung des Sportlehrers.

Vom Lehrplan ausgehend erfolgt die Planungstätigkeit des Sportlehrers in drei Schritten: vom Jahresplan und über den Abschnittsplan zur Stundengliederung.

Jahresplan und Abschnittsplan

Der Jahresplan ist die Umsetzung des Lehrplanes auf eine bestimmte Altersstufe der Lernenden und eine besondere Klassensituation, wobei der Lehrer das Leistungsprofil der Klasse, die räumlichen Gegebenheiten der Schule, die Ausstattung der Sportstätten und andere schulische Besonderheiten zu bedenken und zu beachten hat. Ein wichtiger Schritt in der Erstellung eines Jahresplans ist der körperliche und motorische Leistungsstand der Schüler. Übernimmt der Lehrer eine Klasse neu und fehlt ihm die Kenntnis des Leistungsprofils der Schüler, empfiehlt sich eine Bestandsaufnahme zu Beginn des Schuljahres und die Ausarbeitung des Jahresplanes erst nach diesem Schritt.

Ein Jahresplan enthält:

1. die Aufteilung der tatsächlichen Jahresstundenzahl;
2. die Benennung der Unterrichtsthemen;
3. die Einteilung der Lerninhalte (Stoffverteilung) mit den jahreszeitlich und räumlich bedingten Schwerpunkten;
4. Hinweise auf kognitive und affektiv-soziale Lernziele und Erziehungsschwerpunkte;
5. Lernzielkontrollen;
6. Termine für Sonderveranstaltungen (Skikurse, Wettkämpfe, Sportfeste).

Die körperliche und psychische Belastung im Sportunterricht ist im Verlauf eines Schuljahres von mehreren Faktoren bestimmt: Klimaverhältnisse, Prüfungszeiten und andere Besonderheiten im Jahresablauf bedingen eine unterschiedliche Belastungsfähigkeit der Schüler im Schulsport. Ein Jahresplan enthält daher unsichtbar, aber für den Fachmann erkennbar, eine Belastungskurve. Die Angaben über die Lerninhalte brauchen nicht zu umfänglich und ausführlich zu sein, weil sie sonst die Übersichtlichkeit des Jahresplanes beeinträchtigen. Genaue Hinweise auf methodische Verfahren gehören nicht in einen Jahresplan.

In der sportdidaktische Literatur finden sich mehrere Vorschläge für die äußere Form eines Jahresplans. Burger/Groll (1971, 225) verwenden als Kopfleiste die von ihnen entwickelte Stundengliederung: Belebung – Haltungs- und Bewegungsschule – Leistung und Kunstfertigkeit – Spiel und Tanz – Ausklang. Da dieses Stoffsystem auch den früheren österreichischen Lehrplänen zugrunde lag, ist die Einteilung für den Jahresplan folgerichtig. Es fragt sich aber, ob sowohl Lehrpläne als auch Jahrespläne mit solcher Einteilung übersichtlich und verständlich sein können. Fetz (1996, 225) reduziert die Kopfleiste auf die Leistungsübungen und Spiele. Bei Stiehler (1973, 434) wird nach Stundenanzahl, Minutenanteil in der Sportstunde und Ausbildungsbereich (z.B. Leichtathletik, Geräteturnen usw.) differenziert.

Die folgende Abbildung 36 stellt ein Muster für die Kopfleiste eines Jahresplanes vor.

Zeit		Lernziele	Lerninhalte	Lernzielkontrollen	Sonderveranstaltungen
Monat	*Stunden*		Unterrichtsthemen		
Sept.	6	Motorische Fertigkeiten in Leichtathletik und Spiel Verbesserung der Kondition Regelkunde (Volleyball)	Leichtathletik, Lauf, Sprung, Wurf Konditionsschulung Volleyball	Konditionstest Leistungserhebung in Wurf, Lauf, Sprung	Schulvergleichskampf in Volleyball (15. Sept.)

Abb. 36: Jahresplan (Grössing).

Die Meinungen über die Notwendigkeit eines Bindegliedes zwischen Jahresplan und Stundenvorbereitung sind uneinheitlich. Burger/Groll (1971) erstellen den Jahresplan auf Kosten der Übersichtlichkeit so umfassend, dass sich ein Abschnittsplan erübrigt. Fetz (1996, 228) steht diesem Planungsmittel reserviert gegenüber. Bei Stiehler (1973) wird ein Abschnittsplan vorgestellt und ausführlich kommentiert. Im Abschnittsplan wird die Unterrichtsvorbereitung genauer und verbindlicher. Für welchen Zeitraum er erstellt wird, kann der Entscheidung des Lehrers überlassen bleiben. Die Möglichkeiten reichen von Vierteljahresplänen bis zu Monats- oder gar Wochenplänen. Denkbar wäre auch die Orientierung an den Lerninhalten, dann werden etwa für die Leichtathletik oder das Turnen usw. jeweils eigene Abschnittspläne erstellt. Da die Jahresarbeit im Schulsport ihre saisonbedingten Schwerpunkte hat, können Vierteljahrespläne und an Bewegungstätigkeiten orientierte Abschnittspläne durchaus identisch sein.

Gegenüber dem Jahresplan enthält der Abschnittsplan noch folgende zusätzliche Sachverhalte:

1. die genaue Beschreibung der Lerninhalte und Unterrichtsthemen;
2. die Verteilung der Sporttheorie, sofern sie im Lehrplan vorgesehen ist;
3. die Angaben über Unterrichtsmaterialien (Filme, Diaserien, Folien usw.);
4. die zeitliche und inhaltliche Festlegung der Lernzielkontrollen.

Stundengliederung

Die Unterrichtsstunde im Schulsport sollte keine beliebige Aneinanderreihung von Übungen sein, sondern ein geordneter Aufbau von Einzeltätigkeiten, welche miteinander verbunden und um einen Schwerpunkt gelagert sind. Die Durchführung einer solchen Unterrichtseinheit erfordert vom Lehrer die vorherige Planung nach dem Schema einer Stundengliederung.

Die fachdidaktische Literatur bietet ihm dafür einige Muster an, die zuerst beschrieben werden, wobei nur Stundenbilder berücksichtigt werden, die in jüngerer Zeit entwickelt worden sind und noch einen Einfluss auf die Unterrichtspraxis ausüben. Zwar verfallen gerade jene Sportlehrer, welche von Unterrichtsplanung wenig halten, in das von Adolf Spiess (1810–

1858) entwickelte Stundenbild (Freiübungen – Gerätturnen – Spiele), doch soll diese Art von Stundeneinteilung nicht mehr erörtert werden.

Im »Österreichischen Schulturnen« wurde die Stundengliederung stets als wichtiges didaktisches Anliegen betrachtet. Karl GAULHOFER und Margarete STREICHER, die beiden Schulturnreformer nach dem Ersten Weltkrieg, teilten eine Unterrichtsstunde in drei Hauptbestandteile ein (BURGER/GROLL 1971, 228):

A	Belebende Übungen	8 Minuten
B	1 Rumpfübungen 2 Gleichgewichtsübungen 3 Kraft- und Geschicklichkeitsübungen	15 Minuten
	4 Lauf und Gang 5 Sprung	15 Minuten
C	Beruhigende Übungen	7 Minuten

Aus dem Bestreben, alle Aufgaben der Leibeserziehung in eine Unterrichtseinheit unterzubringen, entstand allerdings eine verwirrende Vielseitigkeit, die sich in der dafür gegebenen Zeit nicht sinnvoll verwirklichen läßt. Die weitere Entwicklung in der Diskussion um die Stundengliederung lief auf die Vereinfachung und Übersichtlichkeit hinaus. Bei BURGER/GROLL (1971, 223) ist die Stundeneinteilung ein Spiegelbild der Systematik des Übungsstoffes, welche von GROLL entwickelt wurde.

I	Einleitung	5 Minuten
II	Hauptteil	35 – 40 Minuten
	a) Haltungs- und Bewegungsschulung	
	b) Leistung und Kunstfertigkeit	
	c) Spiel und Tanz	
III	Schluss	5 Minuten

Es ist nicht einzusehen, warum eine einzelne Unterrichtseinheit den gesamten Übungsstoff enthalten muss, der im Schulsport vorgesehen ist. Kein Lehrer kann in einer Unterrichtsstunde Konditionsarbeit, Leistungsübung, Spiel und Tanz unterbringen, und wer es dennoch versucht, bleibt in einem oberflächlichen und hektischen Übungsbetrieb stecken. Jeder Unterrichtseinheit wird ein Schwerpunkt gegeben, und die Jahresplanung ist dafür verantwortlich, dass alle Übungsbereiche, die im Lehrplan vorgesehen sind, berücksichtigt werden. Die Vielseitigkeit des Bewegungslernens und -handelns ist eine Angelegenheit der Jahresarbeit und keine Verpflichtung für jede einzelne Unterrichtsstunde.

BRODTMANN/KLUPSCH-SAHLMANN haben jüngst (1999) ein bemerkenswertes Muster einer Stundenvorbereitung veröffentlicht.

Schema zur Unterrichtsvorbereitung

Name:
Fach:
Klasse:
Datum:

Zentrales Thema der Unterrichtsstunde/-einheit

Ziele, die in dieser Stunde Priorität haben sollten
1.
2.
3.

Was muss vor Beginn der Unterrichtsstunde geregelt/bedacht werden?

Unterrichtsphasen	Mögliche Probleme (Handlungsalternativen)

Inhaltliche «Reserven» (zum Beispiel in Gestalt von schnell zu organisierenden Spielen oder Wettkämpfen) für den Fall, dass die Stunde nicht wie geplant zu Ende geführt werden kann.

Abb. 37: Muster für die Stundenplanung (BRODTMANN/KLUPSCH-SAHLMANN).

Dieses Planungsschema ist sicherlich etwas aufwendig im alltäglichen Gebrauch, enthält aber die vier wesentlichen Planungsfragen, die sich ein Sportlehrer in der Stundenvorbereitung zu beantworten hat: Welche Themen (Inhalte), bezogen auf welche Ziele (Absichten) werden mit welchen Methoden an welche Schüler vermittelt?

FETZ (1996, 228 ff.) hat mit seinem Vorschlag einer Stundengliederung den Anschluß an Entwicklungen in Deutschland hergestellt. Die Sportstunde wird auch bei KRUBER (1968) oder STIEHLER (1973) dreigeteilt und besteht aus:

1. Einleitung
2. Leistungsteil (Hauptteil)
3. Ausklang

Ausgehend von der Thematik des Hauptteils liegt die Betonung in der *Stundeneinleitung* beim Aufwärmen, Einstimmen, Vorbereiten oder Erläutern. Der Hauptteil bestimmt die Gestaltung des Stundenanfangs. Die Konditionsarbeit ist ein Bestandteil jeder Unterrichtsstunde und kann im Einleitungsteil gut untergebracht werden. Beherrscht die Handlungsform Lernen den Hauptteil, ist der Stundenanfang für die Weckung der Lernbereitschaft und die Erzeugung eines geeigneten Lernklimas zuständig. Die Vielfalt der möglichen Themen und Tätigkeiten des Stundenhauptteils legt dem Sportlehrer die Variation der Einleitung nahe. Die in der Unterrichtspraxis häufig anzutreffende Konditionsgymnastik in Frontalaufstellung stellt jedenfalls nur eine Möglichkeit des Stundenanfangs dar. Ein stereotyper Beginn der Sportstunde ist wenig dazu angetan, die Motivation für den nachfolgenden Hauptteil zu schaffen.

Den *Stundenhauptteil* beherrschen entweder die Handlungsformen Lernen, Üben, Spielen, Gestalten, Wettkämpfen oder es wird ein thematischer Schwerpunkt gesetzt und ein Gerät oder eine Bewegungstätigkeit in den Mittelpunkt gestellt. KOCH/MIELKE (1972) haben fünf Stundentypen mit jeweils einem thematischen Akzent benannt:

Typ I:	Sammeln von Bewegungserfahrungen
Typ II:	Konditionsschulung
Typ III:	Neuerwerb von Bewegungsformen
Typ IV:	Einüben von gelernten Bewegungsfertigkeiten
Typ V:	Bewegungsgestaltung, Anwendung des Bewegungskönnens

Diese Einteilung erhält eine Schwerpunktsetzung nach Lern-, Übungs- und Anwendungsstunden, also eine Gliederung der Unterrichtseinheit nach den wichtigsten Handlungsformen des Schulsports. Fraglich ist der Typ II als eigenständige Unterrichtseinheit, weil die Konditionsarbeit in jeder Sportstunde nötig ist und kontinuierlich über die gesamte Jahresarbeit verteilt sein soll. Auch das Sammeln von Bewegungserfahrung ereignet sich sowohl beim Lernen, Üben, wie bei den verschiedenen Anwendungsformen. Wenn der thematische Kern einer Sportstunde ein Gerät ist, kann es Mischformen von Lern- und Anwendungsstunden geben. Die Vielfalt der Lerninhalte, der Lernziele, der Tätigkeiten und der Interaktionen im Schulsport verbietet jedenfalls ein starres Schema für den Hauptteil der Stunde. Thematische und Handlungsschwerpunkte sowie deren Kombination ergeben eine größere Anzahl von Stundentypen, als sie bei KOCH/MIELKE (1972) und KRUBER (1968) aufgeführt sind.

Sportstunden sind in der Regel durch eine starke emotionelle Beteiligung der Schüler gekennzeichnet, deshalb ist die Bezeichnung *Ausklang* für den Abschluss der Unterrichtseinheit zutreffend. Zwischen der Sportstunde und dem nachfolgenden Unterricht soll eine Phase der Beruhigung und des Übergangs eingelegt sein, damit der nachfolgende Unterricht nicht durch den Sport beeinträchtigt wird. Auch der Stundenabschluss ist vom Thema oder der Tätigkeit des Hauptteils anhängig. Eine Lernstunde mit hoher Anforderung an Konzentration und besinnlicher Arbeit verträgt den lustvollen und bewegungsreichen Ausklang, eine Spielstunde fordert den ruhigen und die Gefühlsspannungen abbauenden Stundenschluss. Ein anstrengender Hauptteil wird die Regelbesprechung, taktische Erörterungen oder die Information über gesunde Lebensführung nahelegen. Der Stundenausklang ist außerdem bestimmt von der Lage der Sportstunde im Wochenplan. Anfangs-, Mittel- oder Endstunden, Vormittags- oder Nachmittagsunterricht verlangen jeweils unterschiedliche Arten des Ausklanges einer Sportstunde.

Die Unterrichtsplanung auf der Ebene der Stundenvorbereitung hat darauf zu achten, dass Einleitung, Hauptteil und Schluß aufeinander abgestimmt sind. Den Ausgangspunkt der Planung bildet der Hauptteil und sein thematischer oder aktioneller Schwerpunkt. Von ihm ausgehend bestimmen sich die Art und Weise der Einleitung und des Abschlusses einer Unterrichtseinheit.

Die Planung der Unterrichtsstunde wird außerdem von didaktischen Grundsätzen bestimmt, von denen nachfolgend die wichtigsten erörtert werden:

1. Optimale Bewegungszeit

Eine der wesentlichen Aufgaben des Schulsports ist die Sicherung des Bewegungsausgleiches gegenüber der ungesunden Sitzhaltung in den übrigen Fächern. Damit wird zwar die Stellung des Sports im Kanon der Unterrichtsgegenstände nicht gefestigt und der Schulsport als pädagogische Einrichtung nicht ausreichend begründet; die bewegungshungrigen Kinder und Jugendlichen aber werden nach den Stunden des Stillsitzens die Bewegungsangebote zu schätzen wissen. Die Stundenplanung des Lehrers ist deshalb auch darauf gerichtet, durch Geräteeinsatz, Stoffauswahl und Gruppenformen jedem Schüler ausreichend Bewegung in der Sportstunde zu ermöglichen. Je höher das Maß der tatsächlichen Bewegungszeit für jeden Schüler ist, desto günstiger darf der Sportunterricht bewertet werden. Die sorgfältige Stundenvorbereitung ist eine Voraussetzung für die Bewegungseffektivität des Unterrichts.

Damit das Bestreben, jeden Schüler ausreichend motorisch zu beanspruchen, nicht zur Überforderung führt, ist schon bei der Stundenvorbereitung die Höhe und die Verteilung der Belastung zu bedenken. BURGER/GROLL (1971, 242) haben für die Stundenplanung eigene Belastungskurven für die physische, psychische und soziale Beanspruchung der Schüler entworfen. Nun ist vom Sportlehrer nicht zu fordern, dass er für jede Unterrichtsstunde eine Belastungsberechnung nimmt, wohl aber, dass er die voraussichtliche Organbelastung der Schüler bei der Stundenvorbereitung mit in seine Überlegungen einbezieht. Dies setzt Kenntnisse über die Organbelastung in den jeweiligen Alters- und Entwicklungsstufen voraus und verlangt die besondere Beachtung der Krisenzeiten in der jugendlichen Entwicklung (z.B. erster Gestaltwandel, Pubertät). Hinsichtlich der psychosozialen Beanspruchung während einer Unterrichtseinheit ist auf den Wechsel von intensiven Sozialkontakten (Spiel) und individuellem Üben und Lernen zu achten, aber auch auf die sinnvolle Verteilung emotionaler Hochstimmung und ruhigen Handelns.

2. Stundenschwerpunkte

Aus der Kritik der Stundenbilder von GAULHOFER/STREICHER und BURGER/GROLL wurde erkenntlich, dass eine Unterrichtsstunde nicht alle Zielsetzungen des Schulsports enthalten kann, sondern einen thematischen Schwerpunkt oder einen Handlungsakzent aufzuweisen hat. Bewegungstätigkeiten, Sportarten, die Handlungsformen des Gestaltens, Spielens, Wettkämpfens, Geräte, motorische Fähigkeiten oder soziale Lernziele können Stundenschwerpunkte sein und werden durch die Jahres- und Abschnittsplanung auf die einzelnen Unterrichtseinheiten verteilt. In der Unterrichtsplanung hat der Sportlehrer darauf zu achten, dass eine Stunde dem Schwerpunktthema gemäß gegliedert ist. Bei der Themenwahl sind entwicklungsbedingte, geschlechtsspezifische, jahreszeitliche und räumlich-geographische Gegebenheiten zu berücksichtigen. Die Handlungsweise Spielen wird in den Schulstufen 1 bis 7 häufiger vorkommen als bei Jugendlichen zwischen 15 und 18 Jahren, Gestalten als Stundenschwerpunkt bei Mädchen häufiger als bei männlichen Jugendlichen, Eislauf im Winterhalbjahr, und eine Schule mit guten Leichtathletikanlagen wird mehr Stunden auf diese Sportart verwenden als eine mit mangelhafter Ausstattung. Dennoch ist auf die Ausgewogenheit und Abwechslung bei der Verteilung der Unterrichtsthemen zu achten. Lernen, Üben und die verschiedenen Anwendungsformen des Spielens, Wettkämpfens, Gestaltens, Leistens sind die Handlungsformen des Sportunterrichts. Die Stundenvorbereitung setzt Akzente, weil alle diese Tätigkeiten in einer Unterrichtseinheit ein Zuviel bedeuten würden. Lernen oder Üben als Stundenschwerpunkte stoßen vornehmlich bei jüngeren Schülern auf wenig Gegenliebe, sind aber als eigene Aktionsschwerpunkte innerhalb einer Unterrichtseinheit gerechtfertigt. Wenn dem Schüler der Zusammenhang zwischen Lernen und Üben auf der einen und den freudvollen Anwendungsformen auf der anderen Seite verständlich gemacht wird, werden solche Unterrichtsstunden auch angenommen. Verschiedene Aktionsschwerpunkte stellen unterschiedliche Anforderungen an die Unterrichtsplanung: Eine Lernstunde ist bereits organisatorisch schwieriger zu bewältigen als eine Spielstunde; Lernaufbau, Lernmedien, Lernhilfen sind zu überlegen und Lernverstärker einzuplanen. Der Stundenbeginn dient der Weckung der Lernbereitschaft bei den Schülern und erfordert motivierende Maßnahmen. Der Stundenausklang wird eine Art Belohnung für das ernsthafte Lernen sein und freudvoll und bewegungsreich ausfallen müssen.

Die verschiedenen Formen des Spiels, Wettkampfes, Leistungsvergleichs und der Leistungserhebung, der Bewegungsgestaltung und des Tanzes stellen differenzierte Ansprüche an die Planungstätigkeit des Lehrers. Bei einer Stunde mit dem Schwerpunkt des Übens kommt es in besonderer Weise darauf an, dass die Eigentätigkeit des Schülers gewährleistet ist.

3. Effektivität

Der eher geringen Zahl der Unterrichtsstunden im Schulsport steht ein umfangreicher Lehrstoff gegenüber, deshalb muss mit der zur Verfügung stehenden Zeit sparsam umgegangen werden. Eine sorgfältige Jahres- und Stundenplanung ist der erste Schritt zur Erfüllung dieser Forderung. Die Stundenvorbereitung hat nach dem Grundsatz der Effektivität und Intensität im Hinblick auf die Erreichung der Unterrichtsziele und der Bewegungsmöglichkeiten für jeden Schüler zu erfolgen. Maßnahmen der Intensitätssteigerung und des größeren Unterrichtsertrages in der Stundenplanung wären:

- die exakte Überlegung und schriftliche Festlegung des Geräteeinsatzes;
- die Verwendung derselben Geräte durch alle Stundenteile, wenn die Thematik der Stunde es zulässt;
- die Festlegung des Ordnungsrahmens in allen Stundenabschnitten und die übersichtliche Darstellung der Gruppenformen (Riegen, Mannschaften);

- die Planung von Zusatzaufgaben;
- die häufige Verwendung des Stationsbetriebs, besonders bei der Konditionsarbeit;
- die Einübung der Verständigungszeichen zwischen Lehrer und Schüler, welche einen raschen Geräte-, Übungs- oder Gruppenwechsel gestatten.

Der Sportunterricht ist eben ein zielgerichtetes Handeln und jede Unterrichtseinheit ist ein geplanter Schritt auf ein Ziel hin. Ein Lernziel kann je nach Komplexität und Schwierigkeit in einer Unterrichtseinheit oder in mehreren erreicht werden. Ein Gradmesser für das zielgerichtete Lehren sind die Erfolgskontrollen und Leistungserhebungen, die ebenfalls in der Planung berücksichtigt werden müssen. Die Zielstrebigkeit ist als didaktische Forderung auch dann verwirklicht, wenn die Planung so abgestimmt ist, dass das Stundenthema alle Stundenteile durchzieht. Die Einleitung soll auf das Thema hinführen und der Ausklang es abschließen.

4. Vielseitigkeit und Situationsgemäßheit

Ein monotoner Unterricht verhindert die Anteilnahme des Schülers am Unterricht, die ungeordnete Vielseitigkeit lässt keine Zielstrebigkeit zu. Die Planung einer Unterrichtseinheit hat den Mittelweg zu gehen. Die Vielseitigkeit des stofflichen Angebotes ist bei jüngeren Jahrgängen zu rechtfertigen, und dem Sammeln von Bewegungserfahrungen kommt eine Stunde mit vielseitigem inhaltlichem Angebot entgegen. Lernstunden hingegen benötigen die Beschränkung auf das Wesentliche. Die Vielseitigkeit als didaktisches Prinzip gilt mehr für die gesamte Jahresplanung und weniger für jede Unterrichtseinheit. Ausreichend und vielseitig allerdings sollte die organische Belastung jedes Schülers während einer Sportstunde sein, weshalb die Stundenplanung auf die gleichmäßige Beanspruchung zu achten hat.

Der Sportunterricht findet in Hallen mit unterschiedlicher Einrichtung, auf Sportplätzen, Eisflächen, in Bädern, an Skihängen usw. statt. Jede Anlage hat ihre eigentümlichen Anforderungen und verändert die Handlungsfelder, Interaktionen und den Ordnungsrahmen des Unterrichts. Damit der Sportunterricht situationsgemäß stattfinden kann, soll der Lehrer die Besonderheiten jeder Sportstätte in der Planung berücksichtigen. Es gibt aber auch Situationen, die nicht räumlich bedingt sind und deshalb kaum in der Unterrichtsvorbereitung vorwegzunehmen sind. Die Lage einer Sportstunde im Stundenplan der Woche, im Tagesrhythmus, der Einfluß vorangegangener und nachfolgender Fächer, besondere schulische Ereignisse wie Prüfungen oder Feste können die Situation des Lehrens und Lernens im Schulsport beeinflussen.

Diese didaktischen Grundsätze sind bei der Vorbereitung einer Sportstunde zu berücksichtigen. Was am Anfang einer Lehrtätigkeit als schwer durchschaubare Vielfältigkeit erscheint, wird bei regelmäßiger Unterrichtsplanung zu einem überschaubaren und hilfreichen Gerüst für die Stundenvorbereitung.

6.2 Unterrichtsauswertung

Die Planung und die Durchführung des Unterrichts bilden mit der Auswertung zusammen das Ganze des unterrichtlichen Geschehens im Schulsport. Die vorausgegangene Vorbereitung sichert die Planmäßigkeit und Intentionalität des Unterrichts und die nachfolgende Kontrolle bestätigt, verändert oder verwirft die Planung und Durchführung. Die Unterrichtskontrolle ist die Überprüfung der Lernzielverwirklichung, wobei die Beurteilung und Benotung der Schülerleistung nicht der einzige, wohl aber ein wichtiger Faktor der Unterrichtskontrolle ist. Sie ist außerdem die Bewertung der Lehrerleistung in Planung und Unterricht und ein Urteil über die Güte des Lehrplans.

Bewertungskriterien, Notensysteme, Lehrerausbildung, Lehrpläne und Lernziele sind Wandlungen unterworfen. Die Unterrichtskontrolle hat die Grundsätze zu reflektieren, die Methoden zu revidieren und die Kontrollinstrumente zu erproben. Die Erhebung, Bewertung und Benotung der Schülerleistung sind die hauptsächlichen Aufgaben der Auswertung des Sportunterrichts.

6.2.1 Leistungserhebung

Die Vielschichtigkeit der Leistung im Schulsport hat die Leistungserhebung und -beurteilung zum Gegenstand widersprüchlicher Meinungen und Urteile gemacht.

„Regelmäßige und pädagogisch richtig durchgeführte Leistungskontrollen sind ein wichtiges Mittel zur Schaffung einer positiven Lerneinstellung der Schüler ... Leistungskontrollen spornen an und führen zu einer aktiven und bewußten Erfüllung der Aufgaben im Unterricht und außerunterrichtlichen Sport. Durch das systematische Kontrollieren können wesentliche Reserven der sportlichen Leistungsentwicklung der Schüler erschlossen werden" (STIEHLER 1973, 286).

Die sachliche Beurteilung dieses didaktischen Problemfeldes muss von der Frage nach Sinn und Bedeutung der Leistungskontrollen im Schulsport ausgehen. Welche Leistungen sollen erhoben, bewertet und benotet werden, wofür dient die Leistungsfeststellung und wem nützt sie? Eine nicht zureichende Begründung und Bestätigung für die regelmäßigen Leistungserhebungen im Schuljahr wäre die Verpflichtung zur Notengebung im Fach Sport. Kommt aber der Nachweis hinzu, dass die Leistungskontrollen die Lernbereitschaft des Schülers erhöhen, die Bewegungsbereitschaft fördern, die Unterrichtsplanung des Lehrers und die Durchführung des Sportunterrichts bestätigen, kann mit Recht von einem notwendigen didaktischen Schritt gesprochen werden. Eine pädagogisch vertretbare und den Unterricht unterstützende Leistungskontrolle hat einigen *didaktischen Prinzipien* gerecht zu werden.

Die Leistungskontrolle im Schulsport hat von einem differenzierten Leistungsbegriff auszugehen. Mess- und wertbare sportliche Leistungen sind nur *ein* Bestandteil der Leistungserhebung und gehen nur als *ein* Teil in die Beurteilung und Notengebung ein. Unterschiedliche körperliche, psychische und soziale Voraussetzungen des Schülers machen selbst die objektive sportliche Leistung zu einer relativen Angelegenheit. Dies ist zwar das eigentliche Problem der Leistungsbewertung, kann aber bereits im Vorgang der Leistungserhebung nicht unbeachtet bleiben. Es gibt mehr objektive und mehr subjektive Methoden der Leistungserhebung. Da Gerechtigkeit ein grundlegendes und ernsthaftes Unterrichtsprinzip ist, muss das Bemühen des Lehrers auf objektive (und das bedeutet in der Regel auch gerechte) Methoden der Leistungskontrolle gerichtet sein, ohne damit dem subjektiven Lehrerurteil Wert und Nutzen abzusprechen.

Die Leistungserhebung und -bewertung ist im Sportunterricht mehr als in den anderen Fächern ein dem Schüler einsichtiger Vorgang, weil die sportliche Leistung allgemein verständlich ist. Ein günstiger Einfluss auf die Einstellung des Schülers zur Leistungskontrolle ist dann zu erwarten, wenn die eigene Leistung mit der anderer verglichen und der Leistungsfortschritt festgestellt werden kann. Dies bedeutet unter anderem, dass die Leistungskontrollen im Schulsport zeitlich festgelegt werden und nicht wie in anderen Fächern mit dem Überraschungseffekt gearbeitet wird. Der Prüfungsstoff muss im Unterricht erarbeitet werden und dem Schüler somit bekannt sein. Der Sportunterricht ermöglicht im großen Ausmaß die Beteiligung des Schülers an der Leistungserhebung und die verantwortliche Eigenkontrolle. Mit geeigneten Hilfsmitteln (z.B. Leistungskarten) kann die Leistungskontrolle im Bereich der motorischen Eigenschaften und der messbaren motorischen Tätigkeiten weitgehend der Selbständigkeit des Schülers überantwortet werden.

Außerdem haben die Leistungskontrollen in eine deutlich erkennbare Beziehung zu den Lernzielen zu treten. Der Zusammenhang zwischen den im Jahresplan ausgewiesenen Unterrichtszielen und den in Abständen vorgenommenen Leistungserhebungen ist dem Schüler einsichtig zu machen. Es erhöht die pädagogische Wirksamkeit der Leistungserhebung, wenn sie in der Vorstellung des Schülers stärker mit den geforderten Lernzielen als mit der Notengebung in Zusammenhang gebracht wird. Leistungserhebungen sind die Kontrolle der Zielerreichung im Fertigkeitsbereich bei den motorischen Eigenschaften und in den Ebenen der kognitiven und sozialen Lernziele des Sportunterrichts.

Eine solchen Grundsätzen verpflichtete, regelmäßige und systematische Leistungskontrolle ist mehr als die Bedingung der Notengebung im Fach Sport. Sie erhält ihre didaktische und pädagogische Begründung durch ihren Beitrag zur Kontrolle der Lernzielverwirklichung, als Faktor der Leistungserziehung und der sportlichen Leistungssteigerung und als Antrieb zur Bewegungsbereitschaft. Das Messen und das Werten und die Kombination beider Methoden sind die wichtigsten *Verfahren* der Leistungserhebung im Schulsport. Die Leistungsmessung ist an bestimmte Lerninhalte gebunden und wird mit Stoppuhr und Maßband durchgeführt. Der hohen Objektivität der Leistungskontrolle steht eine geringe Streubreite der Messmöglichkeiten gegenüber. Gemessen wird die sportliche Leistung nach Zentimetern und Sekunden, nicht aber die Bewegungsausführung, der persönliche Einsatz, die Kreativität in der Lösung einer Bewegungsaufgabe und andere Momente, die gerade für die erzieherischen Belange des Schulsports nicht unwesentlich sind. Wenn messbare Leistungen nach vorher festgelegten Kriterien zu Serien zusammengefasst werden, spricht man von standardisierten oder informellen Tests. Messwerte können nach Wertungstabellen in Punkte umgewandelt werden und dann eine gerechtere Übertragung der Leistung in die Notenskala ermöglichen, weil sie Leistungsvergleiche in differenzierter Weise zum Ausdruck bringen.

Den größeren Spielraum der Leistungserfassung, verbunden mit einem höheren Maß an Subjektivität, bietet die Leistungsbewertung. Die überwiegende Zahl der Schulsportarten unterliegt der Wertung, und obwohl diesem Verfahren Tabellen, Spielbögen und ähnliche Materialien zur Verfügung stehen, wird damit nicht die Objektivität der Messung erreicht. Da aber die objektive sportliche Leistung nicht das alleinige Kriterium für die Leistungsbeurteilung darstellt, liegt in der Subjektivität der Leistungsbewertung kein Nachteil, denn sie erfaßt wesentlich mehr Aspekte der Leistung des Schülers: Bewegungsausdruck, Bewegungsphantasie und Einfallsreichtum. Fetz (1996, 292) möchte neben solchen ästhetischen auch ethische Momente in der Bewertung der Bewegungsleistung berücksichtigt sehen und führt als Bereiche die Mannschaftsspiele und das Sichern und Helfen an.

Weder die Messtabellen noch die Bewertungskriterien des außerschulischen Sports eignen sich aber für eine unveränderte Übernahme in den Schulsport, weil die Voraussetzungen der Leistungserhebung im Schulsport anders als im Vereinssport sind. Es ist die Aufgabe der Fachdidaktik und die Verpflichtung des Sportlehrers, schulsportspezifische Punktetabellen und geeignete Tests für Messung und Wertung im Sportunterricht zu entwickeln. Denn im

Schulsport sollen Leistungskriterien in die Bewertung eingebracht werden, die im Vereinssport entweder nicht belangvoll sind oder nicht Bestandteil der Leistungserhebung sein können. Die persönliche Leistungsbereitschaft und die individuelle Leistungssteigerung hingegen sind anerkannte Bewertungskategorien für die Leistung im Schulsport.

Die Leistungserhebung als Messung und Wertung richtet sich vornehmlich auf das motorische Fertigkeits- und Eigenschaftsniveau. Im motorischen Fertigkeitsbereich werden technische und taktische Fähigkeiten sowie Kenntnisse erhoben, im motorischen Eigenschaftsbereich die Grade der Ausprägung. Da die Leistungserhebung im Sportunterricht vor allem den Zuwachs motorischer Fähigkeiten und Fertigkeiten feststellen soll, ist es notwendig, die Ausgangslage jedes einzelnen Schülers durch eine Leistungserhebung zu bestimmen. Im Fertigkeitsbereich geht es außerdem um den Neuerwerb von motorischen Handlungsweisen, so dass die Leistungserhebung zugleich die Kontrolle dafür ist, ob durch Lernen und Üben Handlungsweisen erworben wurden, die vorher nicht oder nur unzulänglich vorhanden gewesen sind.

Für alle Arten der Leistungserhebung stehen dem Sportlehrer *Hilfsmittel* in Form von Leistungskarten, Bewertungstabellen, Spielbeurteilungsbögen, informelle und standardisierte Tests zur Verfügung. Als objektive Instrumente der Erfolgskontrolle werden im Sportunterricht auch sportmotorische Tests eingesetzt. Der Sportlehrer ist darauf angewiesen, Leistungstabellen, Spielbögen und Tests für die besonderen Bedingungen seiner Schule und seiner Klasse selber zu entwickeln. Das macht die Leistungserhebung weitgehend abhängig vom didaktischen Geschick und dem Berufsethos des jeweiligen Lehrers. Es stehen dem Schulsport aber auch einige Hilfsmittel der Leistungserhebung zur Verfügung (z.B. Konditions- und Koordinationstests).

Motorische Fähigkeiten wie Kraft, Ausdauer, Schnelligkeit, Gelenkigkeit, Gewandtheit werden mittels genormter Übungen in ihrem Ausprägungsgrad gemessen. Die Anforderungen an einen für den Schulsport brauchbaren Konditionstest wären:

1. Er hat die allgemeinen Testkriterien Gültigkeit, Objektivität und Zuverlässigkeit zu erfüllen. Das bedeutet, daß ein Test die Merkmale tatsächlich erfaßt, die er vorgibt zu messen und die Ergebnisse bei verschiedenen Testern und bei der wiederholten Anwendung gleich sind.
2. Er hat das sportmotorische Tätigkeitsniveau in der gesamten Breite und Vielfalt zu messen (Kraft, Ausdauer, Schnelligkeit, Gelenkigkeit, Gewandtheit, Gleichgewicht).
3. Er soll einen geringen Zeitaufwand und keine aufwendige Apparatur beanspruchen.
4. Er soll einfach zu handhaben (Protokollierungsverfahren) und auch für den Schüler verständlich sein.
5. Er muss Alter, Geschlecht und den körperlichen, geistigen und motorischen Entwicklungsstand der Schüler berücksichtigen.
6. Er soll einfache und den Schülern bekannte motorische Tätigkeiten enthalten.

Die Aufgaben eines Konditionstest liegen in der Feststellung des augenblicklichen motorischen Eigenschaftsniveaus einer Person oder einer Gruppe, im Aufzeichnen der Verbesserung des Ausprägungsgrades durch einen Anfang- und Endtest mit dazwischengeschalteter Übungsphase und im Leistungsvergleich bei Einzelpersonen oder Gruppen.

Die systematische und kontinuierliche Durchführung der Leistungskontrollen im Schulsport orientiert sich an Grundsätzen, aus denen ein Forderungskatalog für die praktische Durchführung abzuleiten ist. Die Leistungserhebungen verteilen sich über das gesamte Schuljahr, die Termine werden im Jahresplan festgeschrieben und den Schülern mitgeteilt. Ihre pädagogische Funktion erfüllen sie dann, wenn sie geplant und gezielt in die Jahresarbeit eingebaut sind. Neben der Verteilung der Leistungserhebungen auf mehrere Sportarten und auf die gesamte Jahresarbeit soll der Sportlehrer auch bei der Stundenvorbereitung auf Leistungskontrollen Bedacht nehmen. Vormittags- oder Nachmittagsstunden eignen sich in unterschiedlicher Weise für die Leistungskontrollen, vorangegangene oder nachfolgende Unterrichtsfächer sind zu beachten. Die Leistungserhebung im Sportunterricht ist mit den Prüfungsanforderungen und Prüfungszeiten der anderen Fächer abzustimmen.

Bei allen Erhebungen der sportlichen Leistungsfähigkeit kann der Lehrer den Schüler zur Mithilfe heranziehen. Die Beteiligung des Schülers an der Feststellung der eigenen Leistungsfähigkeit entlastet die Arbeit des Lehrers und motiviert zumeist den Schüler. Eine Verfälschung der Ergebnisse kommt nur dann zustande, wenn es dem Sportlehrer nicht gelingt, eine entspannte Atmosphäre zu schaffen, den Stellenwert der Leistungserhebung klarzustellen und ein Klima des gegenseitigen Vertrauens zu schaffen. Die partnerschaftliche Leistungserhebung im Schulsport hat allerdings ihre organisatorischen und technischen Voraussetzungen. Für die Eigenkontrolle und Protokollierung des sportlichen Leistungsvermögens sind Leistungskarten, Spielbögen, Bewertungsrichtlinien und Punktetabellen notwendig. Die Verfahren der Leistungsmessung sind in der Regel so verständlich, dass sie von den Schülern selbst gehandhabt werden können. Die Vorbereitung und Anleitung durch den Sportlehrer und die Bereitstellung der erwähnten Hilfsmittel reichen dafür aus.

Die Forderung nach der gerechten Zensur verlangt die vielseitige Leistungsprüfung. Nur die kontinuierliche Leistungskontrolle lässt auch das Zustandekommen der Leistung und die einzelnen Leistungsfortschritte erkennen, und für die Notengebung ist die sportliche Leistung nicht nur als Ergebnis, sondern auch als Ereignis bedeutungsvoll (vgl. dazu Crum 1983). Wettkampfveranstaltungen als Klassen- und Schulwettkämpfe können für die Leistungserhebung herangezogen werden, dürfen aber nicht die einzigen Anlässe sein. Die Leistungserhebungen haben auch unter normalen Unterrichtsbedingungen stattzufinden, denn es gibt Schüler, deren sportliches Leistungsvermögen durch die gespannte Wettkampfatmosphäre vermindert wird und denen die Beurteilung nicht gerecht wird, wenn ihnen nicht Gelegenheit gegeben wird, ihr Können in entspannten Situationen unter Beweis zu stellen.

Aus jeder Sportart werden Übungen ausgewählt, welche zur Leistungserhebung herangezogen werden. Diese Übungen und die daran geknüpften Anforderungen werden dem Schüler am Beginn des Schuljahres mitgeteilt. Die Erhebung der sportmotorischen Leistungsfähigkeit im Fertigkeits- und Eigenschaftsbereich bildet sicherlich das Kernstück der Leistungskontrolle im Schulsport.

6.2.2 Leistungsbewertung

Die Ergebnisse verschiedener Leistungserhebungen werden einer Bewertung unterzogen, die sich wiederum in einer Note niederschlägt. Es wurde bereits darauf hingewiesen, dass Leistungen im Sportunterricht nicht nur im motorischen Tätigkeitsbereich zu erbringen sind, weil der Schulsport mehrere Lernzielebenen und deshalb auch mehrere Arten der Lernzielkontrolle aufzuweisen hat. Nun geht es darum, die Gewichtung einzelner Leistungsbereiche festzustellen, Bewertungskriterien zu finden und damit den Anteil der Teilleistungen an der Sportnote zu bestimmen. Welche Leistungskategorien können und sollen zur Bewertung der Schülerleistung im Schulsport herangezogen werden?

Jeder Unterrichtsgegenstand hat seine Lerninhalte und die Fähigkeit des Schülers zur Aneignung und Wiedergabe des Stoffes wird durch Leistungskontrollen ermittelt, bewertet und durch eine Ziffernnote ausgedrückt. Die Lerninhalte des Sportunterrichts sind vorrangig die Sportarten und Bewegungshandlungen. Demnach ist die motorische Leistungsfähigkeit ein entscheidendes Kriterium für die Bewertung und Notengebung. Die Berücksichtigung weiterer Faktoren sollte das motorische Leistungsbild des Schülers nicht allzusehr verfälschen. Die Leistungsfähigkeit im Bewegungshandeln aber ist differenziert zu erheben und zu bewerten. Der Schulsport vermittelt mehrere Sportarten und viele nichtsportliche Bewegungstätigkeiten in den Bereichen des Spielens, Gestaltens, Erlebens und Wohlbefindens. Die Bewertung der Gesamtleistung des Schülers hat die Einzelleistungen in den Bewegungstätigkeiten zu berücksichtigen und den Ausgleich zwischen höherem Können in einem Bereich und geringerer Leistungsfähigkeit in einem anderen zu gewährleisten. Die Gesamtnote im motorischen Tätigkeitsbereich muss aber nicht unbedingt aus dem Mittel der Einzelnoten gebildet werden. Ebenso sollte nicht nur die Leistungssteigerung, sondern auch die Leistungsbreite in die Bewertung eingebracht werden. Bei der Leistungssteigerung ist der Zuwachs stärker zu beachten als der erreichte Stand der Leistungshöhe, weil nicht die maximale Leistung, sondern die persönliche Bestleistung zu bewerten ist.

Es wird in der fachdidaktischen Literatur vorgeschlagen, dass in die Sportnote neben der sportlichen Leistungsfähigkeit auch die Einstellung zur Leistung im Sport eingehen soll. Die Leistungsbereitschaft als Kriterium der Leistungsbeurteilung ist allerdings problematisch. Ein fehlender Leistungswille bei guten Leistungsvoraussetzungen bedeutet dann eine geringere Einstufung und Bewertung der Leistungsfähigkeit eines Schülers, während umgekehrt die ausgeprägte Bereitschaft zum sportlichen Leisten bei ungünstigen Voraussetzungen die Sportnote verbessern soll. Fehlt dieses Bewertungskriterium, werden die Außenbedingungen Konstitution, Körpergröße, Gewicht und motorische Begabung zum alleinigen Maßstab der Beurteilung der Schülerleistung. Der Leistungswille als Kriterium der Leistungsbewertung und Notengebung ist allerdings auch insofern problematisch, als er, wie VOLKAMER (1978, 60 ff.) richtig aufzeigt, weder unabhängig vom Leistungsvermögen des Schülers noch unbeeinflusst vom Lehrvermögen des Lehrers zu sehen und zu beurteilen ist. Ein häufigeres Leistungsversagen vermindert den anfangs vorhandenen Leistungswillen, während die sportlichen Erfolge die Leistungsbereitschaft verstärken werden. Die Leistung und die Einstellung zur Leistung bedingen einander gegenseitig und können deshalb nicht unabhängig voneinander in die Notengebung einfließen. Motivierte Schüler werden mehr Leistungsbereitschaft zeigen als unmotivierte; die Motivation zum Schulsport ist aber auch vom Lehrerhandeln abhängig. Mit der Leistungsbereitschaft des Schülers als Bewertungsfaktor wird deshalb zu einem guten Teil auch die Lehrleistung des Lehrers bewertet.

Die Sachstruktur des Sportunterrichts räumt der Mitarbeit des Schülers bei der Gestaltung des Unterrichts ausreichende Möglichkeiten und genügende Spielräume ein. Diese Tatsache sollte sich in der Leistungsbeurteilung ebenfalls bemerkbar machen und die Beteiligung des Schülers am Unterrichtsgeschehen in die Sportnote einbeziehen. Dies gilt ebenso für das soziale Handeln, das sich in der Bereitschaft des Sicherns und Helfens, der Gruppenführung und der Hilfsbereitschaft beim Lernen und Üben der Mitschüler ausdrückt. Auch die Fähigkeiten zur Wettkampforganisation und Schiedsrichtertätigkeit können ihren Niederschlag in der Leistungsbewertung finden und graduelle Änderungen in der Zensur bewirken. Wenn die Sporttheorie ein curricular festgelegter Bestandteil des Sportunterrichts ist, werden kognitive Leistungen selbstverständlich auch die Gesamtbewertung beeinflussen. Fraglich bleibt noch, ob Leistungen im außerschulischen Sport bei der Leistungsbewertung und Notengebung im Schulsport herangezogen werden sollen, weil die Leistungserhebung nicht unter der Aufsicht des Lehrers erfolgt und damit dem Spezialisten im Sport zu sehr entgegengekommen wird.

Die Leistungsbewertung im Schulsport unterliegt noch weiteren didaktischen Überlegungen. Die Gewichtung einzelner Faktoren der motorischen Leistung und der übrigen Leistungskriterien (Mitarbeit, Sporttheorie, Leistungsbereitschaft usw.) kann offen dargelegt und mit den Schüler verabredet werden. Und dieses Bewertungssystem sollte weder in jeder Situation neu festgelegt noch für alle Fälle gleichbleibend verwendet werden. Problematisch ist die Beurteilung des sozialen Handelns im Sportunterricht, weil jede Bewertung dieser Art einen überindividuellen Maßstab voraussetzt. Kann es aber einen gesellschaftlichen Konsens über wünschenswertes Sozialverhalten, der als Maßstab für die Bewertung des Schülerverhaltens im Sport dienen kann, überhaupt geben? Sympathie und subjektive Vorstellungen des Lehrers werden weitgehend die Bewertung der sozialen Handlungen des Schülers bestimmen. Es ist immer auch eine Charakterbeurteilung, wenn die Mitarbeit und das Sozialverhalten des Schülers bewertet und durch eine Note ausgedrückt werden. Die Gefahr besteht, dass der Charakter des Schülers an den Anpassungserfordernissen der Schule gemessen und die Systemkonformität zum Gradmesser des sozialen Handelns erhoben wird. Die Schwierigkeit einer objektiven Lernzielkontrolle im Bereich der sozialen Lernziele ist bekannt und hinlänglich erörtert worden. Davon ist auch die Notengebung betroffen, wenn sie mehr als die mess- und wertbare motorische und körperliche Leistungsfähigkeit im Fertigkeits- und Fähigkeitsbereich und die sporttheoretischen Kenntnisse in die Bewertung einbeziehen soll.

Dass die Kombination mehrerer Leistungsfaktoren zu einer Gesamtnote im Schulsport nicht unproblematisch ist, hat Volkamer (1978) deutlich gemacht, indem er die Schwierigkeiten einer objektiven Bewertung von Schülerleistungen in den Bereichen Leistungsbereitschaft, Begabung, Mitarbeit und Leistungszuwachs aufgezeigt hat. Auf die von ihm angeführten Bedenken soll im Folgenden eingegangen werden: Volkamer geht von den Testkriterien Objektivität, Reliabilität und Validität aus, beansprucht sie auch für die Bewertung der Schülerleistungen im Sportunterricht und behauptet zu Recht, dass die Notengebung diesen Gütekriterien nicht entsprechen kann. Er fordert aber für die Mitarbeit, das soziale Handeln, den Leistungswillen und den Leistungszuwachs dieselben Meßkriterien ein, wie sie für die sportliche Leistung gegeben sind. Der Nachweis der Unerfüllbarkeit dieser Forderung ist leicht zu erbringen. Eine objektive Bewertung setzt eine objektive Messung des Merkmals voraus, „ein Merkmal, das nicht eindeutig definiert und operationalisiert werden kann, kann auch nicht objektiv, reliabel und valide gemessen werden" (Volkamer 1978, 53). Es ist einsichtig, dass soziales Handeln oder die Mitarbeit des Schülers im Unterricht nicht operationalisierbar sind, deshalb weder objektiv gemessen noch gleichgewichtig mit den messbaren motorischen Leistungen für die Notengebung herangezogen werden können. Aus diesem Grunde lehnt Volkamer jene Systeme ab, die Leistungsfähigkeit und Mitarbeit bei der Zensur berücksichtigen (Groll, Grotefent), weil sie für die Mitarbeit keine zuverlässigen Messwerte gewinnen können.

„Auch durch das schönste Schema, die klarste Rechenanweisung kann aus unzuverlässigen Meßwerten keine zuverlässige Zensur entstehen" (Volkamer 1978, 61).

Die Argumente Volkamers sind im Detail kaum zu widerlegen. Der Leistungswille als Merkmal der Mitarbeit ist tatsächlich abhängig von der Leistungsfähigkeit, denn wenn ein Schüler beständig schlechte motorische Leistungen aufzuweisen hat, wird er nach einiger Zeit auch keine Leistungsbereitschaft mehr aufbringen. Der Leistungszuwachs hingegen wäre nur dann ein brauchbares Bewertungskriterium, wenn für jede Sportart die Leistungszuwachskurven und für jeden Schüler das Leistungsmaximum und das individuelle Lerntempo bekannt wären (vgl. VOLKAMER 1978, 60 ff.). Ebenso ist die Bewegungsqualität nicht unabhängig von der Leistungshöhe und kann deshalb nicht als zusätzliches Bewertungskriterium für die Sportnote herangezogen werden. Damit bleibt nur noch die Konsequenz: „Es ist m. E. also völlig ausgeschlossen, daß durch die Kombination all dieser Merkmale objektive und zuverlässige Daten zustandekommen können – der einzige objektive Meßwert bleibt wohl die sportmotorische Leistung (und auch dort weitgehend nur in den C-G-S-Sportarten)“ (VOLKAMER 1978, 71/72).

Dies ist die testtheoretische Seite des Problems der Notengebung. Aus sportpädagogischer und unterrichtspraktischer Sicht ist hingegen zu fordern, dass in der Sportnote neben der mess- und bewertbaren körperlich-motorischen Leistungsfähigkeit auch die Leistungsbereitschaft und die Mitarbeit des Schülers zu berücksichtigen sind. Und dazwischen steht der Sportlehrer, der dieses Problem praktisch lösen muss. Trotz der gewichtigen Argumente gegen eine objektive Erfassung der Schülerleistung wäre aber der Rückzug auf die messbare Leistung in den Sportarten nicht die Lösung des Problems. Der Anspruch einer „objektiven“ Beurteilung des Schülers muss eben aufgegeben werden und ist auch in anderen Unterrichtsfächern nicht einlösbar. Die annähernd objektive Bewertung wird eher erreicht, wenn der Lehrer mehrere Faktoren für die Zensur heranzieht. Die Gefahr einer beliebigen und zufälligen Auswahl erscheint zwar aus testpsychologischer Sicht gegeben, berücksichtigt man aber die Tatsache, dass ein Lehrer Erfahrungen macht, Jahr für Jahr viele Schüler benotet und mit der Situation des Prüfens und Bewertens vertraut wird, ist ihm auch zuzubilligen, dass er Schülerleistungen nicht beliebig in Noten umsetzen wird.

Wer an die konkrete Schulsituation mit testtheoretischen Kriterien herangeht, wird die Sportnote als zufälliges Ergebnis subjektiver Eindrücke des Sportlehrers bezeichnen, wer aber die Schulwirklichkeit kennt und berücksichtigt, wird dem erfahrenen Lehrer, der sein Fach und den Schüler ernst nimmt, eine annähernde Objektivität und damit auch Gerechtigkeit bei der Notengebung zutrauen dürfen. Damit soll weder die Problematik der Notengebung im Sport vereinfacht noch einer unreflektierten Praxis der Zensurengebung das Wort geredet werden. Eine objektive und den Testkriterien genügende Bewertung von Leistungen ist zwar in der Laborsituation eines psychologischen Experiments zu erreichen, stellt aber für den Schulsport eine unangemessene Forderung dar.

6.2.3 Leistungsbenotung

Die Bewertung der Schülerleistung aufgrund umfänglicher Leistungserhebungen durch eine Ziffernnote ist schwierig und verfälscht sicherlich die Vielfältigkeit der Leistung im Schulsport. Schon aus diesem Grunde ist die Zensur im Fach Sport problematisch. In der Geschichte des Schulsports gab es oftmals Bestrebungen, den Sport aus dem Kanon der Notenfächer herauszunehmen, auf die Zensur entweder gänzlich zu verzichten oder die Ziffernbeurteilung durch andere Bewertungssysteme zu ersetzen. Vom Meritenssystem der Philanthropen bis zur Schülerbeschreibung reicht die Skala der Versuche, zu einer sach- und persongerechten Bewertung der Leistung im Schulsport zu gelangen.

Bevor auf die derzeit übliche Ziffernbenotung näher eingegangen wird, sollen andere Bewertungssysteme erörtert werden. Es wird häufig behauptet, dass eine Wortbeurteilung als Schülerbeschreibung den Leistungsstand und die Leistungsbereitschaft im Sport genauer und differenzierter wiedergibt als die Ziffernnote. Ein Worturteil könne deutlicher die einzelnen Faktoren der Schülerleistung auseinanderhalten und gesondert kennzeichnen. Leistungswille, Fleiß, motorische Begabung, Interesse und Sozialverhalten kommen in der Wortbeurteilung neben den mess- und wertbaren sportlichen Leistungen zur Geltung und ergeben ein anschaulicheres Bild über die Leistungen des Schülers als die zum Durchschnitt gewordene Ziffer. Kleine Leistungsverbesserungen, die noch zu keiner Änderung der Ziffernnote führen, können durch eine Wortbeurteilung ausgedrückt und dem Schüler verständlich gemacht werden. Der motorisch und konstitutionell benachteiligte aber eifrige und engagierte Schüler wird in der Wortbeurteilung ebenso sichtbar wie der motorisch begabte aber unwillige Schüler. Gegen die Wortbeurteilung sind aber ebenfalls ernsthafte Bedenken vorzubringen. Sie setzt einen großen Einsatz des Lehrers voraus, wenn sie nicht zur Phrasenhaftigkeit entarten soll. Große Schülerzahlen, wie sie in der Normalschule gebräuchlich sind, verführen den Sportlehrer leicht zur Benutzung nichtssagender Formulierungen über die Schülerleistung und das Sozialverhalten. Es sprechen aber noch weitere Argumente gegen diese Art der Leistungsbeurteilung im Sportunterricht. Wenn sie möglicherweise der Sachstruktur des Sportunterrichts eher entspricht als die Ziffernbenotung, ist sie in den anderen Unterrichtsfächers nicht üblich und würde dem Sport eine Sonderstellung im Kanon der Schulfächer zuweisen. Der unsicheren Position des Sports in der Schule würde diese Ausnahmestellung aber keineswegs zuträglich sein. Dies ist zwar kein pädagogisches, aber ein bildungspolitisches Argument, das auch nicht einfach abgetan werden kann. Der Kampf des Sports um die Anerkennung als Unterrichtsfach war langwierig und mühsam genug, als dass man errungene Positionen leichtfertig aufs Spiel setzen dürfte. Das geschieht aber, wenn die Notengebung im Sport entweder gänzlich abgeschafft oder durch die Wortbeschreibung ersetzt wird. Der Schritt von der Ausnahme zur Abnahme der Bedeutung und des wöchentlichen Stundenanteils ist schnell getan. Dieses schulpolitische Argument wäre dann zweifelhaft, wenn alle pädagogischen Erwägungen gegen die Ziffernnote sprächen. Allein aus Rücksicht auf die unsichere Stellung des Sportunterrichts im Fächerkanon der Schule dürfte die Ziffernnote nicht beibehalten werden. Es sprechen aber auch pädagogische Überlegungen für diese Art der Zensur. Die Gesellschaft verbindet mit den Ziffernnoten der schulischen Ausbildung Qualifikationen und Berechtigungen. Die Problematik der Sportnote kann nicht fachimmanent allein gesehen werden, sie ist eingefügt in die Zensurengebung in der Institution Schule einerseits und in die Problematik des Berechtigungsnachweises für gehobene Positionen in unserer Gesellschaft andererseits. Die Gegner der Ziffernbenotung verbinden berechtigte Einwände mit übertriebenen Befürchtungen: ungenaue Wiedergabe des tatsächlichen Leistungsvermögens, Gefährdung des Bildungsauftrages, ungünstiger Einfluss auf das Verhältnis von Eltern zu den Kindern, Ungerechtigkeiten des Lehrers, gestörtes Lehrer-Schüler-Verhältnis. Vorwürfe dieser Art gelten für die Ziffernbenotung in allen Fächern, sind aber bei genauerem Hinsehen nicht aufrechterhalten. Auch die Zufälligkeit der Sportnote und die Abhängigkeit vom subjektiven Lehrerurteil wird häufig behauptet. VOLKAMER (1978, 76 ff.) schließt von Experimenten mit Sportstudenten, bei denen Versuchspersonen für gleiche Schülerleistungen sehr unterschiedliche Noten gegeben haben, zu vereinfachend auf die Schulwirklichkeit. Es besteht ein gewaltiger Unterschied zwischen einem Lehrer, der den Schüler Klaus kennt, über längere Zeiträume im Unterricht beobachtet hat und ihm nach einer vielseitigen Leistungserhebung eine Note gibt und einem Studierenden, der aufgrund einer schriftlichen Unterlage den Schüler A zensieren soll. Ein Vergleich dieser beiden Situationen ist unmöglich und der Schluss auf die fehlende Objektivität der Sportnote in der Schulpraxis unzulässig. Dem folgenden Satz VOLKAMERS (1978, 78) kann nur teilweise zugestimmt werden: „Zwischen verschiedenen Bewertern und verschiedenen Bewertergruppen besteht z.T. eine sehr geringe Übereinstimmung. Die Zensur des Schülers hängt in vielen Fällen davon ab, welcher Lehrer ihn unterrichtet und wo dieser studiert hat.“ Der erste Satz ist das Ergebnis einer experimentellen Versuchsanordnung und soll nicht bezweifelt werden. Die zweite Aussage aber bezieht sich auf die Situation Schule und kann nicht aus der ersten These gefolgert werden.

Dennoch bleiben Einwände gegen die Ziffernnote im Sport bestehen. Die Bewertung der reinen Sportleistung durch eine Note ist unzulässig und wird den unterschiedlichen Voraussetzungen der Schüler im Bewegungshandeln nicht gerecht. Manche Änderungsvorschläge laufen auf eine Kombination von Ziffernnote und Wortbeurteilung hinaus. Gegen diese Maßnahme spricht nur der zusätzliche und hohe Zeitaufwand, der sich aus einer doppelten Bewertung für den Sportlehrer ergibt. Manche Nachteile der Ziffernnote können durch die richtige Handhabung der Bewertungskriterien vermieden werden. Die Sportnote ist weitgehend davon bestimmt, welche Aufgaben dem Sportunterricht zugeschrieben werden. Fetz (1996, 287 ff.) schlägt vor, die sportliche Leistungsnote als Grundlage zu nehmen und die Mitarbeit so weit zu berücksichtigen, dass die Sportnote jeweils um einen Grad nach oben oder unten von der Leistungsnote abweichen kann. Dieser Ansicht schließen sich mehrere Sportpädagogen an, die sich mit dem Problem der Notengebung befasst haben (Mester, Grotefent, Seybold, Groll). Einigkeit besteht in der Auffassung, dass in die Ziffernnote mehr eingehen soll als die sportliche Leistungsfähigkeit des Schülers. Deshalb verdienen alle jene Vorschläge Beachtung, welche versuchen, die sportliche Leistung, die Mitarbeit und das soziale Verhalten des Schülers in die Sportnote einzubringen. Solche Vorschläge wurden von Groll (1971), Grotefent (1964) und Göppel (1963) gemacht. Die Messung und Wertung der sportlichen Leistungsfähigkeit ist stets die Grundlage der Benotung, wird aber durch die Mitarbeit und das soziale Verhalten des Schülers ergänzt. Der Versuch, ein gerechtes Beurteilungsschema für die Sportnote zu finden, hat bei Burger/Groll (1971, 330) zu folgendem System geführt.

Verhalten – Mitarbeit	Leistungen				
	sehr gut	gut	befriedigend	genügend	nicht genügend
	Gesamtnote				
beständig ausgezeichnet	1	1	2	3	4
normal	1	2	3	4	4(5)
anhaltend sehr schlecht	2	3	4	4(5)	5

Abb. 38: System der Notengebung im Fach Leibesübungen (Burger/Groll 1971).

Grotefents (1964) Vorschlag liegt zeitlich früher als der von Burger/Groll (1971) und gibt sicherlich nicht den neuesten Stand der Notendiskussion wieder.

Leistungen	Mitarbeit – Soziales Verhalten					
	I	II	III	IV	V	VI
I	1	1	1	2	2	3
II	1	2	2	3	3	4
III	2	2	3	3	4	4
IV	3	3	4	4	5	5
V	4	4	5	5	5	6
VI	4	4	5	5	6	6

Notenskala für Leibesübungen

Mitarbeit – Soziales Verhalten	Leistungen	
I ausgezeichnet	1	sehr gut
II beachtlich	2	gut
III durchschnittlich	3	befriedigend
IV wechselnd (ungleich)	4	ausreichend
V mangelhaft	5	mangelhaft
VI tadelnswert	6	ungenügend

Abb. 39: System der Zensurengebung im Schulsport (GROTEFENT 1964).

Ein ähnliches Notensystem von GÖPPEL (1963) gewichtet die sportliche Gesamtleistung stärker und entspricht der Forderung von FETZ (1996, 287ff.), die Leistungsnote durch die Bewertung von Mitarbeit und Verhalten höchstens um einen Grad zu verändern.

	Mitarbeit – Verhalten		
	I	II	III
Leistungen I	1	1	2
Leistungen II	2	2	3
Leistungen III	2	3	4
Leistungen IV	3	4	5
Leistungen V	4	5	5

Abb. 40: System der Zensurengebung im Schulsport (GÖPPEL 1963).

Diese Beiträge zur didaktischen Diskussion um die Sportnote sind insofern einander ähnlich, als sie neben der sportlich-motorischen Leistungsfähigkeit die Mitarbeit im Unterricht und das soziale Handeln berücksichtigen und in unterschiedlicher Gewichtung in die Zensur einbringen. Die Diskussion um die Sportnote ist im Fluss. Die abschließenden Bemerkungen dazu bieten nicht die Lösung des Problems, sondern einen Beitrag zu seiner Differenzierung.

1. Von den vier Möglichkeiten einer Notengebung im Schulsport
   a) keine Benotung
   b) Ziffernnote unter Einschluß mehrerer Bewertungskategorien
   c) Wortbeurteilung
   d) Ziffernnote in Verbindung mit der Wortbeurteilung
   wird der differenzierten Ziffernnote (b) der Vorzug gegeben.
2. Die Grundlage der Ziffernnote ist die aus vielen Faktoren zusammengesetzte motorische Leistungsnote, die eine Abweichung um einen Grad durch Mitarbeit und konstitutionelle Voraussetzungen erfahren kann.
3. Für die Messung und Wertung der motorischen und körperlichen Leistungsfähigkeit ist das größtmögliche Maß an Objektivität und Vielseitigkeit anzustreben.
4. Über die Mitarbeit hinausgehende soziale Handlungsweisen und Charaktereigenschaften werden bei der Notenfestlegung nicht berücksichtigt.
5. Die Kriterien der Festlegung der Sportnote ändern sich in verschiedenen Schulstufen und bei unterschiedlichen Formen des Sportunterrichts. Ein einheitliches Schema für die Notengebung in allen Schulstufen ist deshalb nicht sinnvoll.

Dem fachdidaktischen Problemfeld des Auswertens fehlt die theoretische Grundlage weitgehend (vgl. Crum 1983; Ehni 2000). Für Planung und Durchführung des Sportunterrichts steht ungleich mehr didaktische Literatur zur Verfügung als für das Thema Auswertung. Dabei muss unterschieden werden nach den unterrichtswissenschaftlichen Strategien und den Methoden der Auswertung, wie sie von Sportdidaktikern in Forschungsprojekten zur Anwendung gelangen, und dem alltäglichen Überprüfen des Unterrichtserfolges durch den Sportlehrer. Nur bedingt eignen sich quantitative und qualitative Verfahren der Unterrichtsauswertung der Sportdidaktiker (wie sie z.B. Scherler 1989 oder Schierz 1997 beschreiben) für die Unterrichtskontrolle durch den Lehrer.

6.3 Zusammenfassung

1. Im Sportunterricht stehen die Planung und die Auswertung des Lehrens und Lernens in einem Verhältnis der wechselseitigen Beeinflussung. Die Unterrichtsplanung auf der fachdidaktischen Ebene schafft dem Sportlehrer die Grundlagen für die Jahres- und Stundenvorbereitung.
2. Die drei Ebenen der Unterrichtsplanung sind die Aktions-, Organisations- und Inhaltsplanung, wobei die Aktionsplanung in erster Linie die Vorbereitung und Vorwegnahme des Lernens ist und als Lernplanung die Bedingungen des motori-

schen, sozialen und kognitiven Lernens analysiert, Lernprozesstypen voneinander unterscheidet, Lernstufen festlegt, Lehrverfahren konzipiert und die Lernzielkontrolle beachtet. Die Organisationsplanung geht von den Rahmenbedingungen des Schulsports aus, legt die Gruppenformen und Planungsmittel fest und erstellt den Jahresplan, Abschnittsplan und die Stundenbilder. Die Inhaltsplanung unterzieht die Lerninhalte des Schulsports einer Strukturanalyse und gelangt über die Darstellung der Inhaltsstruktur der Bewegungstätigkeiten zu den Unterrichtseinheiten.

3. Aktions-, Organisations- und Inhaltsplanung sind miteinander verbunden und aufeinander verwiesen; Entscheidungen in einem Bereich wirken sich auf die beiden anderen aus.
4. Die Hilfsmittel der Unterrichtsplanung sind der Jahresplan, der Abschnittsplan und die Stundengliederung.
   Der erste Schritt der Unterrichtsplanung ist die Erstellung eines Jahresplans auf der Grundlage des Lehrplans. Er enthält die Anzahl der tatsächlichen Unterrichtsstunden, die Stoffverteilung, Unterlagen für die Lernzielkontrolle und die Termine aller sportlichen Sonderveranstaltungen des Schuljahres.
   Der Abschnittsplan differenziert den Jahresplan durch die genaue Benennung der Lerninhalte, die Verteilung des Lernens, Übens und Anwendens, die Zuordnung der motorischen Fähigkeiten zu den einzelnen Bewegungstätigkeiten, durch die Angaben über Unterrichtsmaterialien und die zeitliche und inhaltliche Festlegung der Lernzielkontrollen.
5. Für die Gliederung einer Sportstunde ist die Dreiteilung Einleitung – Hauptteil – Ausklang zutreffend und gebräuchlich. Entscheidend ist dabei die Beachtung der didaktischen Prinzipien, welche auf die Gestaltung der Unterrichtsstunde einen Einfluß haben und bei der Unterrichtsplanung mitbedacht werden müssen. Es sind dies die optimale Bewegungszeit, die Dosierung von Belastung und Beanspruchung, der thematische Schwerpunkt, der Handlungsschwerpunkt, die Effektivität und Zielstrebigkeit sowie die Vielseitigkeit und Situationsgemäßheit.
6. Die regelmäßigen Leistungserhebungen im Schulsport können aus dem Zwang zur Notengebung allein nicht ausreichend begründet werden. Es ist deshalb der Nachweis zu erbringen, dass die Leistungserhebung die Lernbereitschaft des Schülers erhöht, seine Bewegungsbereitschaft verstärkt, die Lernziele bestätigt oder widerlegt und die Unterrichtsführung verbessert. Diese Wirkungen zeigt die Leistungskontrolle dann, wenn sie mit vielfältigen Maßnahmen durchgeführt und durch die Mitarbeit des Schülers ergänzt wird.
   Die Methoden der Leistungserhebung im Schulsport sind die Messung mit Maßband und Stoppuhr, die Wertung der Bewegungsausführung, die Lehrerbeobachtung und die Bewertung taktischer Fähigkeiten im Spiel. Standardisierte und informelle Tests, Spielanalysebogen, Leistungskarten und Konditionstests sind die wichtigsten Hilfsmittel der Leistungserhebung.
7. Bei der Durchführung von Leistungskontrollen ist zu beachten, dass die Leistungserhebungen gleichmäßig über das gesamte Schuljahr verteilt sind und die Termine den Schülern über den Jahresplan bekanntgegeben werden. Bei allen Arten von Leistungsfeststellung ist die Beteiligung der Schüler angebracht. Wettkämpfe sollten nicht der alleinige Anlass für Leistungserhebungen sein, weil es Schüler gibt,

deren sportliches Leistungsvermögen durch die gespannte Wettkampfatmosphäre vermindert wird.

8. Die Ergebnisse der verschiedenartigen Leistungserhebungen im Sportunterricht werden einer Bewertung unterzogen und durch eine Note festgehalten. Bewertungskriterien der Schülerleistung im Schulsport sind die Leistungsfähigkeit im motorischen Tätigkeitsbereich, die subjektive Leistungsbereitschaft und die Mitarbeit im Unterricht. Jeder Faktor hat eine unterschiedliche Gewichtung bei der Festsetzung der Note.
9. Die Diskussion um die Sportnote ist im Fluss und wird geführt, seit es das Schulfach Turnen gibt. Ziffernnote, Wortbeurteilung und kombinierte Verfahren aus diesen beiden Möglichkeiten werden unter pädagogischen und didaktischen Aspekten erörtert. Die Abschaffung der Zensur im Fach Sport wird mit dem Argument begründet, dass der Erziehungsauftrag des Schulsports durch die Verpflichtung zur Notengebung gefährdet sei. Für die Beibehaltung der Ziffernnote spricht die Angleichung an die anderen Unterrichtsfächer. Vorschläge zur Berücksichtigung mehrerer Leistungskriterien in der Sportnote beziehen neben der sportlichen Leistungsfähigkeit die Mitarbeit im Unterricht und das soziale Handeln des Schülers mit ein.

6.4 Anregungen zum weiterführenden Studium

1. Welche Ebenen sind bei der Planung des Sportunterrichts zu beachten?

CRUM, B.: Planen zwischen Alltagsroutine und pädagogischem Anspruch. In: Sportpädagogik 1982/5/14.
HEIMANN, P./OTTO, G./SCHULZ, W.: Unterricht, Analyse und Planung. Hannover 1972[6].
HEYMEN, N./LEUE, W.: Planung von Sportunterricht, Baltmannsweiler 1979.

2. Welche Bedeutung haben Lehrplan, Jahresplan, Jahresabschnittsplan und Stundengliederung bei der planerischen Tätigkeit des Sportlehrers? Nach welchen didaktischen Grundsätzen wird die Stundenplanung vorgenommen? Welche Aufgaben erfüllen Einleitung, Hauptteil und Ausklang innerhalb einer Unterrichtseinheit?

KRUBER, D.: Die Unterrichtsstunde in der Leibeserziehung. Berlin 1968.

3. Welche Prinzipien gelten für die Unterrichtsauswertung und in welchem Verhältnis steht dieses didaktische Anliegen zur Planung und Durchführung des Sportunterrichts?

ADL (Hrsg.): Sport: Planen – Durchführen – Auswerten. Schorndorf 1987.
EHNI, H.: Planen und Auswerten. In: WOLTERS, P. u. a. (Hrsg.) Schorndorf 2000, S. 90 - 120.

4. Was bedeuten die Grundsätze Objektivität, Eigenkontrolle und Zielgerichtetheit bei der Leistungserhebung im Sportunterricht und welche Hilfsmittel stehen dem Sportlehrer dabei zur Verfügung?

DASSEL, H./HAAG, H.: Fitness-Tests. Schorndorf 1975.
FETZ, F./KORNEXL, E.: Anleitungen zu sportmotorischen Tests. Innsbruck 1978[2].
VOLKAMER, M.: Messen und Zensieren im Sportunterricht. Schorndorf 1978.

VOLKAMER, M.: Zur Problematik motorischer Entwicklungstests. Schorndorf 1971.

5. Welche Probleme ergeben sich bei einer über die sportliche Leistung hinausgehenden Bewertung der Schülerleistung und mit welcher Gewichtung gehen die einzelnen Merkmale in die Zensur ein? Welche Arten der Notengebung sind im Schulsport denkbar?

GÜNZEL, W.: Aspekte der sportlichen Leistung und Leistungsbeurteilung. In: GÜNZEL, W. (Hrsg.): Taschenbuch des Sportunterrichts. Baltmannsweiler 1975, S. 79 .
MANTHEY, U.: Zur Problematik des Wertens und Beurteilens im Sportunterricht. Schorndorf 1976.
VOLKAMER, M.: Messen und Zensieren im Sportunterricht. Schorndorf 1978.
CRUM, B.: Auswerten als Aufgabe des Sportlehrers. In: Sportpädagogik 1983/5/13-19.

6.5 Spezielle Literatur

BOGDAHN, A.: Vorschläge zur Planung und Vorbereitung einer Sportstunde bei Unterrichtsbesichtigungen durch den Fachberater. In: Sportunterricht 1992/408-412.
BRÄUTIGAM, M.: Unterrichtsplanung und Lehrplanrezeption von Sportlehrern. Ahrensburg 1986.
BRODTMANN, D./KLUPSCH-SAHLMANN, R.: Unterricht vorbereiten. In: Sportpädagogik 1999/1/21-28.
BURGER, E. W./GROLL, H.: Leibeserziehung. Wien 1971[3].
CRUM, B.: Planen zwischen Alltagsroutine und pädagogischem Anspruch. In: Sportpädagogik 1982/5/14-21.
CRUM, B.: Auswerten als Aufgabe des Sportlehrers. In: Sportpädagogik 1983/5/13-19.
EHNI, H./KRETSCHMER, J.: Das subjektive Moment in der Planung. In: Sportpädagogik 1982/5/35-38.
EHNI, H.: Planen und Auswerten. In: WOLTERS, P. u.a. (Hrsg.): Didaktik des Schulsports. Schorndorf 2000, 90-120.
FETZ, F.: Allgemeine Methodik der Leibesübungen. Wien 1996[10].
FETZ, F./KORNEXL, E.: Sportmotorische Tests. Innsbruck 1978[2].
FRANKFURTER ARBEITSGRUPPE: Werkstatt Sportunterricht. Butzbach-Griedel 1994[2].
GÖPPEL, R.: Soll die Note aus Leibesübungen eine Ausnahmestellung haben? In: Leibesübungen – Leibeserziehung 1963/1/17.
GRÖSSING, S.: Konzepte der Planung von Lehr- und Lernprozessen im Sport. In: ADL-Bericht 1987, S. 58.
GRÖSSING, S.: Theorie und Praxis der Unterrichtsplanung im Sportunterricht. In: KORNEXL, E. (Hrsg.): Spektrum der Sportwissenschaften. Wien 1987, 191-198.
GROTEFENT, R.: Leistung und Benotung. In: Die Leistung. ADL-Kongreßbericht. Schorndorf 1964, S. 132.
GÜNZEL, W. (Hrsg.): Taschenbuch des Sportunterrichts, Baltmannsweiler 1975.
HECKER, G.: Kompendium Didaktik – Sport. München 1979.
HEYMEN, N./LEUE, W.: Planung von Sportunterricht. Baltmannsweiler 1979.
KOCH, K./MIELKE, W.: Die Gestaltung des Unterrichts in der Leibeserziehung, Teil I. Schorndorf 1972[4].
KRUBER, D.: Die Unterrichtsstunde in der Leibeserziehung. Berlin 1968.
MANTHEY, U.: Zur Problematik des Wertens und Beurteilens im Sportunterricht. Schorndorf 1976.
MARTIN, D./ZIEGLER, H. J.: Untersuchungen von Schülereinstellungen zum Schulsport. In: Sportunterricht 12/1974.
PETERSSEN, W.H.: Handbuch Unterrichtsplanung. München 1998[8].
RÖTHIG, P./GRÖSSING, S. (Hrsg.): Kursbücher für die Sporttheorie in der Schule, Band 1: Sportbiologie; Band 2: Trainingslehre; Band 3: Bewegungslehre; Band 4: Sportliches Handeln. Wiesbaden 1995f.
RUSCH, H.: Sportförderunterricht – Schulsonderturnen. Schorndorf 1979.
SCHERLER, K.: Elementare Didaktik. Weinheim 1989.
SCHIERZ, M.: Narrative Didaktik. Weinheim 1997.
SEYBOLD, A.: Didaktische Prinzipien der Leibeserziehung. Schorndorf 1972.
SÖLL, W.: Differenzierung im Sportunterricht. Die Gestaltung des Unterrichts in der Leibeserziehung IV. Schorndorf 1973.
SÖLL, W.: Sportunterricht – Sport unterrichten. Schorndorf 1996.
STEGEMAN, H.: Sportlehrer und ihre Unterrichtsvorbereitung. In: Sportunterricht 1986/2/48.
STIEHLER, G. (Hrsg.): Methodik des Sportunterrichts. Berlin (Ost) 1973.
VOLKAMER, M.: Messen und Zensieren im Sportunterricht. Schorndorf 1978.
WURZEL, B.: Offenheit und Planung. Wider die Einseitigkeit lernzielorientierter Unterrichtsentwürfe. In: sportunterricht 1994/3/99-106.

Literatur

ADL (Hrsg.): Sozialisation im Sport. Schorndorf 1974.
ADL (Hrsg.): Sport – Lehren und Lernen. Schorndorf 1976.
ADL (Hrsg.): Schüler im Sport – Sport für Schüler. Schorndorf 1984.
ADL (Hrsg.): Sport: Planen – Durchführen – Auswerten. Schorndorf 1987.
ADL (Hrsg.): Sport zwischen Tradition und Zukunft. Schorndorf 1992.
ALBERTI, H./ROTHENBERG, L.: Spielreihen in der Spielschulung. Schorndorf 1973.
ALFERMANN, D.: Koedukation im Sportunterricht. In: Sportwissenschaft 22 (1992), 323-343.
ALLMER, H. (Hrsg.): Sport und Schule. Reinbek 1984.
ALLMER, H./BIELEFELD, J. (Hrsg.): Sportlehrerverhalten. Schorndorf 1982.
ALLMER, H./SCHULZ, N.: Gesundheitserziehung. Wege und Irrwege. St. Augustin 1987.
ALTENBERGER, H./MAURER, F. (Hrsg.): Kindliche Welterfahrung in Spiel und Bewegung. Bad Heilbronn 1992.
AUSUBEL, D.P.: Das Jugendalter. München 1968.
BALZ, E.: Sport und Gesundheit – problemorientierte Reflexionen in pädagogischer Absicht. In: Sportwissenschaft 22 (1992), 257-282 (a).
BALZ, E.: Fachdidaktische Konzepte oder: Woran soll sich der Schulsport orientieren? In: sportpädagogik 16 (1992), 2, 13-22 (b).
BALZ, E./BRINKHOFF, K.-P./WEGNER, U.: Neue Sportarten in der Schule! In: sportpädagogik 18 (1994), 1, 17-24.
BALZ, E./NEUMANN, P. (Hrsg.): Wie pädagogisch soll der Schulsport sein? Schorndorf 1997.
BANNMÜLLER, E./RÖTHIG, P. (Hrsg.): Grundlagen und Perspektive ästhetischer und rhythmischer Bewegungserziehung. Stuttgart 1990.
BAUR, J.: Zur beruflichen Sozialisation von Sportlehrern. Schorndorf 1981.
BAUR, J.: Körper und Bewegungskarrieren. Schorndorf 1989.
BAUR, J./BÖS, K./SINGER, R. (Hrsg.): Motorische Entwicklung. Schorndorf 1994.
BAUR, J./BRÄUTIGAM, M./BRETTSCHNEIDER, W.-D.: Sport in der Sekundarstufe I. In: sportunterricht 29 (1980) 6, 214-221.
BECKERS, E. u.a.: Gesundheitsbildung durch Wahrnehmungsentwicklung und Bewegungserfahrung. Theoretische Grundlagen. Köln 1986.
BECKERS, E.: Gesundheit und Lebenssinn. In: ALLMER/SCHULZ 1987, 13-36.
BECKERS, E.: Durch Rückkehr zur Zukunft? In: Sportwissenschaft 17 (1987), 241-257.
BERNETT, H.: Grundformen der Leibeserziehung. Schorndorf 1969².
BEYER, E./RÖTHIG, P. (Red.): Beiträge zur Gegenstandsbestimmung der Sportpädagogik. Schorndorf 1976.
BIELEFELD, J. (Hrsg.): Körpererfahrung. Grundlage menschlichen Bewegungsverhaltens. Göttingen 1986.
BLANKERTZ, H.: Theorien und Modelle der Didaktik. München 1969, 1975⁹.
BOGDAHN, A.: Vorschläge zur Planung und Vorbereitung einer Sportstunde bei Unterrichtsbesichtigungen durch den Fachberater. In: sportunterricht 41 (1992), 408-412.
BOUCHARD, C.: »Physical activity sciences.« Eine grundlegende Konzeption für die Organisation einer Wissenschaftsdisziplin und eines Berufsfeldes. In: Internationale Zeitschrift für Sportpädagogik 1976/3/19 und 1976/4/15.
BRÄUTIGAM, M.: Unterrichtsplanung und Lehrplanrezeption von Sportlehrern. Ahrensburg 1986.
BRÄUTIGAM, M.: Spaß als Leitidee jugendlichen Sportengagements. Konsequenzen für die Sportdidaktik? In: Sportunterricht 43 (1994), 6, 236-244.
BREHM, W.: Handeln und Lernen im Sportunterricht. Bad Homburg 1981.
BREHM, W./ KURZ, D. (Red.): Forschungskonzepte in der Sportpädagogik. Clausthal-Zellerfeld 1987.
BRETTSCHNEIDER, W.-D.: Grundlagen und Probleme einer unterrichtsrelevanten Sportdidaktik. Ahrensburg 1975.
BRETTSCHNEIDER, W.-D.: Sport in der Sekundarstufe I – Stiefkind didaktischer Überlegungen. In: sportunterricht 29 (1980), 6, 203-214.
BRETTSCHNEIDER, W.-D.: Sportunterricht 5-10. München 1981.
BRETTSCHNEIDER, W.-D.(Hrsg.): Alltagsbewußtsein und Handlungsorientierungen von Sportlehrern. Schorndorf 1984.
BRETTSCHNEIDER, W.-D.: Einheit in der Vielfalt – Jugend und Sport in Europa. In. BRETTSCHNEIDER/SCHIERZ 1993.
BRETTSCHNEIDER, W.-D./BAUR, J./BRÄUTIGAM, M. (Red.): Bewegungswelt von Kindern und Jugendlichen. Schorndorf 1989 (a).

BRETTSCHNEIDER, W.-D./BAUR, J./BRÄUTIGAM, M. (Hrsg.): Sport im Alltag von Jugendlichen. Schorndorf 1989 (b).
BRETTSCHNEIDER, W.-D./SCHIERZ, M. (Hrsg.): Kindheit und Jugend im Handel – Konsequenzen für die Sportpädagogik? St. Augustin 1993.
BREZINKA, W.: Von der Pädagogik zur Erziehungswissenschaft. Weinheim 1971.
BREZINKA, W.: Was sind Erziehungsziele? In: Zeitschrift für Pädagogik 1972, 4, 497.
BRINKHOFF, K.-P.: Über die veränderten Bedingungen des Aufwachsens: die Kindheit. In: Sportpädagogik 1996, 2, 6-13.
BRODTMANN, D.: Grenzen der Sportdidaktik. In: Sportwissenschaft 1975, 3-4, 286.
BRODTMANN, D.: Sportunterricht und Schulsport. Bad Heilbronn 1979, 1984[2].
BRODTMANN, D.: Schulsport und Gesundheit. In: sportpädagogik 8 (1984), 6, 12-20.
BRODTMANN, D.: Gesundheitserziehung im Schulsport. In: sportpädagogik 15 (1991), 5, 16-22.
BRODTMANN, D.: Kinder – Bewegung – Gesundheit. In: Sportpädagogik 1996, 5, 6-11.
BRODTMANN, D./LANDAU, G. (Hrsg.): Wettkämpfe, Sportfeste, Spielfeste. Reinbek 1983.
BRODTMANN, D./ KLUPSCH-SAHLMANN, R.: Unterricht vorbereiten. In: Sportpädagogik 23 (1999), 1, 21-28.
BRODTMANN, D./KOTTMANN, L./KÜPPER, D. (Red.): Gesundheit – Gesundheitserziehung – Sportpädagogik. Wuppertal 1988.
BRODTMANN, D./TREBELS, A.H. (Hrsg.): Sport begreifen, erfahren und verändern. Reinbek 1983.
BURGER, E.W./GROLL, H.: Leibeserziehung. Wien 1971[3].
BUYTENDIJK, F.J.J.: Allgemeine Theorie der menschlichen Haltung und Bewegung. Berlin/Göttingen/Heidelberg 1956.
BUYTENDIJK, F.J.J./CHRISTIAN, P./PLÜGGE, H.: Über die menschliche Bewegung als Einheit von Natur und Geist. Schorndorf 1963.
CAPRA, F.: Wendezeit. Bern 1987[14].
CRATTY, J. B.: Motorisches Lernen und Bewegungsverhalten. Frankfurt am Main 1979[2].
CRUM, B.: Planen zwischen Alltagsroutine und pädagogischem Anspruch. In. Sportpädagogik 6 (1982), 5, 14-21.
CRUM, B.: Auswerten als Aufgabe des Sportlehrers. In: Sportpädagogik 7 (1983), 5, 13-19.
CRUM, B.: Idealtypische Konzepte von Sportunterricht. In: sportpädagogik 16 (1992), 2, 29 – 32.
DANNER, H.: Methoden geisteswissenschaftlicher Pädagogik. München/Basel 1989.
DASSEL, H./ HAAG, H.: Fitness-Tests. Schorndorf 1975.
DAUGS, R.: Programmierte Instruktion und Lerntechnologie im Sportunterricht. München 1979.
DENK, H.: Leibeserziehung und Didaktik. In: Leibeserziehung 1962, 12, 381.
DENK, H.: Die Auswahl des Lehrstoffes als didaktisches Problem der Leibeserziehung. In: Die Leibeserziehung 1966, 5, 147.
DENK, H./KÜPPER, D.: Die Neigungsgruppe – eine motivationsorientierte Organisationsform des Unterrichts in der Leibeserziehung? In: Motivation im Sport. Schorndorf 1971.
DIECKERT, J. (Hrsg.): Freizeitsport. Düsseldorf 1974.
DIEM, C.: Sportwissenschaft als Pädagogik. In: Leibeserziehung 1953, 1, 1.
DIEM, L.: Begründung einer Systematik. In: Leibeserziehung 1960, 2, 37.
DIETRICH, K.: Fußball, spielgemäß lernen – spielgemäß üben. Schorndorf 1968.
DIETRICH, K.: Vermitteln Spielreihen Spielfähigkeit? In: Sportpädagogik 1984, 1, 19.
DIETRICH, K.: Was ist neu an der Neuen Bewegungskultur? In: PAWELKE, R. (Hrsg.): Neue Sportkultur. Regensburg 1995, 46-49.
DIETRICH, K./LANDAU, G.: Sportpädagogik. Grundlagen, Positionen, Tendenzen, Reinbek bei Hamburg 1990.
DOLCH, J.: Lehrplan des Abendlandes. Ratingen 1971[3].
DÜRRWÄCHTER, G.: Volleyball. Spielend lernen – spielend üben. Schriftenreihe zur Praxis der Leibeserziehung und des Sports, Band 14. Schorndorf 1967.
EGGER, K.: Lernübertragungen in der Sportpädagogik. Wissenschaftliche Schriftenreihe des Forschungsinstituts der ETS-Magglingen. Basel 1975.
EGGER, K.: Turnen und Sport in der Schule. Bd. 1: Theorie. Bern 1978.
EGGERT, D./KIPHARD, E.J.: Die Bedeutung der Motorik für die Entwicklung normaler und behinderter Kinder. Schorndorf 1980.
EHNI, H.W.: Sport und Schulsport. Didaktische Analysen. Beispiele aus der schulischen Praxis. (Reihe Sportwissenschaft; 7) Schorndorf 1977.
EHNI, H.W.: Handlungsorientierte Sportpädagogik. In: GRÖSSING 1979.
EHNI, H.W.: Vom Sinn des Schulsports. In: WOLTERS 2000, 9-35.
EHNI, H.W.: Planen und Auswerten. In: WOLTERS 2000, 90-120.
EHNI, H.W./KRETSCHMER, J.: Das subjektive Moment in der Planung. In: Sportpädagogik 6 (1982), 5, 35-38.
EHNI, H.W./KRETSCHMER, J./SCHERLER, K.: Spiel und Sport mit Kindern. Reinbek 1985.
EICHBERG, H.: Der Weg des Sports in die industrielle Zivilisation. Baden-Baden 1973.

Erdmann, R. (Hrsg.): Alte Fragen neu gestellt – Anmerkungen zu einer zeitgemäßen Sportdidaktik. Schorndorf 1992.
Fetz, F.: Zum Wissenschaftscharakter der »Theorie der Leibeserziehung«. In: Leibesübungen – Leibeserziehung 1961, 3, 1.
Fetz, F.: Zur Theorie der Leibeserziehung und ihrer Gliederung. In: Die Leibeserziehung 1966, 4, 154.
Fetz, F. u.a.: Grundbegriffe der Didaktik der Leibesübungen. Frankfurt 1974².
Fetz, F.: Sportmotorische Entwicklung. Wien 1982.
Fetz, F.: Allgemeine Methodik der Leibesübungen. Bad Homburg 1996¹⁰.
Fetz, F./Kornexl, E.: Sportmotorische Tests. Innsbruck 1978².
Franke, E. (Hrsg.): Sport und Gesundheit. Reinbek 1986.
Frankfurter Arbeitsgruppe (Hrsg.): Offener Sportunterricht – analysieren und planen. Reinbek 1982.
Frankfurter Arbeitsgruppe: Werkstatt Sportunterricht. Butzbach-Griedel 1994².
Friedrich, G. / Hildenbrandt, E. (Hrsg.): Sportlehrer(in) heute – Ausbildung und Beruf. Hamburg 1997.
Funke, J.: Selbständige Eroberungen im erzieherischen Milieu. In: Sportwissenschaft 1979, 4, 370.
Funke, J. (Hrsg.): Sportunterricht als Körpererfahrung. Reinbek 1983.
Funke, J.: Von der methodischen Übungsreihe zur differenzierten Erfahrungssituation. In: Sportpädagogik 1987, S. 22.
Funke, J.: Sich bewegen und gesund sein – Pädagogische Überlegungen. In: Homfeldt, H.G. (Hrsg.): Erziehung und Gesundheit. Weinheim 1988, 145-166.
Funke, J.: Unterricht öffnen – offener unterrichten. In: sportpädagogik 15 (1991), 2, 12-18.
Funke-Wieneke, J.: Über den didaktischen Ansatz der „Körpererfahrung". In: Peper/Christmann 1987, 94-108.
Funke-Wieneke, J.: Im Handeln eintreten – wofür? Normen der Sportpädagogik aus der Sicht eines kritischen Sportpädagogen. In: Neue Sammlung 31 (1991), 1, 131-141.
Funke-Wieneke, J.: Schulsportkonzepte – ein Plädoyer für das gemeinsam Tragbare. In: Sportpädagogik 16 (1992), 2, 23-28.
Funke-Wieneke, J.: Vermitteln – Schritte zu einem „ökologischen" Unterrichtskonzept. In: Sportpädagogik 19 (1995), 5, 10-17.
Funke-Wieneke, J.: Von der „Körpererfahrung" zur Thematisierung der Leiblichkeit. In: Müller u.a. 1997, 25-96.
Gall, H.: Zur Evaluation im Sportunterricht. Ahrensburg 1978.
Gaulhofer, K.: System des Schulturnens. Wien 1966.
Gaulhofer, K./Streicher, M.: Natürliches Turnen, Bände 1-5. Wien 1949-1959.
Gehlen, A.: Sport und Gesellschaft. In: Das große Spiel. Frankfurt 1965.
Gessmann, R.: Sportunterricht heute: Zwischen Sportarten lernen, Sozialerziehung, Bewegungsarrangements und Körpererfahrung. In: Allmer 1984, 10.
Göhner, U.: Bewegungsanalyse im Sport. Schorndorf 1979.
Göppel, R.: Soll die Note aus Leibesübungen eine Ausnahmestellung haben? In: Leibesübungen – Leibeserziehung 1963, 1, 17.
Groll, H.: Möglichkeiten und Grenzen einer Wissenschaft der Leibeserziehung. In: Groll, H. (Hrsg.): Idee und Gestalt der Leibeserziehung von heute, Wien 1962.
Groll, H.: Die Systematiker der Leibesübungen. Vergleichende Systemkunde der pädagogischen Leibesübungen. Wien 1970⁵.
Grössing, S.: Überlegungen zum Wissenschaftscharakter der Sportpädagogik. In: Andrecs, H./ Redl, S. (Hrsg.): Forschen – Lehren – Handeln, 13. Wien 1976.
Grössing, S. (Hrsg.): Spektrum der Sportdidaktik. Bad Homburg 1979.
Grössing, S.: Ist die Wiederentdeckung des Körpers das Ende der Sportdidaktik? In: Leibesübungen – Leibeserziehung 1985, 3, 67 und 4, 93.
Grössing, S.: Theorie und Praxis der Unterrichtsplanung im Sport. In: Kornexl 1987, 191-198.
Grössing, S.: Konzepte der Planung von Lehr- und Lernprozessen im Sport. In: ADL 1987, 58.
Grössing, S.: Vom Nutzen der Sportdidaktik für den Schulsport. In: sportpädagogik 12 (1988), 8-10.
Grössing, S.: Bewegungskultur und Bewegungserziehung. Schorndorf 1993.
Grössing, S.: Sportliche Handlungsfähigkeit oder Bewegungskultur? In: Körpererziehung 1995, 3, 89-95.
Grössing, S.: Bewegungskulturelle Bildung statt sportlicher Handlungsfähigkeit. In: Balz/Neumann 1997, 33-46.
Grotefent, R.: Leistung und Benotung. In: Die Leistung. ADL-Kongreßbericht. Schorndorf 1964, 132.
Grotefent, R.: Das Problem der Leistungsschwachen im Sportunterricht – Freistellung oder pädagogische Hilfe? In: Die Leibeserziehung 1969, 3, 80.
Grupe, O.: Studien zur pädagogischen Theorie der Leibeserziehung. Schorndorf 1968².
Grupe, O.: Grundlagen der Sportpädagogik. München 1969.
Grupe, O.: Was ist und was bedeutet Bewegung? In: Hahn/Preising 1976.
Grupe, O. (Hrsg.): Einführung in die Theorie der Leibeserziehung und des Sports. Schorndorf 1980⁵.

GRUPE, O.: Bewegung, Spiel und Leistung im Sport. Schorndorf 1982.
GRUPE, O. (Hrsg.): Spiel – Spiele – Spielen. Schorndorf 1983.
GRUPE, O.: Sport als Kultur. Zürich 1987.
GRUPE, O. (Hrsg.): Kulturgut oder Körperkult? Sport und Sportwissenschaft im Wandel. Tübingen 1990, 87 – 111.
HAAG, H.: Lehrplan und Unterrichtstheorie des Sports. In: DENK, H./HECKER, G. (Hrsg.): Texte zur Sportpädagogik Teil II. Schorndorf 1981, 167-189.
HAAG, H.: Bewegungskultur und Freizeit. Vom Grundbedürfnis nach Sport und Spiel. Zürich 1986.
HAAG, H.: Auswertung von Lehr- und Lernprozessen im Sport. In: CZWALINA, C. (Hrsg.): Methodisches Handeln im Sport. Analysen und Reflexionen zur Methodik in der Sportdidaktik. Schorndorf 1988, 62-66.
HAAG, H.: Sportdidaktik. In: HAAG, H./HEIN, K./HEINZE, S./STRAUSS, G. (Red.): Theorie- und Themenfelder der Sportwissenschaft. Schorndorf 1989, 48-69.
HAASE, H.: Konzepte der Auswertung von Lehr- und Lernprozessen im Sport. In: ADL 1987, 107.
HACKFORT, D. (Hrsg.): Handeln im Sportunterricht. Köln 1984.
HÄBERLIN, U.: Empirische Analyse und pädagogische Handlungsforschung. In: Zeitschrift für Pädagogik 1975, 5.
HÄGELE, W.: Braucht die Sportwissenschaft pädagogische Orientierung? In: sportunterricht 40 (1991), 12, 465-473.
HAHN, E. (Hrsg.): Kind und Bewegung. Schorndorf 1978.
HAHN, E./PREISING, W. (Hrsg.): Die menschliche Bewegung – human movement. Schorndorf 1976.
HANBUTH, O.: Grundschulung zur sportlichen Leistung. Frankfurt/Main 1964[4].
HANKE, U.: Verhaltensänderung von Sportlehrern – Fremdbestimmung oder Selbsteuerung. In: KAYSER, D./PREISING, W. 1983, 70.
HECKER, G.: Leistungsentwicklung im Sportunterricht. Weinheim 1974[2].
HECKER, G.: Kompendium Didaktik – Sport. München 1979.
HECKER, G./KÜPPER, D.: Trendbericht Sportdidaktik. In: Trendberichte aus der Sportwissenschaft. Sonderheft der Zeitschrift sportunterricht. Schorndorf 1984, 36-47.
HECKER, G./TREBELS, A.: Sportdidaktik. Wuppertal 1970.
HEIMANN, P.: Didaktik als Theorie und Lehre. In: Die Deutsche Schule 1962, 407.
HEIMANN, P./OTTO, G./SCHULZ, W.: Unterricht, Analyse und Planung. Hannover 1969[4], 1972[6].
HEINZ, B./LAGING, R. (Hrsg.): Bewegungslernen in Erziehung und Bildung. Hamburg 1999.
HEINZE, Th./MÜLLER, E./STICKELMANN, G./ZINNECKER, Z.: Handlungsforschung im pädagogischen Feld. München 1975.
HENTIG, v.; H.: Lerngelegenheiten für den Sport. In: Sportwissenschaft 1972, 3, 239.
HENTIG, v.; H.: Die Schule neu denken. München/Wien 1993.
HEYMEN, N./LEUE, W.: Planung von Sportunterricht. Baltmannsweiler 1979.
HILDEBRANDT, R./LAGING, W.: Offene Konzepte im Sportunterricht. Bad Homburg 1981.
HILDEBRANDT, R./LANDAU, G./SCHMIDT, W. (Hrsg.): Kindliche Lebens- und Bewegungswelt im Umbruch. Hamburg 1994.
HILDEBRANDT-STRAMANN, R.: Bewegte Schulkultur. Butzbach-Griedel 1999.
HILMER, J.: Grundzüge einer pädagogischen Theorie der Bewegungsspiele. Ein Beitrag zur Didaktik der Leibeserziehung. Hannover 1969.
HIRTZ, P./HUMMEL, A.: Lernen im Schulsport als pädagogisch geführter Aneignungsprozeß. In: Theorie und Praxis der Körperkultur 39 (1990), Beiheft 1, 7-23.
HIRTZ, P./HUMMEL, A./ROSTOCK, J.: Aneignung individueller motorischer Handlungsfähigkeit im Sportunterricht. In: Körpererziehung 44 (1994), 12, 402-409.
HOLLMANN, W.: Medizinische Grundlagen der Leibesübungen. In: GRUPE, O. (Hrsg.): Einführung in die Theorie der Leibeserziehung. Schorndorf 1970[2], 200 ff.
HOLLMANN, W./HETTINGER, Th.: Sportmedizin. Stuttgart 1985.
HOTZ, A.: Qualitatives Bewegungslernen. Zumikon 1986.
HOTZ, A./WEINECK, J.: Optimales Bewegungslernen. Erlangen 1988[2].
HUIZINGA, J.: Homo Ludens. Hamburg 1956.
HUMMEL, A.: Studien zur Didaktik des allgemeinbildenden Schulsports. Hrsg. von der APW der DDR, Arbeitsstelle Körpererziehung. Berlin 1990.
HUMMEL, A.: Die Konzeption der körperlich-sportlichen Grundlagenbildung im Kontext sportdidaktischer Modelle. In: Körpererziehung 42 (1992), 12, 434-439.
HUMMEL, A.: Historische und gegenwärtige Modelle zum Schulsport in der Diskussion I und II. In: Körpererziehung 45 (1995), 3, 83-88 und 134-137.
HUMMEL, A.: Die körperlich-sportliche Grundlagenbildung – immer noch aktuell? In: BALZ/NEUMANN 1997, 47-62.
JANK, W./ MEYER, H.: Didaktische Modelle. Frankfurt/M. 1991.
JOST, E.: Methodenprobleme des Sportunterrichts. In: Sportpädagogik 1979, 5, 2.
KLAFKI, W.: Studien zur Bildungstheorie und Didaktik. Weinheim 1970[9].
KLAFKI, W.: Handlungsforschung im Schulfeld. In: Zeitschrift für Pädagogik 1973, 4, 487.

KLAFKI, W.: Sinn und Unsinn des Leistungsprinzips in der Erziehung. In: Neue Studien zur Bildungstheorie und Didaktik: zeitgemäße Allgemeinbildung und kritisch-konstruktive Didaktik. Weinheim/Basel 1991[2], 173-208.
KLAFKI, W.: Schlüsselprobleme als inhaltlicher Kern internationaler Erziehung. In: SEIBERT, N/SERVE H.J. (Hrsg.): Bildung und Erziehung an der Schwelle zum dritten Jahrtausend. München 1994, 135-162.
KLEIN, M.: Soziales Lernen im Unterricht – Normiertes Bewegungsverhalten oder subjektive Bewegungserfahrung? In: ALLMER 1984, 75.
KOCH, K./ MEYNERS, E.: Unterrichtsplanung – Unterrichtsbeobachtung – Unterrichtsbeurteilung. Schorndorf 1976.
KOCH, K./ MIELKE, W.: Die Gestaltung des Unterrichts in der Leibeserziehung, Teil I. Schorndorf 1972[4].
KOLB, M./THIELE, J.: Gesund durch Sport? Sportpädagogische Anmerkungen zu einem problematischen Verhältnis. In: sportunterricht 43 (1994), 1, 12-20.
KÖPPE, G. (Red.): Schülerperspektive in der sportpädagogischen Unterrichtsforschung; (dvs-protokolle 11) Clausthal-Zellerfeld 1985.
KÖPPE, G./ELFLEIN, P. (Hrsg.): Didaktische Perspektivenvielfalt bei Bewegung, Spiel und Sport in der Grundschule. Hamburg 1999.
KORNEXL, E. (Hrsg.): Spektrum der Sportwissenschaften. Wien 1987.
KOTTMANN, L./KÜPPER, D./PACK, R.-P.: Schulsport und Gesundheitserziehung – Probleme und Chancen. In: Sportunterricht 4, 453-460.
KRETSCHMER, J.: Sport und Bewegungsunterricht 1-4. München 1981.
KRETSCHMER, J.: Akzente kindgerechter Bewegungserziehung. In: BALZ/NEUMANN 1997, 169-184.
KRETSCHMER, J.: Entschulter Schulsport. In: WOLTERS 2000, 61-89.
KRETSCHMER, J.: Betreuen und Unterweisen. In: WOLTERS 2000, 121-143.
KRUBER, D.: Die Unterrichtsstunde in der Leibeserziehung. Berlin 1968.
KRUSE, C./THIELE, J. (Hrsg.): Gesundheit und Bewegung. Didaktische Perspektiven und praktische Umsetzung. Köln 1991.
KUGELMANN, C.: Koedukation im Sportunterricht. Bad Homburg 1980.
KUGELMANN, C.: Unterrichtplanung im Sport ohne didaktische Theorie. In: HARTMANN, H. (Red.): Sport in der Berufsschule. Bad Homburg 1983, 198.
KUHLMANN, D.: Sprechen im Sportunterricht. Schorndorf 1986.
KÜMMEL, F.: Kulturanthropologie. In: FLITNER, A. u.a. (Hrsg.): Wege zur pädagogischen Anthropologie. Heidelberg 1967[2], 162.
KÜPPER, D.: Sportartübergreifende Zugänge zum Handlungsfeld Bewegung, Spiel und Sport. In: BALZ/NEUMANN 1997, 219-228.
KÜPPER, D./KOTTMANN, L.: Sport und Gesundheit. Schorndorf 1991.
KURZ, D.: Handlungsfähigkeit im Sport – Leitidee einer pragmatischen Fachdidaktik. In: SPITZER, G./SCHMIDT, D. (Red.): Sport zwischen Eigenständigkeit und Fremdbestimmung. Schorndorf 1986, 28-43.
KURZ, D.: Zur Situation sportpädagogischer Forschung in der BRD. In: Forschungskonzepte in der Sportpädagogik. Tagung zur Gründung der dvs-Sektion Sportpädagogik. Red. W. Brehm/ D. Kurz. Clausthal-Zellerfeld 1987, 7-18.
KURZ, D.: Handlungsfähigkeit im Sport. In: PEPER/CHRISTMANN 1987, 52-67.
KURZ, D.: Sportwissenschaft wohin? In: GRUPE 1990.
KURZ, D.: Sportpädagogik – eine Disziplin auf der Suche nach ihrem Profil. In: Für einen besseren Sport. Hrsg. v. Inst. f. Sportwissenschaften Tübingen. Schorndorf 1990, 237-251.
KURZ, D.: Elemente des Schulsports. Grundlagen einer pragmatischen Fachdidaktik. Schorndorf 1979[2], 1990[3].
KURZ, D.: Die Sportwissenschaft braucht pädagogische Orientierung. In: sportunterricht 40 (1991), 2, 70-72.
KURZ, D.: Sportpädagogik als Teildisziplin oder integrativer Kern der Sportwissenschaft. In: Sportwissenschaft 22 (1992), 2, 145 -154.
KURZ, D.: Schulsport in einer sich verändernden Welt. In: sportpädagogik 17 (1993), 6, 6-12.
KURZ, D.: Braucht der Schulsport eine neue curriculare Leitidee? In: LANDESINSTITUT FÜR SCHULE UND WEITERBILDUNG (Hrsg.): Schulsport in Bewegung. Bönen 1995, 63-80.
KURZ, D.: Schulsport in Nordrhein-Westfalen – Das pädagogische Konzept der Richtlinien- und Lehrplanrevision. In: Sportunterricht 47 (1998), 4, 141-147.
LANDAU, G.: Die Beziehung zwischen Lehrer und Schüler im Sportunterricht. In: BEYER/RÖTHIG 1976.
LANDAU, G.: Kindliche Spielerfahrung in der Lebenswelt. In: ALTENBERGER/MAURER 1992, 53-64.
LANGE, J.: Zur gegenwärtigen Situation der Sportdidaktik. In: Sportwissenschaft 1975, 3-4, 217.
LANGE, J.: Der Sportlehrer im Schulalltag. In: Sportpädagogik 1981, 6, 10.
LANGE, J.: Sportdidaktik und Lehreralltag – Zur Entwicklung eines gespannten Verhältnisses. In: ADL 1984, 117.
LANGE, J.: Handlungsorientierungen der Sportlehrer. In: BRETTSCHNEIDER 1984, 78.
LEIST, K.-H.: Transfer im Sport. Schorndorf 1978.
LEIST, K.-H.: Lernfeld Sport. Reinbek 1993.

LIPPENS, V.: Auf dem Weg zu einer pädagogischen Bewegungslehre. Köln 1997.
LOVELOCK, J.: Das Gaia-Prinzip. Zürich/München 1991.
MANTHEY, U.: Zur Problematik des Wertens und Beurteilens im Sportunterricht. Schorndorf 1976.
MARAUN, H.K.: Analysieren und Planen als Handlungsprobleme des Lehrers. Schorndorf 1981.
MARTIN, D.: Zur sportlichen Leistungsfähigkeit von Kindern. In: Sportwissenschaft 1982, 3, 255.
MARTIN, D./ ZIEGLER, H.J.: Untersuchungen von Schülereinstellungen zum Schulsport. In: Sportunterricht 12/1974.
MEINBERG, E.: Erziehungswissenschaft und Sportpädagogik. Analysen zum Theorieverständnis von Erziehungswissenschaft und Sportpädagogik. St. Augustin 1979.
MEINBERG, E.: Sportpädagogik: Konzepte und Perspektiven. Stuttgart u.a. 1981.
MEINBERG, E.: Anmerkungen zum Bildungsbegriff in der Sportpädagogik. In: SCHURR, J. u.a. (Hrsg.): Humanität und Bildung. Festschrift zum 60. Geburtstag von C. MENZE. Hildesheim 1988, 294-306.
MEINBERG, E.: Das Menschenbild der modernen Erziehungswissenschaft. Darmstadt 1988.
MEINBERG, E.: Hauptprobleme der Sportpädagogik. Darmstadt 1991[2].
MEINBERG, E.: Bildung in der Sportdidaktik – immer noch zeitgemäß? In: ERDMANN 1992, 27-43.
MEINBERG, E.: Der Stellenwert der Bildungstheorie in der Sportpädagogik. In: SCHALLER, H.-J./PACHE, D. (Hrsg.): Sport als Bildungschance und Lebensform. Schorndorf 1995, 27-37.
MEINEL, K.: Bewegungslehre. Berlin (Ost) 1971[3].
MESSING, M.: Der gute und der schlechte Sportlehrer aus Schülersicht. Berlin 1980.
MESTER, L.: Grundlagen der Leibeserziehung. Braunschweig 1969[3].
MEUSEL, H.: Das Prinzip der Zielstrebigkeit und sein Aktionsraum in der Methodik der Leibesübungen. In: Die Leibeserziehung 1968, 10, 328.
MEUSEL, H.: Sport, Gesundheit, Gesundheitserziehung. In: Sportunterricht 1974, 8, 256.
MEUSEL, H.: Einführung in die Sportpädagogik. München 1976.
MIETHLING, W.-D.: Unterrichtsstörungen. In: sportpädagogik 17 (1993), 5, 14-23.
MIETHLING, W.-D.: Lehrer- und Schülerverhalten im Sportunterricht. Bad Homburg 1977.
MÖCKELMANN, H./SCHMIDT, D. (Bearb.): Leibeserziehung und jugendliche Entwicklung. Schorndorf 1980[9].
MOEGLING, B./MOEGLING, K.: Sanfte Körpererfahrung. Kassel 1984.
MOEGLING, K.: Ganzheitliche Bewegungserziehung. Butzbach-Griedel 1999.
MÖSER, G.: Zur Systematisierung der Methoden des Turnunterrichts. In: Körpererziehung 1963, 7-8, 355.
MRAZEK, J.: Das Gesundheitskonzept von Jugendlichen. In: ALLMER/SCHULZ 1987, 83-103.
MÜLLER, E. u.a. (Hrsg.): Sportpädagogik in Bewegung. Salzburg 1997.
MÜLLER, H.-J./DECKER, R./SCHILLING, F. (Red.): Motorik im Vorschulalter. Schorndorf 1975.
MÜLLER, P.: Sport und Schulsport im Spannungsfeld gesellschaftlicher Instanzen (Sportpädagogik; Bd. 2). Münster 1988.
MURER, K.: Sportspezifische Unterrichtskonzeptionen. (Schriftenreihe der Gesellschaft zur Förderung der Sportwissenschaften an der ETH Zürich). Zürich 1989.
MUSIL, R.: Aphorismen, Essays und Reden. Hrsg. von A. FRISÉ. Hamburg 1955.
NEUMANN, O.: Die leibseelische Entwicklung im Jugendalter. München 1964.
OERTER, R.: Moderne Entwicklungspsychologie. Donauwörth 1974[14].
PASCHEN, K.: Didaktik der Leibeserziehung. Frankfurt/Main 1970[3].
PEPER, D./CHRISTMANN, E. (Hrsg.): Zur Standortbestimmung der Sportpädagogik. Schorndorf 1987.
PETERSEN, W.H.: Handbuch Unterrichtsplanung. München 1998[8].
PIAGET, J.: Psychologie der Intelligenz. Zürich 1948.
PLESSNER, H.: Die Funktion des Sports in der industriellen Gesellschaft. In: KLÖHN (Hrsg.): Leibeserziehung und Sport in der modernen Gesellschaft. Weinheim 1966.
POPP, W.: Die Funktion von Modellen in der didaktischen Theorie. In: DOHMEN, G./MAURER, F./POPP, W. (Hrsg.): Unterrichtsforschung und didaktische Theorie, München 1972[2].
POPPER, K.: Logik der Forschung. Tübingen 1966[2].
POPPER, K.: Objektive Erkenntnis. Hamburg 1974[2].
POSTMAN, N.: Das Verschwinden der Kindheit. Frankfurt 1989.
PRENNER, K.: Zur Sozialpsychologie des leistungsschwachen Schülers im Sportunterricht. In: Sportunterricht 1976, 9, 299.
PROHL, R.: Grundriss der Sportpädagogik. Wiebelsheim 1999.
PROHL, R./SEEWALD, J. (Hrsg.): Bewegung verstehen. Facetten und Perspektiven einer qualitativen Bewegungslehre. Schorndorf 1995.
PÜHSE, U.: Soziales Lernen im Sport. Ein Beitrag zur sportpädagogischen Lernzieldiskussion. Bad Heilbronn 1990.
PÜHSE, U.: Sozial Handlungsfähigkeit im und durch Sport. In: BALZ/NEUMANN 1997, 93-110.
REDL, S. (Hrsg.): Sport für morgen. Wien 1987.
REMPLEIN, H.: Die seelische Entwicklung des Menschen im Kindes- und Jugendalter. München/Basel 1966[14].

Retter, H.: Zur gegenwärtigen Situation der Didaktik in der Leibeserziehung. Berechtigung oder Anmaßung. In: Die Leibeserziehung 1971, 3, 77.
Rieder, H./ Fischer, G.: Methodik und Didaktik im Sport. München/Wien/Zürich 1986.
Robinson, S.: Bildungsreform als Revision des Curriculums. Neuwied/Berlin 1969².
Röhrs, H.: Spiel und Sportspiel – ein Wechselverhältnis. Hannover 1981.
Röhrs, H.: Sportpädagogik und Sportwirklichkeit. Bad Homburg 1982.
Roth, K.: Motorisches Lernen. In: Eberspächer, H. (Hrsg.): Handlexikon Sportwissenschaft. Reinbek 1987, 252-259. .
Roth, K./Sahre, E.: Gesetzmäßigkeiten der sportlichen Bewegung. In: Röthig, P./ Grössing, S. (Hrsg.): Kursbuch 3: Bewegungslehre. Wiesbaden 1990³, 9-54.
Röthig, P.: Rhythmus und Bewegung. Schorndorf 1970².
Röthig, P. (Hrsg.): Sportwissenschaftliches Lexikon. Schorndorf 1992⁶.
Röthig, P./Grössing, S. (Hrsg.): Kursbücher für die Sporttheorie in der Schule, Band 1: Sportbiologie; Band 2: Trainingslehre; Band 3: Bewegungslehre; Band 4: Sport und Gesellschaft. Wiesbaden 1995 ff.
Röthig, P./Prohl, N.: Gesundheit als Bildungsproblem des Sports. In: Sportwissenschaft 22 (1992), 2, 172-185.
Rosenthal, R./ Jacobson, L.: Pygmalion im Unterricht. Weinheim 1971.
Roth, H.: Pädagogische Psychologie des Lehrens und Lernens. Hannover 1967¹⁰.
Rudolf, A./Warwitz, S.: Projekte. In: Sportpädagogik 1982, 6, 16.
Rusch, H.: Sportförderunterricht – Schulsonderturnen. Schorndorf 1979.
Rütten, A.: Sport, Lebensstil und Gesundheitsförderung. Sozialwissenschaftliche Grundlagen für eine ganzheitliche Betrachtungsweise. In: Sportwissenschaft 23 (1993), 4, 345-370.
Sass, I.: Gesundheit und Schulsport im subjektiven Erleben von Schuljugendlichen. In: Körpererziehung 44 (1994), 1, 11-15.
Sass, I.: Themenorientierter Sportunterricht – aber wie? In: Balz/Neumann 1997, 229-242.
Schaller, H.J.: Spielerziehung. Schorndorf 1975.
Schaller, H.J.: Instrumentelle Tendenzen in der Sportpädagogik. In: Sportwissenschaft 22 (1992), 1, 9-31.
Scherer, H.-G.: Lernen und Lehren von Bewegung. In: Heinz/Laging 1999, 27-38.
Scherler, K.: Sensomotorische Entwicklung und materiale Erfahrung. Schorndorf 1975.
Scherler, K.: Elementare Didaktik. Weinheim 1989.
Scherler, K. (Red.): Sportpädagogik – wohin? (dvs-protokolle; 36). Clausthal-Zellerfeld 1989.
Scherler, K. (Hrsg.): Normative Sportpädagogik. Clausthal-Zellerfeld 1990.
Scherler, K.: Sportpädagogik – eine Disziplin der Sportwissenschaft. In: Sportwissenschaft 22 (1992), 2, 155-166.
Scheuerl, H. (Hrsg.): Beiträge zur Theorie des Spiels. Weinheim 1960².
Scheuerl, H.: Das Spiel. Weinheim 1968⁸.
Schierz, M.: Orientierung durch didaktische Landkarten. In: Körpererziehung 1995, 10, 322.
Schierz, M.: Narritative Sportdidaktik. Weinheim 1997.
Schierz, M./Hummel, A./Balz, E. (Hrsg.): Sportpädagogik: Orientierungen – Leitideen – Konzepte. St. Augustin 1994.
Schmidt, W. (Hrsg.): Kindheit und Sport – gestern und heute. Hamburg 1996.
Schmidt, W.: Sportpädagogik des Kindesalters. Hamburg 1998.
Schmidt-Millard, T.: Der „Pädagogische Bezug" – ein vergessenes Thema der Sportpädagogik und Sportdidaktik. In: Sportwissenschaft 22 (1992), 2/3, 304-322.
Schmidt-Millard, T.: Orientierungsprobleme in der Sportdidaktik. In: Schierz/Hummel/Balz 1994, 71-90.
Schmitz, J. N.: Bewegungslernen im Sportunterricht. Schorndorf 1977.
Schmitz, J. N.: Studien zur Didaktik der Leibeserziehung. Beiträge zur Lehre und Forschung der Leibeserziehung, Bände 27, 31, 40, 45. Schorndorf 1970-1973. Band I: Fachdidaktische Analysen und Grundlagen 1972³a. Band II: Grundstruktur des didaktischen Feldes 1970². Band III: Lernen in den Leibesübungen 1973. Band IV: Lehr-, Unterrichts- und Curriculumprobleme, 1972b.
Schulz, W.: Umriß einer didaktischen Theorie der Schule. In: Die Deutsche Schule 1969, 2, 61.
Schulz, W.: Unterricht zwischen Funktionalisierung und Emanzipationshilfe. In: Ruprecht, H./Bechmann, H.-K./ Cube, F.v./Schulz, W.: Modelle grundlegender didaktischer Theorien. Hannover 1972.
Schulz, W.: Zur Didaktik der Berliner Schule. Düsseldorf 1977.
Seewald, F./Kronbichler, E./Grössing, S.: Sportökologie – Eine Einführung in die Sport-Natur-Beziehung. Wiesbaden 1998.
Seybold, A.: Zur Didaktik und Methodik des Gestaltens in der Leibeserziehung. Die Gestaltung. Adl-Kongreßbericht, 57. Schorndorf 1967.
Seybold, A.: Didaktische Prinzipien der Leibeserziehung. Schorndorf 1972.
Seybold, A.: Pädagogische Prinzipien in der Leibeserziehung. Schorndorf 1973⁷.

SINGER, R./UNGERER-RÖHRICH, U.: Zum Problem des »sozialen Lernens« im Sportunterricht. In: HACKFORT, D. (Hrsg.): Köln 1984, 37.
SÖLL, W.: Differenzierung im Sportunterricht. Die Gestaltung des Unterrichts in der Leibeserziehung IV. Schorndorf 1973.
SÖLL, W.: Sportunterricht ohne Sportarten. In: Körpererziehung 45 (1995), Teil 1/Heft 10, 323-328; Teil 2/Heft 11, 363-368.
SÖLL, W.: Sportunterricht – Sport unterrichten. Schorndorf 1996.
SÖLL, W.: Alltagsprobleme des Sportunterrichts. Schorndorf 1999.
SPRENGER, J.: Erzieherisches Alltagswissen in Konfliktsituationen des Sportunterrichts. In: Sportpädagogik 1978, 269.
STADLER, R.: Fachunterricht und fachüberschreitendes Lernen. In: Bewegungserziehung 5 (1998), 4, 3-8.
STADLER, R./BUCHER, W. (Red.): Erfolg mit beiden Seiten. Dübendorf 1986.
STEGEMAN, H.: Sportlehrer und ihre Unterrichtsvorbereitung. In: Sportunterricht 1986, 2, 48.
STIEHLER, G. (Hrsg.): Methodik des Sportunterrichts. Berlin (Ost) 1973.
SUTTON-SMITH, B.: Die Dialektik des Spiels. Schorndorf 1978.
TAMBOER, J.F.F.: Philosophie der Bewegungswissenschaften. Butzbach-Griedel 1994.
TAUSCH, R./TAUSCH, A.: Erziehungspsychologie. Göttingen 1970[5].
THIELE, J.: Phänomenologie und Sportpädagogik. St. Augustin 1990.
THIELE, J. (Hrsg.): Gesundheit und Bewegung. Didaktische Perspektiven und praktische Umsetzung. Köln 1991, 56-74.
THIELE, J.: Skeptische Sportpädagogik. In: Spectrum der Sportwissenschaften 9 (1997), 1, 6-21.
TREBELS, A.H.: Sportbestimmungen in der modernen Spieltheorie. In: HECKER/TREBELS 1970.
TREBELS, A.H.: Zuwendungsmotive zum Sportunterricht und zeitgenössische fachdidaktische Modelle. In: Motivation im Sport. ADL-Kongreßbericht, 272. Schorndorf 1971.
TREBELS, A.H.: Sportunterricht als Veranstaltung organisierten Lernens. In: Sportwissenschaft 5 (1975), 3/4, 313-327.
Trebels, A.H.: Das dialogische Bewegungskonzept – eine pädagogische Auslegung von Bewegung. In: Sportunterricht 41 (1992), 1, 20-29.
TREUTLEIN, G. u.a. (Hrsg.): Körpererfahrung in traditionellen Sportarten. Wuppertal 1986.
TREUTLEIN, G./FUNKE J./SPERLE, V. (Hrsg.): Körpererfahrung im Sport. Aachen 1992[2].
ULICH, D.: Pädagogische Interaktion. Weinheim 1976.
UNGERER, D.: Zur Theorie des sensomotorischen Lernens. Schorndorf 1973[2].
UNGERER, D.: Sportdidaktik auf kybernetischer Grundlage. In: GRÖSSING 1979.
UNGERER-RÖHRICH, U. u.a.: Praxis sozialen Lernens im Sportunterricht. Dortmund 1990.
URBIGKEIT, J.: Mit List und Lust in der Institution Schule. Zur Identität des Sportlehrers. In: Sportunterricht 1983, 8, 295.
VOLGER, B.: Bewegung lehren – aber wie? In: PROHL/SEEWALD 1995, 155-179.
VOLKAMER, M.: Zur Frage der Zensur in der Leibeserziehung. In: Die Leibeserziehung 1966, 7, 21.
VOLKAMER, M.: Zur Problematik motorischer Entwicklungstests. Schorndorf 1971.
VOLKAMER, M.: Messen und Zensieren im Sportunterricht. Schorndorf 1978.
VOLKAMER, M.: Wieviel Pädagogik verträgt der Sport? – Das Konzept der Entpädagogisierung. In: ZEUNER, A. u.a. (Hrsg.): Sport unterrichten. Kongreßbericht, St. Augustin 1995, 58-63.
VOLKAMER, M./ZIMMER, R.: Vom Mut (trotzdem) Lehrer zu sein. Schorndorf 1983.
WEBER, E.: Erziehungsstile. Donauwörth 1970.
WEBER, R.: Planungsstrategien im Schulalltag. In: Sportpädagogik 1982, 5, 9.
WEISS, O. (Hrsg.): Sport – Gesundheit – Gesundheitskultur. Wien 1994.
WELLENDORF, F.: Schulische Sozialisation und Identität. Weinheim 1974.
WENIGER, E.: Die Theorie der Bildungsinhalte und des Lehrplans. Weinheim 1971[9].
WIDMER, K.: Sportpädagogik. Schorndorf 1974.
WIDMER, K.: Zum Problem des Lehrer-Schüler-Verhältnisses im Sportunterricht. In: BEYER/RÖTHIG 1976.
WIEGAND, W.: Die Zensur im Schulfach Sport. In: Sportunterricht 1973, 5, 161.
WILLIMCZIK, K.: Wissenschaftstheoretische Aspekte einer Sportwissenschaft. Frankfurt 1968.
WILLIMCZIK, K./GROSSER, M.: Die motorische Entwicklung im Kindes- und Jugendalter. Schorndorf 1979.
WILLIMCZIK, K./ROTH, K.: Bewegungslehre. Reinbek 1983.
WOLF, N. (Hrsg.): Dokumente zum Schulsport. Schorndorf 1974.
WOLTERS, P.: Bewegungskorrektur im Sportunterricht. Schorndorf 1999.
WOLTERS, P. u.a.: Didaktik des Schulsports. Schorndorf 2000.
WURZEL, B.: Zum Problem der verbalen und visuellen Information beim sensomotrischen Lernprozeß. Ahrensburg 1975.

WURZEL, B.: Offenheit und Planung. Wider die Einseitigkeit lernzielorientierter Unterrichtsentwürfe. In: sportunterricht 43 (1994), 3, 99-106.
ZELLER, W.: Konstitution und Entwicklung. Göttingen 1964[2].
ZEUNER, A.: Ziele des Schulsports – gibt es einen „gemeinsamen Nenner"? In: Körpererziehung 42 (1992), 6, 236-241.
ZIEGLER, H.-J.: Leistungsfach Sport. Schorndorf 1979.
ZINNECKER, J. (Hrsg.): Der heimliche Lehrplan. Weinheim 1976.
ZIMMER, R.: Handbuch der Bewegungserziehung. Freiburg 1993.

Verzeichnis der Abbildungen

Autorenregister

Schlagwortregister

Hinweis: Die **fett** gekennzeichneten Seitenzahlen verweisen auf (Zwischen-)Überschriften.